DAS ANTIKE ROM

Führer durch Geschichte und Kultur

von
Georges Hacquard

in der Übersetzung
von Helmut Schareika

C.C. Buchner

DAS ANTIKE ROM
Führer durch Geschichte und Kultur

Von Georges Hacquard
unter Mitarbeit von J. Dautry und O. Maisani

Titel der Originalausgabe: Guide romain antique
Das Werk wurde durch die Académie Française preisgekrönt.

Übertragung aus dem Französischen und Bearbeitung:
Helmut Schareika

1. Auflage 1 5 4 3 2 1 2008 07 06 05 04 03 02
Die letzte Zahl bedeutet das Jahr dieses Druckes.

Dieses Werk folgt der reformierten Rechtschreibung und Zeichensetzung.

Die Originalausgabe erschien bei Hachette in Paris.

www.ccbuchner.de

Umschlagmotiv: Das älteste Zeugnis einer Malerei in Rom – historische Szene aus einem Grab am Esquilin, 3. Jh. v. Chr.

Layout und Grafik: Redaktion ¬ Lektorat Dr. Helmut Schareika, Filderstadt

Druck: creo Druck & Medienservice GmbH, Bamberg

ISBN 3-7661-**5690**-X

Ein Wort zuvor

Dieser **Führer durch das antike Rom** ist ein besonderes Buch. Es bietet eine Darstellung von Geschichte und Kultur nicht nur dieser erstaunlichen Stadt selbst, sondern des römischen Reiches insgesamt vom Ursprung der Bauernsiedlung am Tiber bis zu dem Augenblick, wo es an seinem Ende im Westen in den neuen Reichen seiner Eroberer aufgeht und im Osten mit der neuen Hauptstadt Byzanz – zunächst – weiterlebt. Dabei verbindet das Buch Knappheit und Anschaulichkeit in einer Weise miteinander, die Geschichte, ihre Rahmenbedingungen und ihre Akteure vorstellt und ihr Handeln erklärt sowie materielle und geistige Kultur, einschließlich der Literatur, zueinander und zum geschichtlichen Rahmen in Beziehung setzt.

Das Buch möchte in seiner Darstellung des Phänomens Rom Antworten auf die Fragen geben, die bei der Beschäftigung mit lateinischer Literatur und römischer Kultur auftreten und zwangsläufig in erster Linie bei denen unbeantwortet bleiben, die nicht gerade von Berufs wegen Bewunderung für die vergangenen Zeiten Roms bekunden. Es versucht zu beschreiben und zu erklären.

Und so geht das Buch dabei vor:

Für jeden der vier „Akte" – d. h. der vier Perioden – der römischen Geschichte von der Zeit der Könige bis zu ihrem Ende nimmt es zunächst den Leser auf einen **Spaziergang durch die Stadt** mit, so wie sie sich jeweils am *Ende* der behandelten Periode präsentiert. Die Stadt wird ihm bei diesem Besuch nach der äußeren topografischen Erscheinung und unter politischen und kulturellen Aspekten vorgestellt.

Dann, wenn der Leser einen Eindruck von der räumlichen Umgebung bekommen hat, werden ihm **in chronologischer Folge die Ursachen** dargelegt, die diese besondere Topografie, die Einrichtungen, Institutionen sowie die Sitten und Gebräuche hervorgebracht haben.

Nach dieser Übersicht über Fakten und Akteure wird anschließend der Leser mit dem **künstlerischen und literarischen Leben** vertraut gemacht, das, wie man weiß, direkt mit den Ereignissen in Verbindung steht.

Mit einer Fülle von **Abbildungen, Tabellen und Schaubildern**, die in der Regel in direkter Beziehung zur Darstellung stehen, werden schließlich die Informationen des Buches kondensiert und sinnlich veranschaulicht. Durchweg werden Bezüge deutlich gemacht.

Das Buch ist als Hintergrundsbuch für die Lektüre römischer Autoren, als Informationsquelle für Daten und Fakten und als Repetitorium genauso geeignet wie – bei aller genannten Knappheit – als detailreicher Führer durch Geschichte und Kultur der „ewigen Stadt" bei Spaziergängen am Ort des historischen Geschehens.

Zur Benutzung dieses Führers

Gesucht wird ...	Nachsehen in ...
▷ eine Auskunft über römisches Leben oder Denken in einer bestimmten Epoche	▷ Inhaltsverzeichnis auf Seite 5
▷ ein zusammenfassender Überblick über ein bestimmtes Thema durch die verschiedenen Epochen	▷ Thematische Übersicht ab Seite 250
▷ ein bestimmtes Wort (Begriff oder Name)	▷ Index ab Seite 255
▷ eine der Karten im Buch	▷ hier auf Seite 4
▷ eine Grafik oder Tabelle zu einem bestimmten Thema	▷ Überblick" hier auf Seite 4

▶ Karten

▶ Im Überblick

Inhalt

Etappen der römischen Geschichte

vor Christi Geburt

13. Jh.		
12. Jh.		
11. Jh.		Die Etrusker in Italien (?)
9. Jh.		
8. Jh.	Königszeit	Gründung **Roms** nach der Legende (753)
7. Jh.	Königszeit	Die drei **Sabiner**könige
6. Jh.	Königszeit	Vorherrschaft der **Etrusker** Ende der Königsherrschaft (509)
5. Jh.	Zeit der Republik	Verteidigungskriege Roms: Vorherrschaft über Latium
4. Jh.	Zeit der Republik	Erste **Eroberungskriege**: Rom ist **Herrin über Mittelitalien**
3. Jh.	Zeit der Republik	Rom ist **Herrin über ganz Italien** Imperialistischer Aufstieg: **Punische Kriege**
2. Jh.	Zeit der Republik	Siege Roms in **Griechenland** und im **Orient** Eroberung **Spaniens** und **Nordafrikas** Demokratische Reformen der Gracchen
1. Jh.	Zeit der Republik	Kriege gegen Mithridates Bürgerkrieg (Marius und Sulla) Erstes Triumvirat (Cäsar, Crassus, Pompejus) Eroberung **Galliens** Erneut Bürgerkriege (Sieg Oktavians) **Ägypten** wird römische Provinz. 31: die Herrschaft Roms erstreckt sich über ... Oktavian erhält den Titel **Augustus**: Ende der Republik (27)

☞ *Fortsetzung Seite 10:* **Die Kaiserzeit**

Unterdessen in Griechenland ... und im Orient

- Ramses II.
- Babylonien auf dem Höhepunkt

- Trojanischer Krieg (?)

- David und Salomon
- Gründung **Karthagos** durch die Phönizier

- Beginn der griechischen **Kolonisation** im Mittelmeer
- Vorherrschaft Ninives (Assyrerreich)
- Gründung von Syrakus (Sizilien), Kyme / Cumae (Italien), Marseille
- Fall Ninives
- Gesetze Solons
  Ende der Tyrannis der Peisistratiden
- Ägypten und Chaldäa fallen in die Hände der Perser.

- Perserkriege: Sieg Athens
- Perserkriege: Niederlage der Perser

  Perikles und das attische Reich
  Peloponnesischer Krieg und Fall Athens

- Vorherrschaft Makedoniens: Eroberungen Alexanders
- Eroberungen Alexanders

- **Aufteilung des Alexanderreiches**

- Griechenland wird **römische Provinz**
- Die kleinasiatischen Königreiche werden **von Rom annektiert.**

- Mithridates **von Rom besiegt.**

- Fall Ägyptens

... das gesamte Mittelmeerbecken, vom Atlantik bis zum Euphrat

Etappen der römischen Geschichte (Fortsetzung)

nach Christi Geburt	1. Jh.	Kaiserzeit	▪ Geburt **Jesu Christi** im römischen *Judäa* (in Wirklichkeit einige Jahre vor der „christlichen" Zeitrechnung) ▪ **Augustus** (Kaiser seit 27 v. Chr.) stirbt im Jahr 14. ▪ Die „Dynastie" der Cäsaren (von Tiberius bis Nero) ▪ Herrschaft Vespasians ▪ Einnahme und Zerstörung Jerusalems (70)
	2. Jh.		▪ Jahrhundert der Antoninen, das **Goldene Zeitalter** des Imperiums (Trajan)
	3. Jh.	Spätrömisches Reich	▪ Kaiser Septimius Severus ▪ Bürgerrecht für **alle freien Männer** des Reiches (Caracalla) ▪ Militärdiktatur ▪ Kaiser Diokletian: erste Teilung des Reiches, Rom ist nicht mehr Hauptstadt ▪ Allgemeine Verfolgung der Christen
	4. Jh.		▪ Kaiser Konstantin: Religionsfreiheit (Edikt von Mailand) **Konstantinopel** wird Hauptstadt ▪ Kaiser Theodosius: das **Christentum** wird Staatsreligion ▪ **Endgültige Teilung des Reiches:** Westrom und Ostrom (395)
	5. Jh.		▪ Einnahme Roms durch Alarich ▪ Gründung des Westgotenreichs in Italien ▪ Ende des Weströmischen Reiches (476)
	6. Jh.	Byzantinisches Reich	Herrschaft Justinians
	*		*
	15. Jh.		1453: Eroberung Konstantinopels durch die Türken: **Ende des Oströmischen Reiches**

„Rom“ vor... Rom

(13.–8. Jh. v. Chr.)

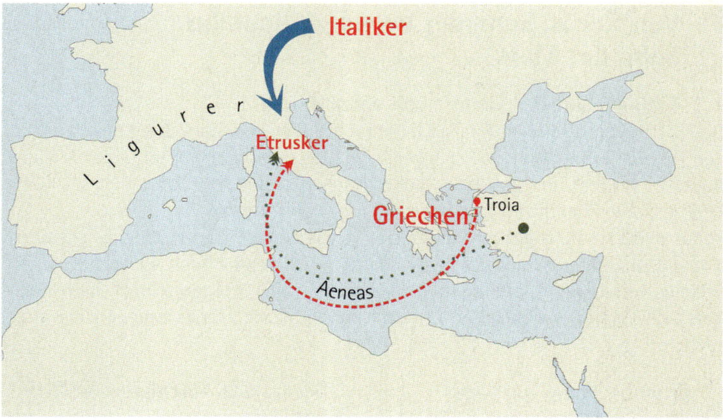

Italien: Treffpunkt vieler Völker

- Den Völkern, die Italien **in der Epoche des Neolithikums** besiedelten, gab man den Namen **Ligurer.** Doch die Ligurer, die man auch in Gallien und Spanien findet, haben nichts spezifisch „Italisches“.
- **In der Bronzezeit** werden die Ligurer durch das Eindringen insbesondere der „Italiker“, die aus Zentraleuropa kamen, vertrieben. Aber das weiß man nicht genau.
- In das 12. Jh. (?) v. Chr. fällt der **Sage** zufolge das Abenteuer des Trojaners Äneas (↗ S. 12).
- Die **Etrusker** sind wahrscheinlich ein von Anfang an in Italien ansässiges Volk, das aus autochthonen Stämmen hervorgegangen ist und sich etwa bis zum **8. Jahrhundert** herausgebildet hat. Mit ihrer hochzivilisierten Kultur übernehmen sie eine Führungsrolle unter den Italikern. Sie nehmen viele östliche Einflüsse auf, vielleicht auch Einwanderer aus dem Osten.
- **Zu Beginn des 8. Jahrhunderts** lassen sich nach und nach **griechische Siedler** zunächst im Süden der Halbinsel und anschließend auf Sizilien („Großgriechenland“, „Magna Graecia“) nieder.
- 753: Datum der legendären Gründung Roms

I Die Entstehung Roms nach der Legende

■ Die Frühzeit besitzt das Privileg, dass bei der Gründung von Städten Gottheiten eingriffen; damit wurde ihnen ein Stempel der Erhabenheit aufgedrückt. *Livius*

Die Legende von der Gründung Roms ist insgesamt sehr viel jünger als die Ereignisse.

1 Von Äneas, Sohn der Venus, zu Romulus, Sohn des Mars

1.1 Trojaner auf der Suche nach einer Heimat

Die Göttin Venus (griech. Aphrodite) brauchte nicht erst das Urteil des Paris, um den Trojanern ihre Gunst zu schenken: sie hatte sich schon vorher in den Trojaner Anchises verliebt und ihm einen Sohn geschenkt; und den hatte sich der König Priamos ohne Zögern zum Schwiegersohn gewählt: **Äneas.**
Venus belohnte Paris bekanntlich mit der Liebe der schönen Helena. Er entführte sie, und so kam es zum **Trojanischen Krieg**. Nach zehn Jahren war die Stadt des Priamos vernichtet. Äneas, allein geblieben mit seinem Vater, seinem Sohn Ascanius und einigen trojanischen Kriegern, stach in See, um eine neue Heimat zu suchen.

Priamos, König von Troja

Der Trojaner **Anchises** + **VENUS**

50 Söhne, *darunter* **Paris**

50 Töchter, *darunter* **Krëusa** *verheiratet mit* **AENEAS**

Ascanius (oder **Iulus**), Gründer von Alba

Dynastie von Alba, darunter die Brüder

Numitor **Amulius**

MARS + **Rhea Silvia**

ROMULUS und **Remus**

„... eine Wölfin, die von den Bergen herabgekommen war..." (S. 13)

1.2 Äneas im Lande Saturns

Nach mehreren Landungsversuchen an verschiedenen Punkten der Mittelmeerküste (Episode mit Dido in Karthago) machte Äneas ganz zufällig an den Ufern des Tibers Halt. Das war der Platz, an den sich der Gott Saturn, nachdem er von seinem Sohn Jupiter vom Thron gejagt worden war, geflüchtet hatte. Er hatte diese Gegend zu seiner Bleibe gewählt (*Saturnia tellus* oder *arva* nennt Vergil sie später), sich dort eine neue Familie geschaffen und die Herrschaft des **Goldenen Zeitalters** eröffnet.

König Latinus, zu dem Äneas in Kontakt getreten war, stammte von Saturn ab. Voller Bewunderung für den jungen Helden gab er ihm seine Tochter Lavinia zur Frau. Doch Lavinia war schon Turnus versprochen worden, dem König der Rutuler, der folglich Latinus und Äneas den Krieg erklärte. Turnus wurde besiegt, doch Latinus kam im Kampf um.
Äneas wurde sein Nachfolger, gründete zu Ehren seiner Frau die Stadt Lavinium und gab seinem Volk den Namen **Latiner.** Nach neuen Siegen fand Äneas unter mysteriösen Umständen den Tod und wurde fortan unter dem Namen *Iuppiter Indiges* (d.h. „einheimisch") verehrt.

1.3 „Romulus, satt von Milch, im wilden Schatten seiner Nährerin, der Wölfin" (Vergil)

Nach Äneas' Tod gründete sein Sohn Ascanius (auch **Iulus** genannt) die Stadt **Alba Longa** und machte sie zur Hauptstadt von **Latium**. Die von ihm begründete Dynastie sollte bis zu Procas zehn Könige zählen. Dessen Erben stritten sich dann um die Macht: Der ältere, Numitor, wurde von Amulius gestürzt; dessen Sohn wurde ermordet und seine Tochter Rhea Silvia der Göttin Vesta geweiht und zur Ehelosigkeit verpflichtet (S. 27, 3.1 c).
Doch die Vestalin bekam Besuch vom Gott Mars, der sie zur Mutter von Zwillingen, **Romulus und Remus,** machte. Voller Zorn überließ Amulius die beiden Kinder den Fluten des Tibers, der gerade Hochwasser führte. Die Strömung trug sie an den Fuß des Palatin-Hügels unter einen Feigenbaum zurück, und eine Wölfin, die von den Bergen herabgekommen war, gab den beiden Säuglingen ihre Zitzen. Der Aufseher über die Herden des Königs, Faustulus, Zeuge des Wunders, nahm die Zwillinge auf, während die Wölfin sich in das Lupercal, eine Höhle am Palatin, zurückzog.
Faustulus vertraute Romulus und Remus seiner Frau an, die sie aufzog. Einige Geschichtsschreiber haben vermutet, dass die Ausschweifungen dieser Frau ihr den Namen *lupa* eingetragen hätten: „Das dürfte der Ursprung dieser wundersamen Legende gewesen sein" (Livius).

1.4 Taufe im Blut

Mit 18 Jahren wird den Brüdern das Geheimnis ihrer Geburt enthüllt; sie begeben sich in die Dienste Numitors und verhelfen ihm wieder auf den Thron von Alba Longa. Amulius wird getötet.
Darauf beschließen Romulus und Remus, gefolgt von einer

„... Rom war geboren..." (S. 14)

Palatin (51 m); Aventin (46 m); Caelius (48 m); Esquilin (58 m); Viminal (54 m); Quirinal (69 m); Kapitol (49 m); [Ianiculum (85 m)]

Schar Albaner und Latiner, ihrerseits eine Stadt zu gründen; als Platz wählen sie den **Palatin**, wo der Tiber sie einst angespült hatte und wo sie gerettet worden waren. So wird die neue Stadt etwa 25 km nordöstlich von Alba liegen. Wer wird ihr König sein? Die Zwillinge überlassen den Göttern die Entscheidung, indem sie den Vogelflug befragen (S. 28, 3.3, a).

Romulus gewinnt. Sogleich zieht er mit dem Pflug den Graben, der die Mauern umgeben soll (*pomerium*, d.h.: *post murum* = hinter der Mauer); dort, wo die Tore, *portae*, sein sollen, hebt er den Pflug in die Höhe. Doch Remus, voller Groll, überspringt herausfordernd die so gezogene Furche; Romulus fühlt sich beim heiligen Werk beleidigt und spaltet ihm den Schädel, um ein warnendes Beispiel zu geben.

Rom war geboren.

Es gibt dort Gegenden ohne Namen ... Doch siehe, dieses prachtvolle Rom wird seine Herrschaft bis an die Grenzen des Universums ausdehnen. *Vergil*

... Roms mythische Bestimmung, die sich erklärt durch ...

... außergewöhnliche geografische Bedingungen

Die römische Geschichte...

Rom wurde **im Herzen der landwirtschaftlich nutzbaren Ebene Latiums** gegründet, am Tiber und an den Hängen der sieben kleinen Hügel, die die Ebene beherrschen: eine regelrechte Akropolis, die der Stadt **beste Verteidigungsmöglichkeiten** bot. So wurde Rom sehr schnell zur Hauptstadt Latiums.

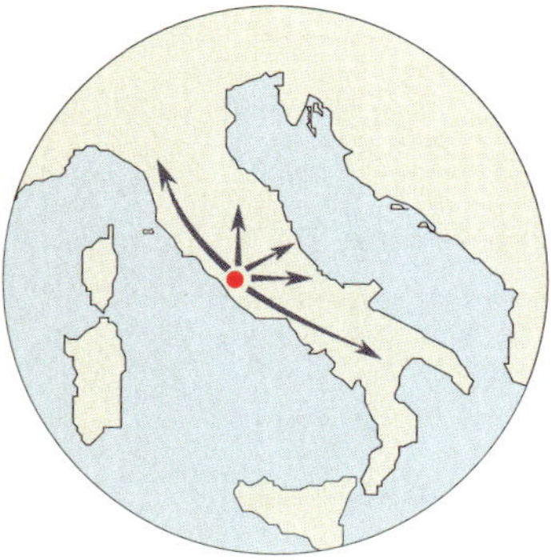

... ist die Geschichte des ganzen antiken Italiens ...

Latium, **im Herzen Italiens** gelegen, besitzt eine außergewöhnlich vorteilhafte Lage: als **Treffpunkt** im Zentrum der Halbinsel hat es schicksalhaften Einfluss auf die Regionen im Norden und im Süden.

Außerdem steht Latium, obwohl direkt am Tyrrhenischen Meer gelegen, über natürliche Verbindungswege, die den Apennin durchqueren (mäßig hohe Pässe), in Verbindung mit der Adria.

- Zur Bedeutung des Wortes **„Italien"** vgl. S. 62, 1.1.

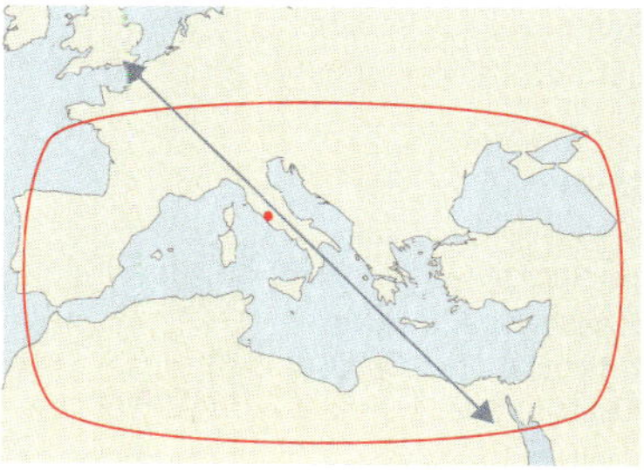

… und die der gesamten antiken Welt

Italien, **im Zentrum des Mittelmeers** gelegen, zerteilt dieses in zwei Becken (das östliche und das westliche), beide kann es leicht überwachen und daher beherrschen. Seine Lage zwischen Europa und Asien eröffnet Italien die Möglichkeit, seinen Einfluss auf die beiden Kontinente zu richten.

… die Grundeigenschaften des römischen Volkes

- Dank seinen alten Sitten und seinen Helden steht die römische Macht. *Ennius*

Der Römer ist **seinem Ursprung nach**

BAUER

- praktisch veranlagt
- von einfacher Lebensführung
- eigensinnig und beharrlich
- prozesssüchtig und scharfzüngig
- auf Verteidigung seiner Interessen aus
- von Hingabe zu seiner Erde erfüllt

zum Aberglauben neigend

Eine aufs Praktische gerichtete **Religion** mit sorgfältig zu beachtenden Regeln bestimmt das gesamte römische Leben.

Wann immer nötig, ist der Römer ein ausdauernder und leidenschaftlicher **Soldat**.

Von Natur ist der Römer **kein Künstler** (Kunst ist Luxus).

Sehr früh ist der Römer empfänglich für **Redekunst** und **Satire;** sie sind die Quellen des römischen Rechts und der lateinischen Literatur.

Seine ganze Geschichte hindurch bleibt der Römer ein der Erde verhafteter Mensch. Kein Römer wird sich je so „entwurzeln" lassen, dass er nicht mehr die Sprache des bäuerlichen Kalenders und der bäuerlichen Arbeiten verstünde. „Ackerbau und Viehzucht…"

Rom im 6. Jh. v. Chr.

Mit dem Führer durch Rom...

- Das Rom der Könige wurde auf den **sieben Hügeln** östlich des Tibers erbaut.
- Eine Mauer aus bearbeiteten Steinen, angeblich unter Servius Tullius errichtet, umschließt die Stadt und schützt sie (Gesamtlänge: 11.500 m).
- Um die Mauer herum (wie um alle Städte) zieht sich ein freier Raum, das durch die Religion geheiligte *pomerium*, in dem zu wohnen und das zu bebauen verboten ist; außerdem darf man es nicht unter Waffen betreten. Dort fanden die städtischen Auspizien statt (vgl. S. 28, 3.3 a).

QUIRINAL

a Hinrichtungsplatz (Vestalinnen, die ihrem Gelübde untreu geworden waren, wurden dort lebendig begraben)**
b Altes „Kapitol" (Tempel der Götter-Triade Jupiter-Juno-Minerva)**
c Tempel des Quirinus**

KAPITOL

Die etruskische Burg *(arx)*
d *Asylum* (heiliger Hain)
e Bronzene Wölfin*
f Tempel des Iuppiter Capitolinus (T. S.)**
g Haus des Romulus**
h Heiligtum der Bona Fides (N.)**
i Heiligtum der Fortuna (S. T.)**
j Tarpejischer Felsen, benannt nach Tarpeia, der Tochter des Burgwächters, die den Sabinern unter Tatius den Zugang zu den Befestigungen geöffnet hatte und von ihnen als „Dank" für diesen Dienst umgebracht worden war. Von diesem Felsen stürzte man die wegen Hochverrats Verurteilten in die Tiefe (vgl. S. 67, 1.3 b).**

TIBERINSEL

k Nach der Legende warfen die Römer während der Revolution des Jahres 509 das auf den königlichen Ländereien geerntete Getreide in den Tiber; aus diesem Haufen sei die Insel entstanden (269 m × 67 m).

FORUM

l Heiligtum der Venus (R.)**
m Lacus Curtius (C.: Name eines Sabinerführers?)**
n Grab des Romulus (?)**
o Altar des Vulcanus (R.)**
p Tullianum (Staatsgefängnis; A. M.), in den Fels des Kapitols gehauen**
q Curia Hostilia (T. H.): Versammlungsort des Senats
r Tempel des Saturn (T. S.)**
s Tempel der Vesta (N.)**
t *Regia*, Königspalast (N.)**
u Heiliger Hain und Haus der Vestalinnen (N.)**
v Tempel des Iuppiter Stator (R.; an dieser Stelle stoppte Jupiter den Angriff der Sabiner)**

PALATIN

„Weideland für die Ackerochsen" *(Ovid)*
w Lupercal und Feigenbaum (S. 13, 1.3)**
x Alte Nekropole
y Haus der Salier (Heiliger Schild)**
z Altar der Victoria (von Euander errichtet?)**

VELABRUM

A *Circus Maximus* (S. 30, 4.4)**
B Großer Altar des Herkules (von diesem selbst nach seinem Sieg über den Riesen Cacus errichtet, der ihm Rinder gestohlen hatte)**

☞ *weiter S. 18*

Die Buchstaben auf der Karte geben die Stelle an, an denen sich die bezeichneten Monumente oder Orte befinden.
- Die mit *einem* Stern * markierten Gebäude existierten – restauriert oder neu errichtet – zur Zeit der Republik; die mit zwei Sternen ** bis zum Ende der Kaiserzeit.
- Die Initialen in Klammern bezeichnen den König, der das Monument errichtete.

Rom unter den Königen

(753–509 v. Chr.)

Man darf nicht vergessen, dass alle Aussagen über die Königszeit mehr Hypothesen als Gewissheit sind!

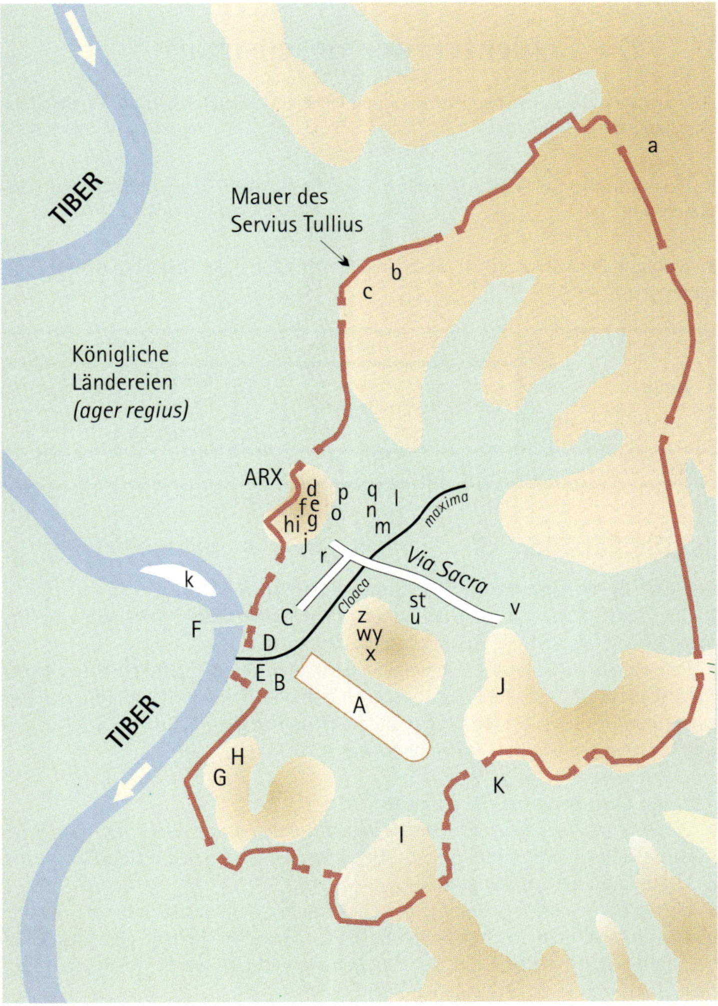

C Tempel des Hercules Victor**
D Tempel der Mater Matuta (S. T.)
E *Cloaca Maxima*
F *Pons Sublicius* (A. M.): aus Holz, durfte nur mit hölzernen Werkzeugen repariert werden**

AVENTIN

G Grab des Sabinerkönigs Tatius (heiliger Ort des *Armilustrium*, vgl. S. 77, 2.8 d)**
H Tempel der Diana Aventina (S. T.)**
I Tempel der Bona Dea**

CAELIUS

Ursprünglicher Name „Querquetulanus" nach den Eichenwäldern *(quercus)*, die ihn bedeckten; vgl. S. 42, rechts)

J Den Kamenen (Camenae) geweihter Hain (Unterhaltung Numas mit der Nymphe Egeria)**
K Porta Capena. Dort tötete Horatius seine Schwester, weil sie ihren Verlobten Curiatius beweinte (↗ S. 41).**

I Die Schichten der Gesellschaft

■ Der Dualismus zwischen Patriziern und Plebejern charakterisiert durchgehend das innerste Wesen Roms.
Hegel (zusammengefasst)

▸ Die römische Gesellschaft basiert wie alle antiken Gesellschaften auf **Ungleichheit.**

▸ Während der Königszeit ist diese Ungleichheit durch die **Geburt** und die **Religion** bestimmt.

FREIE	die Privilegierten:	die Patrizier
	die Nicht-Privilegierten:	Klienten *(clientes)* Plebejer Freigelassene
UNFREIE	die Sklaven	

1 Die Patrizier

Eine Aristokratie von großen Viehzüchtern.

1.1 Die durch Geburt und Religion gesetzten Rechte

▸ Das Patriziat setzt sich aus den (unbegrenzt vermehrten) 100 Familien zusammen, die sich **als erste** in Rom niedergelassen hatten.
▸ Jede von ihnen behauptet, von einem mehr oder weniger **vergöttlichten** Ahnen *(pater)* abzustammen. Alle, die sich auf denselben *pater* zurückführen, gehören zur selben *gens* (γένος); sie tragen dasselbe *nomen gentilicium* (↗ S. 34, 1.3 a) und feiern denselben Kult *(sacra gentilicia*, ↗ S. 23, 1.1).

1.2 Die Organisation der Familie

▸ Die *gens* teilt sich in verschiedene Zweige *(familiae)*, von denen jeder unter der Autorität eines *pater familias* steht. Der *pater familias* des ältesten Zweiges ist das Oberhaupt der ganzen *gens.*
▸ Der *pater familias* teilt den der *gens* gehörenden **Landbesitz** unter die *familiae* auf; auf diesem **gemeinschaftlichen Besitz** wird eine ansehnliche gemeinsame (?) **Viehherde** gezüchtet (↗ S. 38, 3.1). Die *gens* verhält sich wie ein kleiner **autonomer Staat;** sie besitzt ihre eigenen Rechte.

- Die *gentes*, jeweils in drei **tribus** (↗ S. 21, 1.3) gegliedert, bilden den *populus*, der über **politische Rechte** verfügt. *Populus* ist der Begriff für die Gesamtheit der rechtmäßig versammelten Bürger, im Gegensatz zur *multitudo*, der spontan und ungeordnet zusammengekommenen Masse.
- Mit den *gentes* sind rechtlich auch die **Klienten** *(clientes)* verbunden.

2 Die „Klienten" *(clientes)*

- Bei den Klienten handelt es sich um untätige Schmarotzer, die **rechtlich** an die Patrizier **gebunden** sind; wahrscheinlich sind es **Fremde**, die dieses Verhältnis zu ihrem eigenen Vorteil akzeptierten.
- Sie nehmen am Kult der *gens* teil, tragen das *nomen gentilicium* und sind von einem Mitglied der *gens (patronus)* abhängig, dem sie durch das *ius patronatus* verbunden sind: „Der Titel eines *patronus* kommt unmittelbar nach dem des *pater*" (Cato). Sie bezeugen ihrem Patron Respekt, sind ihm mit ihrer Person und ihrem Gut **ergeben.** Im Gegenzug schuldet der Patron ihnen **Protektion:** „Die Klienten müssen das Haus vor den Eltern und den Kindern betreten" (Cato). Er verteidigt sie in Rechtsangelegenheiten und kann ihnen Land bewilligen.
- Die Klientel *(clientela)* erhält bald darauf eigene Rechte und steht den Patronen gegen die Angriffe der Plebs bei.

„Die Plebejer sind einfache Zuschauer am öffentlichen Leben."

3 Die Plebejer

- Möglicherweise handelt es sich um **besiegte Latiner,** die sich auf dem Territorium Roms niedergelassen haben, um es zu **bebauen**.
- Sie sind weder zur Volksversammlung noch zu irgendeinem Priesterkollegium zugelassen. Sie sind **einfache Zuschauer am öffentlichen Leben**.
- Unter sozialem Gesichtspunkt besitzen die Plebejer ursprünglich **keinerlei Rechte**: sie haben weder eigene Organisationsformen noch familiäre Kulte. Sie haben nicht einmal eine gesetzmäßige Familie (es gibt keinen offiziellen plebejischen Eheschließungsakt).

- Die **Masse der** freien **Nicht-Privilegierten** umfasst zwei Kategorien: die **nicht arbeitenden Klienten** in der Stadt und die **Landbewohner**, die ihr Einkommen aus Arbeit beziehen (↗ S. 38, 3.2).
- Eine – Servius Tullius zugesprochene – Reform, nach der Überlieferung im Jahre 578, **schafft später die an die Geburt gebundenen politischen Privilegien** ab und gründet die soziale Hierarchie der Bürger auf ihr **Vermögen**.
- Faktisch findet die politische Unterscheidung zwischen Patriziern und Plebejern erst ab dem 5. Jh. ein Ende.

4 Sklaven und Freigelassene

Der Sklave ist eine Sache *(res).*

4.1 Herkunft der Sklaven

- **Geburt**: der Sklave von Geburt heißt *verna*, ein etruskisches Wort;
- **Krieg**: Gefangene, die zugunsten des Siegers verkauft werden *(iure gentium);*
- **Rechtsprechung**: heruntergekommene Bürger, die von der *capitis deminutio maxima* betroffen sind (selten; ↗ S. 51, 2.3, b).

4.2 Lebensbedingungen der Sklaven

- Sklaverei herrscht von Beginn bis zum Ende der römischen Geschichte. Doch wird der Sklave je nach seinem Herrn **auf sehr unterschiedliche Weise behandelt.**
- Oft hat er die Erlaubnis, etwas Geld zu sparen *(peculium)*, durch das er seine Freiheit zurückkaufen kann: Freilassung *(manumissio).*

4.3 Die Verfahren der Freilassung

- Durch Testament (die häufigste Art);
- durch Eintragung des Sklaven (anlässlich der Durchführung des *census)* als *sui iuris;*
- durch Gerichtsentscheid.

4.4 Lebensbedingungen der Freigelassenen

- Der freilassende Herr bleibt der **patronus** seines Freigelassenen. Dieser, der *libertus*, nimmt das *praenomen* und das *nomen* seines Patrons an und behält als *cognomen* seinen Sklavennamen (zu Namen und Vornamen ↗ S. 34, 1.3).
- Das Gesetz kennt keine Eheschließung des *libertus*. Wie der *servus* lebt er im **Konkubinat** *(contubernium).* Doch er **arbeitet auf eigene Rechnung** und **sein Sohn** erlangt den Status eines **ohne Einschränkung freien Mannes**.

II Die Organe der Staatsführung

■ **Männer, in Felle gekleidet, Männer mit bäuerlichem Herzen: hundert aus ihrer Mitte auf einer Wiese, das war oft der gesamte Senat.** *Properz*

Das Königtum in Rom: eine aristokratische Republik.

1 Der König

- Faktisch: ein republikanischer Präsident.
- Das Amt ist nicht erblich; der König wird **vom Senat** nach Befragung der Götter **vorgeschlagen; gewählt von der Versammlung** der 30 Kurien *(curia,* aus *co-viria)* oder Kuriatskomitien.
- Er ist **Oberhaupt auf Lebenszeit** der Religion, der Armee, der Justiz und des Senats.
- Im 6. Jahrhundert sind die **königlichen Insignien** dieselben wie die der Götter: Purpurtoga, Goldkrone, Zepter, *sella curulis;* von zwölf Liktoren getragene Rutenbündel (äußere Zeichen des *imperium*, Schema auf S. 58); der König fährt in einem Wagen.

2 Der Senat

2.1 Die Zusammensetzung des Senats

Ein Rat alter Männer *(senes)*, zusammengesetzt aus den **Oberhäuptern der großen Familien**. Nach der Überlieferung soll der Senat anfangs 100 Mitglieder gezählt haben, darauf, seit Tarquinius Priscus, 300 (100 je Tribus). Die Senatoren wurden vom König gewählt.

„Jede gens steht unter der Autorität eines pater familias..." (S. 18)

2.2 Rolle des Senats

- **Beratung des Königs** *(consilium);*
- Schutz der **Sitten der Vorfahren** *(mos maiorum);*
- Ausübung einer regelrechten **Bevormundung der Versammlung** der Kurien durch Bestätigung all ihrer Beschlüsse *(patrum auctoritas,* der *auctor* ist derjenige, der die Gültigkeit eines Beschlusses erhöht [„mehrt", *augere*] bzw. vervollständigt); der Senat schlägt auch den Komitien den König zur Ernennung vor;
- Sicherung des **Interregnums** beim Tode des Königs: *auspicia ad patres redeunt;* das Recht der Auspizien (über das der König verfügt) geht in diesem Fall auf die Senatoren über.

3 Die Kuriatskomitien

3.1 Zusammensetzung der Komitien

Die Zusammenkunft der *Comitia curiata* bildet die feierliche Versammlung des Volkes, *populus.* Der *populus* setzt sich **allein** aus den **Patriziern** zusammen (oder aus Patriziern und Klienten?).

POPULUS
untergliedert in **3 TRIBUS** → *Ramnes* / *Tities* / *Luceres* → jede: **10 Kurien** → **30 Kurien**

(Erinnerung an die drei ursprünglichen Bevölkerungsgruppen Roms)

3.2 Rolle der Kurien

- Die Kuriatskomitien versammeln sich vor dem königlichen Wohnsitz *(comitium)*, **wählen** auf Vorschlag des Senats **den König** und übertragen ihm das *imperium* (die oberste Macht).
- Sie **nehmen Gesetze an** und entscheiden über Frieden oder Krieg.
- Sie haben teil an der **richterlichen Gewalt**, benennen die *duoviri perduellionis*, die über Staatsverbrechen urteilen, und können im Fall einer Berufung gegen deren Entscheidung letztinstanzlich urteilen.
- Unter der Bezeichnung *Comitia calata* (von altlat. *kalare*, rufen) kommen die Kuriatskomitien auf dem Kapitol (unter dem Vorsitz des *Pontifex Maximus)* als

religiöse Versammlungen zusammen, um sich mit allem zu befassen, was ziviles und religiöses Recht berührt: Testamente, Einsetzung von Priestern usw.

III Die Armee

■ Civis et miles – Bürger und Soldat *(das Ideal der alten Römer)*

Eine Bürgerwehr, die sich aus Kleinbauern zusammensetzt.

a) Die **Truppenstärke** ist durch die Zahl der **patrizischen** *gentes* und ihrer Klientel begrenzt. Später kommt es vor, dass eine *gens* mit eigenen Mitteln einen Krieg anstrengt (z.B. in der Anfangszeit der Republik die 306 Fabier gegen Veji). *Legio* (vom Verb *legere)* bezeichnet das ausgehobene Truppenkontingent.

Jede curia stellt
- 100 Infanteristen **(centuria)**
- 10 Kavalleristen **(decuria)**

Kontingent aus den **3 tribus** (= 30 *curiae)*
- **3000 Infanteristen** *(milites)*
- **300 Kavalleristen** *(celeres)*

Später muss dieses Kontingent vergrößert oder geteilt werden: Titus Livius spricht von *einer* „Legion" unter Romulus und von mehreren unter Tullus Hostilius.

b) Die **Kavallerie** ist die Militärgattung des Adels (zuerst bildet sie die persönliche Garde des Königs); sie spielt eine bestimmte Rolle in der Schlacht, obwohl sie **zu Fuß** kämpft. Noch in klassischer Zeit bewahrt man die Erinnerung an die nach *tribus* organisierten Ritter der Königszeit *(Ramnes, Tities, Luceres).*

c) Die **Infanterie** greift ohne Schlachtordnung an. Häufig werden **Einzelkämpfe** ausgetragen: Kämpfe der Horatier und Curiatier; später der Kampf des Manlius Torquatus gegen einen Gallier usw.

d) Die **Bewaffnung**, aus Bronze und Eisen, ist nicht einheitlich.

„Häufig werden Einzelkämpfe ausgetragen...": Darstellung eines etruskischer Krieger auf einem Tempelgiebel. Rom, Villa Giulia

Umbildungen der Armee

- Die erste Umbildung der Armee ergibt sich aus dem **Eintritt der Plebs**, deren Bedeutung wird dadurch gestärkt. Dieses bedeutende Ereignis ist nicht genau zu datieren, jedenfalls fand es vor dem 5. Jahrhundert statt.
- Die zweite war Ergebnis der sog. Reform des Servius Tullius; jetzt erst wurde die eigentliche **Legion** geschaffen; die **Besitzenden** haben nicht nur die Aufgabe der Staatsführung, sondern auch die Aufgabe der Verteidigung zu tragen.

IV Die Religion, Fundament der Stadt

- **Durch unsere Religion haben wir das Universum besiegt.** *Cicero*
- **Wenn man entscheiden müsste, wem Rom mehr zu verdanken habe: Romulus oder Numa, würde der Letztere den Vorzug erhalten.** *Machiavelli*

Rom, die heilige Stadt, deren Anfänge mit der Geschichte der Götter verschmelzen, hat immer die religiösen Bräuche mit den Ereignissen seines öffentlichen oder militärischen Lebens und des familiären Lebens verbunden.

- Die Römer beten nicht zu ihren Göttern um sie zu ehren, sondern um sie für sich zu gewinnen; nicht um die Kraft zu haben, ihrem Willen zu gehorchen, sondern um sie sich ihren Wünschen geneigt zu machen.
- Über die Ursprünge des römischen Götterkults und über die Ursprünge der einzelnen Gottheiten (↗ S. 25, 2) und Priesterämter (↗ S. 26, 3) besitzen wir nur unzureichende Informationen.
- Man unterscheidet von Beginn an drei Arten des Kultes: den Volkskult *(sacra popularia)*, den häuslichen Kult *(sacra familiaria)* und den Staatskult *(sacra publica* oder *pro populo)*.

1 Der häusliche Kult

Dieser wird ausschließlich von den **Patriziern** praktiziert (markantes Zeichen für die soziale Ungleichheit) und gründet sich auf den Glauben an die **Unsterblichkeit der Seele.**

1.1 Der Kult des Urahnen

Der Begründer der patrizischen *gens* ist Objekt eines Kults. Dieser Urahn ist ganz generell ein Mann. Eine *gens*, die *gens Iulia*, verehrt als Gründerin eine Göttin: Venus (Mutter des Äneas, Großmutter des Iulus).

1.2 Der Herdkult

- Zum *lararium* oder *sacrarium*, einer Art Hauskapelle im Atrium, gehört ein Altar *(ara)*, dessen Oberseite in einer Vertiefung einen **Herd** *(focus patrius)* aufweist, wo permanent das heilige Feuer brennt.
- Dazu birgt eine Art Nische oder Wandschrank kleine Wachsstatuen, die unter anderem den *Lar familiaris* (Herdgott) und die beiden Penaten *(penates*, Vorratsgottheiten, von *penus* = Lebensmittelvorrat) repräsentieren (↗ Abb. S. 24).
- **Laren** und **Penaten** haben Anspruch auf Blumen und sogar auf Opfer.

1.3 Der Totenkult

a) Zu einem großen Teil von den Etruskern übernommen, gründet er sich auf die **Furcht vor den Toten**, denn die Seelen der Toten werden vor allem als gefährlich und bösartig angesehen. Um ihre Empfindlichkeiten und Rachegelüste zu besänftigen, muss man rituelle Handlungen vollziehen.

- Am Herd selbst werden die Seelen unter dem Namen **Manen** verehrt. Man reicht ihnen an den – sorgfältig aufgezeichneten – Geburtstagen der Wesen, für die sie stehen, Blumen und Lebensmittel dar.

b) Öffentliche Ehrungen erfahren die Manen durch Feste, deren Einrichtung Äneas

„... eine Art Nische oder Wandschrank..."

Dieses **Lararium** aus Pompeji stammt aus der Kaiserzeit. Rechts und links vom Begründer der *gens* schwenken zwei Laren einen Becher in Form eines Horns; die Schlange repräsentiert den Genius des Besitzers.

zugeschrieben wurde: an den *Ferialia* (im Februar) ruhen während neun Tagen alle Geschäfte, Hochzeitsfeste sind untersagt, die Tempel sind geschlossen.

- An den Iden des Mai werden große Bestattungszeremonien gefeiert, um **Verhexungen durch Gespenster** abzuwenden *(larvae,* Seelen von Verbrechern oder ihren Opfern, bzw. *lemures,* die nicht weniger beängstigenden Geister der Verstorbenen). Die *Lemuria* dauern sechs Tage, die religiösen Handlungen dauern drei Nächte lang. Am Tag der Iden (15. Mai) werfen die Vestalinnen vom *Pons Sublicius* dreißig Puppen aus Weidenruten in den Tiber, die Greise darstellen (vielleicht eine Reminiszenz an Menschenopfer?).

1.4 Der Genius

- Jeder Lebende wird von Geburt an bis zum Tode von einem Schutzgeist, Genius, begleitet. *Genius* ist der Begriff für den Geist des Mannes und wird oft von einer Schlange repräsentiert; die Frau besitzt keinen eigenen (Schutz)Geist, sein Platz wird von der Göttin Juno eingenommen.
- Dieser sehr einfache Kult ist durch die Teilnahme der Sklaven und Freigelassenen mit den häuslichen Kulten verbunden.

1.5 Organisation des häuslichen Kults

- Es gibt kein allen häuslichen Kulten gemeinsames Ritual: *„suo quisque ritu sacrificium faciat" – „Jeder soll das Opder nach seinem eigenen Ritus durchführen".*
- Die Zuständigkeit des Pontifex Maximus besteht ausschließlich in der Kontrolle über die angemessene Einhaltung der häuslichen Riten, damit die öffentliche Ruhe nicht durch die Lemuren gestört wird.
- Das Familienoberhaupt, der **pater familias**, ist der „Priester" des häuslichen Kults: er unterrichtet seinen Sohn in den Gebeten, den Liedern und allen Verrichtungen seiner häuslichen Religion; bei seinem Tod tritt der Sohn als „Priester" an seine Stelle. Wenn der Vater kein männliches Kind hat, adoptiert er einen Jungen, um die Fortführung des häuslichen Kults sicherzustellen.
- Die Töchter nehmen am häuslichen Kult ihres Vaters nur bis zu ihrer Hochzeit teil.
- Ein eigens ausgewählter Sklave dient bei den Kulthandlungen der Familie als „Ministrant"; wegen dieser Funktion besitzt er eine gewisse Vorzugsstellung gegenüber den anderen Sklaven.

2 Die Götter Roms

Wie die patrizische Familie hat auch der Staat seinen **Herd**; auch der Staat hat seine **Laren**, nämlich Romulus und Remus. Der Staat kann zwar keine Manen haben, dafür aber seine **Penaten** *(Penates publici)*, die über die Versorgung Roms wachen. Das Zentrum des Kultes bildet das **Kapitol**.

2.1 Spezielle Gottheiten

- Die Römer besaßen eine unübersehbare Anzahl an **„göttlichen Mächten"** *(numina, virtutes)*, die in allen möglichen genau bestimmten Lebenssituationen unbedingt respektiert werden mussten.
- So hatte sich z.B. der Landwirt im Anschluss an die jeweiligen Arbeiten auf dem Acker an *Sterculinus* (Bodendüngung) zu wenden, an *Vervactor* (erste Rodung), an *Redarator* (zweite Rodung), an *Sator* (Aussaat), an *Occator* (Eggen) usw.
- Um jeder Unsicherheit bei der Anrufung von Göttern vorzubeugen, legen die Priester offene, d.h. nie abgeschlossene Listen mit *numina* an, die *indigitamenta.*
- Lange Zeit haben die Römer die *numina*, deren Ursprung sich in der Nacht der Vorgeschichte verliert, **nie konkret bildlich** dargestellt.

2.2 Die Götter-Triaden

- Unter den *numina* spielen einige eine größere Rolle als andere, weil sie sozusagen einem ganzen Tätigkeitsfeld vorstehen: so z.B. Saturn (Aussaat), Janus (Licht), Mars (Vegetation, später Krieg), Jupiter (Himmel und Witterungsphänomene). Bisweilen stellte man sie durch Symbole dar, z.B. Mars durch ein Schwert.

Die staatlichen Hauptgottheiten *(s. Seite 26)*	
CARMENTA:	Göttin der Quellen, dann der Weissagung
CERES:	Göttin der Feldfrüchte
FAUNUS:	Gott des Viehs
FLORA:	Göttin der Blumen
IANUS:	Gott des Lichts; er öffnet die Tore *(ianua)*. Sein Tempel steht am Eingang zum Forum; in Kriegszeiten hält man ihn geöffnet.
IUNO:	Göttin der (verheirateten) Frau
IUPPITER:	Gott des Himmels und des Donners; beim Eidschwur ruft man ihn zum Zeugen an.
LIBER:	Gott der Rebe
MARS:	Gott der Vegetation, dann des Krieges
MINERVA:	Göttin der Vernunft
PALES:	Gott, später Göttin der Weiden und der Hirten
POMONA:	Göttin der Früchte und der Bäume
QUIRINUS:	verschmolzen mit Mars (später mit Romulus)
SATURNUS:	Gott der Aussaat und des Ackerbaus
TELLUS	(oder *Terra Mater)*: Göttin der Erde oder der Ernten
VERTUMNUS:	Gott der Jahreszeiten *(vertere* = wenden) und des Handels
VESTA:	Göttin des Herdes
VULCANUS:	Gott des Feuers

- Die erste Triade („Dreiheit, Dreiergruppe") bildeten wahrscheinlich Jupiter, Mars und Janus als Beschützer der Nation. Dann wurde, so glaubt man, Janus durch Quirinus verdrängt (später mit Romulus gleichgesetzt). Die so gebildete Triade ist sehr alt; der Name, der den drei Flamines (↗ S. 26, 3.1 a) gegeben wurde, erinnert an die Bedeutung ihres Kultes.
- In etruskischer Zeit (6. Jh.) wurde in Rom eine dritte Triade gebildet, die klassische Götter-Trias: **Jupiter, Juno** und **Minerva;** sie wurde auf dem **Kapitol** verehrt. Der erste große Tempel Roms, der des Iuppiter Capitolinus, wurde von den Etruskern errichtet.

2.3 Die staatlichen Hauptgottheiten

Sie heißen *indigetes* = einheimisch, d.h. altrömisch, im Gegensatz zu den später importierten Gottheiten = *novensides.*

- In der Vielzahl der latinischen Götter zeigt sich der spezielle Charakter der italischen Bevölkerung, einer Bevölkerung aus Bauern und Soldaten.
- Im Unterschied zu den Griechen fehlt den Römern ursprünglich die Fantasie, das Universum zu erklären oder die Abenteuer ihrer Götter zu erzählen; sie haben **weder eine eigene Kosmogonie** (Weltentstehungslehre) **noch eine Mythologie oder Theologie** geschaffen.
- Erst **ab dem Beginn des 4. Jahrhunderts** vollzieht sich durch die Vermittlung der Etrusker eine **Angleichung** bestimmter römischer Gottheiten an griechische Götter. Diese Assimilation soll sich unter der Republik noch verstärken (↗ S. 83,2).

3 Die Priester

- Der **König** ist das Oberhaupt der Staatsreligion.
- Ihm zur Seite stehen **Priester,** die aus den Reihen der **Patrizier** stammen und (die Flamines ausgenommen) in **Kollegien** zusammengeschlossen sind; deren Organisation wurde i. Allg. Numa Pompilius zugesprochen. Durch Ergänzungswahl war die Nachfolge gesichert. Mit Ausnahme der Vestalinnen waren sie nicht zur Ehelosigkeit verpflichtet. Sie genossen zahlreiche Ehrenprivilegien und waren von allen öffentlichen Lasten ausgenommen.

3.1 Kult für die Götter der Stadt

a) Die **fünfzehn Flamines** (Sg. *flamen;* das Wort hat man mit *brahman,* den indischen Priestern im Sanskrit, in Verbindung gebracht) sind die **„öffentlichen Priester des römischen Volkes".**

- Jeder von ihnen ist speziell mit dem **Dienst an einer Gottheit** verbunden: die Flamines Jupiters, des Mars und des Quirinus *(Flamen Dialis, Martialis, Quirinalis)* heißen *flamines maiores;* die übrigen zwölf, die untergeordneten Göttern geweiht sind, *flamines minores.*
- Der *Flamen Dialis* hat die Aufgabe, die **religiösen Verpflichtungen des Königs** zu erfüllen, wenn dieser sich nicht in Rom befindet; außerdem ist er bestimmten Zwängen unterworfen: er darf z.B. keinerlei Arbeit verrichten (nicht einmal aufs Pferd steigen) und niemals eine Nacht außerhalb seines Wohnsitzes verbringen. Er führt von Rechts wegen den Vorsitz im Senat, hat einen Liktor und einen kurulischen Sessel.

Modell eines kurulischen Sessels. Rom (EUR)

b) Die **Pontifices**, deren ursprüngliche Zahl drei, vier oder fünf war, haben ihren Namen von der Instandhaltung des *Pons Sublicius*, der heiligen Brücke („pontem facere").

- Unter dem Vorsitz des **Königs wacht** das Kollegium der Pontifices **über alle religiösen Handlungen**, öffentlich und privat.
- Es legt die **Pflichten des Volkes** gegenüber seinen Göttern fest (Pontifikalrecht, niedergelegt in den *Libri pontificales)*.
- Der Pontifex Maximus stellt den Kalender der **dies fasti** („erlaubte" Tage = Gerichtstage, d.h. **Werktage**) und der **dies nefasti** („unerlaubte" Tage = ohne Gerichtssitzungen und Volksversammlungen, d.h. **Feiertage**) auf und hält die *indigitamenta* auf dem Laufenden, ein „Namensverzeichnis" aller Götter, das beständig revidiert und erweitert wurde.
- Er organisiert jedes Jahr die Zeremonien zu Ehren der Kapitolinischen Trias, die wichtigsten Akte des **Staatskultes.**

„Die Vestalinnen hüten den Herd der Stadt..." Standbild einer Vestalin vom Forum Romanum

c) Die **Vestalinnen** (vier, dann sechs, später sieben) wurden schon vor Romulus eingesetzt (seine Mutter war Vestalin).

- Ihre Aufgabe besteht darin, den **Herd der Stadt**, der durch die Göttin **Vesta** personifiziert wird, zu hüten und zu unterhalten. An ihrer Spitze steht die Große Vestalin.
- Ausgewählt unter den körperlich makellosesten Mädchen der Patrizierfamilien, sind sie in einer Art Kloster untergebracht *(atrium Vestae)*; sie sind **30 Jahre** an ihren Kult gebunden (10 Jahre Einweisung, 10 Praxis, 10 Lehre) und legen ein **Gelübde der Reinheit** und der Askese ab. Jede Verfehlung wird erbarmungslos bestraft: man begräbt sie lebendigen Leibes.

d) Die **12 Salier** („Springer", *salire)* sind dem **Kult des Mars** geweiht: Numa hatte ihnen die Bewachung eines vom Himmel gefallenen Schildes anvertraut (weitere elf vollkommen gleiche hatte Numa dazu anfertigen lassen, um den Diebstahl des heiligen Schildes zu verhindern). Einmal jährlich (im März) führen sie öffentlich einen Kriegstanz *(saltatio)* auf, zu dem ein heiliger Gesang skandiert wurde.

e) Die **20 Fetialen** bilden ein Kollegium von **Diplomaten**, deren Schaffung Numa zugeschrieben wird; der Feuerstein, mit dem sie die Opfertiere schlagen, zeugt allerdings von ihrem frühgeschichtlichen Ursprung.

- Sie vollziehen die Riten zur **Kriegserklärung** (↗ S. 76, 2.8 b) und sind für den **Abschluss von Verträgen** verantwortlich. Leiter ihrer Delegationen ist der *Pater Patratus.*

- Sie sind die Schöpfer des **Internationalen Rechts** *(ius fetiale):* „Man darf erst dann auf das Mittel der Gewalt zurückgreifen, nachdem alle anderen ausgeschöpft sind" (Cicero).

3.2 Kult für die Götter der Natur

a) Die 12 Luperci: Ihr Ursprung fällt in die Zeit vor Romulus, ausgewählt werden sie aus den beiden großen patrizischen Familien der Quinctilii und der Fabii. Jedes Jahr im Februar vollführen sie magische Riten zum Schutz der Schafherden gegen die Wölfe. Später laufen sie beinahe nackt durch die Straßen Roms und schlagen mit Riemen aus Ziegenleder auf diejenigen, die sich Kinder, Herden oder gute Ernten wünschen: **Fruchtbarkeits**feste *(Lupercalia)* zum Ruhm des Gottes Lupercus (Wolfs-Wehrer, *lupus, arcere)* bzw. Faunus, der später dem Pan der Griechen gleichgesetzt wurde.

b) Die 12 Arvalbrüder (Fratres Arvales), ursprünglich in Gestalt der zwölf Söhne des Schäfers Faustulus (?), feiern jedes Jahr im Mai in einem heiligen Hain nahe Rom eine Zeremonie zu Ehren der *Dea Dia* (Ceres), der **Erde als Nährerin**.

3.3 Die Vorhersage der Zukunft

a) Die Auguren: sechs an Zahl (zwei je Tribus) unter Tarquinius Priscus (?); bei ihnen handelt es sich nicht um eigentliche Priester, sondern um **staatliche Sachverständige** zur Auslegung **himmlischer Zeichen.** Sie führen die Auspizien (Vogelschau, *aves specere:* die Vögel betrachten) durch, vor allem durch Beobachtung des **Vogelflugs** oder des **Futterappetits der heiligen Hühner**.

b) Die Haruspices: Priester von niedererem Rang, oft Scharlatane: „Zwei *haruspices* können einander nicht ansehen, ohne zu lachen" (Cato). Anscheinend etruskischen Ursprungs, begutachten sie die **Eingeweide** (etruskisch *hara* ?) von Opfertieren, um daraus Vorhersagen abzuleiten.

c) Die Exegeten der Sibyllinischen Bücher: Tarquinius Superbus soll die Bücher der Sibylle von Cumae gekauft und ein Kollegium zweier Priester *(duoviri sacris faciundis)* eingesetzt haben, die darin im Fall unglückverheißender Wunderzeichen *(prodigia)* Hinweise ausmachen sollten, die zum Schutz Roms dienen konnten.

4 Der Staatskult

„Die Römer sind religiöser als die Götter selbst" *(Polybios, griech. Historiker).*

- Die Römer messen der **strengen Einhaltung der Riten** größte Bedeutung zu: *eine* Unterlassung, *eine* Nachlässigkeit verpflichtet dazu, eine Zeremonie ganz von vorn zu beginnen.
- Die gewöhnlichen Handlungen der Gläubigen bestehen in Gebeten, Gelübden und Opfern.

4.1 Die Kultorte

- *Templum* bezeichnet zunächst das **rechteckige Beobachtungsfeld,** das der Augur mit seinem Krummstab *(lituus)* in den Himmel zeichnet („Inauguration": Auftakt) und wo er die Bewegungen der günstigen Vögel nachzeichnet (zur Rechten, *dextra)* oder der ungünstigen (zur Linken, *sinistra).*
- Sodann bezieht sich *templum* auf den **Bereich des Himmels,** der den heiligen Mauerring Roms, das *pomerium,* beherrscht; in seiner Mitte finden gewöhnlich

„... der Rundtempel der Vesta..." auf dem Forum Romanum

die Beobachtungen der Auguren statt.

- Schließlich bezeichnet *templum* später die **Wohnstatt eines Gottes.** Denn der „Tempel" ist nur zur Aufbewahrung seiner Statue (in der *cella)* bestimmt. Die Kulthandlung wird vor dem Tempel unter freiem Himmel um einen Altar gefeiert (*altaria* [Pl.]: Altar einer höheren Gottheit; *ara:* Altar eines der anderen Götter). Die Tempel sind i. Allg. rechteckig und von geringen Ausmaßen (die Menge hatte keinen Zutritt). Der Rundtempel der Vesta ist (nach Aulus Gellius) aufgrund der Besonderheit dieses Kultes kein *templum.* Andere Kultorte: **Kapellen** *(aedicula,* wenn keine Statue vorhanden ist; *sacellum,* wenn ein Altar dazu gehört), **heilige Haine** *(lucus),* **Quellen** *(fons)* usw.

4.2 Gebete und Bitten

- Bedeckten Hauptes und nach Osten gewandt berührt der Gläubige den Altar oder die Knie der Statue (Haltung des **Bittflehenden**) und wiederholt mit lauter Stimme die vom Priester verlesenen (um jeden Fehler zu vermeiden) Formeln. Das Gebet endet mit der *adoratio* (mit der linken Hand gesandter Kuss: *oscula facere)* oder der *supplicatio* (Niederwerfung auf den Boden).
- *Vota facere, suscipere, concipere* bedeutet, vor einem Gott Versprechen abzulegen: einen Tempel zu bauen, Spiele zu feiern *(ludi votivi),* Opfer, Gaben, die Ernteerstlinge usw. darzubringen. Bisweilen schreibt man das Gelübde auf einer Wachstafel nieder, die an den Knien der Statue angebracht wird.

4.3 Die Opfer

- Das Opfer folgt nach den Gebeten und Gelübden. Der Opferbringer badet sich sorgfältig und kleidet sich in ein weißes Gewand.
- Die Opfertiere *(victima:* Großvieh, *hostia:* Kleinvieh) müssen ohne jeden Makel sein. Sie sind mit Bändern (*vittae)* geschmückt, ihre Hörner sind vergoldet. Heilige Diener *(popae)* halten sie an der Leine, ohne zu ziehen, damit sie den Eindruck erwecken, sie gingen von selbst zum Opfer.

„hoc age!" (S. 30): Relief mit Opferszene. Florenz, Uffizien

- Vor dem Opfer legt man einen besonderen, von den Vestalinnen mit Honig und gesalzenem Mehl *(mola salsa)* hergestellten Kuchen auf den Kopf der Tiere; diesen besprengt man mit einem zuvor vom Priester und den Anwesenden gekosteten Wein, das ist das **Trankopfer** *(libatio).*
- Wenn alles bereit ist, fragt ein Diener, der *victimarius*, den Priester: *„Agone?"* Der Priester, den Kopf mit einer Bahn seiner Toga bedeckt, antwortet: *„Hoc age."* Der Opferdiener tötet *(immolare*, von *mola salsa)* darauf das Tier mit einem Beilhieb oder einem Messerstich.
- Das Tier wird sogleich zerlegt und die *haruspices* prüfen die **Eingeweide** *(exta)*, während die Fleischteile unter dem Priester, der das Opfer vorgenommen hat, und den Anwesenden aufgeteilt werden. Wenn die *exta* (vor allem die Leber) einen guten Eindruck machen, verbrennt man sie auf dem Altar. Andernfalls muss das Opfer von vorn beginnen, denn die Götter akzeptieren es so nicht.
- In der Anfangszeit sind ebenfalls **Menschenopfer** verbreitet.

4.4 Die Spiele

Bei den Spielen handelt es sich um einer Gottheit gewidmete Schauveranstaltungen.

- Die ersten dürften auf die Zeit des Romulus zurückgehen (im Verlauf der *Consualia*, Spielen zu Ehren des Ackergottes Consus, fand der Raub der Sabinerinnen statt).
- Tarquinius Priscus verhilft später den Spielen zu großem Aufschwung: er lässt den *Circus Maximus* bauen und beschließt die Stiftung **jährlicher Spiele**, der *Ludi Romani.*

4.5 Besondere Kultpraktiken

a) Reinigung *(lustratio)* mittels einer Prozession *(pompa)*, die dreimal um den Gegenstand der Reinigung zieht. Die Opferung eines Schweins, eines Schafs und eines Stiers *(sus, ovis, taurus)*, die **Suovetaurilien**, beschließen die Zeremonie.

b) *Devotio* und *consecratio capitis:* Diese Handlungen sind darauf gerichtet, ein Individuum für *sacer* zu erklären, d.h. es **den Göttern der Unterwelt zu weihen.** Bei der *devotio* handelt es sich i. Allg. um ein **Versprechen** zur Erlangung einer bedeutsamen Vergünstigung (vgl. den Doktor Faust, der „seine Seele verkauft"); die *consecratio capitis* bedeutet eine **religiöse Strafe** (die eine zivile nach sich zieht: Exil oder Todesstrafe mit Konfiskation des Vermögens).

5 Die Volkskulte

Hierbei handelt es sich vor allem um **Ackerkulte**. Zu einer Zeit, als die **Plebejer** noch keinen häuslichen Kult hatten und als ihre Position hinsichtlich des Staatskults noch nicht gesichert war, **kannten** sie **nur diese**.

- Ihre Hauptgottheit bleibt die Jahrhunderte hindurch **Ceres**. Ihr zu Ehren werden sogar Spiele gefeiert.
- Sie verehren auch **Pales**, eine Hirtengöttin und eine der ältesten römischen Gottheiten (Schützerin des Palatins), am 21. April, dem Jahrestag der Gründung Roms *(Palilia)*, mit einem Fest und Feuern ähnlich den Johannisfeuern.
- Kleine Leute und Sklaven verehren in einem besonderen Kult die Laren der Kreuzwege *(Compitales Lares)*. Die *Compitalia*, von Servius Tullius begründet, bieten allen einfachen Menschen Spaß und Vergnügen (Anfang Januar).

V Der Rahmen des privaten Lebens

■ Einst herrschte bäuerliche Einfachheit. *Tacitus*

Die **Einfachheit des Privatlebens** zu Beginn der römischen Geschichte ist sicher keine fromme Legende, die im Nachhinein von nostalgischen *laudatores temporis acti* (Lobrednern auf vergangene Zeiten) erfunden wurde.

Haus, Möbel, Kleidung, familiäre Sitten, *negotium* (der aktive Teil des Lebens), *otium* (Freizeit), alles war geprägt von Bescheidenheit und Ehrgefühl.

1 Das Haus

1.1 Die italische Hütte

- Die ersten römischen und italischen Behausungen waren viereckige oder runde Hütten. Wir kennen sie von Graburnen her, die ihnen in der Form nachgebildet sind.
- Sie waren aus **Strohlehm** hergestellt, das Dach bestand aus Reisig und Stroh. Die einzige Öffnung bildete eine einfache Tür.

1.2 Das etruskische Haus

Erst die Etrusker lehrten die Römer, echte Häuser mit **rechtwinkligem** Grundriss zu bauen. Dies ist die *domus* (Haus) im ursprünglichen Sinn. Sie liegt zur Straße hin und ist zurückliegend – ohne Fenster nach außen – gebaut. Eine sich zur Straße hin öffnende Tür *(ianua)* aus zwei Flügeln *(fores)* führt durch einen Vorraum *(vestibulum* oder *ostium)* in das Atrium.

a) Das **Atrium** ist der wesentliche Teil des Hauses, das Wort steht sogar oft synonym für *domus.* Es handelt sich dabei um einen **quadratischen Hof** mit einem quadratischen Becken in der Mitte *(impluvium);* dieser Hof ist mit einem sich nach innen neigenden Dach, dem *compluvium,* überdeckt, das eine Öffnung von der gleichen Grundfläche aufweist wie das *impluvium.* Der durch diese Öffnung einfallende Regen sammelt sich in dem Becken und dient zur Deckung des Wasserbedarfs des Hauses (im Innern des Raums wird auch ein *velum* aufgespannt, um das *impluvium* abzudecken).

„... die domus im eigentlichen Sinn..."

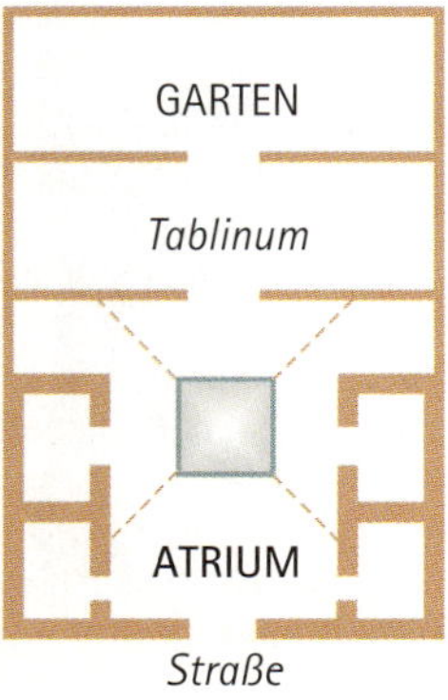

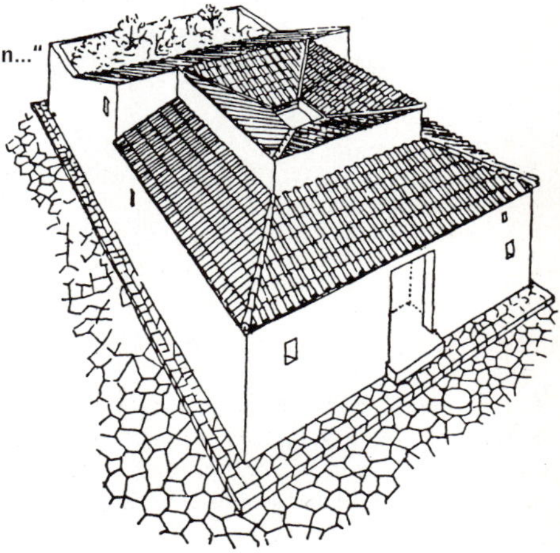

■ Das Atrium dient zugleich als **Küche** (die Wände sind vom Rauch geschwärzt, daher die irrtümliche Etymologie von *atrium* nach *ater*, schwarz), als **Speisezimmer**, als **Schlafzimmer** *(cubiculum*, mit Ehebett: *lectus genialis)* und auch als **Altarraum** (für den Hausaltar).

■ Später dann grenzen mit Fenstern versehene Trennwände verschiedene besondere Räume voneinander ab.

b) Ein mit Brettern abgeteilter Raum, das **tablinum** (von *tabula*, Brett), hinter dem Hausaltar und gegenüber dem Vorraum bildet das persönliche Zimmer des Hausherrn.

2 Das Mobiliar

Die Schlichtheit des Mobiliars wird von den lateinischen Schriftstellern gerühmt. Das sehr knapp möblierte Haus vermittelt den Eindruck von **Kahlheit.**

- Zum Schlafen begnügt man sich mit einem Holzrahmen, in dem über Kreuz Gurte gespannt sind und der auf einem Holzgestell aufliegt *(grabatus).*
- Sitzmöbel, Tische und Truhen sind aus gebräuchlichem Holz und von einfacher Form.
- Das Geschirr ist aus Ton oder Holz.

3 Die Kleidung

- Ursprünglich kleiden sich Patrizier wie Plebejer mit **Fellen.** Dann verlegen sich die römischen Frauen darauf, Stoffe aus **Wolle** herzustellen. Dieser Beschäftigung gehen sie auch noch später **zu Hause** nach, als das Weben zur Sklavenaufgabe geworden war.
- Wie in Griechenland **unterscheidet sich die Kleidung der Frauen wenig von der der Männer.**
- Schnell wird die von den Etruskern stammende **Toga** („Bedeckung", von *tegere:* bedecken) aus Wolle zur einzigen Kleidung am Tag und in der Nacht; sie ist stets kurz, damit sie bei den Aktivitäten des täglichen Lebens nicht hinderlich ist. (Manchmal wird unter der Toga ein Schurz um die Lenden gewickelt.)

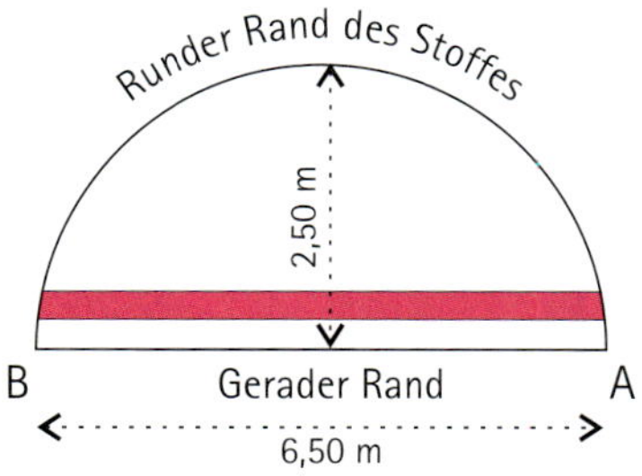

- Wie der griechische Mantel ist die Toga anfänglich rechteckig (so wie das Stoffstück aus dem Webstuhl kommt); später wird sie halbkreisförmig zugeschnitten.

„Die Toga ist stets kurz, damit sie bei den Aktivitäten des täglichen Lebens nicht hinderlich ist..." *(zu A und B vgl. Abb. S. 92)*

- Die **halbkreisförmige** Toga ist eine genuin römische Idee wie die von ihnen gepflegten typischen Architekturformen (↗ S. 44 f.).
- Ihre Farbe ist ein gräuliches Weiß; es gibt auch gelbe Togen für die Auguren und dunkle *(sordidae)* für Trauernde. Kinder und Senatoren tragen die **toga praetexta,** die mit einem Purpurband umsäumt ist.

VI Die Lebensalter

Wir wollen dieses Kind mit unserer ganzen Zuwendung aufziehen, und es wird dereinst der Grundstoff gewaltigen Ruhms für unser Haus und den Staat sein *(die Etruskerin Tanaquil, Gattin des Tarquinius Priscus, über Servius Tullius).* *Livius*

FRAU (mulier)		MANN (vir)	
Bezeichnung nach dem **Zivilstand** (die Aufgabe der Frau ist zu heiraten und Kinder zu haben)		Bezeichnung nach dem **Alter** (aufgrund seiner bürgerlichen und militärischen Pflichten)	
INFANS (= „nicht sprechend"): bis zu sieben Jahren			
▪ PUELLA VIRGO	das junge Mädchen	▪ PUER	von 7 bis 14 Jahren
▪ UXOR	die verheiratete Frau	▪ ADULESCENS	von 17 bis 30 Jahre
▪ MATRONA	die Frau des Hauses	▪ IUVENIS	von 30 bis 46 Jahre
▪ ANUS	die ältere Frau (die keine Kinder mehr haben kann)	▪ SENIOR	von 46 bis 60 Jahre
		▪ SENEX	von 60 bis 80 Jahre
		▪ AETATE PROVECTUS	über 80 Jahre

- Das Kind erhält die soziale Stellung seines Vaters (das außereheliche die der Mutter).
- In der Königszeit kennen **nur die Patrizierfamilien** die speziellen Bräuche, Übungen und Riten, die im Folgenden dargelegt werden.

1 Geburt

1.1 Der Dies lustricus

Das Kind muss im Laufe einer Zeremonie, die vor dem Herd des Hauses stattfindet, **von seinem Vater rechtlich anerkannt** werden.

- Bei den Mädchen der achte, bei den Jungen der neunte Lebenstag heißt *dies lustricus.* Der *pater familias* (also der Vater, Großvater oder sogar der Ur-

Links: „Der Redner" in der Toga; Bronzestatue (des Etruskers Avle Metelle) um 100 v. Chr.

Rechts: „... man legt ihm die bulla (Kapsel mit Amuletten) um den Hals..." Etruskische Bronzestatue eines Kleinkindes. Rom, Vatikan. Museen

großvater väterlicherseits) oder im Falle seiner Abwesenheit eine Person, die an seiner Statt handelt, nimmt das Kind von der Erde hoch *(tollere filium)*, um es **„anzuerkennen"**, und nimmt es in die Arme.

- Darauf wird an dem Kind eine **Reinigung** vollzogen *(lustratus)*, und man legt ihm die *bulla* (Kapsel mit Amuletten) um den Hals, *aurea* (aus Gold) oder *scortea* (aus Leder). Darauf erhält es sein *praenomen.*
- *Non tollere filium* bedeutet: das Kind durch **Aussetzung** dem Tode weihen (Kindesaussetzung war durchaus nicht selten).

1.2 Die Adoption

- Immer nur Jungen, denn Ziel der Adoption ist die Sicherung des Familienkultes.
- Ursprünglich wurde das Kind vom eigenen Vater dem adoptierenden *pater familias* **verkauft.**

1.3 Namensgebung

Wie die Hauskulte waren die *tria nomina* (eine etruskische Eigenheit) anfangs ausschließlich den Patriziern vorbehalten: Name, Vorname, Beiname.

a) Das *nomen* jedoch, generell mit der Endung *-ius*, wird bald zum Eigennamen jeder Familie, sei sie patrizisch oder plebejisch.

b) Das dem Jungen am *dies lustricus* gegebene *praenomen* wurde üblicherweise schon von einem seiner Vorfahren getragen. Wenn ihm das *nomen* folgt, wird es mit dem Anfangsbuchstaben abgekürzt. Die Liste der Vornamen ist kurz:

A.	Aulus	**L.**	Lucius	**Q.**	Quintus
Ap.	Appius	**M.**	Marcus	**Ser.**	Servius
C.	Caius	**M'**	Manius	**Sex.**	Sextus
Cn.	Cnaeus (Gnaeus)	**Mam.**	Mamercus	**Sp.**	Spurius
D.	Decimus	**N.**	Numerius	**T.**	Titus
K.	Kaeso	**P.**	Publius	**Ti.**	Tiberius

c) Das *cognomen*, das ursprünglich mehr als das *praenomen* verschiedene Söhne voneinander unterschied, dient später dazu, verschiedene Zweige derselben Familie auseinander zu halten: Scaurus z.B. („Klumpfuß") bezeichnet so einen Zweig der *gens Aemilia* – in der nicht alle *Scauri* Klumpfüße sind!

- Der **Adoptierte** trägt die *tria nomina* des Adoptierenden, dazu ein zweites *cognomen* auf *-anus*, das an die Gens seiner Herkunft erinnert.
- Die **Frauen** tragen nur einen Namen, und zwar den ihrer *gens* in der femininen Form, z.B. Cornelia. Sie behalten ihn selbst nach ihrer Hochzeit.

2 Jugend und reifes Alter

2.1 Die „väterliche Gewalt" (patria potestas)

- Die *patria potestas* wird über Person und Vermögen aller Mitglieder der Familie ausgeübt und ist **unbegrenzt** in Dauer und Umfang:
  - Der Vater kann seinen Sohn zum Tode verurteilen.
  - Der Sohn kann ohne die Zustimmung seines Vaters nichts erwerben.

2.2 Unterricht und Erziehung

- Sie werden **von den Eltern** ausgeübt und haben vor allem die **moralische Bildung** zum Ziel. Der Vater lehrt seinen Sohn Lesen, Schreiben, Schwimmen und

Kämpfen. Durch Wort und Beispiel werden ihm Achtung der Religion, Genügsamkeit und Energie eingeschärft.

- Für die Tochter genügt es, dass sie „das Haus zu besorgen und Wolle zu spinnen" versteht.
- Die Erziehung der Kinder gilt als beendet, wenn sie die *bulla* ablegen.

„... nur die Patrizier heiraten in aller Form..."

2.3 Das Jugendalter

- **Für die Jungen** endet die *pueritia* kurz vor oder nach **17 Jahren,** je nach der Entscheidung des Vaters oder des Erziehers.
- Jetzt legt der *puer* die *bulla* und die *toga praetexta* (↗ S. 33, 3) ab; sie werden den Laren geweiht. Die *toga virilis* ersetzt die toga praetexta. Das Anlegen der toga virilis erfolgt generell im März am Bacchusfest *(Liberalia).*
- **Die Mädchen** legen die *bulla* am Tag der **Hochzeit** ab.

2.4 Die Heirat

Über lange Zeit heiratet man vor allem, um einer religiösen Verpflichtung Genüge zu tun.

- Die **Männer** heiraten i. Allg. ziemlich spät (35, 40 Jahre). Das gesetzliche Mindestalter ist jedoch auf 14 Jahre festgesetzt.
- Für die **Töchter** liegt es bei zwölf Jahren. Faktisch heiraten sie später, doch immer jünger als die Männer.
- Zur Zeit der Könige heiraten nur die Patrizier „in aller Form", d.h. mit der *confarreatio,* so genannt nach dem Dinkel-Kuchen *(panis farreus),* den die Eheleute in Gegenwart des *Flamen Dialis* und des *Pontifex Maximus* essen, die beide geheimnisvolle Formeln sprechen.
- Um die *confarreatio* rückgängig zu machen, ist wieder eine entsprechende Zeremonie nötig, die *diffareatio.* Die Scheidung ist **den Männern vorbehalten.**

2.5 Die verheiratete Frau

- Die Frau wird im Prinzip in **ewiger Unmündigkeit** gehalten. Sie entkommt der Herrschaft ihres Vaters nur, um unter die ihres Ehemannes zu geraten, die für sie nicht weniger streng ist als für ihre – gewöhnlich zahlreichen – Kinder.
- Allerdings steht die Frau des Hauses *(mater familias, matrona)* in der Rolle als **Hüterin des Herdes** hoch in Ehren. Dafür, dass ihr Einfluss bei Entscheidungen in der Haushaltsführung nicht auf Gesetzen beruht, ist er seit den frühesten Zeiten Roms beträchtlich.

3 Alter und Tod

3.1 Respekt vor den alten Menschen

Die Alten genießen hohe Ehrerbietung, denn die väterliche Autorität kommt – mit zunehmendem Alter wachsend – den männlichen Abkömmlingen in väterlicher Linie zu.

3.2 Furcht vor den Toten

Die Bestattungsriten haben nur ein Ziel: die Toten gegenüber ihren lebenden Angehörigen ungefährlich zu machen.

- Der nächste Angehörige nimmt in einem Kuss den letzten Atemzug auf, d.h. den letzten Lebenshauch *(extremum spiritum ore recipere)*, der Verstorbene wird von allen Anwesenden wiederholte Male angerufen *(conclamatio)*.
- Das Ableben wird im Tempel der Venus Libitina verkündet.
- Nach der Totenwaschung wird der Verstorbene für drei bis sieben Tage im Atrium aufgebahrt.
- Die **Beisetzung** findet **nachts** im Fackelschein statt. Dazu versammeln sich Angehörige und Freunde und folgen dem offenen Sarg, der von Verwandten oder Freigelassenen getragen wird. Die Frauen haben ihre Haare gelöst und wehklagen; die Söhne haben den Kopf verhüllt.
- Der nächste Angehörige (der Sohn zum Beispiel) hält das **Totenlob** *(laudatio)*, ein ausschließlich römischer Brauch.
- Der Leichnam wird begraben oder eingeäschert. In den Anfangszeiten Roms wurden die Toten innerhalb der Stadtmauern beerdigt, bisweilen sogar im Hause.
- Dauer der Volltrauer: zehn Monate.

VII Der Tagesablauf

Wenn unsere Väter jemanden als einen guten Bürger bezeichnen wollten, sagten sie, dass er ein guter Landwirt sei. *Cato*

1 Die Einteilung der Zeit

- Die Etrusker haben die Kunst der Weissagung bis zu einer fundierten Kenntnis der Himmelserscheinungen (Astronomie und Meteorologie) vorangebracht. Davon profitieren die Römer.
- Der Tageslauf ist in zwölf Tagesstunden und zwölf Nachtstunden eingeteilt.
- Die Tagesstunden werden **von Sonnenaufgang bis Sonnenuntergang** gezählt; daher variiert **die Länge der Stunden** je nach Jahreszeit. Genauso verhält es sich mit den Nachtstunden. Das heißt also, die Stunde am Tage hat nicht die gleiche Länge wie die der folgenden Nachtstunde (außer bei der Tagundnachtgleiche).
- Unabhängig davon: gleich zu welcher Jahreszeit beginnt die *septima hora* natürlich am Mittag bzw. an Mitternacht.
- Zeitangaben erfolgen aus praktischen Gründen nur recht grob: bis ins 4. Jahrhundert v. Chr. sagt man einfach *ante meridiem* (vormittags) oder *de meridie* (nachmittags).
- Die Soldaten teilen die Nacht in „Viertel" zu drei Stunden oder **Nachtwachen** ein. Die *tertia vigilia* beginnt demnach immer um Mitternacht.

Rechts: „Die Länge der Stunden variiert je nach Jahreszeit."

2 Die Mahlzeiten

„Man muss essen, um zu leben..." Die Römer der ersten Jahrhunderte leben **ausgesprochen bescheiden**. Drei Mahlzeiten am Tag: *ientaculum, cena, vesperna*.

a) Mahlzeiten finden **im Sitzen** im Atrium beim Herd statt; nur der Vater speist im Liegen. Mutter, Kinder, Sklaven essen in demselben Raum, zusammen oder an getrennten Tischen.

b) Man ernährt sich von **Gemüse**, das ohne Aufwand zubereitet wird, oder von einem dicken **Brei**, der *puls* (davon *pulmentum*, „Portion, Tagesration") genannt und aus Weizenkörnern oder geröstetem und zerstoßenem Dinkel hergerichtet wird, die in Wasser (später mit Milch) in einem Bronzekessel gekocht werden (vgl. die italienische *polenta* heute).

- Dazu trinkt man ein **wenig Wein**; dieser ist für Frauen und junge Leute sogar verboten. („Der Ehemann ist Richter seiner Frau", wird Cato später sagen; „wenn sie Wein getrunken oder Ehebruch begangen hat, soll er sie töten.")

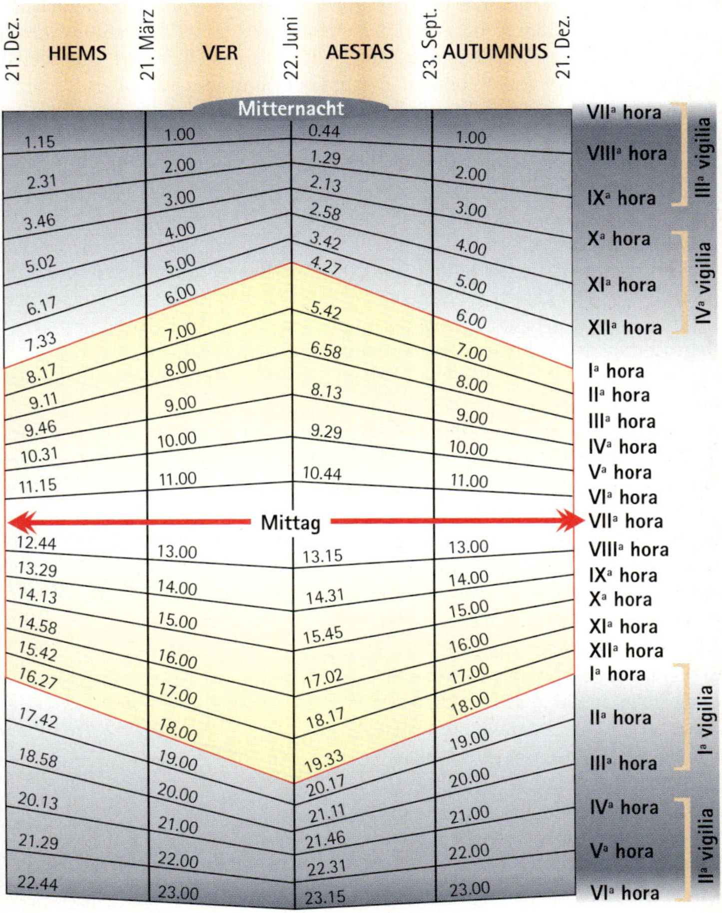

3 Die Berufe

- Es gibt vorwiegend bäuerliche Berufe; das zeigen auch Eigennamen wie Fabius, Lentulus, Piso, Lactucinus oder Cicero *(faba:* Bohne; *lens:* Linse; *pisum:* Erbse; *lactuca:* Kopfsalat, Lattich; *cicer:* Kichererbse).
- **Jagd** und **Fischfang** dienen dem Zeitvertreib und lassen sich gewinnbringend nutzen.

3.1 Die Viehzucht

Die Viehzucht scheint wie in Griechenland vor dem Ackerbau den **wesentlichen Platz** in der römischen Wirtschaft eingenommen zu haben. Vermögen wird ursprünglich nach Stück Vieh bewertet *(pecunia,* Geld, von *pecus,* Vieh), **Geld gibt es nicht.** (Manche Historiker erklären die meisten Ereignisse aus den legendären Anfangszeiten Roms mit der Weidewanderung; so soll die Einnahme von Alba Longa von der Notwendigkeit bestimmt gewesen sein, Sommerweiden zu erlangen.)

- Romulus soll das römische Gebiet *(ager Romanus)* in drei Teile aufgeteilt haben: den Teil des **Königs** *(ager regius),* gleichzeitig religiöser Bereich *(res sacra);* einen Teil für Privatleute, der in persönlichen Parzellen den **Patriziern** zugewiesen wurde: zwei Morgen (50 Ar) unter Romulus, sieben unter Servius Tullius *(ager privatus);* schließlich einen nicht geteilten **gemeinsamen** Teil aus Weideland, der allen *gentes* zur Verfügung stand *(ager publicus* oder *pascua publica).*
- Auf dem *ager publicus* züchten die Patrizier die gemeinsame Herde ihrer *gens.* (Lukrez und Vergil erinnern später an das Goldene Zeitalter, wo man noch keinen Privatbesitz kannte.) In diesem gemeinschaftlichen Besitz hat der Begriff der *res publica* seinen Ursprung.

a) Man züchtet Schafe (sie vermehrten sich schneller als die heutigen Rassen) v.a. wegen der Wolle; **Ziegen** (geschätzt wegen des reichen Milchertrags); **Esel** und **Maultiere** (als Last- und Zugtiere, doch trank man auch Milch der Eselin) – allesamt an das Mittelmeerklima bestens angepasste Tiere.

b) **Schweine** (lebten von Eicheln im Wald) und **Pferde** (für den Krieg oder zum Reiten) wurden ebenso in großer Zahl gezüchtet.

c) **Rinder** *(bos,* m. oder f. = Bulle oder Kuh) sind **selten** und haben einen besonderen Status: für ihr Wohlergehen bringt man Opfer dar, und für die Tötung eines Ochsen ist die Todesstrafe vorgesehen. Ochsen sind die hauptsächlichen **Zugtiere**.

In Italien wird Kuhmilch als Getränk wenig geschätzt, sie dient zur Herstellung von **Käse**. (Dass sich unter den unterworfenen Völkern Butteresser finden, kommt den Römern später stets recht sonderbar vor.)

d) Die **Bienenzucht** spielt eine sehr große Rolle, da Honig den – erst ab der Kaiserzeit – aus Asien importierten Rohrzucker vertritt. Bekannt ist (später) aber auch Rübenzucker. (Die Haltung von Hofgeflügel wird erst in der republikanischen Zeit und dann sehr langsam eingeführt.)

Die Winde sind von großer Bedeutung für die Landwirtschaft und werden wie Gottheiten verehrt.

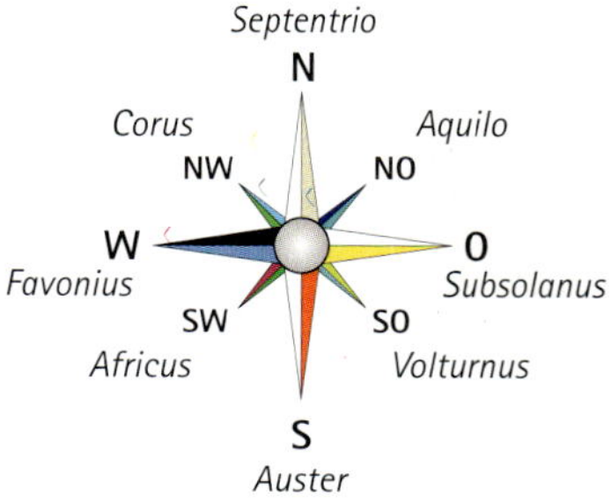

3.2 Der Ackerbau

Die Plebejer, die auf dem Lande wohnen, gehen dem Ackerbau nach. Allerdings sind es v.a. die Etrusker, ein Ackerbauernvolk, die wertvolle landwirtschaftliche Methoden dazu beisteuern.

a) Wenig **Gemüsesorten:** Bohne *(faba)*, Linse *(lens)*, Kohl *(brassica)*, Kohlrabi *(rapa)*, Porree *(porrum)*.

b) An **Getreide,** Grundlage der Ernährung, gibt es Dinkel (eine Weizenart: *far)*, Gerste *(hordeum)*, Hartweizen *(frumentum)*.

„Es sind vor allem die Etrusker..."

c) Reben, die von alters her in Italien angebaut werden, gedeihen auf den niedrigen Hängen gut. In den Weinbergen gibt es Ulmen *(ulmi)*, an denen sich die Ranken der reifen Weinstöcke hochwinden, während die jungen durch Rebpfähle *(hastilia)* gestützt werden.

d) Darüber hinaus sind die Römer große **Obst**liebhaber (v.a. von Äpfeln, die für den Winter ganz oder in Scheiben geschnitten und getrocknet aufbewahrt werden).

3.3 Gewerbe und Handel

- Handwerker, Künstler und Händler sind **kleine Leute,** oft Freigelassene. Teils sind sie mit ihrem Geschäft unter den Portiken am Forum angesiedelt, teils sind es mobile Gewerbetreibende (mit abbaubaren Buden).
- Schon Numa soll **neun Berufsverbände** gebildet haben, hier in rangmäßiger Reihenfolge (Bäcker- und Schneiderhandwerk sowie andere, die in jeder Familie ausgeübt wurden, erscheinen in dieser Einstufung nicht):

  1. Musiker, 2. Goldschmiede, 3. Bauarbeiter, 4. Färber, 5. Schuhmacher, 6. Gerber, 7. Kupferschmiede, 8. Töpfer, 9. die übrigen Zünfte

- Die Berufsverbände haben die Verteidigung der materiellen Interessen ihrer Mitglieder zum Ziel, aber auch die Sicherung einer angemessenen Leichenfeier und Bestattung.
- Die älteste datierbare Spur latinischen Handwerks ist eine in Palestrina (Praeneste, bei Rom) gefundene *fibula* (Spange) des 6. Jahrhunderts aus Gold. Die Aufschrift auf der Fibel ist gleichzeitig der erste (dialektale) Text auf Latein, den wir besitzen (↗ S. 44, 1.1).

3.4 Die Kriegsführung

Krieg zu führen ist eine der **wesentlichen Aktivitäten** des Bürgers zur Zeit der Könige: lange Zeit hatte Rom in der Vorstellung gelebt, dass bürgerliche und militärische Pflicht identisch seien (↗ S. 22).

Die sieben Könige der Stadt auf den sieben Hügeln

Legende...

■ Fakten, Lügen, Fabeln

Dauer: 244 Jahre

I Ein Latiner-König

Dauer: 38 Jahre

▷ Romulus, der Gründer (754–715)

◗ Nachdem einmal auf dem **Palatin** die Mauern des anfänglichen Roms *(Roma Quadrata)* errichtet sind, öffnet Romulus das **Kapitol** als Zufluchtsort für Vogelfreie. Diese nehmen sich Frauen ohne Achtung des Gesetzes (Raub der Sabinerinnen).

◗ Die Sabiner erklären den Krieg. Romulus siegt und erringt die erste „reiche Beute", die er Jupiter auf der Höhe des Kapitols an der Stelle weiht, wo später der erste römische Tempel errichtet wird. Doch dank dem Verrat der Tarpeia können **die Sabiner die Römerfestung einnehmen.**

◗ Auf Bitten der Sabinerinnen treffen Romulus und der Sabinerkönig Tatius eine Vereinbarung: **die beiden Völker sollen fortan eins sein,** die beiden Anführer sollen sich die Macht teilen. Bald darauf wird Tatius ermordet; Romulus regiert allein.

◗ Er selbst verschwindet im Verlauf einer religiösen Zeremonie in einer Wolke und wird in den Rang der Götter erhoben (Name: Quirinus).

II Drei Sabiner-Könige

Dauer: 99 Jahre

1. Numa Pompilius, der gottesfürchtige (715–672)

◗ Die Römer holen den Schwiegersohn des Tatius an die Macht, einen wegen seiner Fähigkeiten geschätzten **Sabiner:** Numa Pompilius.

◗ Numa – gottesfürchtig und friedlich, inspiriert (wie überliefert wird) von der

... und Geschichte

■ Sehr bescheidene Anfänge *(Livius)*

■ Vier Jahrhunderte nach der Gründung Roms erwähnen Platon und Aristoteles, sonst an Politik hoch interessiert, nicht einmal den Namen der Stadt.

▷ Rom vor der „Gründung"

◗ Rom wurde **zwei Jahrhunderte** vor seiner legendären Gründung besiedelt (in diese Zeit setzt Vergil den Hirtenkönig Euander).

◗ Ein auf dem Palatin errichtetes Dorf dürfte die *Roma Quadrata* gewesen sein.

▷ Rom: ein Latiner-Bund...

◗ Im 8. Jhdt. (Entsprechung zu Romulus?) existieren auf Palatin, Esquilin und Caelius sieben von Latinern besiedelte Dörfer. Sie vereinigen sich in einem **Latiner-Bund** *(Septimontium).*

... beherrscht von Sabinern

◗ Doch **Sabiner,** die sich auf Quirinal und Viminal niedergelassen haben, **erlangen die Führung** über diesen Bund.

◗ Die Römer haben **ihre Abhängigkeit** aus Nationalstolz unter einer **für sie vorteilhaften Legende** verschleiert.

◗ Beweis für die sabinische Vorherrschaft: der Name **Quirites,** der später den alteingesessenen römischen Bürgern gegeben wird (von *Cures,* der Sabinerhauptstadt).

◗ Weiterer Beweis: der Name *Quirinus,* der später dem vergöttlichten Romulus gegeben wird – es ist der Name des sabinischen Kriegsgottes.

◗ Der latino-sabinische Dualismus dürfte auch den Ursprung für die Legende der Gründer-Zwillinge abgegeben haben.

◗ Daher auch die **drei Sabinerkönige,** aus denen die Überlieferung auserwählte Nachfolger des Romulus macht.

◗ Man beachte die – ganz sicher erdichtete – Symmetrie zwischen zwei

Nymphe Egeria – organisiert das **religiöse Leben** der Römer (Vestatempel und Vestalinnen; Janustempel, geöffnet in Kriegs- und geschlossen in Friedenszeiten; Einteilung des Jahres in zwölf Monate mit Arbeits- und Feiertagen).

2. Tullus Hostilius, der kriegerische (672–640)

- Tullus ist noch hitziger und kriegerischer als Romulus und er ist **Sabiner** wie Numa, doch hat er mit ihm keine Ähnlichkeiten.
- Seine Herrschaft ist vom Kampf **Rom gegen Alba** gekennzeichnet, seiner Heimatstadt, die Roms Vasallin werden wird (Geschichte der **Horatier und Curiatier**). Am Ende von Tullus' Herrschaft werden das widerspenstige Alba dem Erdboden gleich gemacht und seine Einwohner nach Rom deportiert.
- Nachdem Tullus sich mit den Göttern überworfen hat, schleudert Jupiter seinen Blitz auf dessen Haus.

3. Ancus Martius, der Baumeister (640–616)

- Sein Nachfolger ist ein Neffe Numas, also ebenfalls ein **Sabiner**, gleichzeitig Anhänger seines Onkels und seines Vorgängers.
- Durch die Anlage einer Brücke über den Tiber erweitert er den Stadtbereich Roms **(Ianiculum)** und dehnt durch die Schaffung des **Hafens von Ostia** Roms Einfluss auf das Meer aus.
- Die Latiner werden besiegt und in großer Zahl auf den **Aventin** deportiert **(Ursprung der Plebejer?)**. Für die Aufständischen wird an der Seite des Kapitols im Fels das Tullianum – ein Gefängnis – angelegt.
- Unter Ancus' Herrschaft kommt der kriegerischen Königen (Romulus, Tullus) und zwei ordnend-gestaltenden Königen (Numa, Ancus), ebenso zwischen den sieben Hügeln und den sieben Königen.
- Jedoch... „Alba erhob sich in seiner ganzen Macht, unter den Auspizien seiner weißen Wildsau" (Properz).

▷ Alba oder Rom? – Anarchie

- Das Septimontium zerstörte die **Vorherrschaft Albas über Latium**, überdies wurde Alba von allen latinischen Kleinstädten nur mäßig unterstützt. Diese verbinden ihre Kräfte mit denen des Septimontium, um **die Macht Albas zu vernichten.**
- Nach der Zerstörung Albas jedoch wollen sie die Oberhoheit des Septimontium nicht anerkennen. Das hat Anarchie im führungslos gewordenen Latium zur Folge.

▷ Rom, erobert und... geschaffen von den Etruskern

- Im 6. Jahrhundert profitieren die Etrusker von dieser Anarchie. Sie fallen nach Latium ein und wählen die Stelle des Septimontium zur Errichtung eines mächtigen Brückenkopfes. Sie sind es, die **die verschiedenen Dörfer zu einer echten Stadt vereinigen.**

„... wird an der Seite des Kapitols im Fels das Tullianum – ein Gefängnis – angelegt..."
(hier mit Altar aus christlicher Zeit)
... im Laufe der Zeiten wird es berühmte Gäste aufnehmen: Iugurtha, Vercingetorix und, so wird gesagt, den hl. Petrus...

Sohn eines Korinthers, der sich in Etrurien niedergelassen hat, nach Rom; er heißt Tarquinius, Ancus überträgt ihm die Vormundschaft über seine Kinder.

III Drei Etruskerkönige

Dauer: 107 Jahre

1. Tarquinius Priscus, der Emporkömmling (616–578)

- Nach Ancus' Tod stürzt Tarquinius, angetrieben von seiner Frau Tanaquil, seine Mündel vom Thron. Er führt in Rom die **etruskische Kultur** (heilige Riten, Machtinsignien) ein.
- Er legt das **Forum**, den Circus Maximus und eine Kanalisation **(Cloaca Maxima)** an, richtet Läden und Schulen ein. Als Sieger über Latiner, Sabiner und Etrusker kommt ihm das Recht des „Triumphs" zu.
- Tarquinius stirbt durch die Söhne des Ancus Martius als Opfer ihrer Rache. Doch eine List der Tanaquil ermöglicht es ihrem Schwiegersohn Servius Tullius (Sohn eines Sklaven), die Macht zu ergreifen.

2. Servius Tullius, der Verfassunggeber (578–534)

- Servius gibt Rom die erste politische Verfassung: Teilung der Stadt in **Stadtviertel**, Teilung des Gebiets in **Regionen;** Feststellung von Besitz und Einkünften.
- Auf der Basis des so ermittelten **Vermögens** teilt er die Bevölkerung in Klassen ein, um so die Rekrutierung der **Armee** zu erleichtern.
- Servius führt bedeutsame öffentliche Arbeiten durch und vergrößert die Ausdehnung der Stadt, indem er durch eine neue Stadtmauer **Quirinal, Viminal** und **Esquilin** mit einbezieht.
- Auch Servius stirbt auf tragische Weise als Opfer eines von seiner eigenen Tochter und seinem Schwiegersohn Tarquinius Superbus organisierten Komplotts.

Kopf der Minervastatue aus Lavinium (5. Jh. v .Chr.)

- Zwischen den Dörfern, also außerhalb von ihnen *(foras)*, erstreckte sich eine Senke, in deren Mitte sich ihre Bewohner frei begegnen konnten. Diese Senke wurde das Zentrum der neuen Stadt (das **Forum**) mit zwei großen in rechtem Winkel sich schneidenden Straßen.

- Jetzt erst taucht der Name der Stadt auf: die Stadt-am-Fluss **(Rumon), Roma.**
- Tarchu (Tarquinius), erster **etruskischer König** Roms, wird von einem Bandenführer, Mastarna, ermordet; ein Mitstreiter von diesem, Caeles Vibenna, besetzt den Hügel, der seitdem **Caelius** heißt. Mastarna (Servius Tullius) usurpiert den römischen Thron und ver-

3. Tarquinius Superbus, letzter König Roms (534–509)

- So wie Tarquinius Superbus durch ein Verbrechen Herrscher auf dem Thron geworden, war er durch Gewalttaten ohne Ende bemüht, sich an der Macht zu halten.
- Er **hebt die Verfassung** seines Vorgängers **auf**, beginnt jedoch mit umfassenden Baumaßnahmen, z.B. auf dem Kapitol. Ständig im Krieg gegen die Latiner, triumphiert er dank dem Verrat seines Sohnes Sextus über sie durch die Einnahme ihrer Stadt Gabii.
- Doch Sextus, genauso gewalttätig wie sein Vater, verliebt sich in **Lucretia**, Ehefrau eines Verwandten, Tarquinius Collatinus, und schmäht ihn durch Beleidigungen. Lucretia begeht aus Scham Selbstmord, Collatinus wiegelt daraufhin mit Hilfe seines Cousins Iunius Brutus das Volk auf; der hatte sich bis dahin als Idiot verstellt (*brutus* = dumm, blöde).
- Der König und seine Familie werden aus Rom verjagt und flüchten nach Etrurien. Die **Republik** wird ausgerufen (509).

größert die Stadt auf die Grenzen des republikanischen Roms.

- Die modernen Historiker sprechen Servius die Urheberschaft an den Reformen, die traditionell seinen Namen tragen, ab. Man weiß nur, dass sie früher sind als das 4. Jahrhundert.
- Neuer Gewaltstreich: Mastarna wird umgebracht. Sein Nachfolger **schikaniert die Patrizier** und macht sie sich zu Feinden.

▷ Eine Bewegung zur nationalen Befreiung (509)

- Die Geschichte der Lucretia symbolisiert die **nationale** und **aristokratische** Reaktion Roms zur Abschüttlung des etruskischen Jochs.

- Die gesamte Frühgeschichte wurde von den großen römischen Familien verfälscht, die sich mit ruhmreichen Vorfahren schmücken wollten. (So spielten die Iunii Bruti in Wirklichkeit erst ab Beginn des 4. Jahrhunderts eine Rolle.)

◂ **Der etruskische Apollon von Veji (6. Jh. v .Chr.)**

IX Literatur und Künste

Andere [als das römische Volk] **werden, so glaube ich, geschickter darin sein, dem Erz den Hauch des Lebens einzugeben und aus dem Marmor lebendige Gestalten herauszumeißeln...** *Vergil*

1 Die Literatur

„Das Lateinische ist eine Sprache von Bauern." (J. Marouzeau)

1.1 Die lateinische Sprache

- Vom 7. bis zum 3. Jahrhundert ist die sprachliche Situation Italiens sehr komplex: der **ursprüngliche Bestand** wird von den aufeinander folgenden Eindringlingen stark beeinflusst, insbesondere von den **Etruskern** und **Griechen.**
- Die Latiner kannten sehr früh die Schrift, wie die Inschrift auf der Fibel von Präneste bezeugt, die ungefähr auf das Jahr 600 v. Chr. zurückgeht (von manchen heute aber auch als Fälschung angesehen wird):

„MANIOS MED FHEFHAKED NUMASIOI"
(Manius me fecit Numerio: Manius hat mich für Numerius gemacht)

- Verwendet wird das **griechische Alphabet** in der von den Etruskern angepassten Form. Außerdem scheint es, dass die **zahlreichen alten Anleihen an das Griechische** über die Vermittlung der Etrusker erfolgt sind.
- Obwohl die etruskische Sprache noch nicht richtig entschlüsselt worden ist, scheint doch eine beachtliche Anzahl **etruskischer Wurzeln** im lateinischen Wortschatz vorhanden zu sein; das zeigt sich besonders bei den Eigennamen (etwa den drei Tribus *Luceres, Tities, Ramnes,* Familiennamen wie *Perpenna* usw.) und bei bestimmten Begriffen *(servus, histrio,* vielleicht *urbs* usw.)
- Auf jeden Fall gibt es ursprünglich keine „lateinische Sprache", sondern nur **lokale Dialekte**, unter denen der Dialekt Roms einfach nur einer von vielen ist. Das Latein, das sich später herausbilden wird, ist keine Sprache „einer kultivierten städtischen Klasse", sondern die „einer Aristokratie von **Bauern**, die über ein Straßennetz verfügten" (A. Meillet).

1.2 Die älteste Literatur

Die Römer besitzen unbestreitbare intellektuelle Gaben, doch die Anstrengungen zur Sicherung ihrer Existenz halten sie lange davon ab, sich der Bildung zuwenden; sie ist ihnen gleichgültig. So bildet sich bei ihnen erst sehr spät eine Literatur heraus, nämlich ab der Mitte des 3. Jahrhunderts.

- Dennoch besitzen sie schon ein poetisches Mittel, den saturnischen Vers oder „Saturnier" (nach Saturn, dem legendären Kolonisator Italiens, ↗ S. 12, 1.2).
- Allerdings dient die „Literatur" in der frühesten Periode nur zu Gebrauchszwecken, so z. B. um **religiöse rituelle Formeln** festzuhalten *(carmina,* Lieder der Salier und der Arvalbrüder, ↗ S. 27, 3.1 d; 28, 3.2, b).
- Alle diese Zeugnisse bleiben **anonym**.

2 Die Architektur

- Vor dem 6. Jahrhundert finden sich keine brauchbareren archäologischen Zeugnisse.

Einmündung der Cloaca maxima in den Tiber: „Die etruskischen Architekten führen in Rom das Tonnengewölbe ein..." (S. 45)

Grundriss des ersten Tempels auf dem Kapitol

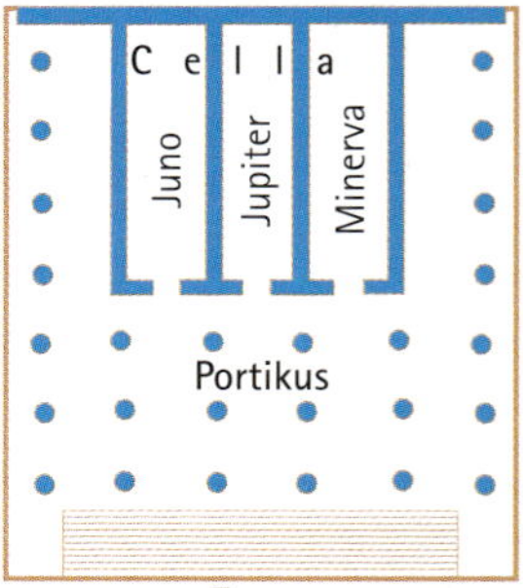

Die etruskischen Architekten führen in Rom das (aus dem Orient importierte und von ihnen perfektionierte) Tonnengewölbe ein, allerdings nur für begrenzte Verwendungen: Gänge, Kanalisationen, Wasserleitungen, Stadttore; nie für Wohngebäude (S. 31) oder Kultbauten.

◗ Die ersten römischen **Tempel** (von den Etruskern erbaut) sind Kuben, die aus einer offenen Säulenhalle zur Beobachtung des Himmels und einem gemauerten Kultraum *(cella)* bestehen, der in drei Kammern eingeteilt werden kann, falls der Tempel für eine Göttertriade bestimmt ist (↗ S. 25, 2.2).

Oben:
Der etruskische Tempel von Alatri (Rekonstruktion in der Villa Giulia in Rom): „... Kuben, die aus einer offenen Säulenhalle und einem gemauerten Kultraum bestehen..."

Rechts:
Das etruskische Stadttor von Falerii

„...bei zahlreichen Gelegenheiten gehört Musik dazu..."

3 Die Musik

- Erfunden wurde die Musik, meint Lukrez, mit der einfachen **Pfeife** „in den weglosen Wäldern, auf den Weiden, in der Einsamkeit und beim göttlichen Müßiggang der Hirten".
- Ab dem 6. Jahrhundert zeugen etrus**kische** Grabmalereien und Vasen von der Existenz einer selbständigen Musikkunst.

Davon profitiert das etruskische Rom; bei zahlreichen Gelegenheiten gehört Musik dazu: bei religiösen Zeremonien, Hochzeiten und Begräbnisfeiern, Banketten, ja sogar bei Hinrichtungen. Die Musiker *(tibicines,* weil die *tibiae* vorherrschen) stehen an **erster Stelle** in der Rangfolge der Berufsverbände unter Numa (↗ S. 39, 3.3).

▷ Hauptsächliche Instrumente

a) Saiteninstrumente: die Lyra (gewöhnlich mit sieben Saiten);

b) Blasinstrumente:

- Pansflöte oder Syrinx (einfaches Instrument aus sieben bis neun Rohren von unterschiedlicher Länge und durch Wachs zusammengehalten; häufig sind Duos mit Lyra oder *tibia);*
- **tibia:** Doppelflöte mit Mundstück (konischer Tubus: Oboenklang; oder zylindrisch: Klarinettenklang). Das Festkleid der *tibicines* bleibt als Erinnerung an das etruskische Erbe stets das **lydische** Gewand (Lydien: Gebiet in Kleinasien).
- Trompete mit gekrümmtem Trichter *(lituus);*
- gebogenes Horn *(cornu);*

c) Schlaginstrumente: Klappern (eine Art Kastagnetten zur Begleitung beim Tanz)

„...sieben bis neun Rohre, durch Wachs zusammengehalten..."

Die römische Republik
(509–27 v. Chr.)

Die schon auf der Karte der Königszeit (S. 16) mit einem Sternchen * markierten Gebäude werden auf diesem Plan nicht nochmals wiedergegeben. Die in der **Beschreibung S. 48–50** mit zwei Sternchen ** gekennzeichneten Bauten existieren (restauriert oder wieder errichtet) bis zum Ende der Kaiserzeit.

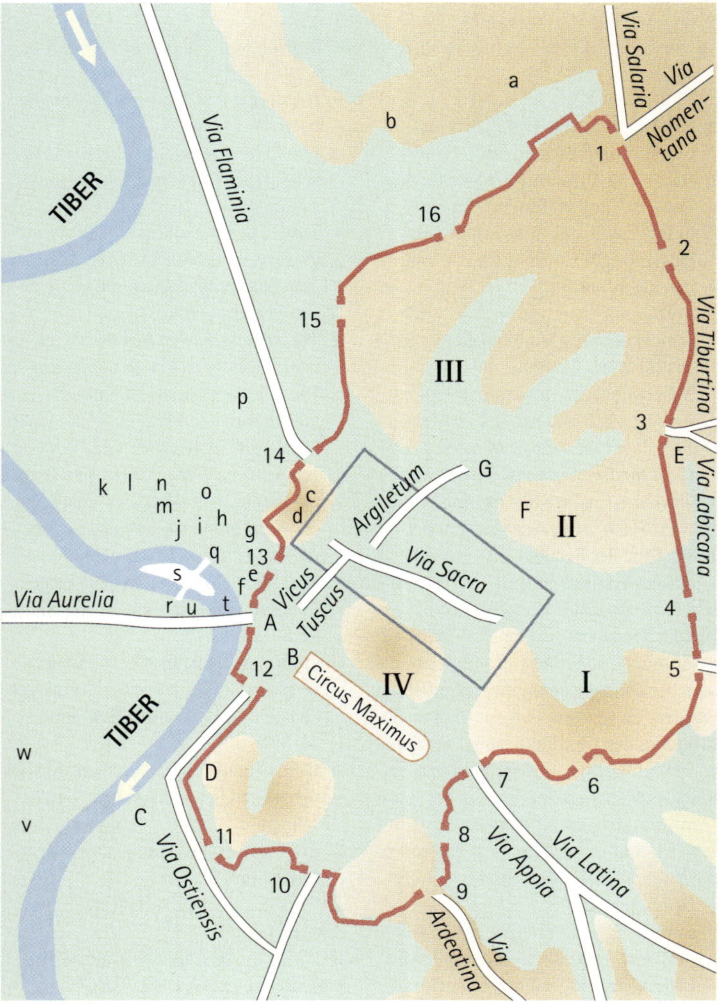

Rom im 1. Jahrhundert v. Chr.

Mit dem Führer durch Rom...

- Die nach 509 abgetragene Mauer des Servius Tullius wurde im Anschluss an die Gallierinvasion von 390 wieder errichtet. Sie wird von 16 Toren durchbrochen: 1. *Porta Collina*, 2. *Viminalis*, 3. *Esquilina*, 4. *Querquetulana (?)*, 5. *Caelemontana*, 6. *Fontinalis* (oder *Querquetulana*; die Porta Fontinalis war vielleicht auch zwischen 14 und 15 gelegen), 7. *Capena*, 8. *Naevia*, 9. *Raudusculana*, 10. *Lavernalis*, 11. *Navalis*, 12. *Trigemina*, 13. *Carmentalis*, 14. *Ratumena*, 15. *Sanqualis*, 16. *Salutaris*.
- Die Gallier drangen durch die Porta Collina im Norden ein und verwüsteten die Stadt, die wieder aufgebaut werden musste, aber **ohne geordneten Plan** und ganz aufs Geratewohl.
- Die Stadt wird verwaltungsmäßig in **vier Bezirke** (oder Regionen) eingeteilt.

Hügel der Gärten (Horti)

a Gärten des Sallust (vgl. S. 137, 4.4): eins der luxuriösesten Besitztümer

b Gärten des Lucullus (berühmt für seinen Reichtum und seine Liebe zu gutem Essen; vgl. S. 126, Jahr 74): Palast, Portiken, öffentlich zugängliche Bibliotheken

Kapitol

c Tempel der Iuno Moneta („Beraterin" des Diktators Camillus). In den Nebengebäuden des Tempels befand sich die erste Münzstätte, *ad Monetam:* daher die Wörter *Münze*, *monetär* usw. Bekannt: die der Juno geweihten „Gänse des Kapitols".**

d Tabularium: zentrales Staatsarchiv, am Ende der Republik an der Stelle des Asylhains angelegt.**

Marsfeld (Campus Martius)

Hierbei handelt es sich um das Gebiet der ursprünglich königlichen Ländereien, die vom republikanischen Staat konfisziert wurden. Es ist vor allem sportlicher Betätigung und militärischem Exerzieren vorbehalten. Dort finden die Versammlungen der bewaffneten Bürger statt (Zenturiatskomitien), denn es ist verboten, die Stadtmauer Roms in Waffen zu durchschreiten.

e Gemüsemarkt

f Janustempel (zu Kriegszeiten geöffnet); Ianus war der älteste König von Latium, der Saturn nach seiner Vertreibung durch Jupiter aufgenommen hatte (S. 12, 1.2).**

g Apollontempel, ein regelrechtes Museum (auch Sitzungsort des Senats)**

h Junotempel

i Tempel des Herkules und der Musen**

j Portikus des Minucius (Konsul), Ort zum Spazieren; dort wurde Getreide an die Plebs verteilt.**

k Theater und *(l.)* Portikus des Pompejus: erstes in Rom aus Stein errichtetes Theater; die Portikus ist einer der meistbesuchten Plätze zum Bummeln (und ein richtiges Museum).**

m Tempel der Bellona, Göttin des Krieges (der Senat hielt dort Sitzungen ab); in der Nähe stand die Kriegssäule *(columna bellica)*, ein fiktiver Grenzstein, über die die Fetialen im Falle einer Kriegserklärung ihre Lanze warfen (↗ S. 74,28, b).**

n Curia des Pompejus, Ort für Senatsversammlungen, mit einer Statue des Pompejus. Dort wurde Cäsar ermordet.**

o Circus Flaminius (F. wurde am Trasimenischen See besiegt, vgl. S. 122, Jahr 217)**

p Isis-und-Serapis-Tempel (ägyptische Gottheiten)**

Der Tiber und der Bezirk Trans Tiberim

q Pons Fabricius, zunächst aus Holz, später aus Stein (192 v. Chr.)**

r Pons Cestius, zunächst aus Holz, später aus Stein (46)**

s Äskulap-Tempel: erinnert an die Reise der Wunderschlange des Äskulap (Aesculapius), des Gottes der Medizin, Sohnes des Apollon. Hierher kamen die Kranken, um unter den Säulenhallen auf Heilung zu warten.**

t Pons Aemilius (179)

u Tempel der Bona Dea**

v Gärten Cäsars (nach seinem Tod dem Volk vermacht)**

w Den Furien geweihter heiliger Hain, wo C. Gracchus Selbstmord beging.**

PALATIN

Das „bürgerliche Viertel"

x Tempel des Iuppiter Victor (errichtet während der samnitischen Kriege)**

y Tempel der Mutter der Götter (Kybele), der prachtvollste aller Tempel. Enthielt den Schwarzen Stein aus Pessinûs, dem Hauptort des Kybelekults in Kleinasien (↗ S. 84, 2.2)**

z Tempel der Victoria (an der Stelle des alten Altars)**

VELABRUM

A Rindermarkt *(Forum Boarium):* dort wurden im Jahre 264 die ersten Gladiatorenkämpfe abgehalten.**

B Ceres-Tempel; die plebejischen Ädilen hatten dort ihre Büros und die Plebs ihre Archive.

AVENTIN

Das Viertel der Plebs: sie wohnt außerhalb der vier Bezirke.

C Kais zum Entladen der Schiffe und Lagerhallen *(Emporium)***

D Tempel der Iuno Regina (Camillus nach seinem Sieg über Veji)**

ESQUILIN

E Friedhof

F Tellus-Tempel**

G Subura: das dichtestbewohnte (und verrufenste) Viertel. Das dorthin führende Argiletum ist die belebteste Straße Roms (Buchläden).**

DAS FORUM ZUR ZEIT DER REBUBLIK

(Detailkarte des mit einem Rechteck bezeichneten Gebiets auf dem Plan S. 47)

Kommerzielles, politisches, rechtliches und religiöses Zentrum

a Curia Hostilia, Saal des Senats**

b Comitium, mit Marmorplatten belegter Platz, wo sich das Volk versammelt**

c Rostra: Rednertribüne, mit Schiffsschnäbeln (Rammspornen, *rostra)* geschmückt; bis zum Jahr 145 spricht der Redner zum Comitium hin, später zum Forum. Um die Tribüne Statuen des Herkules, Camillus, Sulla, Pompejus, die Zwölf-Tafel-Gesetze und die mit Schiffsschnäbeln geschmückte Säule *(columna rostrata)* des Duilius, errichtet zur Feier des ersten Seesiegs der Römer. Cäsar versetzte die Tribüne (↗ Rostra in der Kaiserzeit, S. 157).

d Basilica Porcia, von Cato in der Zeit seines Zensorenamtes erbaut. Die Volkstribunen sprechen dort Recht, man treibt Handel und geht spazieren. 52 abgebrannt, nicht wieder aufgebaut.

e Tullianum (Staatsgefängnis, vgl. S. 41 mit Abb.)**

f „Gemonien"-Treppe: hier wurden die zum Tode Verurteilten zur Schau gestellt, ehe man sie in den Tiber warf.**

g Basilica Opimia (Consul Opimius, 121)

h Concordiatempel (Versöhnung zwischen Patriziern und Plebejern)**

i Portikus der Zwölf Götter (vergoldete Statuen)**

j *Clivus* („Rampe, ansteigender Fahrweg") *Capitolinus***

k *Vicus Iugarius* (Gasse der Jochmacher)**

l Alte Läden (sie wichen wie die Basilica Sempronia *[q]* der von Cäsar erbauten Basilica Iulia)

m Saturntempel: Sitz der Staatskasse *(aerarium Saturni)***

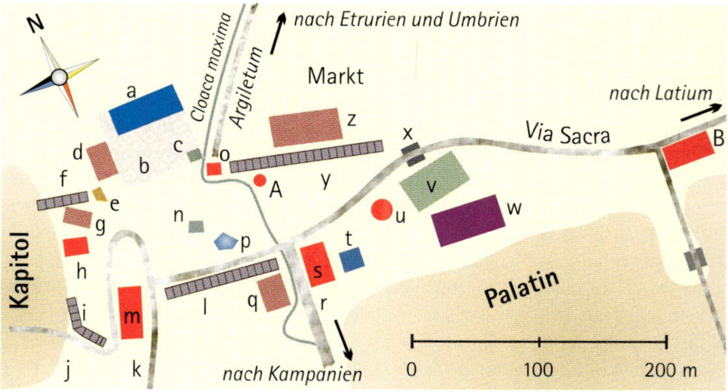

n Sitzungssaal des Prätors
o Heiligtum des Ianus
p *Lacus Curtius*, mit Platten belegt. In der Mitte ein steinerner Brunnen**
q Basilica Sempronia (Censor M. Sempronius Gracchus, Vater der Gracchen, 169)
r *Vicus Tuscus* (Etruskergasse)**
s Castor-Tempel (erbaut nach der Schlacht am Regillus-See, wo Castor und Pollux die Römer unterstützt haben sollen); der Senat tagte dort. Aufbewahrungsort der Norm-Gewichte und -Maße, wo die Händler ihre Messinstrumente eichen ließen, die Eichung wurde durch einen besonderen Prägestempel bestätigt.**
t Iuturna-Quelle (Schutznymphe der Quellen)**
u Vesta-Tempel**
v *Regia:* während der Republik Amtssitz des Pontifex Maximus und sein Verwaltungszentrum (in dieser Eigenschaft residierte dort auch Cäsar)**
w Haus der Vestalinnen**
x Fabier-Bogen zur Erinnerung des Sieges eines Fabiers über die Gallier**
y Neue Läden: auf dem Dach waren Terrassen eingerichtet, von wo aus man die Gladiatorenkämpfe auf dem Forum verfolgen konnte.**
z Basilica Aemilia (Censor Aemilius Lepidus, 179)**
A Heiligtum der Venus Cloacina**. Neben diesem Gebäude wurde Virginia, Opfer des Decemvirn Appius, von ihrem Vater getötet (450).
B Tempel des *Iuppiter Stator* (Senatssitzungen; Cicero hielt dort seine 1. Rede gegen Catilina).**

I Die Schichten der Gesellschaft

Durch die Stimmen der Reichen, nicht die des Volkes, wurde alles entschieden.
Cicero

Die gesellschaftliche Hierarchie gründete sich ab dem 5. Jahrhundert **auf das Vermögen**, die Unterscheidung **Patrizier–Plebejer** hatte nur mehr eine **religiöse Bedeutung**.

Patrizier und reiche Plebejer verständigen sich zum Nachteil der armen Plebejer.

Das Bürgerrecht bleibt wie in Griechenland ein **Privileg**; um eine **Minderheit von Bürgern** sammelt sich zur Zeit der Republik noch eine Masse von Nichtbürgern.

Die Zusammensetzung der Bewohner Roms:

BÜRGER	Patrizier Plebejer	NICHT-BÜRGER	Freigelassene Sklaven

1 Die Nicht-Bürger

1.1 Die Sklaven

Unfrei, ↗ S. 20, 4.1; 4.2

1.2 Die Freigelassenen

Frei, ↗ S. 20, 4.3; 4.4

2 Die Bürger

2.1 Das Bürgerrecht *(civitas* oder *ius civitatis)*

- Bürger *(civis Romanus)* ist jeder **freie** Mann (Patrizier oder Plebejer), dessen **Vater Bürger** ist.
- Ab 49 v. Chr. jeder freie Mann, der in **Italien** wohnt, von den Alpen bis zum Meer vor Afrika.

Der **Römer** ist „Vollbürger" *(civis optimo iure);* der **Einwohner Italiens**, der erst nach und nach das Bürgerrecht erhält, ist „Nicht-Vollbürger" *(civis minuto iure).*

2.2 Rechte und Pflichten des Vollbürgers

a) **Politische Rechte** *(iura publica)*	▪ Stimmrecht *(ius suffragii)* ▪ passives Wahlrecht *(ius honorum)* ▪ Recht auf das Priesteramt *(ius sacrorum)* ▪ Berufungsrecht vor dem Volk bei Kriminalprozessen *(ius provocationis)*
b) **Zivile Rechte** *(iura privata)*	▪ Recht auf Eigentum *(ius commercii)* ▪ Recht auf Heirat *(ius conubii)* ▪ Recht auf Klageerhebung vor Gericht *(ius legis actionis)*
c) **Bürgerpflichten** *(munera)*	▪ Verpflichtung zum Zensus *(census)* ▪ Wehrpflicht *(militia)* ▪ Pflicht (bis 167 v. Chr.) zur Tributzahlung *(tributum)*

2.3 Erwerb und Verlust des Bürgerrechts

a) Die Söhne von Freigelassenen und (freien) einheimisch gewordenen Ausländern **erwerben** das Bürgerrecht durch die Gewährung der *civitatis donatio.*

b) Verlust ist möglich durch Verzicht *(civitatis reiectio)* oder durch unehrenhafte Aberkennung für die, die sich dem Zensus oder dem Kriegsdienst entzogen oder das Völkerrecht verletzt haben. Der Bürger verliert damit seine gesamte Rechtspersönlichkeit *(caput):* die *capitis deminutio maxima* (er kann wie ein Sklave verkauft werden). Rehabilitation jederzeit möglich.

2.4 Grundeinheit der Verwaltung: Die tribus

- Anstelle der ursprünglichen drei (aus Patriziern bestehenden) *tribus* teilt das nach Servius Tullius benannte System den *populus* (Patrizier *und* Plebejer) nach dem **Wohnsitz** ein:

POPULUS	
	STÄDTER: 4 städtische Tribus *(Palatina, Collina, Suburana, Esquilina;* darin dominieren die Großgrundbesitzer.
	BAUERN: 17 ländliche Tribus (31 im 3. Jh.)

- Die Angabe der Tribus gehört zum vollständigen Namen des römischen Bürgers.

2.5 Hierarchie der Bürger: Klassen *(classes)* und Zenturien *(centuriae)*

- Das System des Servius Tullius teilt die Gesamtheit der Bürger nach den äußeren Merkmalen des **Reichtums** in fünf Klassen:

Ursprüngliche Zahlen:			Im Jahr 220 geänderte Zahlen:		
1. Klasse:	Vermögen von	100.000 As	1. Klasse:	Vermögen von	1.000.000 As
2. Klasse:		75.000 As	2. Klasse:		300.000 As
3. Klasse:		50.000 As	3. Klasse:		100.000 As
4. Klasse:		25.000 As	4. Klasse:		50.000 As
5. KLasse:		10.000 As	5. Klasse:		4.000 As
▷ Arbeiter und Besitzlose gehören keiner Klasse an.					

- Diese fünf Klassen, die als Grundlage für die **direkten Steuern** und den **Militärdienst** dienen, sind ihrerseits wieder in **Zenturien** *(centuriae)* eingeteilt (↗ S. 70, 1.1).

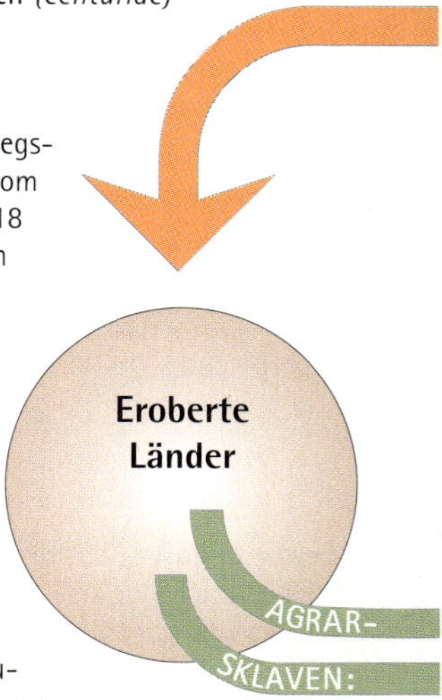

2.6 Ritter *(equites)* und Senatsadel

a) Die reichsten Bürger der 1. Klasse mussten Kriegsdienst zu Pferde leisten, die Ausrüstung wurde vom Staat gestellt *(equites equo publico).* Sie sind in 18 Zenturien eingeteilt und tragen einen goldenen Ring und eine Tunika mit Purpurstreifen.

- Ihre Zahl reichte sehr bald nicht mehr aus, sodass diese Reiter, was ihre militärischen Pflichten betraf, durch Soldaten ersetzt wurden, die man von außerhalb der 18 Zenturien rekrutierte; sie selbst bildeten darauf nur noch ein **reiches Bürgertum**, manche von ihnen wandten sich der Politik zu *(homo novus;* „neu" heißt, sie waren ohne vornehme Ahnen).
- Der größte Teil von ihnen zieht es jedoch vor, sich **Geschäften** zuzuwenden, besonders der Steuerpacht und dem Großhandel, wovon die Politiker ausgeschlossen waren. Dieser wichtigen Gruppe der „Reiter" war ab dem Ende des 3. Jahrhunderts der Name **Ritter** *(equites)* vorbehalten. Die Ritter rissen fast die gesamte wirschaftliche Aktivität an sich und spielten daher im Staat eine Rolle allerersten Ranges.

b) Im Unterschied zu diesem *ordo equester* (die Bezeichnung stammt von 123), der vorgibt, Politik zu verachten, nennt man (seit Beginn des 4. oder 3. Jahrhunderts) die Gesamtheit der Bürger, von denen ein Vorfahr ein **kurulisches Amt** (↗ Tafel S. 58) ausgeübt hat, *nobilitas* (Adel; nicht mit dem Patriziat zu verwechseln). Praktisch verschmilzt die *nobilitas* später mit dem **Senat** (↗ S. 61, 3.3).

- Ab dem 2. Jahrhundert befinden sich Senatoren und Ritter im Konflikt miteinander, wovon die Demagogen später zu profitieren wissen (v. a. seit der *Lex Sempronia* aus dem Jahre 123, die den Rittern das Monopol der Strafrechtsprechung vorbehält, vgl. S. 66, 1.3 a).

2.7 Die Klientenschaft *(clientela)*

- Die reichen Bürger sind stets von einer sog. *clientela* umgeben, die **immer zahlreicher** wird. Ein Großteil von ihr stammt aus der **Mittelklasse**, die durch Kriege, Schulden und Konkurrenz der eroberten Länder **ruiniert** worden ist: die Kleineigentümer von einst wussten kein anderes Mittel sich zu helfen, als sich einen „Patron" unter denen zu suchen, die sie in die Arbeitslosigkeit gestürzt hatten.
- Diese Klienten *(clientes)* am Ende der Republik (genauso in der Kaiserzeit)

„Die Kleineigentümer von einst wussten kein anderes Mittel sich zu helfen..."

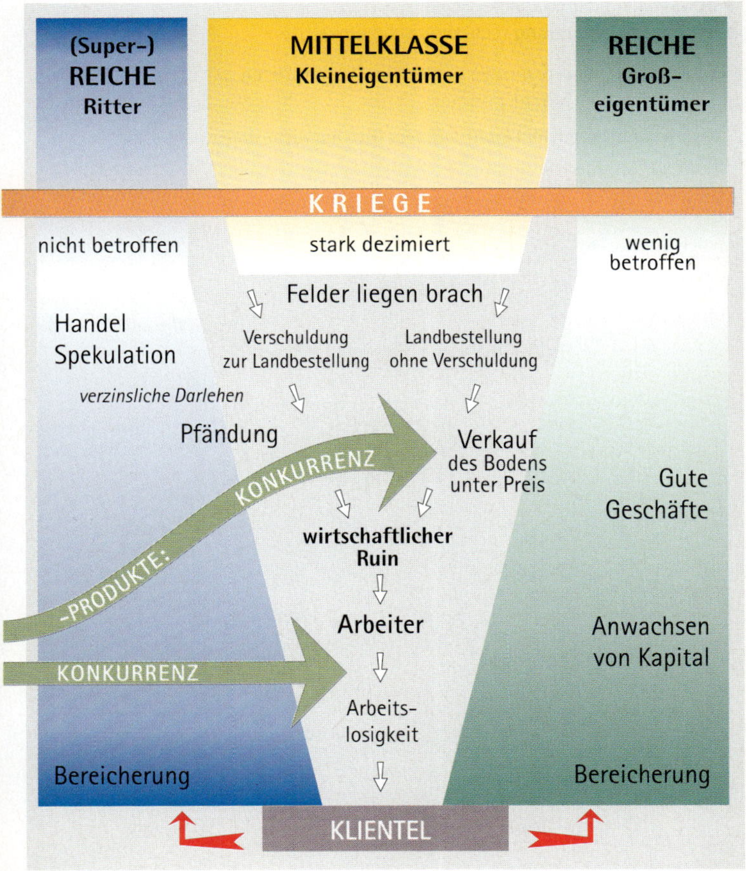

dürfen nicht mit den *clientes* der Patrizier zu Beginn der römischen Geschichte verwechselt werden (↗ S. 19, 2): sie sind mit ihrem Patron durch **keinerlei rechtliches Band** verbunden.

- Im Allgemeinen handelt es sich um **untätige Schmarotzer** (vgl. S. 102, 4), die sich, wenn nötig, schnell in willfährige Helfershelfer verwandeln: in Wahlzeiten z.B. stehen oft große Trupps einander Auge in Auge gegenüber, die (bisweilen gewalttätig) die Kandidatur dieses oder jenes Patrons unterstützen – Pöbel, der jede staatsbürgerliche Gesinnung verloren hat und dessen Stimmen an den Meistbietenden gehen.

II Die Organe der Staatsführung

Politik auf römische Art...

Die Verfassung der römischen Republik beruht auf dem **Gleichgewicht dreier politischer Organe,** die sich gegenseitig kontrollieren:
- der **Magistrate** (monarchische Gewalt)
- des **Senats** (aristokratische Gewalt)
- der **Volksversammlung** (demokratische Gewalt)

Von den Gesetzgebern wurden zahlreiche Vorkehrungen getroffen, um die Wiederherstellung der Macht nur einer Person zu verhindern. **Senat** und **Komitien**

„... Die römische Republik beruht auf dem Gleichgewicht dreier politischer Organe..."

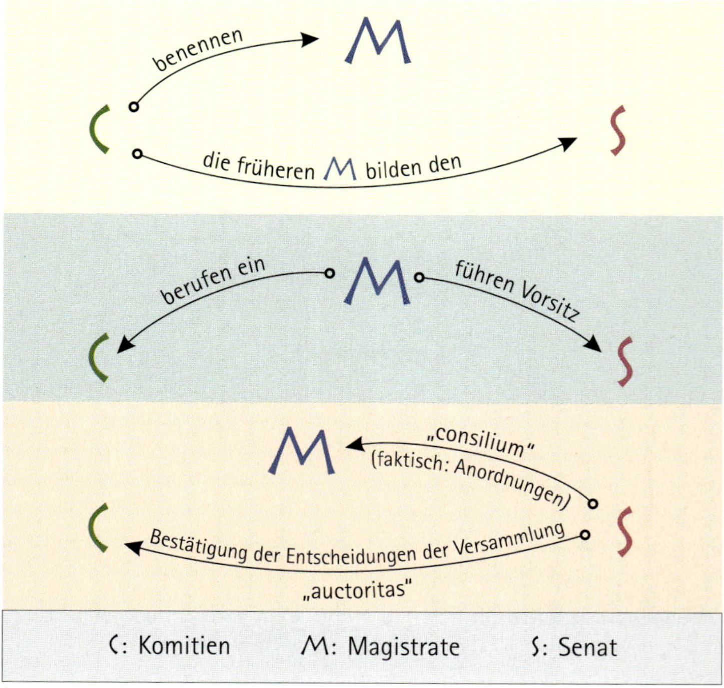

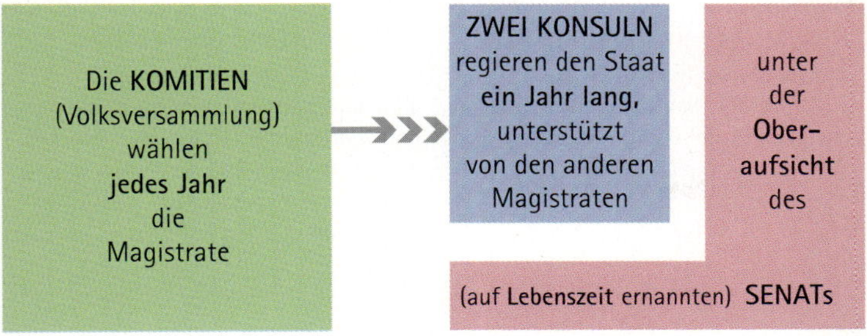

„Die Exekutive überlässt der Legislative die Oberhoheit…"

(Senatus Populusque Romanus) **übernehmen die tatsächliche Leitung des römischen Staates,** wobei die Machtbefugnisse des auf Lebenszeit amtierenden *einzelnen* Königs (bzw. „Präsidenten") unter **zwei Konsuln,** die **auf ein Jahr** gewählt werden, aufgeteilt sind: Die Exekutive überlässt so der Legislative die Oberhoheit. Der römische Staat kennt zwei Arten von **Gesetzen:**

- die *Lex rogata*, **vom Volk durch Abstimmung beschlossenes** Gesetz (↗ Tafel S. 66),
- die *Lex data*, **Dekret** eines Magistrats.

Als Marius, Sulla und Cäsar später Gesetze erlassen, ohne sich an die Komitien oder den Senat zu wenden, ist dies das Ende der republikanischen Herrschaft.

1 Die Magistrate

1.1 Geschichte der republikanischen Magistrate

- An die Stelle des Königs **treten zwei** Magistrate, die *praetores*, die vom *populus* benannt und vom Senat bestätigt werden. Zu Mitte des 5. Jahrhunderts bekommen diese *praetores* die Bezeichnung *consules* (Konsuln).
- Wenn die beiden Konsuln Rom verlassen, wählen sie zu ihrer Vertretung im Innern einen *praefectus Urbi* (Patrizier oder Plebejer), dessen Mandat bei der Rückkehr eines der Konsuln endet. Diese Funktion wird 367 durch die Schaffung eines neuen Beamten, des *praetor urbanus*, abgeschafft.
- 493 Schaffung des Amts der **Volkstribunen** zur Verteidigung der plebejischen Interessen gegen die Unterdrückung durch die Patrizier; sie werden durch zwei **Ädilen** unterstützt, wahrscheinlich Wächter des plebejischen Ceres-Tempels *(aedes)*.
- Die ersten **Zensoren** findet man gegen 435; ihre Aufgabe: die Bürger vermittels des *census* zu klassifizieren (der bis dahin von den Konsuln durchgeführt wurde).
- Die ersten **Quästoren** dürften zunächst einfache Sekretäre der Konsuln gewesen sein und wurden von diesen ernannt.

1.2 Allgemeine Merkmale der Magistrate

a) Vollmachten der Magistrate: Die republikanische Verfassung ist auf die **Gewaltenteilung** gegründet, die Magistrate repräsentieren die **Exekutive.**

Sie sind zugleich mit **politischen** wie **religiösen** Vollmachten ausgestattet.

b) Patrizische und plebejische Ämter: Zu Beginn unterschied man patrizische und plebejische Ämter. Dann wurde die Unterscheidung abgeschafft, als den **Ple-**

Politische Vollmachten:	Religiöse Vollmachten:
▪ Alle Magistrate besitzen *potestas* (Verwaltungsvollmacht). ▪ Nur die höheren Magistrate genießen *imperium* (Recht über Leben und Tod). Tafel S. 59	▪ Alle Magistrate haben das Recht, Auspizien abzuhalten. ▪ Jedoch haben die einen das *ius auspiciorum maiorum*, nach denen sie Auspizien an jedem Ort vornehmen können; die anderen haben nur das *ius auspiciorum minorum*, das auf Rom beschränkt ist.

bejern der Zutritt zu allen Funktionen geöffnet wurde (↗ S. 120). Dagegen hatten die Patrizier nie Zugang zum Volkstribunat. (Als der Agitator Clodius sich darum bewerben wollte, musste er sich von einem Plebejer adoptieren lassen.)

▪ Volkstribunen und plebejische Ädilen sind sakrosankt, d.h. sie besitzen **Unantastbarkeit**. Sie werden gewählt, ohne dass zuvor Auspizien vorgenommen werden *(„inauspicato")*, im Gegensatz zu den anderen Magistraten, die nur *„auspicato"* gewählt werden können.

c) Kollegialität und intercessio: Bis auf die Ämter für Ausnahmesituationen gilt für alle das **Kollegialitätsprinzip**: jeder Amtskollege verfügt über **gleiche Vollmacht**, die im Einvernehmen wahrgenommen wird (so üben die Konsuln ihre Kompetenzen im monatlichen Turnus aus), und über das Recht der *intercessio* (Aufhebung einer vom Kollegen getroffenen Entscheidung).

▪ Die *intercessio* kommt rechtmäßig jedem Beamten gegenüber den ihm untergeordneten Beamten zu.

d) Verantwortlichkeit: In der Theorie sind die Beamten von keiner Immunität gedeckt. In der Praxis können die Magistrate *cum imperio* nur vor den Komitien zur Verantwortung gezogen werden; die Tribunen, die Volksädilen und die Zensoren sind durch ihre Unantastbarkeit gedeckt; folglich können einzig (ausnahmsweise) die kurulischen Ädilen und die Quästoren verfolgt werden.

e) Vergütung: Die Ämter werden **unentgeltlich** ausgeübt; der Staat sorgt jedoch für eine Aufwandsentschädigung.

f) Kandidatur: Der Kandidat stellt sich dem Volk vor (er trägt eine kreideweiße Toga, *candida)* und führt seinen Wahlkampf mithilfe von Plakaten, Wahlveranstaltungen, häufig mit Intrigen und Gewalt; vor allem bei dieser Gelegenheit kann die **Klientel** ihre Dienste erweisen (↗ S. 53, 2.7).

Bronzefigur eines Liktors, 1. Jh. v. Chr. „Nur die höheren Magistrate..."

... wie auch die Militärtribunen (↗ Tafel S. 67) und die Vestalinnen (↗ S. 27, 3.1c) werden beim Verlassen ihres Hauses von Liktoren begleitet; Zeichen ihrer Amtsgewalt sind zu Bündeln zusammengeschnürte Ruten. Außerhalb des *pomerium* (↗ S. 28, 4.1) wurde noch eine Axt an dem Rutenbündel befestigt, die ihr Recht über Leben und Tod symbolisierte.

- Erforderlich sind gewisse **Eignungsvoraussetzungen,** zivilrechtliche (Bürgerrecht, keine Strafverfolgung usw.) und altersmäßige:

AMT	MINDESTALTER	
	Vor den Gracchen	*Nach den Gracchen*
Quästur	28 Jahre	31 Jahre
Tribunat	(offen)	34 (offen)
Ädilität	31	37
Prätur	34	40
Konsulat	37	43

- Zwischen dem Zeitpunkt seiner Wahl und seinem Amtsantritt ist der Beamte *„designatus"* (designierter Beamter).

g) Ämterhäufung und -wiederholung: Ämterhäufung ist verboten. **Im Prinzip** kann dasselbe Mandat erst nach zehn Jahren erneuert werden (die Zensoren sind sogar nie wieder wählbar).

1.3 Der Cursus honorum

Der *Cursus honorum* (zu Beginn des 2. Jahrhunderts festgelegt und von Sulla revidiert) umfasst: Quästur, Ädilität, Prätur, Konsulat; sie müssen **in dieser Reihenfolge** ausgeübt werden. Die Beamten werden **für ein Jahr** ernannt.

a) Die **Quästoren** (zwei im 6. Jh., 20 unter Sulla, 40 unter Cäsar) sind mit den **Finanzen** befasst: als Hüter der Staatskasse sind sie die Zahlmeister für die Armee und die Finanzkämmerer der Provinzen.

b) Den **Ädilen** (zwei kurulische und zwei plebejische) untersteht die **Stadtverwaltung**: Polizei, Straßenamt, Verpflegungsamt, öffentliche Spiele.

c) Die **Prätoren** (einer im Jahr 367, der *praetor urbanus;* zwei im Jahr 241: der **Stadtprätor** und der **Fremdenprätor** – *praetor peregrinus* –, der mit den Rechtsangelegenheiten der Ausländer befasst ist; acht unter Sulla, 16 unter Cäsar) sind für die **Rechtsprechung** verantwortlich. Bei Abwesenheit der Konsuln können sie deren Vollmachten ausüben.

d) Die beiden **Konsuln** sind die **obersten Beamten** der römischen Republik: sie berufen den **Senat,** die **Kuriats-** und **Zenturiatskomitien** ein und **führen den Vorsitz**; sie **heben Truppen aus** und **kommandieren** sie. Das Jahr ihrer Amtsführung wird nach ihnen benannt (**Eponymie**).

1.4 Die zwei Zensoren

- **Alle fünf Jahre** unter den Exkonsuln *(consulares)* gewählt, bleiben sie maximal **18 Monate** im Amt. Sie nehmen den **Zensus** vor (alle fünf Jahre Registrierung der Bürger und Einteilung nach der Summe ihres Vermögens); sie **rekrutieren den Senat, wachen über die öffentliche Moral,** sind für Ausschreibungen verantwortlich und führen vor der Beendigung ihrer Amtszeit die Zeremonie des fünfjährigen Reinigungsopfers *(lustrum)* durch (↗ S. 30, 4.5 b).
- Am Ende der Republik befand sich das Zensoramt kurz vor seiner Abschaffung.

1.5 Die Volkstribunen

Zwei oder fünf im Jahre 493, zehn im Jahr 471. Da sie nach ihrer Definition **plebejisch** sind, können sie nur die **Versammlungen der Plebs** *(concilia plebis)* und die **Tribus-Komitien** *(comitia tributa)* einberufen. Sie verfügen über das *ius intercessionis* (**Veto**-Recht) gegen alle Beamten *cum imperio,* außer den Diktator. Ihre **Unantastbarkeit** gibt ihnen eine **beträchtliche Machtfülle**; es handelt sich

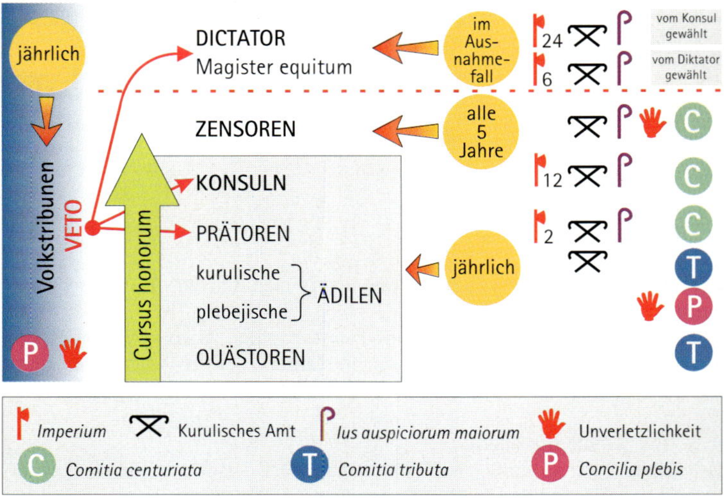

gleichsam um ein „Tabu": wer einen Tribun tätlich angriff, wurde für *sacer* erklärt (↗ S. 30, 4.5 c).

1.6 Ämter für Ausnahmesituationen

a) Wenn der Senat den **Ausnahmezustand** ausruft, wird (ab 320) von einem der beiden Konsuln aus den Reihen der Exkonsuln für die Dauer von **sechs** Monaten ein **Diktator** ernannt, er hat **uneingeschränkte Macht** (wie ein König). Die Befugnisse der anderen Magistrate, außer denen der Volkstribunen, sind für diese Zeit aufgehoben.

- Der Diktator wählt sich einen **Reiterobersten** *(magister equitum)* als Stabschef.
- Nach 202 sucht der Senat nicht mehr um die Ernennung von Dikatoren nach und beschränkt sich darauf, die Vollmachten der Konsuln auszuweiten.

b) Vakanz der hohen Ämter: der Senat nominiert für fünf Tage einen **„Zwischenkönig"** *(interrex);* dieser wählt wiederum seinen Nachfolger und so weiter bis zur Wahl des neuen Amtsinhabers.

1.7 Die Magistrate nach ihrem Ausscheiden aus dem Amt

- Ab dem 3. Jahrhundert wird es zur Gewohnheit, ihnen die Verwaltung einer **Provinz** zu übertragen, sie erhalten den Titel **Prokonsul** oder **Proprätor.** Sulla legt fest, dass nur die früheren Magistrate Provinzgouverneure sein können.
- Im Jahre 52 wird durch die *Lex Pompeia* eine **Frist von fünf Jahren** zwischen Magistratur und Promagistratur festgeschrieben.

2 Die Komitien

Direkte Volkssouveränität, jedoch **Vormachtstellung der Reichen.**

- Kuriatskomitien (pietätvolles Andenken): Patrizier und Plebejer
- Zenturiatskomitien (die Armee stimmt ab): Reiche und Arme
- Tribuskomitien (die Plebs, dann das gesamte Volk): Bauern und Städter

2.1 Die Kuriatskomitien *(Comitia curiata)*

- Einfache Reminiszenz an die Königszeit: trotz der Maßnahmen zugunsten des *populus* bewahren hier die **Patrizier** ihre Vormachtstellung.
- Ihre (**religiöse**) Aufgabe: den (von den Zenturiatskomitien gewählten) Beamten *cum imperio* das *imperium* zu übertragen und (jedoch nur bis 339, vgl. Tafel S. 66) die von den anderen Komitien verabschiedeten Gesetze zu bestätigen. Sie versammeln sich auf dem Forum *(Comitium).*

2.2 Die Zenturiatskomitien *(Comitia centuriata)*

- Versammlung auf der Grundlage der **Zensusgruppen** nach dem System des Servius. Im 5. Jahrhundert werden die **fünf Klassen**, die die Gesamtheit der Staatsbürger bilden, in **193 Zenturien** eingeteilt.

Ursprüngliche Einteilung		Nach 220	
1. Klasse	18 Reiterzenturien 80 Zenturien	1. Klasse	18 Reiterzenturien 70 Zenturien
2. Kl.	jeweils 20 Zenturien	2. Kl.	jeweils 70 Zenturien
3. Kl		3. Kl	
4. Kl.		4. Kl.	
5. Kl.	30	5. Kl.	
Außerhalb	2 Zenturien Arbeiter 2 Musiker 1 *capite censi*	▪ Besitzlose ▪ ehrlose Berufe (Schlachter, Gladiatoren usw.)	

Comitia centuriata

Aufgabe: **Wahl der höheren Beamten** (↗ Tafel S. 58); **Abstimmung** über bestimmte Gesetze, Kriegserklärungen *(Lex de bello indicendi);* **Schlichtung bei Berufung** gegen Entscheidungen der Magistrate im Falle einer *provocatio ad populum.*

2.3 Die Tribus-Komitien *(Comitia tributa)*

- Ursprünglich die ersten **Versammlungen der Plebs** *(Concilia plebis),* bei denen man sich nach den örtlichen Einheiten entsprechend den Tribus der servianischen Verfassung (↗ S. 52, 2.4) aufstellt. Sie dienen der Abhaltung von **Volksabstimmungen** und der Wahl von **Volkstribunen** sowie **Volksädilen**.
- Die Bedeutung dieser Versammlungen wuchs mit der Machtvergrößerung der Tribunen – so sehr, dass die Patrizier es sich zur Gewohnheit machten, dort zur Abstimmung zu erscheinen, und im 3. Jahrhundert repräsentierten die Tribus-Komitien **das gesamte Volk** und das **wirkliche Organ der Volksouveränität**.
- Aufgabe: **Wahl der kurulischen Ädilen** und der **Quästoren** und eines Teils der 24 jährlich bestimmten Militärtribunen (↗ Tafel S. 75); überdies ab 287 *(Lex Hortensia):* **Abstimmung über die meisten Gesetze** (die der Senat seit 339 nicht mehr zu bestätigen hat: vgl. Tafel S. 66).

2.4 Die Abstimmung bei den Komitien

- Die zunächst per **mündlicher** Abstimmung vorgenommenen Wahlen erfolgen ab dem Ende des 2. Jahrhunderts **schriftlich** und **geheim.** Die Bürger stehen dicht gedrängt in **Gruppen** *(curia, centuria* oder *tribus)* gleichsam wie Vieh an *(ovile*: eingezäunter Abstimmungsplatz, von *ovis)* und defilieren einzeln zur Abstimmung über eine Art Brücke *(pons suffragiorum)* vor eine Urne.

- Bei allen Komitien erfolgt die Wahl in **zwei Stufen:** ① Jeder Bürger votiert (pro Kopf, *viritim)* in der Gruppe, zu der er gehört (Votum nach **relativer Mehrheit**); ② jede Gruppe zählt dann mit ihrem Mehrheitsvotum als eine Einheit, und die endgültige Abstimmung erfolgt nach **absoluter Mehrheit** der Gruppen.
- Der „Wahlzettel" ist ein Holztäfelchen mit den Buchstaben V R *(uti rogas,* ja) bzw. A *(antiquo,* nein). Handelt es sich um ein Strafurteil, tragen die „Zettel" ein D *(damno)* bzw. L *(libero).* Zur Wahl streicht man einfach eine der beiden Formeln durch.

„Die Bürger defilieren über eine Art Brücke..."

2.5 Ablauf der Zenturiats- und Tribus-Komitien

- Sie werden (durch Anschlag auf Holztafeln) 24 Stunden zuvor vom den Vorsitz führenden Beamten einberufen.
- Die **Zenturiatskomitien** als Versammlung des Volkes in Waffen dürfen nur außerhalb des geheiligten Stadtgebiets auf dem Marsfeld, also dem Exerzierfeld, zusammenkommen. Die **Tribus-Komitien** versammeln sich auf dem Forum, um abzustimmen jedoch auf dem Marsfeld.
- Sie dauern von Sonnenaufgang bis Sonnenuntergang. Auftakt ist eine religiöse Zeremonie; bei ungünstigen Auspizien, bei Ausbruch eines Gewitters oder falls ein Teilnehmer von Epilepsie befallen wird (schlechtes Omen, danach „morbus comitialis") werden sie auf ein anderes Datum verschoben.
- Bei den **Zenturiatskomitien** stimmen die Zenturien der 1. Klasse immer zuerst ab; sind sie sich einig, haben sie die Mehrheit. Da das Votum der 1. Zenturie, das als von den Göttern inspiriert betrachtet wird, immer das Votum der folgenden bestimmt, und da man das Verfahren beendet, sobald das Votum feststeht, **stimmen die Zenturien der Armen niemals ab**.
- Ab 220 bestimmt man diejenige Zenturie der 1. Klasse, die bei der Abstimmung beginnt, durch das Los *(centuria praerogativa);* es sind jetzt die beiden ersten Klassen, die die Mehrheit besitzen.
- Bei den **Tribus-Komitien** verschafft die dominierende Zahl der ländlichen Tribus den **Landbesitzern** die **Mehrheit**. Die Demagogen bemühen sich später darum, die in Rom ansässigen Besitzlosen in diese Tribus eindringen zu lassen, um den Bauern ihre Vorrangstellung wegzunehmen.

3 Der Senat

- Er ist **die höchste Autorität des republikanischen Rom** und das eigentliche Führungszentrum des Staates. Die Würde der Senatoren macht auf das Ausland großen Eindruck: ein Abgesandter des Pyrrhus, Kineas, meint, vor einer Versammlung von Königen zu stehen.
- Gegenüber den jährlich wechselnden Magistraten bildet der Senat die **ständige Autorität**. Am Ende ist er es, der das republikanische System verteidigt.

3.1 Die Besetzung des Senats

- Nach der Vertreibung der Könige nehmen die *praetores*, danach die Konsuln (oder die sie vertretenden Beamten) die Besetzung des Senats vor.
- Zu Beginn des 4. Jahrhunderts gelangen die ersten **Plebejer** in den Senat. Die *Lex Ovinia* (318) überträgt die Besetzung des Senats den **Zensoren:** sie nehmen auf der Grundlage der vorherigen Liste alle früheren kurulischen Beamten auf, erst patrizische, dann plebejische; sie schließen unwürdige Mitglieder aus und besetzen vakante Stellen.
- An der Spitze der Liste *(album)* steht der älteste patrizische Ex-Diktator oder Ex-Zensor *(princeps senatus);* dann folgen alle früheren Diktatoren, Zensoren, Konsuln in absteigender Reihenfolge. Die Patrizier werden vor den Plebejern und die Älteren *(seniores)* vor den Jüngeren *(iuniores)* aufgenommen.
- Die früheren plebejischen Ädilen und Volkstribunen werden vom Jahr 120 an in das *album* eingetragen, die früheren Quästoren ab 80 v. Chr.
- Erforderliches **Alter:** 46 Jahre, später 27 und 30 ab Sulla.
- **Zahl:** 300 Senatoren bis Sulla, 600 unter Sulla, 900 unter Cäsar, 1000 unter den Triumvirn (die ihre Parteigänger einschleusten, ohne irgendeine Regel zu beachten).

3.2 Die Kompetenzen des Senats

- Er wird in jeder Angelegenheit als *publicum consilium populi Romani* **konsultiert.** Selbst in Gesetzgebungssachen tritt das *consilium* ab 339 *(Lex Publilia Philonis,* ↗ Tafel S. 66) an die Stelle der *auctoritas* (↗ Tafel S. 54).
- Er führt die Aufsicht über die staatliche **Religion**;
- er hat die gesamte **Finanzverwaltung** (Beschlussfassung über Ausgaben) inne, unterstützt von den Quästoren, die ihm verantwortlich sind;
- er bestimmt die **Außenpolitik**, ernennt und empfängt Botschafter;
- er befasst sich mit der Festsetzung der Truppenstärke und den **militärischen** Kommandos (deren Operationen er kontrolliert) sowie mit Organisation und Verwaltung der **Provinzen**;
- er befindet über Maßnahmen zum **Staatswohl** *(tumultus:* Massenerhebung, Belagerungszustand).

3.3 Vorrechte und Pflichten der Senatoren

- Sie repräsentieren die **erste Klasse der Gesellschaft**. Ihr Gewand ist die Tunika mit breitem, senkrechtem Purpurstreifen *(tunica laticlava)* und bei Zeremonien die toga praetexta. Diejenigen, die ein kurulisches Amt bekleidet haben, tragen als Schuhe die vorn sichelförmig gebogenen *calcei patricii* aus rotem Leder, die übrigen die *calcei senatorii* aus schwarzem Leder. Bei den Schauspielen sind ihnen die besten Plätze vorbehalten *(locus senatorius).*
- Sie können weder eine Steuerpacht noch Aufträge für staatliche Arbeiten übernehmen. Mit Beginn des 2. Punischen Krieges **werden ihnen** wie auch ihren Söhnen **Geschäftstätigkeit und Handel verboten** (Ausschreibungen und Großhandel sind den Rittern überlassen).

3.4 Die Sitzungen des republikanischen Senats

- Sie finden in „inaugurierten“, d.h. durch Augurien geweihten Räumen statt, zumeist in der Curia Hostilia, in einem Tempel (der Concordia oder des Iuppiter Capitolinus) oder sogar außerhalb des *pomerium.* Die Tür bleibt offen, doch die Sitzungen sind **nicht öffentlich**. Die Senatoren sitzen auf Bänken ohne feste Plätze.

- Die Sitzung (unter dem Vorsitz des einberufenden Beamten) kann an einem „Werk-" oder „Feiertag" stattfinden, doch nicht während der Komitien; sie kann von Sonnenauf- bis Sonnenuntergang dauern. Der Vorsitzende nimmt die Auspizien vor, dann verliest er die *relatio* (Tagesordnung).
- Die Senatoren tragen, einzeln nach der Reihenfolge des *album* aufgerufen, von ihrem Platz aus ihre Ansicht vor (sie dürfen nicht unterbrochen werden, selbst wenn sie vom Thema abweichen). Die Abstimmung *(Senatus consultum)* erfolgt durch Verlassen des Platzes: jeder schließt sich der Gruppe an, die seine Meinung vertritt *(ire pedibus in sententiam alicuius).*
- Die Protokolle über die Sitzungen *(acta Senatus)* werden ab dem Beginn von Cäsars Konsulat (59 v. Chr.) veröffentlicht.

III Das römische Italien und die „Provinzen"

[Die Neuartigkeit der römischen Politik lag darin, dass man] **an ein und demselben Tag die Mehrzahl der Völker als Feinde und ebenso als Mitbürger betrachten** [konnte]. *Tacitus*

1 Das römische Italien

- Die verschiedenen Völker Italiens wurden schließlich durch die römische Eroberung geeint und vermischt (↗ S. 121).
- Im Bewusstsein der Römer vollzog sich jedoch der Übergang vom Begriff der „Stadt" zum Begriff des Staates, insbesondere bezogen auf „Italien", sehr langsam.

1.1 „Italien"

- Für die Griechen ist „Italien" gleichbedeutend mit Bruttium, dessen König Italos war.
- Für die Römer der republikanischen Zeit endet Italien am Fluss Aesis an der Adria und am Fluss Macra in Ligurien. Nördlich davon liegt *Gallia Cisalpina* („diesseits der Alpen").
- Im Jahr 59 tritt als nordöstliche Grenze der Rubicon an die Stelle des Aesis.
- 42 wird Gallia Cisalpina, im Jahre 191 erobert und 81 von Sulla als Provinz eingerichtet, mit Italien vereinigt. Seitdem sind die Nordgrenzen Italiens bis zu den Alpen vorgeschoben: sie reichen von der Mündung des Var in Ligurien bis zum Gebiet von Pola in Istrien.

Die Duilius-Säule, Rekonstruktion. Rom (EUR)
Errichtet zur Erinnerung an den ersten Seesieg (260), mit dem Roms Expansion auf dem Mittelmeer begann.

1.2 Die Römer und die Städte Italiens

Als Erben der Etrusker und Griechen auf politischem Gebiet (die ihrerseits jedoch nie einen Staat gebildet haben) unterhalten die Römer am Anfang zu den Städten, die sie eroberten oder die sich mit ihnen verbündeten, nur Beziehungen wie unter Stadtstaaten.

a) Zunächst findet man mit Brachialgewalt eroberte Städte, die Rom als Zeichen für das Eigentumsrecht der Römer Tribut zahlen *(civitates dediticiae* oder *stipendiariae).* Mit der Zeit verbessert sich ihre Stellung.

b) Manche Städte binden sich durch einen Vertrag an Rom *(civitates foederatae).* Doch die Einzelheiten sind unterschiedlich, und bald werden diese Städte als **Verbündete** *(socii)* des römischen Volkes betrachtet, bald behandelt man sie wie Untertanen.

c) Andere Städte erhalten von Rom das beschränkte Bürgerrecht *(civitas sine suffragio):* einerseits als *praefecturae,* in denen Rom einen vom Praetor urbanus ernannten Präfekten einsetzt, andererseits als *municipia,* die ihre Beamten selbst wählen.

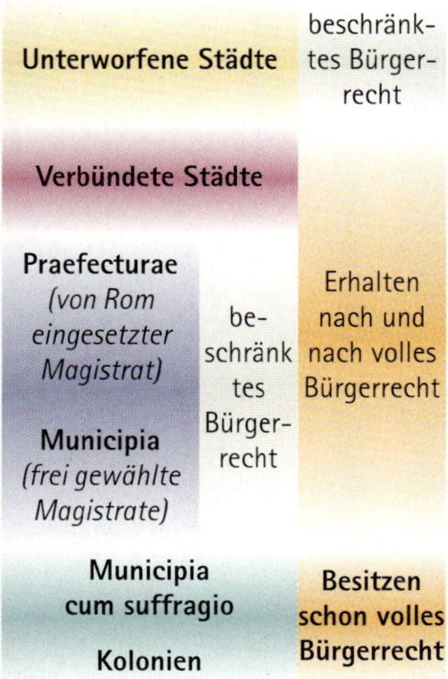

▪ In den Munizipien des sog. „latinischen Rechts" werden die städtischen Beamten mit Beendigung ihrer Amtszeit römische Vollbürger und üben ihre Rechte aus, wenn sie nach Rom gehen. Darüber hinaus existieren auch *municipia cum suffragio,* denen als Privileg das vollständige römische Bürgerrecht gewährt wird.

d) Schließlich können römische Bürger (von Anfang an) **Kolonien** auf italischem Gebiet gründen *(coloniae civium Romanorum);* sie behalten dort ihre Rechte und bilden an Ort und Stelle ein „Rom en miniature" („Boulevards des Imperiums" sagt Cicero), wo sie die erste Rolle spielen.

1.3 Auf dem Weg zur Einigung Italiens

- In den Jahren 90-88 beanspruchen die „Alliierten" mit den Waffen in der Hand das römische Bürgerrecht (Bundesgenossenkrieg, ↗ S. 127, 3.1 b). Sie erlangen es nach dem Krieg (*Lex Iulia* von 90 und *Lex Plautia Papiria* von 89).
- *Municipia* und *praefecturae* erhalten ebenso die *civitas cum suffragio* (Stimmrecht in Rom).
- 89 erhalten die Bewohner der Gallia Cispadana („diesseits des Po") und (letzte Etappe) 49 die Transpadaner das Bürgerrecht.

Ab 49 ist also das gesamte Territorium Italiens (im umfassenden Sinn des Wortes) mit der „civitas cum suffragio" ausgestattet, ebenso mit städtischen Institutionen, die denen der Hauptstadt nachgebildet sind; sie sind römischem Recht und der Verpflichtung zum Kriegsdienst (↗ S. 72, 2.1) unterworfen und von Steuern befreit. (Nur Neapel übernahm das römische Bürgerrecht nicht, um nicht auf seine Sonderrechte zu verzichten; in der Kaiserzeit wird das nachgeholt.)

Anstelle des dem Erdboden gleich gemachten Karthago legten die Römer in Nordafrika die *Colonia Iunonia* an; ihr Stadbild und ihre Einrichtungen sind im Luftbild noch zu erkennen.

„... Boulevards des Imperiums sagt Cicero..." (S. 63)

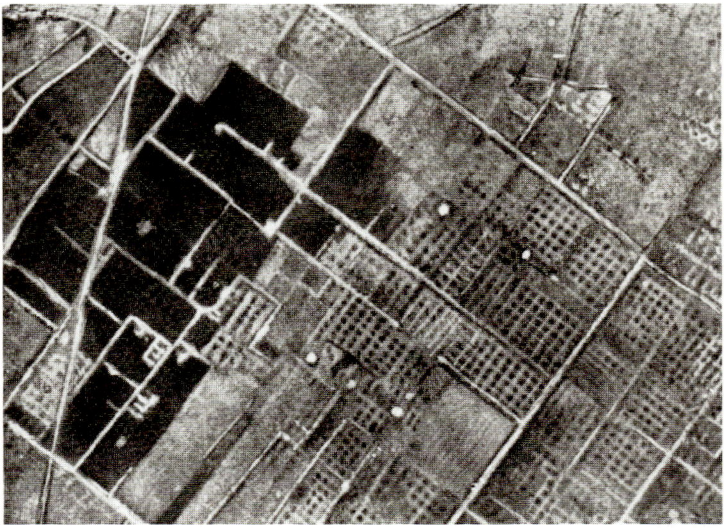

2 Die römischen Provinzen

2.1 Die „provincia"

- *Provincia* bezeichnet zunächst den Bereich, in dem ein Beamter (Magistrat) sein *imperium* ausübt; so bedeutet bei Livius *provincia Etruria* den Befehl über den Feldzug nach Etrurien.
- Erst 227 nimmt *provincia* die Bedeutung „Befehlsgewalt eines Magistraten **außerhalb Italiens** oder Besitztum des römischen Volkes außerhalb Italiens" an.

2.2 Die Etappen der Eroberung

Das Mittelmeer: für die Römer = „Mare nostrum"

1. Sicilia	241
2. Sardinia-Corsica	231
3. Hispania Citerior	197
4. Hispania Ulterior	197
5. Illyricum	167–45
6. Macedonia-Achaia	146
7. Africa	146
8. Asia	129
9. Gallia Narbonensis	120

10. Gallia Cisalpina	81
11. Bithynia	74
12. Cyrene-Creta	74–67
13. Cilicia-Cyprus	64–58
14. Syria	64
15. Gallia Transalpina	51
16. Aegyptus	30
17. Moesia	29 (?)

2.3 Organisation der Provinzen

- Die Einrichtung jeder Provinz erfolgt kraft einer *Lex provincialis*, die der siegreiche General ausarbeitet und der Senat genehmigt; dieser schickt eine Kommission von zehn Senatoren aus, um ihre Durchführung zu gewährleisten.
- Die *Lex provincialis* betrachtet die Provinz als Eigentum des römischen Volkes *(praedium populi Romani)* und legt die Stellung jeder Stadt im Hinblick auf die römische Politik fest:

a) Die **unterworfenen Städte** *(civitates stipendiariae)* unterliegen der Steuerpflicht in Naturalien oder in Geld *(stipendium)*; Rom organisiert und kontrolliert die innere Verwaltung kraft einer ihnen genehmigten *Lex civitatis*.

b) Die Städte, die vor der Eroberung vertraglich erklärt haben, „dieselben Freunde und dieselben Feinde wie das römische Volk zu besitzen", heißen **freie Städte** *(liberae* oder *immunes)*; sie sind von Steuern ausgenommen und prägen selbst Geld.

Unterworfene Städte

Freie Städte
(Verbündete)

ohne-
Bürgerrecht

2.4 Verwaltung der Provinzen

a) Der Gouverneur *(praetor)*, vom römischen Volk gewählt und **auf ein Jahr eingesetzt**, verwaltet und kommandiert die Truppen; er wird von einem *quaestor* (Finanzbeamter, gewählt vom römischen Volk) und von *legati* (die er selber bestimmt) unterstützt.

- Da es bald nicht mehr genug Prätoren gibt, bestimmt man ebenso als Gouverneure Beamte, die nicht mehr im Dienst sind: Proprätoren *(pro praetore)* und Prokonsuln *(pro consule)*. Jedes Jahr bestimmt der Senat durch ein *Senatus consultum de provinciis ordinandis* zwei konsularische Provinzen (die den scheidenden Konsuln zugewiesen werden) und ernennt die Amtsinhaber für alle Provinzen.
- Im Jahre 81 legt Sulla fest, dass von nun an **alle** Gouverneure **ehemalige Magistrate** sein müssen.

b) Die Verwaltung einer Provinz ist im Prinzip eine **Aufgabe ohne Bezahlung**. Tatsächlich jedoch ist sie sehr lukrativ, denn der Gouverneur genießt vom Staat bewilligte Unterhaltskosten, verschiedene Zuwendungen und Geschenke seiner Bürger (so konnte Cicero ohne Verletzung von Gesetzen, *salvis legibus*, eine beträchtliche Summe aus der armen Provinz Kilikien mit nach Hause bringen). Die größte Sorge vieler Gouverneure ist darauf gerichtet, **sich** während ihres Amtsjahrs im Einvernehmen mit den *publicani* (Steuerpächtern) **zu bereichern,** die vom Staat die Einziehung der Steuern pachten (Verres presste aus den Bürgern Siziliens schamlos derartige Summen heraus, dass er zu Verbannung und Schadensersatz von 40.000.000 Sesterzen verurteilt wurde).

IV Justiz und Finanzen

■ Direkt aus den Quellen der Philosophie muss man die Rechtswissenschaft schöpfen.
Cicero

1 Die Justiz

1.1 Die Römer und das Recht

- Nachdem in der Königszeit die Rechtswissenschaft Privileg der **Priester** gewesen war, wird sie unter der Republik **verweltlicht**: kompetente Männer *(prudentes)* spezialisieren sich auf dieses Wissen, halten jedoch die Formeln **geheim.**
- Im 5. Jahrhundert verlangen die Plebejer die **Veröffentlichung** der Gesetze, die zu oft die Patrizier begünstigten. Das ist der Ursprung der Zwölftafelgesetze (451-449). (Am Anfang der Republik werden die neuen Gesetze in schwarzen und roten Buchstaben auf geweißte Holzbretter – *album* – gemalt; später graviert man sie auf Marmor- oder Kupfertafeln ein.)
- Der Text der von einer Kommission von zehn ehemaligen Konsuln, den Decemvirn, redigierten **Zwölftafelgesetze** *(Leges duodecim tabularum)* ist nicht auf uns gekommen; sie legten endgültig die **zivilrechtliche Gleichheit** von Plebejern und Patriziern fest und machten Schluss mit dem göttlichen Charakter der Gesetze: künftig soll als Gesetz das gelten, was **das gesamte Volk** in Zenturiats- oder Tribuskomitien versammelt als Gesetz beschließt.
- Im 1. Jahrhundert v. Chr. veröffentlicht der Rechtsgelehrte Q. Mucius Scaevola zum **ersten Mal** ein Werk *Ius civile* (in 18 Büchern).

„Lex rogata, vom Volk durch Abstimmung beschlossenes Gesetz..." S. 55)

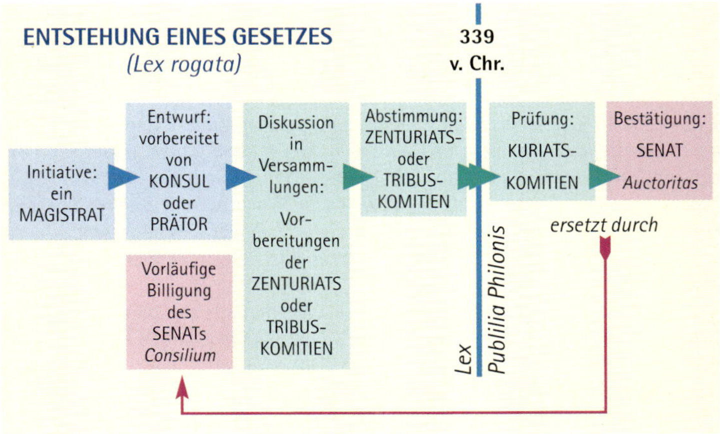

Das römische Recht ist fixiert:

- im Zwölftafelgesetz;
- in den auf den Komitien beschlossenen Gesetzen;
- in den Senatsbeschlüssen;
- im Erlass des Praetor urbanus, der zu Beginn jedes Jahres darlegt, in welchem Geiste er die Rechtstexte auslegen wird.

1.2 Das Gerichtsverfahren

▸ Die Gerichtsorganisation der Römer erscheint uns sehr komplex, denn sie bewahrt – ohne immer ihren Sinn zu erfassen – sehr alte Bräuche.
a) Die Rechtspraxis war lange Zeit mit der Magie vermischt: eine Partei gewann den Prozess, nicht wenn das Gesetz ihr Recht gab, sondern wenn sie den **magischen Ritus** sorgsam beachtet hatte. Dieses Verfahren (genannt *per legis actiones)* findet sich bis zum Ende der Republik.
b) Seit dem 2. Jahrhundert kommt das **Formularverfahren** auf: der **Prätor** benennt die Gesichtspunkte des Prozesses in einer Formel, an die sich der **Richter** buchstabengetreu hält.
▪ In allen Fällen unterscheidet das römische Verfahren den **Beamten** und den **Richter**, sodass sich jeder Prozess in **zwei Phasen** gliedert: *in iure* und *in iudicio.*

1.3 Zivil- und Strafgerichte

a) Die Zivilgerichtsbarkeit *(iudicia privata),* zunächst Monopol der Konsuln, geht ab 367 auf die diensthabenden Prätoren über (↗ S. 57, 1.3 c). Der Prätor jedoch beschränkt sich nach Prüfung der Angelegenheit darauf, sie an einen **Einzelrichter** *(iudex)* zu verweisen.
Bis 123 werden die *iudices* von den **Senatoren** gestellt; von 123 bis 81 kraft eines Gesetzes des Gaius Gracchus ausschließlich von den **Rittern**; ab 70 von Senatoren, Rittern und Bürgern über 35 Jahre, die über einen **Besitz von mehr als 300.000 Sesterzen** verfügen.
b) Die **Strafjustiz** *(iudicia publica)* unterlag zu Anfang entweder dem Senat oder den (Zenturiats- oder Tribus-) Komitien. Im 3. Jahrhundert delegierten die Komitien ihre Vollmachten an **ständige Gerichtshöfe** *(quaestiones perpetuae),* jeweils spezialisiert auf Veruntreuung, Mord, Fälschungen usw.
▸ Ankläger *(delator)* ist jeder beliebige Bürger. Die Unterstützung durch einen **Anwalt** ist erlaubt, doch handelt es sich hier um einen **unentgeltlichen** Beruf, und das Gesetz verbietet es dem Anwalt, von seinem Klienten ein Honorar entgegenzunehmen. (Testamentarische Zuwendungen sind indes erlaubt.)
▸ Es gibt Kapitalstrafen (also das *caput* betreffend: ↗ S. 51, 2.3 b) und andere. Hauptsächliche Kapitalstrafen: Enthauptung, Hängen, Erwürgen, Sturz von der Höhe des Tarpejischen Felsen (für Verbrechen des Hochverrats) oder Weihe an die Götter der Unterwelt, d.h. Erklärung für vogelfrei (was erlaubte, den Verurteilten straflos zu töten).
▸ Alle Bürger genießen **Strafgleichheit**. Sklaven werden auf entwürdigendere Weise behandelt (Kreuzigung, Peitsche usw.)

2 Die Finanzen

▸ Die Finanzverwaltung der Römer ist ausgesprochen rational: die Staatskonten werden sorgfältig geführt; allerdings wurde während der Republik nie eine Bilanz über Ausgaben und Einnahmen aufgestellt.

- Gerade alle fünf Jahre sorgt der Senat für einen **ungefähren** Haushaltsplan (hierbei werden die Zensoren beauftragt, den Steuereinzug in Pacht zu geben und im Falle von Ausgaben die Aufträge zu den besten Konditionen zu vergeben).

2.1 Die Staatseinnahmen

a) Steuern: Ursprünglich zahlt der römische **Bürger keine Steuern**. Doch als die Organisation der Armee die Gewährung eines Solds erfordert, wird von jedem Bürger ein *tributum* (vom Wort *tribus)* erhoben, mit dem er je nach Vermögen etwas zu dieser Sonderausgabe (1, 2 oder 3 vom Tausend, entsprechend dem Zensus) „beisteuert". Dieser Beitrag ist also **nicht regelmäßig**, er wird nur anlässlich eines neuen Feldzugs eingefordert; manchmal wird er zurückgezahlt, nach der Eroberung Makedoniens (167) endgültig abgeschafft.

- **Nichtbürger**, besonders aus den Provinzen, werden mit einem nach ihrem Vermögen berechneten **Zehnten** belastet, zahlbar in Naturalien oder Bargeld *(vectigal).*
- Darüber hinaus werden **Sondersteuern** erhoben, unter anderem auf Freilassungen (fünf Prozent vom Wert des Sklaven, zahlbar in Gold), auf Ehelosigkeit *(aes uxorium)* usw.

b) Einkünfte aus öffentlichem Eigentum (Gesamtheit der Immobilien, deren Besitzer der Staat ist):

- Vermietung bzw. Verpachtung öffentlicher Plätze (Märkte, Wege, Brücken usw.) und Zollrechte (Häfen, Grenzen), *portorium;*
- Einkünfte aus eroberten, konfiszierten oder abgetretenen Ländern, deren Annexion den *ager publicus* vergrößert (Minen: *metalla,* Salinen: *salinae,* öffentliche Weiden usw.) Bisweilen überlässt der Staat den besiegten ehemaligen Besitzern den Nießbrauch *(usufructus)* ihrer Länder gegen Zahlung einer Steuer. Diese Einnahme, zahlbar in Naturalien *(vectigal, decumae)* oder in Bargeld *(stipendium, tributum),* war lange Zeit die einzige regelmäßige Ertragsquelle der Staatskasse.

c) Außerordentliche Einnahmequellen: Kriegsbeute, von der ein Teil an die Staatskasse geht; Konfiskationen, Schenkungen sowie Vermächtnisse usw.

2.2 Die Staatsausgaben

- Unterhalt und Unkosten für den Kult (Einrichtung des Staates; die Priester sind Beamte);
- Militärausgaben;
- sehr geringe Verwaltungsausgaben, da die Magistrate ohne Entgelt tätig sind. Allerdings Aufwandsentschädigungen für die Magistrate und Gehälter der Angestellten.
- **Öffentliche Arbeiten** (Unterhalt und Neuplanungen, die nach einem System öffentlicher Ausschreibungen ausgeführt werden). Das sind die **kostspieligsten Ausgaben**, die der Staat zu leisten hat; sie verschlingen 10 bis 20 Prozent des Steueraufkommens.
- Lebensmittelversorgung: Seit den Gracchen verteilt der Staat zunächst zum Selbstkostenpreis, dann mit Verlust, schließlich kostenlos eine riesige Menge an Getreide: 10 Millionen Sesterzen im Jahr 75, 30 Millionen im Jahr 62, fast 77 Mio. im Jahr 46.

2.3 Verwaltung der öffentlichen Finanzen

- Über die Gelder verfügt der **Senat;** er wird von den Zensoren und Quästoren unterstützt, die die Staatskasse im Saturntempel *(aerarium populi* oder *Saturni)*

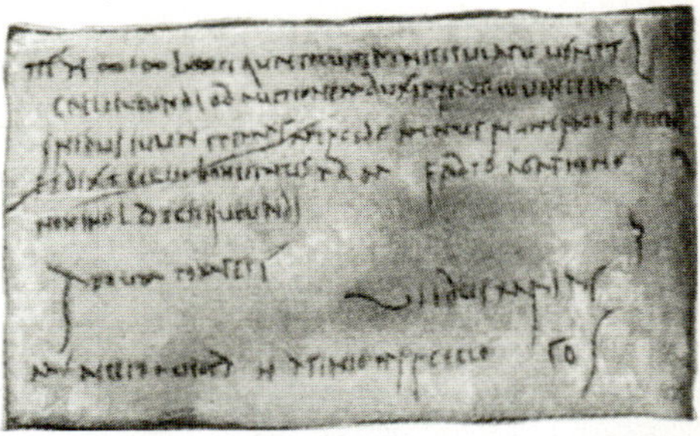

Bankiersquittung (aus Pompeji)
„Die Rechnungsbelege werden sorgfältig kontrolliert..." (S. 61)

beaufsichtigen. Nur die Komitien können neue Steuern beschließen.

- Zwischen den Staat und die Steuerpflichtigen (Römer oder Provinzbewohner) treten Hauptsteuerpächter *(publicani)*, an die von den Zensoren für fünf Jahre die Steuererhebung vergeben wird: sie strecken dem Staat die zu erhaltende Summe vor und übernehmen die Aufgabe, sie sich von den Steuerpflichtigen zurückzahlen zu lassen. Um diese Vorauszahlungen leisten zu können, organisieren sich die **publicani** (es handelt sich dabei um Ritter) in Anteilsgesellschaften, die über zahlreiches Personal in Rom und den Provinzen verfügen (Direktoren, Freigelassene, Sklaven). Sie saugen die Bevölkerungen aus.

2.4 Die Banken

- Die Bankgeschäfte liegen in den Händen **privater** Spekulanten, *argentarii.* Sie umfassen Kontrolle und Wechsel von Münzen, Kredite (gegen Zinsen), Einlagen und Kapitalinvestitionen. Überweisungen von Bank zu Bank und von Stadt zu Stadt sind möglich.
- Die Ausübung des Bankiersberufs *(mensarius;* Bank: *mensa)* wird **vom Staat geregelt:** die Rechnungsbelege *(codex)* werden sorgfältig kontrolliert, ebenso wie die Kontokorrentverzeichnisse *(editio rationum)* und die Zahlungsbücher *(calendarium,* Zahlungen sind an den Kalenden fällig).
- Die Bankiers besitzen i. Allg. (trotz der Spitzen der komischen Dichter) einen guten Ruf *(optimi viri).* Bankrotteure werden mit dem Verlust der bürgerlichen Rechte belegt *(infamia).* Konkurs machen hieß: *mergere* (absaufen), *mensam evertere* (die „Bank" umstürzen), *decoquere* (gar kochen ≈ verflüchtigen lassen) usw.

V Armee und Kriegsführung

- **Aus einer Bauern- wird eine Berufsarmee, aus einer Bürgerarmee eine Soldatenarmee.**

1 Zusammensetzung und Truppenstärke

- Der **Eintritt der Plebs in die Armee** ist ein Ereignis von höchster Bedeutung und datiert anscheinend schon ins Ende des 6. Jahrhunderts.
- Nach der sog. Reform des Servius Tullius (durchgeführt ab dem Ende des 5. Jahrhunderts) obliegt die Aufgabe der Staatsführung und Verteidigung allen **Besitzenden** (und nicht mehr einer aristokratischen Kaste). **Die proletarii (Besitzlosen) gehören nicht zur Armee.**

Mit Marius kommt die Berufsarmee auf; aus ihr wird durch die andauernden Kriege ein stehendes Heer. Von nun an entziehen sich die reichen Bürger ihrer Militärpflicht.

1.1 Die Armee des Servius Tullius: Spiegelbild der Stadt

Die Legion umfasst etwa 4000 Mann; sie ist in Zenturien gegliedert, ihrer Organisation liegt die Zensusrangfolge zugrunde.

Die Reichsten (18 Zenturien)	Kavallerie
1. Klasse 2. Klasse 3. Klasse	Schwerbewaffnete (Infanterie)
4. Klasse 5. Klasse	Leichtbewaffnete (Infanterie)
2 Zenturien aus fabri	Pioniere
2 Zenturien aus tibicines	Militärmusiker

1.2 Die Armee der Punischen Kriege

Für die Periode von den Punischen Kriegen bis zu Marius kennen wir die republikanische Armee am besten. Sie wurde von **Camillus**, dem „zweiten Gründer Roms", im 4. Jahrhundert vollständig reorganisiert.

a) Die Armee des Camillus setzt sich streng aus **Legionen** (**Infanterie**divisionen) zusammen; diese sind in **Manipeln** (Kompanien) und **Zenturien** (Züge) gegliedert:

Zenturie	▪ zu Anfang: 100 Mann ▪ zur Zeit der Punischen Kriege: **60 oder 30 Mann** (dazu die Leichtbewaffneten)
Manipel (taktische Einheit)	2 Zenturien
Legion	30 Manipeln (60 Zenturien) = **4200 Mann** (↗ Tafel S. 71)

- Die Legionäre – alle **Bürger** – sind nicht mehr nach ihrem Vermögen, sondern v.a. nach ihrem Alter und ihrer **militärischen Bedeutung** eingeteilt: Rekruten, bewährte Soldaten, Veteranen.
- Jeder Legion ist ein **Legions-Kavalleriekorps** zugeordnet, eingeteilt in 10 **Schwadronen** *(turmae)* von 3 **Dekurien** (10 × 30 = 300 Mann).

b) Verbündete und Hilfstruppen: Zu den Legionskontingenten kommen aufgrund von Bündnisverträgen bei den italischen **Verbündeten** ausgehobene **Infanteriekontingente** (↗ S. 63, 1.2 b). Sie können bis zur Hälfte der Gesamtstärke stellen. Ebenso wird die **Kavallerie** – von nun an außerhalb der „Reiter-"Zenturien rekrutiert – zum größeren Teil von den Italikern gestellt *(alae equitum)*.

- Beim Feldzug verstärken **Hilfstruppen** *(auxilia)*, die von **außeritalischen** Völkern gebildet werden, die römische Armee; es handelt sich um **leichte Truppen**,

Ein Element der römischen Armee: Die Legion und angegliederte Kontingente

Legionsinfanterie (Bürger)

Schwerbewaffnete	3. Rang	Legionäre	TRIARII	20 Zenturien zu 30 Mann = 600	Die Ältesten. Sie heißen auch *pilani*, aber sie tragen kein *pilum* mehr.
Schwerbewaffnete	2. Rang	Legionäre	PRINCIPES	20 Zenturien zu 60 Mann = 1200	Die Männer im reifen Alter. Ehemals im 1. Rang, daher ihr Name.
Schwerbewaffnete	1. Rang	Legionäre	HASTATI	20 Zenturien zu 60 Mann = 1200	Die Jüngsten. Ursprünglich waren sie mit Wurfspeeren *(hasta)* bewaffnet.
Leichtbewaffn.	Auf die drei Ränge aufgeteilt.		VELITES	20 pro Zenturie: 20 × 60 =2100	Die Ärmsten unter den jungen Leuten.

Geschütztruppen, Pioniere (Arbeiter und Freiwillige)	**Militärmusikanten**	**Stabsquartier**

Legionskavallerie

Infanterie der Verbündeten (Italiker)

Hilfstruppen (Nicht-Italiker)

die an Ort und Stelle rekrutiert werden, oder um Spezialeinheiten: kretische Bogenschützen *(sagittarii)*, Schleuderer von den Balearen *(funditores)* usw.

- Im 1. Jahrhundert wird keine Legionskavallerie mehr ausgehoben: man begnügt sich mit Hilfstruppen (numidische, spanische, gallische, germanische oder thrakische Reiter).

c) Einige Zahlen: Zur Zeit der Republik besteht die römische Armee normalerweise aus **vier Legionen**, die jedes Jahr ausgehoben werden (↗ S. 72, 1.2 a). Bei Notwendigkeit jedoch werden mehr Armeen aufgeboten: Livius registriert sechs Legionen im Jahr 218 und 23 im Jahr 211 (man weiß allerdings nicht, ob es sich dabei um Legionen von 4000 Mann handelt).

- Die folgenden Truppenzahlen werden von Polybios für das Jahr 225 genannt:

einsatzfähige Bürger: 273.000

Soldaten der Kolonien: 85.000
Verbündete: 294.000

1.3 Die Reformen des Marius

- Marius **schafft den Gesichtspunkt des Reichtums** für die Rekrutierung des Heeres **vollständig ab** und lässt die **Proletarier in die Armee eintreten.**
- Er ersetzt das Manipel als taktische Einheit durch die **Kohorte** *(cohors)*, die aus drei Manipeln *(hastati, principes, triarii)* besteht; die Leichtbewaffneten werden abgeschafft.

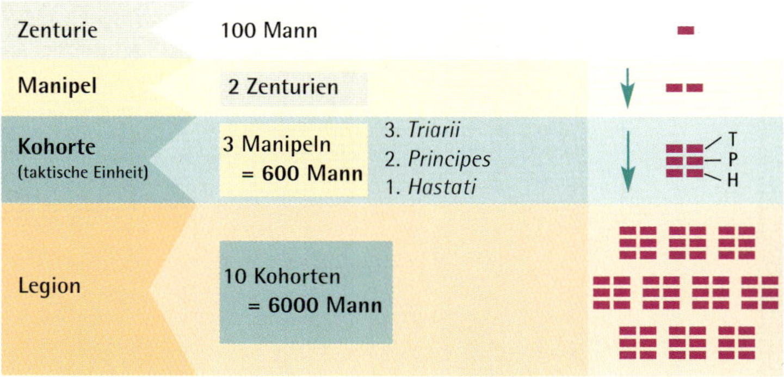

2 Organisation der Armee

Die römische Armee überrascht uns ab dem 2. Jahrhundert durch ihren modernen Charakter.

Bis Marius ist die Armee noch **kein stehendes Heer**, doch verfügt sie schon vorher über strenge Regeln der **Verwaltung** und eiserne **Disziplin**.

2.1 Die Rekrutierung

a) Bis zu Marius umfasst der Militärdienst *(militia)* im Prinzip **alle Bürger**, die Proletarier ausgenommen. Man unterscheidet:

- *Iuniores* (14-46 Jahre): Truppen für den Feldzug
- *Seniores* (46-60 Jahre): „Landwehr"-Truppen *(legiones urbanae)*

- Die Einberufung *(dilectus)* findet nur im Kriegsfall statt; tatsächlich aber wird die Armee **jeden Frühling aufgestellt** (im März), um (bis zu Marius) **im Herbst entlassen** zu werden.
- Zu diesem Zweck versammeln sich die **Tribus-Komitien** auf dem Marsfeld und wählen die **Militärtribunen** für das Jahr. Darauf schreiten die auf dem Kapitol ins Amt eingeführten Konsuln mit Hilfe der Tribunen zur **Einberufung** *(agere dilectus):* alle **Bürger** im wehrfähigen Alter ziehen in der Reihenfolge der Tribus vorbei und nennen ihren Namen. Bei Feldzügen schickt man Aushebungsoffiziere *(conquisititores)* aus.
- Das benötigte Kontingent wird unter den Wehrfähigen **durch Los** ausgehoben. Zusätzlich nimmt man Freiwillige *(volones)* auf. Im Falle des *tumultus* (Gefahr für das Vaterland) führt man eine Generalmobilmachung für alle wehrfähigen Bürger ohne Unterschied durch. (Man ging sogar soweit, Sklaven zu rekrutieren.)
- Gründe für **Freistellungen** *(vacatio militiae):* Ausübung bestimmter Ämter und Priesterfunktionen, Krankheiten *(morbus)* oder Gebrechlichkeit *(vitium).*
- Nach der Einziehung wird von einem früheren Soldaten ein **Eid** *(sacramentum)*

abgelegt, alle anderen beschränken sich auf ein „*Idem in me*“ (dasselbe für mich). Nach dem Eid folgen Appell *(exercitum recensere)* und Opfer *(lustratio)*.

- Im Herbst wird die Armee nach beendetem Feldzug entlassen; die Infanteristen bekommen ihre endgültige Entlassung *(honesta missio)* nach **20 Dienstjahren;** die Reiter (immer besser behandelt) schon nach 10 Jahren.

b) Ab **Marius** nimmt die Armee die *proletarii* auf (bis dahin Arbeitslose). Freiwilligenanwerbungen *(conquisitiones)* werden immer häufiger: die Armen machen aus dem Militärstand einen Beruf, indem sie sich regelmäßig weiter verpflichteten *(veterani)*. So wird aus der römischen Armee ein **stehendes Heer**; diese Armeen aus Armen haben das Reich geschaffen, doch sind sie mehr ihren Generälen als dem Staat ergeben.

2.2 Die Ausrüstung

- Zu Anfang stellt die Republik weder Waffen noch Bekleidung, jeder rüstet sich **nach seinem Vermögen** aus. Die Reichen haben Lanze und Langschwert, Helm, Brustpanzer, metallene Beinschienen und *clipeus* (bronzener Rundschild).
- Später **erhalten** Offiziere und Soldaten das *sagùm* (eine Art offenen Mantel, mit einer Spange zusammengehalten), Halbstiefel *(caligae)* und einen Metallhelm *(cassis)*. Die Waffen kommen aus staatlichen Werkstätten.

a) Die Bewaffnung der Infanterie:

- *Hasta*, Lanze (bis Marius den Veteranen vorbehalten).
- *Pilum*, Wurfspieß mit Holzschaft, von den Samniten (4. Jh.) übernommen (?). Länge: 2 m (1 m der Schaft, 1 m die Spitze), Gewicht: 1200 gr.; Reichweite: 30 m, 60, wenn er mit einem Wurfriemen geschleudert wird. Waffe der *hastati* und der *principes* (und ab Marius der *triarii)*; jeder Soldat trägt zwei Wurfspieße.
- *Gladius*, scharfes Kurzschwert (Länge der Klinge: 0,50 m) mit zwei Schneiden, von den Spaniern (3. Jh.) übernommen und von allen Soldaten getragen.
- *Scutum*, hölzerner Schild, von den Samniten (?) übernommen und von unterschiedlicher Form: oval und gewölbt (0,75 m × 1,20 m) im 3. Jh., halbzylindrisch im 1. Jh.
- Brustpanzer: Anfänglich Eisenplatten, dann Panzerhemden, im 3. Jh. von den Galliern übernommen (s. Abb. S. 73)

b) Die Bewaffnung der Kavallerie:

- *Contus*, leichte Lanze, manchmal als Wurfspeer benutzt
- *Parma*, kleiner Rundschild

„... diese Armeen aus Armen haben das Reich geschaffen...“
Montage nach einem Relief im Louvre

c) Bewaffnung der leichten **Einheiten:**
- *Parma*, kleiner Rundschild der *velites*
- *Galea*, spezieller Lederhelm
- *Arcus*, Bogen; *sagittae*, Pfeile, 60 cm lang
- *Funda*, Schleuder

2.3 Proviant

- **Weizen** *(res frumentaria)* ist die Grundlage der Ernährung, er wird täglich oder monatlich ausgegeben (gegen einen Abzug vom Sold). Getränk: eine Mischung aus Wasser und Essig *(posca;* das Getränk, das Jesus am Kreuz gereicht wurde).
- *Prandium* bezeichnet die Mahlzeit des („gemeinen") Soldaten:

850 gr. Getreide	30 gr. Käse
100 gr. Speck	½ Liter Wein

1957 hat man im offenen Meer vor Toulon (Frankreich) in einem Schiff Cäsars 500 Amphoren mit **Fischkonserven** gefunden (Thunfisch in Öl und Sardellen in Salzlake, dazu Blattgold).
- **Futter** wird in der Gegend durch *pabulatores* (Furagiere) beschafft.

2.4 Sold und Beute

- Als die Feldzüge sich in die Länge zogen und zahlreicher wurden, kam man um die Zahlung von Sold *(stipendium)* nicht umhin. Er soll 406 von Camillus für die Fußsoldaten eingeführt worden sein, 403 für die Reiter. Im 2. Jh. beträgt er 3 As pro Tag für den Soldaten, sechs für den Zenturio. Cäsar verdoppelt die Sätze. Darüber hinaus hat jeder entsprechend seinem Rang Anteil an der Beute *(praeda).*
- Den Truppen der Verbündeten stellt Rom Verpflegung, aber weder Sold noch Anteil an der Beute.

2.5 Die militärische Hierarchie

- Genauso wie die staatlichen Dienststellen **kennt die Armee kein einzelnes Kommando**: die Kollegen üben ihre Tätigkeit nach Absprache im Turnus aus (tage- oder monatsweise wechselnd). Kennzeichen für das Kommando ist das *paludamentum*, ein weiter scharlachroter Mantel.
- Die höheren Offiziere sind immer Römer; bei den verbündeten Einheiten sind die untergeordneten Offiziere Einheimische.

a) Infanterie: vgl. Tafel S. 75.

b) Bei der Kavallerie wird jede Schwadron von einem **Präfekten** (höherer Offizier) kommandiert und die Dekurien von **Dekurionen** (untergeordnete Offiziere).

c) Die **Geschütztruppen** und die **Pioniere** stehen unter dem Befehl eines *praefectus fabrum.*

2.6 Der tägliche Dienst

- Die **Ausbildung** der Rekruten *(tirones)* ist den Zenturionen und bestimmten Unteroffizieren anvertraut: Marschieren, Laufen, Springen, Bogenschießen, Werfen des *pilum*, Angriffsübungen auf Pappkameraden, Arbeitsdienste usw.
- Exerzieren, Wachwechsel, Wecken und Feuerlöschen werden durch **Signale** mit dem Horn *(bucina)* angekündigt.
- Jede Waffengattung hat überdies ihr eigenes Instrument: die Infanterie die Trompete *(tuba)*, die Kavallerie das eherne Signalhorn *(lituus).*

Oberbefehlshaber

Konsul oder **Prätor**

- Dem Oberbefehlshaber ist ein **Stabsquartier** *(cohors praetoria)* zugeordnet: Adjutanten und Ehrenwache.
- Ein QUÄSTOR ist Schatzmeister.

- Unter seinem Befehl stehen alle Legionen des Heeres.
- Beim Feldzug kann er **zeitweise** einen seiner Adjutanten *(LEGATUS)* mit dem Kommando der Kavallerie, der Reserveeinheiten oder sogar einer **ganzen Legion** beauftragen.

für jede Legion

6 Militärtribunen

höhere Offiziere

- 24 Tribunen (6 pro Legion) werden jährlich ernannt: jeder befehligt 10 Zenturien und **im Turnus** die **Legion.**
- Die Tribunen von Senatorenrang heißen *laticlavii;* die übrigen *angusticlavii.*

tribuni militum a populo

Gewählt von den Komitien unter den **jungen Leuten**, Söhne von Senatoren oder Rittern

tribuni militum Rufuli

Vom Oberbefehlshaber unter den **erfahrenen** Offizieren ausgewählt.

60 Zenturionen

untergeordnete Offiziere

Zur Zeit des Marius war der untergeordnete Offizier mit dem höchsten Grad der *pilus prior (primipilus)* der 1. Kohorte und so weiter.

2 pro Manipel:
- *ordo prior* (1. Zenturie)
- *ordo posterior* (2. Zenturie)

Der erste befehligt seine Zenturie und die seines Kollegen, der sie an zweiter Stelle kommandiert.

Unteroffiziere

principales

- *Optiones* (Adjutanten): 1 pro Zenturie
- Feldzeichenträger *(signiferi)*, regelrechte Priester des *signum* (↗ S. 77, 2.8 e)
- Ausbilder *(campidoctores)*
- Versorgungsoffiziere *(pecuarii)*
- Baumeister, Militärärzte, Kapellmeister usw.

- Verfügen i. Allg. nicht über ein Kommando; sie führen die Aufsicht über die **allgemeinen Dienstabteilungen.**
- Pro Zenturie gibt es einen Schreibstubenunteroffizier *(tesserarius).*

Truppe

militia caligata

Sie können über den Grad des Zenturios nicht hinauskommen.

immunes

- Soldaten der 1. Klasse, vom Arbeitsdienst ausgenommen

munifices

Soldaten der 2. Klasse *(munus* = Arbeitsdienst)

Einige Kommandos

- Sie werden oft im Infinitiv gegeben.

Achtung!	*Legio expedita!*
Sprung auf – marsch, marsch!	*Incitato gradu!*
Vorwärts!	*Signa inferre!*
Halt!	*Signa statuere!*
Marsch!	*Praege (= perge)!*
„Anlegen!"	*Infestis pilis!*
Im Schritt!	*Certo gradu!*
Zu den Waffen!	*Ad gladios!*
Sturmschritt!	*Concursu!*

Richtungswechsel nach rechts (nach links):
Agmen torquere ad dextram (sinistram)!

2.7 Die Disziplin

Sie ist **ausgesprochen streng** und zielt v.a. auf die Selbstachtung.
a) Abgestufte **Strafmaßnahmen**: Entzug des Soldes und der Beute; Degradierung *(militiae mutatio)*, Rückstufung, unehrenhafte Entlassung, Auspeitschung (zu diesem Zweck sind die Zenturionen mit einem Knüppel ausgestattet); Enthauptung.
b) Ebenfalls abgestufte ehrenvolle **Belohnungen**: Belobigungen *(laudes)*, Halsketten *(torques)*, Medaillen *(phalerae)*, Armreifen *(armillae)*, Ehrenwaffen *(hasta pura)*, Kronen *(coronae)*.

- Für die Generäle gibt es besondere Belohnungen. Der auf dem Schlachtfeld siegreiche General erhält den Titel *imperator*. Er kann dazu noch vom Senat mit öffentlichen Dankgebeten *(supplicationes)*, der *ovatio* (feierlicher Einzug in Rom mit der Opferung eines Schafes (?) – *ovis* – auf dem Kapitol oder dem **Triumph** geehrt werden. Beim Triumph fährt er mit den Attributen des Iuppiter Capitolinus geschmückt mit einem Viergespann auf das Kapitol: vor ihm die Beute, hinter ihm seine Armee.

2.8 Armee und Religion

Die Religion nimmt in der Armee wie überall in Rom einen **Platz allerersten Ranges** ein. Im Laufe des Jahres werden zahlreiche Kriegsriten vollführt, sei es um die Truppe in den Marschzustand zu versetzen, um den Sieg zu erreichen oder um einen Feldzug zu unterbrechen.
a) Vor dem Feldzug (im März, Monat des Kriegsgottes Mars):

- Tanz der Salier (↗ S. 27, 3.1 d)
- *Equirria* (15. März): Reinigungsopfer für die Pferde
- *Quinquatrus* (19. März): Reinigungsopfer für die auf dem Marsfeld versammelte Armee; Schwein, Schaf, Stier („Suovetaurilien", ↗ S. 30, 4.5 a) ziehen um das gesamte Heer herum, um alle Soldaten gemeinsam einzuschwören.
- *Tubilustrium* (23. März): Reinigungsopfer für die Trompeten.

b) Zur Kriegserklärung: Aussendung der Fetialen (↗ S. 27, 3.1 e) zu den Feinden. Da Rom durch **unverletzliche** Verträge mit seinen Nachbarn verbunden ist, müssen die Fetialen feststellen, dass es die Nachbarn sind, die ihre Verpflichtungen verletzt haben, und dafür die Götter zu Zeugen nehmen. Der *Pater Patratus* begibt sich an die Grenze des feindlichen Landes und schleudert eine in Blut getauchte Lanze hinein; dabei spricht er Verwünschungsformeln.
c) Während des Feldzugs: Die Operationen werden von magischen Riten zur Erlangung des Sieges begleitet.

- Vor der Schlacht nimmt der General die **Auspizien** vor; nur wenn sie günstig ausfallen, hält er eine Ansprache an die Truppen *(contionem habere apud milites)* und beginnt den Kampf.

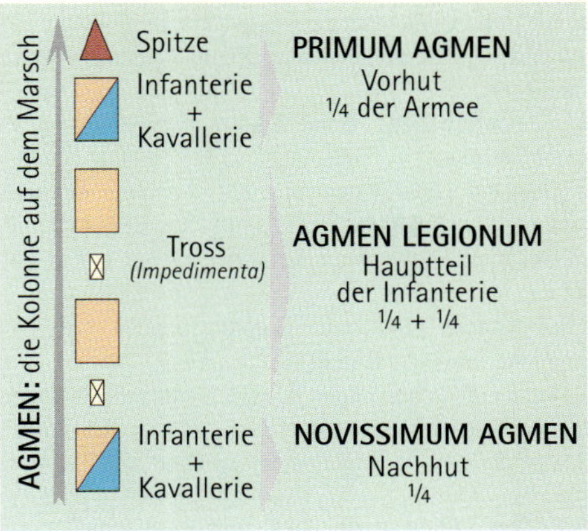

„... eine stets fast gleich bleibende Marschordnung."

▪ Nach einem Sieg danken die Soldaten den Göttern durch Aufstellung eines **Siegesmals** *(tropaeum)*; dazu schmücken sie einen Baumstumpf mit Waffen, die sie dem Feind abgenommen haben.

d) Am Ende des Feldzugs (im Oktober): zwei Feste, am 15. und 19. Oktober, entsprechend denen vom 15. und 19. März.

▪ Am 15. Oktober *(October Equus)* wird der Krieg symbolisch getötet (vgl. den israelitischen Ritus mit dem Sündenbock): dazu wird ein Wagenrennen organisiert, und das rechte Pferd des Siegers wird auf dem Marsfeld geopfert und sein Blut auf dem staatlichen Herd vergossen. (Für die *Fordicidia* des folgenden Jahres wird geronnenes Blut aufbewahrt [↗ S. 87]; man gibt es dann auf angezündete Strohballen, über die die jungen Römer zur Stärkung ihrer Kraft hinwegspringen.)

▪ Am 19. Oktober findet das Reinigungsopfer für die Waffen statt *(Armilustrium)*: auf diese Weise werden alle Kriegsverbrechen ausgelöscht.

e) Die Religion der „Fahne": Die Zeichen, die als die Seele selbst des Militärverbandes (und nicht nur als ein Symbol) angesehen werden, sind Gegenstand eines regelrechten Kultes; bis Marius hat jedes Manipel sein *signum* (ein Schaft mit einer Lanzenspitze am Ende) und jedes Kavalleriekorps sein *vexillum* (Standarte), dessen Rolle auf dem Schlachtfeld überaus wichtig ist.

▪ Marius gibt der Legion ein gemeinsames Emblem, den **Adler** *(aquila)*, den er über die *signa* der Kohorten setzt.

3 Strategie und Taktik

Für die Römer war der Krieg eine Lebensnotwendigkeit. So wurden sie Meister in allen Bereichen der Kriegskunst.

Nachdem sie die Makedonier bezwungen hatten, hatten die Römer es nur noch mit heftigen, aber unprofessionellen Gegnern zu tun.

3.1 Die Armee auf dem Marsch

a) Bei **Truppenbewegungen** in ausreichender Entfernung vom Feind gibt es eine fast stets gleichbleibende Marschordnung *(ordo agminis)*.

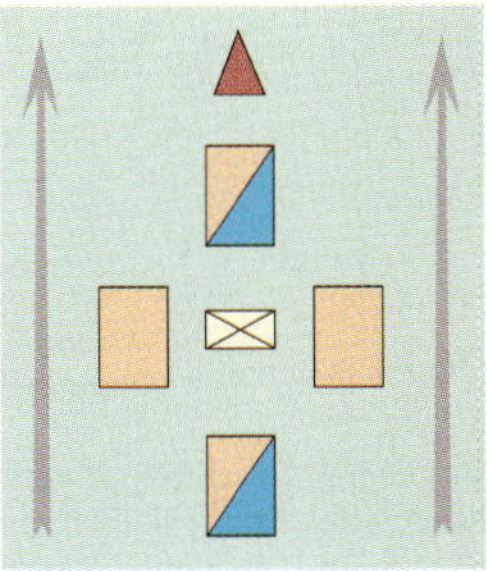

„Die Armee in der Formation des agmen quadratum..." (S. 78)

- Im Gebiet des Feindes werden kleine Spähtrupps *(exploratores)* weit vorausgeschickt, die die von Kundschaftern *(speculatores)* beigebrachten Informationen benutzen.
- Ist ein feindlicher Angriff möglich, rückt die Armee in der Formation des *agmen quadratum* vor.

b) Der Legionär auf dem Marsch ist **schwer bepackt** (40 kg): sein Gepäck *(sarcina)* umfasst Kochgeschirr, persönliche Gegenstände, Lagerwerkzeug und Lebensmittel für 17 Tage. Manchmal marschiert er nur mit leichtem Gepäck: der Soldat ist dann *expeditus.*

c) Die **Etappe** *(iustum iter)* beträgt ungefähr 25 km. Oft gibt es jedoch auch Eilmärsche *(maxima itinera).*

- Der Feldzeichenträger *(signifer)* marschiert am Kopf der Kolonne, ihm werden die Kommandos übermittelt. Heutigem „Abteilung – halt!" entspricht: *„Signifer, statue signum!"* („Stell das Feldzeichen hin!").

3.2 Das Lager – ein „befestigtes Biwak"

Es wird **jeden Abend** am Ziel der Etappe errichtet und stabiler angelegt, wenn das Heer dort den gesamten Winter zubringt *(castra hiberna* oder *hibernacula).* Manchmal wird daraus auch ein Standlager *(castra stativa);* um das Lager herum bilden sich dann Siedlungen, die zu Städten heranwachsen können (vgl. z. B. in England die Städte mit Ortsnamen auf *-chester,* von *castra).*

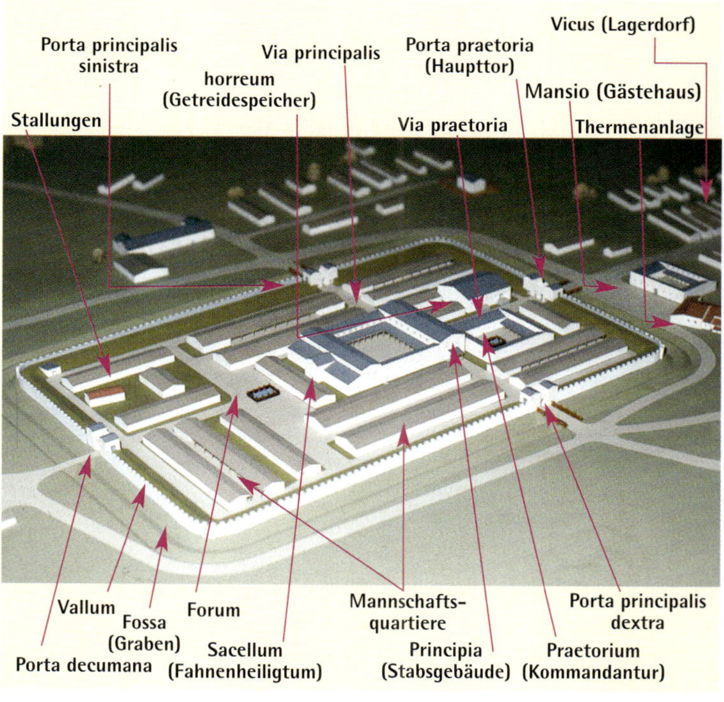

Das Lager: Ein „Rom en miniature".
Modell des römischen Legionslagers Saalburg („castra stativa").
Anlage und Einrichtungen des beweglichen Lagers sind im Wesentlichen ähnlich.

- Die **Merkmale** des Lagers bleiben **immer dieselben**: es liegt in der Nähe von Wasser, Versorgungsmöglichkeiten und Wiesen. Ein Augur steckt den Umriss entsprechend dem himmlischen *templum* ab; zwei lotrechte Linien werden in dem Abstand gezogen, in dem die Truppen ihre Zelte aufschlagen (Riten wie bei der **Gründung einer Stadt**); um das Lager wird ein Graben ausgehoben, dessen Aushub zur Bildung einer Böschung dient.
- Forum, Feldherrnsitz und Baracken *(tabernacula)* befinden sich immer **streng an derselben Stelle,** damit am Ziel jeder Etappe die schnelle Einrichtung des Lagers gewährleistet ist. In den Zelten, die in länglichen Rechtecken *(strigae)* angeordnet werden, sind die Männer entsprechend der Schlachtordnung untergebracht.

3.3 Die Schlacht

Die lateinischen Wörter *proelium* oder *pugna* bezeichnen die Schlacht, *certamen* ein Gefecht von geringerer Bedeutung.

a) Die Armee des Servius Tullius stellte sich in fester **Schlachtreihe** (Phalanx) in sechs in die Tiefe gestaffelten Reihen auf.

b) Seit Camillus erfolgt die Aufstellung zweckmäßiger: die Schlacht wird an **kleinen Frontabschnitten** geschlagen; die Legionäre stehen dicht **Schulter an Schulter**, die Einheiten der Verbündeten geben den römischen Legionen Flankenschutz; die Kavallerie bildet zwei Flügel *(cornua)*, die leichten Truppenteile stehen – sozusagen als „Kanonenfutter" – vorn.

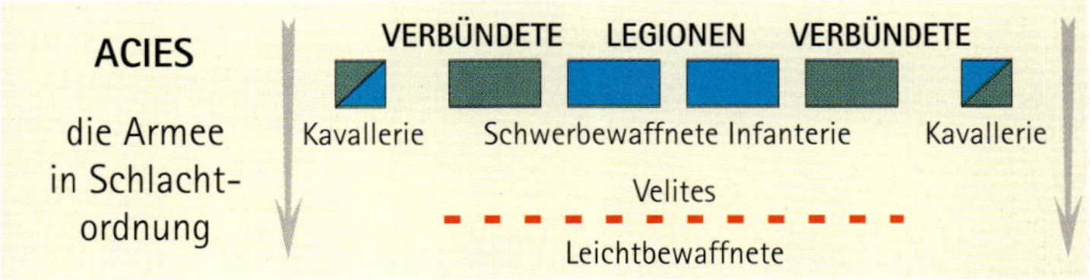

- Jede Legion in Schlachtordnung *(acies)* tritt in drei Linien mit – wie bei der Fünf auf dem Würfel – versetzten **Manipeln** an.
- Die in Zenturien unterteilten Manipel stellen sich selbst in mehreren Gliedern auf. Sie sind voneinander durch gleiche Abstände getrennt, sodass jedes den Rückzug durchführen kann, ohne die Gesamtgliederung in Mitleidenschaft zu ziehen.

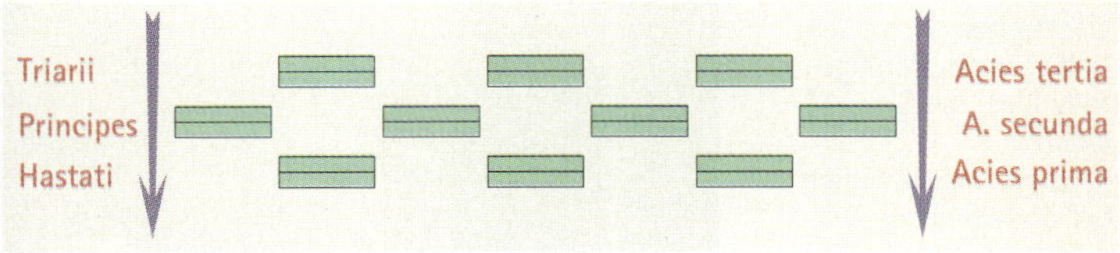

- Nach dem Signal werden zunächst die Wurfspieße geschleudert *(pila mittere)*, dann beginnt der Kampf **Mann gegen Mann**. Die *triarii* (Veteranen), an Zahl zweimal weniger als jede der zwei Angriffslinien, befinden sich – auf den Boden gekniet – in Wartehaltung. Sie greifen erst dann ein, wenn die beiden ersten Linien zurückgeschlagen werden *(res ad triarios venit* = die Lage wird kritisch).
- Bisweilen muss sich das Heer in eintrainierten Formationen zurückziehen, dem *cuneus* („Keil": einige Mutige setzen sich an die Spitze einer Kolonne, deren

Reihen sich nach Form eines spitzen Winkels verbreitern) oder dem *orbis* (die Soldaten bilden einen Kreis, um nach allen Seiten hin Widerstand zu leisten).
c) Unter Marius entspricht die Aufstellung jeder der zehn **Kohorten** dem Aussehen der ganzen Legion:

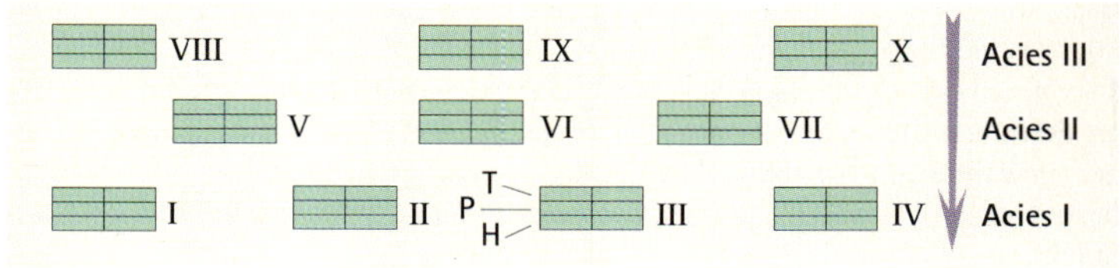

3.4 Die Belagerung

▶ Gegenüber der belagerten Stadt wird ein **Erdwall** *(agger)* aufgeschüttet. Auf dem *agger* werden in regelmäßigen Abständen **Türme** höher als die belagerten Stadtmauern angelegt, außerdem **Kriegsmaschinen**, deren technisches Prinzip auf der Torsionskraft eines zusammengedrehten Sehnenbündels beruht: die *ballista* (eine Art Armbrust für Wurfgeschosse im Steilfeuer), die *catapulta* (ähnlich, jedoch zum Abschießen größerer Projektile im Flachfeuer), der *onager* oder *scorpio* (Schleudermaschine).

▶ Zum Schlagen einer **Bresche** benutzen die Soldaten den *aries* („Widder“: einen Sturmbock mit eisernem Kopf,

Befestigungsanlagen vor Alesia (Rekonstruktion im „Archéodrome“ bei Beaune / Frankreich)

S stimuli: Pflöcke mit Eisenspitzen
L lilia: trichterförmige Fallgruben mit Spitzpfählen
C cippi: „spanische Reiter“ aus Astwerk
F fossae: Wassergräben
P cervi: gabelförmige Palisaden

„Gegenüber der belagerten Stadt...“

der von durch ein Dach geschützten Männern vorangestoßen wurde); die *turris mobilis* (trägt Männer und Gerät); die *testudo* („Schildkröte“, eine gepanzerte Hütte auf zwei Rädern); die *vineae* (mit frischen Fellen gegen Brandwaffen bedeckte „weinlauben“artige hölzerne Schutzdächer).

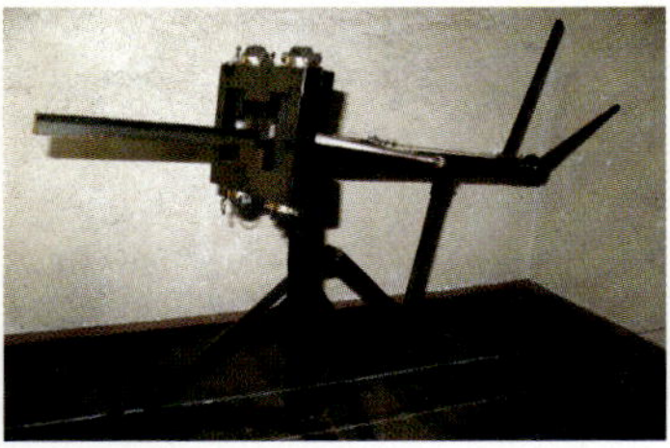

Oben:
Modell einer „ballista", einer Schleudermaschine

- Die Römer beherrschen den Bau langer **Stollen** *(cuniculi* = „Kaninchenhöhlen"), durch die sie bis vor die belagerte Stadt vordringen.
- Die zum **Sturmangriff** von den Soldaten gebildete Formation heißt *testudo;* dabei bilden die Soldaten mit ihren vereinten Schilden einen regelrechten Schutzpanzer.

Die Belagerungskunst, in der die Römer Meister sind, gerät im Mittelalter in Vergessenheit und erfährt erst im 17. Jahrhundert neue Verbesserungen.

Rechts:
„... ein regelrechter Schutzpanzer...": Soldaten bilden aus ihren Schilden die „testudo", die „Schildkröte". Relief von der Trajanssäule in Rom

4 Marine und Kriegsführung

- Die Römer haben weder die Technik des Schiffsbaus (die sie von den Griechen der Magna Graecia und den Karthagern geerbt hatten) noch die Strategie des Seekriegs weiterentwickelt: ihr Reich, das ein großes Meer umschließt, bleibt eine **Kontinentalmacht.**
- Zu allen Zeiten haben sie den Dienst in der Marine als **Fron** für die Bürger betrachtet.

Onager. Rekonstruktion im Musée des Antiquités Nationales in St. Germain-en-Laye

4.1 Geschichte der Kriegsmarine zur Zeit der Republik

- Im Jahr 394 sollen die Römer ein Kriegsschiff nach Delphi geschickt, 338 sogar einen Sieg über die Latiner bei Antium errungen haben; darauf sollen die Rammsporne der besiegten Schiffe zum Schmuck der Rednertribüne auf dem Forum verwandt worden sein.
- Tatsächlich existiert eine **Flotte im eigentlichen Sinn erst** am Vorabend des ersten Punischen Krieges **nach dem Krieg gegen Pyrrhus.** Ein gestrandeter karthagischer Fünfruderer soll den römischen Schiffsbauern im Jahr 261 als Modell gedient haben.
- Nach der Niederlage Karthagos geben die Römer **kein Geld mehr für den Unterhalt einer großen Flotte** aus. Dennoch befindet sich die römische Marine am Ende der römischen Republik oft in Aktion: Seekriege des Pompejus gegen die kilikischen Piraten, der Pompejus-Anhänger gegen Cäsar, Oktavians (des späteren Augustus) gegen Sextus Pompejus, des Antonius gegen Oktavian (Seeschlacht bei Actium).

4.2 Taktik zur See

- Im Gegensatz zum Handelsschiff, einem Schiff von rundlicher Form, heißt das Kriegsschiff *navis longa.* Es handelt sich dabei um ein **Ruderschiff** *(biremis, triremis, quadriremis, quinqueremis* je nach Zahl der übereinander befindlichen Ruderreihen) von **geringer Tonnage** (kaum mehr als 200 Tonnen), das im Übrigen nur seine Mannschaft zu transportieren hat.

Zweiruderer mit Krokodil
„... das im Übrigen nur seine Mannschaft zu transportieren hat..."

- Die Römer sind ausgesprochen **mittelmäßige Seeleute,** daher verlegen sie ihre Taktik darauf, den Seekampf soweit wie möglich in einen **„Landkampf"** zu verwandeln; dazu dient die **Enterbrücke** *(corvus),* mit denen sie die Schiffe fest aneinander koppeln und so gewissermaßen einen zusammenhängenden Grund herstellen.
- Gleichwohl beweisen Pompejus und sein Sohn Sextus echte Admiralsfähigkeiten.

4.3 Die Mannschaften und die Rangfolge

a) Während der Republik gibt es **noch kein reguläres Geschwader.** Das Kommando über die Flotte übt zugleich der Chef der Bodentruppen aus *(praefectus classis).*

- Die genaue Rolle der *duoviri navales* ist nicht bekannt; sie wurden wahrscheinlich ab 318 für die Dauer einer Kampagne von den Tribus-Komitien gewählt.
- Auf jedem Schiff befinden sich ein Kapitän *(magister navis),* ein Steuermann *(gubernator)* und Dekurionen, die die Mannschaft befehligen. Viele Kommandanten sind **griechische Freigelassene.**

b) Die **Mannschaft** besteht aus: Ruderern *(remiges)*, die unter **Sklaven** ausgesucht werden; Deckmatrosen *(nautae)*, bei ihnen handelt es sich um Proletarier, Freigelassene oder Verbündete *(socii navales)*, von denen sich Rom Schiffe ausborgt; Marineinfanteristen *(classiarii)*, Ausländer, Freigelassene oder selbst Sklaven.
- Die Fünfruderer aus den Punischen Kriegen tragen 300 Ruderer, 120 Soldaten und eine Anzahl Matrosen zum Manövrieren.

c) Die **Marinebasen** (Ostia, Lilybaeum auf Sizilien usw.) werden von *quaestores classici* verwaltet.

VI Die Religion

Wenn man das römische Volk mit anderen Nationen vergleicht, wird man sehen, dass diese ihm gleichkommen oder es sogar in allem bis auf einen Punkt übertreffen: es überragt alle in der Verehrung, die es den Göttern entgegen bringt.
Cicero

Die Religion untersteht der **Aufsicht durch den Senat.**

1 Die häuslichen Kulte

In der Königszeit werden sie allein von den Patriziern praktiziert (↗ S. 23, 1), in der Folgezeit jedoch gleichermaßen von den **Plebejern** ausgeübt.

2 Die Götter

Die Götter der besiegten Völker (Griechen, Asiaten, Afrikaner, Gallier…) werden umgehend römisch ausstaffiert – ein Reflex ungleicher, dem altrömischen Geist fremder Glaubensvorstellungen. Varro zählt 30.000 Götter!

2.1 Die Götter der klassischen Epoche

- Die Römer waren **fremden Göttern gegenüber empfänglich** und fanden bereitwillig Gemeinsamkeiten mit ihren eigenen; so haben sie die meisten griechischen Götter den ihrigen angeglichen:

Vermutlich waren die Etrusker bei manchen dieser Importe die Vermittler.
- Die Übereinstimmungen, die diese Angleichung möglich machten, sind aller-

Römische Götter	Machtbereich und verkörperte Idee	Attribute
Jupiter	Himmel, Allmacht	Adler, Zepter, Blitz
Juno	Himmel, Ehe	Pfau, Granatapfel
Minerva	Intelligenz	Ägis (Schild), Olivenbaum
Apollo	Sonne, Künste	Bogen, Leier
Diana	Mond, Jagd, Keuschheit	Mondsichel, Bogen, Hirschkuh
Merkur	Handel, Beredsamkeit	Flügel, Heroldsstab
Vulkan	Feuer	Amboss, Hammer
Vesta	Herd	Flamme
Mars	Krieg	Helm, Waffen
Venus	Liebe, Schönheit	Taube
Ceres	Erde, Fruchtbarkeit	Garbe, Sichel
Neptun	Meer	Dreizack, Pferd

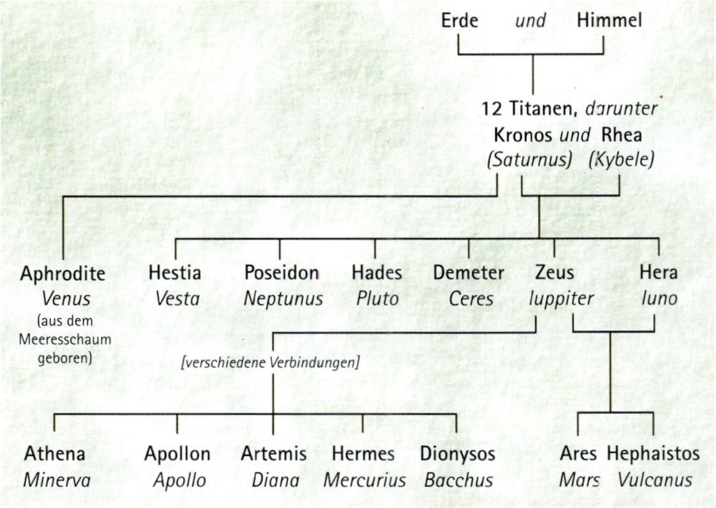

dings keineswegs zufällig, da Griechen und Römer eine gemeinsame indoeuropäische Vergangenheit aufweisen:

Iuppiter = Zeus patér (griech.) = Dyaus Pitar (Inder)

- So wird zwischen dem 6. und 3. Jahrhundert der „römisch-griechische Olymp" mit **zwölf Hauptgöttern** geschaffen.
- Nur Apollon, der Ende des 5. Jhs. aus Süditalien kam, bewahrte als einziger seinen hellenischen Charakter, da die Römer nichts ihm Vergleichbares hatten.
- Ihren hellenisierten Göttern errichten die Römer jetzt **Statuen**.

2.2 Die Römer und die Götter des Orients

- Seit der Zeit der Punischen Kriege werden die Römer von den orientalischen Kulten und ihren mysteriösen Zeremonien angezogen, die ihren Anhängern **ewiges Glück** verheißen.

- Im Jahre 204 empfangen sie feierlich den Schwarzen Stein, das Idol der **Kybele**, der auf Gesuch des Senats vom König von Pergamon aus Pessinûs (Galatien/ Kleinasien) nach Rom geschickt worden war.
- Trotzdem werden Veranstaltungen, die die Ordnung stören könnten, verboten: man untersagt den blutigen **Attis**-Kult, des Geliebten der Kybele, und 186 setzt brutale Unterdrückung den Mysterien des Bacchus-Dionysos, den **Bacchanalien**, ein Ende (bei denen es zu Skandalen gekommen war).

Jupiter. Rom, Vatikan. Museen „Ihren hellenisierten Göttern errichten die Römer jetzt Statuen."

3 Die Priester

„Unsere Vorfahren waren nie weiser und nie besser von den Göttern inspiriert als bei ihrer Entscheidung, nach der dieselben Personen die Leitung der Religionsangelegenheiten und die Regierung des Staates innehaben sollten" (Cicero): die obersten Priester sind häufig Mitglieder des Senats oder Magistrate; sie tragen die Toga praetexta der Senatoren.

„Sie unterstützen normalerweise die Konsuln." Altarrelief. Florenz, Uffizien
Ein Augur mit dem *lituus* in der Hand, zu seinen Füßen ein heiliges Huhn.

3.1 Der Rex sacrorum

- Nach der Vertreibung des Tarquinius Superbus teilte man die religiösen Aufgaben des Königs unter den neuen Magistraten *(praetores,* ↗ S. 55, 1.1) und einem Priester, dem *Rex sacrorum* oder *Rex sacrificulus,* auf, dem man den Verzicht auf alle anderen Funktionen auferlegte, um die eventuelle Wiedererrichtung der Königsherrschaft zu verhindern.
- In der klassischen Zeit ist der *Rex sacrorum* ein patrizischer Priester, dem nur der **Januskult** obliegt. In der Hierarchie steht der Pontifex Maximus über ihm.

3.2 Kult der Götter der Stadt

a) Die Pontifices

Vgl. S. 27, 3.1 b.

- Ihre Bedeutung wächst auf Kosten der Flamines. Im Lauf der Geschichte erhöht sich ihre Zahl: 15 unter Sulla, 16 unter Cäsar.
- Der **Pontifex Maximus** wird das **Oberhaupt der Staatsreligion**. Wie ein echter König wird er bis zum 3. Jahrhundert von seinen Kollegen **auf Lebenszeit** ernannt, dann vom Volk gewählt. Er beaufsichtigt die Durchführung der Riten und konsultiert den Senat. Er führt die Oberaufsicht über alle Priesterämter und benennt und kontrolliert die Flamines und Vestalinnen.

b) Die 15 Flamines: S. 26, 3.1 a
c) Die 7 Vestalinnen: S. 27, 3.1 c
d) Die 12 Salier: S. 27, 3.1, d
e) Die 20 Fetialen: S. 27, 3.1, e

3.3 Kult der Götter der Natur

Vgl. S. 28, 3.2

3.4 Weisagung der Zukunft

a) Die **Auguren** (S. 28, 3.3 a): 15 unter Sulla, 16 unter Cäsar. Sie unterstützen normalerweise die Konsuln.
b) Die **Haruspices:** S. 28, 3.3, b

3.5 Überwachung fremdländischer Kulte

Sulla beauftragt das Kollegium der Exegeten der Sibyllinischen Bücher (↗ S. 28, 3.3 c), das zuvor aus zehn Mitgliedern bestand, mit der Beaufsichtigung der fremdländischen Kulte. Er besetzt es mit 15 Mitgliedern *(Quindecemviri sacris faciundis).*

4 Der Staatskult

4.1 Die Kultstätten

Vgl. S. 28, 4.1

4.2. Die religiösen Feste

- Im römischen Kalender sind **45 religiöse Feiertage** vorgesehen, feste *(feriae stativae)* und bewegliche *(indictivae)*.
- Sie zeugen vom **realitätsbezogenen Charakter** der römischen Religion: ihr wesentlicher Inhalt sind **Schutz- und Abwehrriten**.
- Zu diesen staatlichen Festen (↗ Tafel S. 87) treten noch Tempelfeste **(G)**, Stadtteilfeste, von denen viele den Charakter ländlicher Riten bewahren (z.B. die *Compitalia*, Fest der Kreuzwege **(A)**, ↗ S. 30, 5) usw.
- Dazu ist jeden Monat der Tag der **Iden** Jupiter geweiht.

4.3 Die öffentlichen Spiele

- Zur Zeit der Republik sind etwa **sechzig Tage** (Tafel S. 88) öffentlichen Spielen *(ludi solemnes)* geweiht; sie werden an einem festen Datum gefeiert und finden oft bei Gelegenheit religiöser Feiertage statt.
- Außerdem wächst die Zahl der **Votivspiele** *(ludi votivi)* an, die nur einmal aus Anlass eines bedeutenden Vorhabens abgehalten werden. Sie können vom Staat organisiert werden (Konsuln, dann Ädilen) oder von Privatleuten (unter staatlicher Aufsicht). Gegen Ende der Republik wird die Durchführung von Spielen für einen Kandidaten das beste Mittel, sich die Gunst der Wähler zu sichern.

4.4 Gebete, Gelübde, Opfer

Vgl. S. 29, 4.2; 4.3.

- **Menschenopfer**, die so gut wie verschwunden waren, tauchen während der Bürgerkriege für einen Moment wieder auf: nach dem perusinischen Krieg (40 v. Chr.) soll Oktavian in Perugia auf dem Altar Cäsars mehrere hundert Honoratioren geopfert haben.

4.5 Besondere Kultpraktiken

Vgl. S. 30, 4.5.

Dazu gehört ein **Festmahl zu Ehren eines Gottes**, bei dem dessen Statue auf ein Polster gelegt (**lectisternium**) oder auf einen Sessel gesetzt wird (**sellisternium**), v.a. gibt es das bei den Statuen Jupiters *(epulum Iovis)*, Junos und Minervas. Die Zeremonie wird von den Pontifices vorgenommen.

4.6 Niedergang der traditionellen Kulte am Ende der Republik

- Die traditionellen Kulte erfahren unter dem Einfluss **griechischer Ideen** ihren Niedergang: Epikur lehrt, dass die Götter sich nicht um die Menschen kümmern. Die besseren Kreise nehmen eine **skeptische** Haltung ein, vertreten aber die Meinung, dass eine Religion für den Pöbel gebraucht wird. Das Volk gibt ebenfalls nach und nach die traditionellen Kulte auf: „Dass Totengeister existieren, ein Reich unter der Erde, dass der Stab Charons Wirklichkeit ist, ... selbst die Kinder glauben das nicht mehr!" (Juvenal)
- Die **Tempel verfallen**, der Besitz der Götter wird geplündert, viele alte religiöse Feste werden nicht mehr gefeiert; Priesterämter werden nicht mehr besetzt (in erster Linie das des Flamen Dialis für Jupiter).

Die wichtigsten festen Feiertage

(G) Riten gegen böse Geister (von Göttern oder Toten)
(L) Ländliche Riten
(K) Kriegsriten

Die Ziffern in der zweiten Spalte bezeichnen die Tage.

Januar	11, 15	CARMENTALIA	(G)	Zu Ehren der Nymphe Carmenta, die über das Schicksal der Kinder bestimmt (Tafel S. 25)
Februar	15	LUPERCALIA	(G)	Reinigungsopfer für die Felder und Fruchtbarkeitsfest (S. 28, 3.2 a)
	13-21	FERALIA	(G)	Tage der Toten (S. 24, 1.3 b)
	23	TERMINALIA	(L)	Überprüfung und Heiligung der Grenzen auf dem Lande (Gott Terminus)
März	1	MATRONALIA	(G)	Fest der Mütter, Gelübde und Geschenke
	15	EQUIRRIA	(K)	Reiterfest zu Ehren des Mars (S. 76, 2.8 a
	17	LIBERALIA	(L)	Frühlingsfest zu Ehren des Liber (verschmolzen mit Dionysos; S. 35, 2.3)
	19	QUINQUATRUS	(K)	Reinigungsopfer für die Armee vor dem Feldzug (S. 76, 2.8 a)
April	15	FORDICIDIA	(L)	Opferung einer trächtigen Kuh auf dem Kapitol für jede der 30 Kurien
	21	PALILIA	(L)	Jahrestag der Gründung Roms (S. 30, 5)
	25	ROBIGALIA	(L)	Sonnenfest. Opferung rotbrauner Hunde (*robigo* = Rost, vergöttlicht), deren Farbe an den Glanz der Sonne erinnert
Mai	9-14	LEMURIA	(G)	Zur Vertreibung der Geister (S. 24, 1.3, b)
Juli	19, 21	LUCARIA	(L)	Fest der Wälder zum Schutz der Holzfäller gegen die Baumgeister
	23	NEPTUNALIA	(L)	Errichtung von Hütten aus frischem Laub (vergleichbar dem jüdischen Laubhüttenfest)
August	23	VOLCANALIA	(L)	Erntefest. Fischfangwettbewerb; der pater familias wirft lebende Fische in das Feuer (Vulkan, Gott des Feuers), um Scheunenbrände abzuwenden.
Oktober	11	MEDITRINALIA	(L)	Weinlesefest: man kostet zum ersten Mal den neuen Most
	15	OCTOBER EQUUS	(K)	Ende des Feldzugs (S. 77, 2.8 d)
	19	ARMILUSTRIUM	(K)	Reinigungsopfer für die Waffen (S. 77, 2.8 d)
Dezember	27	SATURNALIA	(L)	Fest der Wintersonnenwende (Saturn ist der Gott der im Boden verborgenen Samenkörner), um der Sonne beim Wiederaufstieg an den Himmel zu helfen (S. 103, 5.2)

Die wichtigsten öffentliche Spiele

April	4-10	LUDI MEGALENSES	204 zu Ehren der Kybele *(Magna Mater)* eingerichtet: Theater und Zirkusspiele (Pferde und Wagen); organisiert von den **kurulischen Ädilen**
	12-19	LUDI CEREALES	Sehr alt; zu Ehren der Ceres. Fröhliches Fest, an dem sich jeder in Weiß kleidet; Zirkusspiele und große Prozession (**Volksädilen**)
April *bis* Mai	28 3	LUDI FLORALES	173 zu Ehren der Flora eingerichtet. Ausgelassenes Fest; Theater und Zirkusspiele (**kurulische Ädilen**)
Juli	6-13	LUDI APOLLINARES	Während des 2. Punischen Krieges zu Ehren Apollons eingerichtet. Theater, Rennen, Kämpfe wilder Tiere (**Praetor urbanus**)
August	21	LUDI CONSUALES (I)	Auf Romulus zurückgehend (S. 31, 4.4). Organisiert von den **kurulischen Ädilen.**
September		LUDI ROMANI / MAGNI	Eingerichtet von Tarquinius Priscus zu Ehren Jupiters. Große Prozession, Rennen, Kämpfe, Theater (**kurulische Ädilen**)
November	4-17	LUDI PLEBEII	Sehr alt. Zirkusspiele und Theater. Organisiert von den **plebejischen Ädilen.**
Dezember		LUDI CONSUALES (II)	
★		LUDI CAPITOLINI	**Mehrere Spiele** trugen diesen Namen, in erster Linie die nach dem Rückzug der Gallier 389 eingerichteten. Sie sind Jupiter geweiht (**kurulische Ädilen**).
Einmal pro Jahrhundert		LUDI SAECULARES	Sühnefeiern, organisiert vom Kollegium der *Quindecemviri.*

VII Der Rahmen des privaten Lebens

Zwei entgegengesetzte Laster, Habgier und Luxus, plagen die Stadt, zwei Geißeln, die alle großen Reiche zerstört haben. *Cato*, zitiert von *Livius*

Von dem Augenblick an, da Rom den Ländern Asiens, die schon im klassischen Griechenland für ihren Luxus und ihre Verweichlichung berühmt waren, näher gerückt war und sie dann erobert hatte, von dem Augenblick an ließ Rom sich zunächst vom Wohlstand, dann von Luxus und Verweichlichung anstecken, allen Gesetzen gegen den Luxus und allen Verwarnungen der Zensoren zum Trotz (Cato d. Ä.).

1 Das Haus

1.1 Das Peristylhaus

Infolge des Kontakts zu den Griechen lassen sich die wohlhabenden Römer ab dem Beginn des 2. Jahrhunderts ausgesprochen **herrschaftliche Stadthäuser** mit Peristyl und Garten bauen.

a) Das **Atriumhaus** war ein schlichtes Haus ohne Luxus. Aus Pietät gegenüber den Vorfahren halten die reichen Römer an ihm fest (S. 31, 1.2 a).

b) Sie fügen jedoch ein **zweites Haus** nach griechischer Art hinter dem Tablinum an.

- Ein Korridor *(fauces)* stellt die Verbindung zwischen den beiden Häusern her. Das Tablinum öffnet sich gleichzeitig zum Atrium und zum **Peristyl** *(peristylium)*, einem ringsum mit Säulengängen umgebenen Hof.
- Für Empfänge werden neue Räume eingerichtet; bisweilen wird ein **Obergeschoss** hinzugefügt.
- Die Säulen des Peristyls und die Mauern des Hauses sind in **Marmor** und seltenen Materialien gehalten oder damit verkleidet und mit **Malereien** und **Mosaiken** geschmückt.

c) Hinter dem Haus befindet sich ein geometrisch angelegter **Garten**.

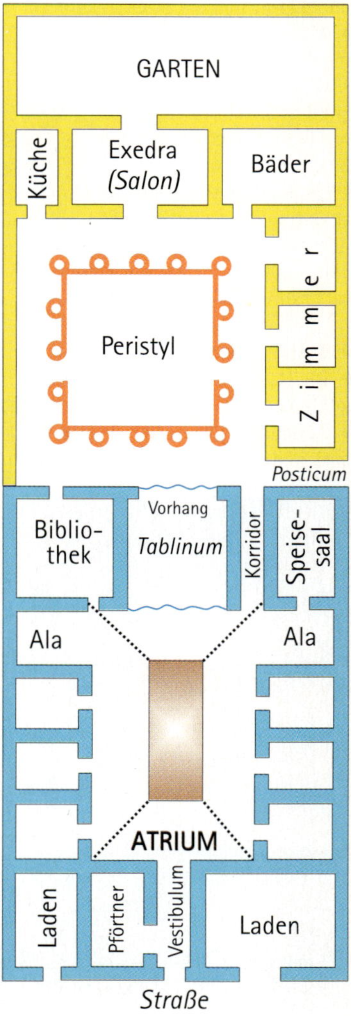

1.2 Die Mietshäuser

- Für die weniger reichen Leute und die Armen werden seit der Zeit der Punischen Kriege Mietshäuser *(insulae)* gebaut, die **in Einzelwohnungen** *(cenacula)* unterteilt sind.

„... Sie fügen ein zweites Haus nach griechischer Art an..." (S. 89)

- Fenster ohne Glas und Balkone versorgen die Wohnungen mit Luft. Ein Atrium gibt es nicht. Auf den Etagen gibt es keine Kamine (man kocht auf Herdgestellen und wärmt sich mit offenen Kohlebecken) und kein Wasser.
- Manche dieser Bauten sind **mehr als 20 m** und bis zu sieben Etagen **hoch.** Die Reicheren bewohnen die unteren Etagen, die Armen leben unter dem Dach.

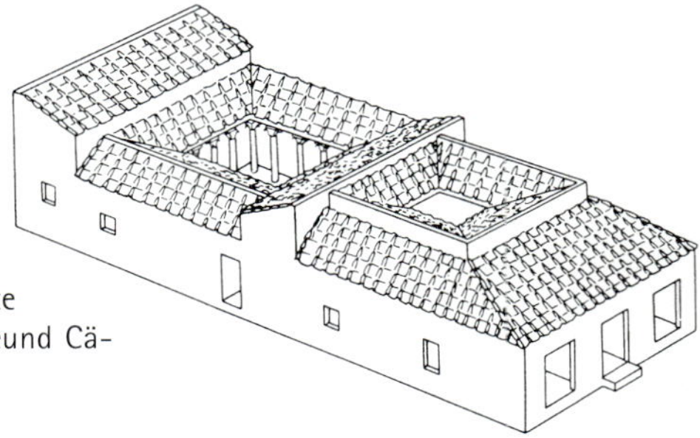

- Die Mietpreise steigen unablässig: Sulla zahlte in seiner Jugend eine Jahresmiete von 3.000 Sesterzen, ein Freund Cäsars zahlt 30.000 Sesterzen.

1.3 Die Läden

- Die Häuser beherbergen im Erdgeschoss einen oder mehrere Läden, die der Eigentümer vermietet (wenn er nicht selbst einen behält).
- Außerdem gibt es **überdachte Märkte** (heutigen Einkaufspassagen vergleichbar), in denen sich die Läden zu beiden Seiten einer Straße aneinander reihen.
- Jeder Laden besteht aus einem einzigen Raum, der zur Straße hin eine Öffnung aufweist (zur Belüftung und Beleuchtung), und nachts durch Fensterläden gesichert ist. Ein gemauerter Tisch dient zur Auslage. Regale und Gestelle vervollständigen die Einrichtung.
- Gemalte Schilder weisen auf die Läden hin.

„...die Mauern des Hauses sind in seltenen Materialien gehalten und mit Malereien geschmückt..." (S. 89)

1.4 Das Landhaus

- Bis in die zweite Hälfte des 1. Jahrhunderts hält es die mit dem politischen Leben beschäftigten Römer in der Stadt Rom. Dann kommt die Mode der *villae urbanae* auf, das sind Landhäuser bzw. Sommersitze im Unterschied zu den Gehöften *(villae rusticae):* Cicero besaß bis zu neun dieser Villen.
- Die – an Gelände und Lage angepassten – Villen sind nach überaus **fantasievollen** Plänen errichtet; der hellenistische Einfluss ist jedoch unverkennbar.

2 Das Mobiliar

2.1 Vor den Eroberungen

- Die lateinischen Schriftsteller rühmen stets die **Schlichtheit** des Mobiliars und des Lebensstandards der Zeit vor den Eroberungen (↗ S. 32, 2).
- Nur die **höheren Magistrate** benutzen den sog. **kurulischen Sessel** *(sella curulis,* von *currus,* Wagen; ähnlich im Militärlager die *sella castrensis),* der etruskischen Ursprungs ist, ein aufwendig gearbeiteter und häufig auch mit Elfenbeinschnitzereien versehener **Klappsessel**. Die plebejischen Magistrate sitzen auf *subsellia,* die aus einfachen Streben und Gurten bestehen, ebenfalls Klappsessel.
- Das Geschirr ist aus Ton oder Holz. Nach einer Anekdote soll im 4. Jahrhundert ein einziger Senator Silbergeschirr besessen haben.

2.2 Nach den Eroberungen

Der Geschmack an **schönen Möbeln** überkam die Römer nach der Eroberung der hellenistischen Länder Asiens. Sie beschränken sich im Übrigen darauf, die orientalischen Möbel zu **kopieren**, ohne Anspruch auf Originalität zu erheben.

- Begehrt sind kostbare Hölzer, Elfenbein- und Schildpatteinlagen, Bronze-, Silber- und Goldbeschläge.
- Die Formen werden komplizierter. Man unterscheidet z.B. Tische mit einem Fuß *(monopodiae)* und mit drei Füßen *(mensae delphicae,* Anspielung an den Dreifuß der Pythia zu Delphi). Die Tische sind oft aus Bronze mit Marmorplatte.
- Der Stuhl mit gebogener Lehne *(cathedra)* und der niedrige Schrank *(armarium)* aus Holz und Metall kommen auf.
- Aus der (bis dahin dem pater familias vorbehaltenen) Tafelliege (↗ S. 37, 2 a), wird ein Dreifach-Diwan aus Stein, Holz oder Bronze, den man mit Polstern bedeckt; er ist für die Gruppe der Gelagegäste bestimmt (↗ S. 101, 3.3).
- In den pompejanischen Häusern finden sich Küchengeräte, die den heute üblichen im Wesentlichen vergleichbar sind. Die Reichen besitzen **Silbergeschirr**; sie stellen es allerdings eher auf Prunkmöbeln zur Schau (wie z.B. in den Boden verankerten Marmortischen), als dass sie daraus servieren.
- Licht bei Dunkelheit bringen kostspielige Wachskerzen in luxuriösen Kandelabern oder bescheidenere Öllampen.
- Trotz allem vermitteln die **knapp möblierten** Räume noch den Eindruck von Kahlheit.

3 Kleidung und Accessoires

3.1 Unterbekleidung *(indutamenta)*

a) wollenes Unterhemd mit langen Ärmeln *(subuncula);*

b) **Tunika** *(tunica interior* oder *camisia),* eine Art Hemd aus zwei **genähten** Stoffteilen mit oder ohne Ärmel (Büstenhalter heißen *fascia pectoralis* oder *mammilia).*

3.2 Oberbekleidung *(amictus)*

▪ Die **Toga** ist das Kennzeichen des freien **Bürgers** (insbesondere für die Ausländer verboten).
Sie wird mit der Zeit immer länger und dient gegen Ende der Republik als Kleidung für Zeremonien. Man kann sie ohne Hilfestellung nicht mehr anlegen.

Die Buchstaben A, B auf der linken Abbildung entsprechen der Skizze auf S. 32 (S = Tunika). Die Pfeile kennzeichen die Richtung des Faltenwurfs. Der Teil der Toga, der eng an der Taille anliegt, heißt *balteus* (Gürtel); der in Falten oberhalb des *balteus* herunter hängende ist der *umbo;* die große auf das Knie fallende Falte ist der *sinus.*

a) Die zunächst von allen Frauen getragene Toga dient am Ende der Republik nur noch als Kleidung der Mädchen.

b) Die verheirateten Frauen tragen die **stola**, ein langes Faltengewand nach Art der modebewussten griechischen Frauen, das an der Taille eng anliegt und unten bestickt ist. (Die alten der Tradition streng verhafteten Römer tadeln die „wandelnden Gemälde" mit bitteren Worten.)

c) Über die *stola* legen sie beim Ausgehen einen rechteckigen Umhang (griech. Mantel), der frei drapiert wird *(palla* oder *pallium).*

Links: Statue eines Togatus (Rom, Kapitol. Museen);
rechts: Statue einer Römerin (Dresden, Albertinum)

▸ Auf Reisen tragen Männer und Frauen die *paenula,* das übliche Kleidungsstück der Armen und Sklaven.

3.3 Accessoires und Schmuck

Männer | **Frauen**

a) **Schuhe:** weiße Halbstiefel *(calcei)*, Sandalen *(soleae)*, im Hause Pantoffeln *(socci)*.

b) **Kopfbedeckungen** sind die Ausnahme:

- die Freigelassenen tragen den *pileus*, eine spitze Mütze, Symbol der persönlichen Freiheit;
- auf der Reise: Kapuze *(cucullus)*;
- wenn nötig, wird der Kopf mit einem Teil der *palla* geschützt.

c) Lange Zeit war bei den Römer die **Frisierkunst** unbekannt: sie trugen die Haare lang und ungekämmt; die Männer hatten einen Vollbart. Gegen 300 v. Chr. tauchen die ersten Frisöre in Rom auf:

- Jetzt lässt man sich Haare (ab 17 Jahren) und Bart schneiden (nur zum Zeichen der Trauer lässt man sie lang wachsen).
- Gegen Ende der Republik sucht man wieder einen goldenen Mittelweg. Die Modebewussten benutzen sogar die Brennschere.
- Die jungen Mädchen tragen einen Knoten im Nacken; vom Tag der Hochzeit an flechten sie ihn hoch oben auf dem Kopf: dieser Hochknoten *(tutulus)* wird von den alten Römern mit einem Grenzstein verglichen! Später verschwindet dieser Brauch nach und nach (außer bei den Frauen der Flamines).

d) Schmuck

- Hals- und Armketten können als militärische Belohnung verliehen werden.
- Ein goldener Ring ist das Ehrenkennzeichen der Ritter *(ius anuli aurei)*.
- Der Stock (mit voluminösem Knauf) ist oft Zeichen der Autorität.
- Die Römerinnen wünschen sich immer kostbarere Schmuckstücke: Ohrringe *(inaures)*, Ketten *(monilia)*, Armreifen *(armillae)*, Ringe *(anuli)*.
- In der Hand tragen sie Fächer und Sonnenschirme.

VIII Die Lebensalter

■ **Nicht Abstammung macht den Wert aus, Tapferkeit muss an der Stelle der Abstammung stehen.**
Accius

1 Geburt

- Die **Plebejer** haben inzwischen Bräuche übernommen, die lange Zeit den Patriziern vorbehalten waren, u.a. die *tria nomina* (↗ S. 34, 1.3).
- In den Anfangszeiten der Republik war die römische Familie normalerweise kinderreich; im 1. Jh. sieht man nun den **Haushalt ohne Kinder** aufkommen.

2 Jugend und reifes Alter

2.1 Die „väterliche Gewalt" (patria potestas)

Das Zwölftafelgesetz, das dem Vater erlaubt, seinen Sohn zu töten oder zu verkaufen, verpflichtet ihn auch dazu, ein missgestaltetes Kind zu töten oder gleich bei der Geburt auszusetzen; für diesen Brauch sind spezielle Plätze vorgesehen.

2.2 Der Unterricht

Ab dem 3. Jahrhundert vertrauen die reichen Eltern ihre Kinder der Obhut eines **Pädagogen**-Sklaven an.

a) Gegen 223 werden für die armen Kinder **„Elementarschulen"** in behelfsmäßigen Räumlichkeiten aufgemacht (Jungen von 7 bis 15 Jahren, Mädchen von 7 bis 13); mit der Rute vor Augen lernen sie lesen und rechnen.

b) Für die Jungen aus reichem Hause wird im 2. Jahrhundert ein **„höheres Schulwesen"** in Griechisch und Latein eingerichtet; es ist in zwei Abschnitte eingeteilt: Grammatik (12 bis 16 Jahre) und Rhetorik (16 bis 18). Der *grammaticus* erklärt griechische Autoren (Homer, Hesiod, Platon), der *rhetor* unterrichtet griechische Beredsamkeit. Die *nobilitas* (↗ S. 53, 2.6 b) duldet nämlich keine Schulen für lateinische Redekunst, um die *„homines novi"* möglichst von der Politik fernzuhalten.

c) **„Hochschulunterricht"** wird nur in Städten Griechenlands vermittelt.

Römischer Schulunterricht, Wandmalerei aus Pompeji: „Mit der Rute vor Augen lernen sie lesen und rechnen."

2.3 Die Erziehung

- Die Eltern kümmern sich nach und nach nicht mehr selbst um die Erziehung; Cornelia, die Mutter der Gracchen, ist schon eine Ausnahme. Das Kind wird **Sklaven** ohne große Autorität **anvertraut;** oft besitzen diese ein jämmerliches Niveau.
- Die Mädchen, wenigstens in den reichen Familien, gehen kaum aus dem Haus. Ihre Erziehung wird generell sehr vernachlässigt.

2.4 Das Jugendalter

Vgl. S. 35, 2.3.

2.5 Die Heirat

- Seit dem Jahre 445 sind Heiraten unter **Plebejern und Patriziern** gestattet *(Lex Canuleia).*
- Es gibt drei traditionelle Formen:

  a) *confarreatio:* Hochzeit unter Patriziern von sehr alter Abstammung (↗ S. 35, 2.);

  b) *coemptio:* fiktiver Kauf *(emptio)* und Verkauf *(venditio)* unter den Eheleuten durch einfachen Austausch eines kleinen Geldstücks;

  c) *usus:* Heirat nach einjährigem Zusammenleben mit vorheriger Zustimmung der Eltern *(matrimonii causa).*

„Der Verstorbene wird von allen Anwesenden wiederholte Male angerufen..." (S. 36). Sarkophagrelief im Louvre, Paris

3 Krankheit und Pflege

- „Sechs Jahrhunderte lang lebten die Römer ohne Ärzte" (Plinius d. Ä.) ... Doch nicht ohne Abrakadabra (auf einem großen Wermutblatt sitzen, um gegen Verletzungen auf der Reise gefeit zu sein usw. ...) oder sonstige magische Arzneien.
- Die ersten Ärzte kamen aus Griechenland, und von dem Augenblick an verschmilzt die Geschichte der Medizin in Rom mit der hellenistischen.
- Es gibt **private** und **staatliche Ärzte**. Sie eröffnen Praxen und Heilanstalten, unternehmen Hausbesuche und selbst Rundreisen *(circulatores)*. Bis zum 1. Jahrhundert verkauft der Arzt selbst seine **Medikamente**, die er aus – bei Kräuterhändlern und Drogisten gekauften – Ingredienzien selbst herstellt. Der Verkauf von Giften ist gesetzlich (81 v. Chr.) verboten.
- Die meisten Ärzte sind Sklaven oder Freigelassene. Das Gesetz verfügt Sanktionen (bis zur Todesstrafe) gegen Pfuscher. Die Honorare sind ansehnlich.

4 Alter und Tod

- Der Mann steht mit seinen Aktivitäten mitten im öffentlichen Leben; daher altert er weniger schnell als die Frau.
- Das Zwölftafelgesetz sah noch vor, dass die Toten außerhalb des *pomerium* in **Nekropolen** bestattet werden mussten, die grundsätzlich entlang den aus den Stadttoren hinaus führenden Straßen errichtet werden (Via Appia).
- Ab dem Ende der Republik finden die meisten Bestattungen bei Tage statt (allerdings führt man weiterhin Fackeln mit). Es gibt **Bestattungsunternehmer** *(libitinarii)*, die die ganze – oft recht spektakuläre – Feier organisieren: Musiker, Sänger, Klageweiber. „Der Tod ist Schweigen, doch Rom beerdigt mit Blechmusik!" Ein *archimimus* ahmt die Eigenheiten des Verstorbenen bis zur Lächerlichkeit nach, und wenn der Tote zur *nobilitas* gehört, tragen Sklaven Wachsporträts seiner Vorfahren *(imagines)* mit, die gewöhnlich im Atrium aufgestellt sind.

IX Der Tagesablauf

- Von 450.000 Bürgern, die im Jahre 70 v. Chr. in Rom wohnen, leben 320.000 von Gratisweizen. Unter den Übrigen sind viele auf eine sportula [Speisekörbchen] aus, die ihnen irgendjemand bereithält.

1 Die Einteilung der Zeit

1.1 Die Jahreszählung

Die Jahre werden gezählt bzw. benannt:

a) entweder ab der **Gründung Roms**: *A(b) U(rbe) C(ondita)*, d. h. – je nach Berechnung – 750, 754 oder 753 v. Chr.;

b) oder ab der Vertreibung der Könige: *post exactos reges* (509);

c) oder mit den Namen der amtierenden Konsuln (die entsprechende Liste nennt sich *fasti consulares)*.

März – Mai – Juli – Oktober

1	KALENDAE
2	VI
	V
	IV
	III
	Pridie Nonas
7	NONAE
8	VIII
	VII
	VI
	V
	IV
	III
	Pridie Idus
15	IDUS
16	XVII
	XVI
	XV
	XIV
	XIII
	XII
	XI
	X
	IX
	VIII
	VII
	VI
	V
	IV
	III
31	Pridie Kalendas

Der 2. Mai heißt also *a.d. VI Nonas Maias* (vgl. S. 98, 1.2 e)

Nach *Kal., Non., Id.* setzt man das vom Monatsnamen abgeleitete Adjektiv.

Nach den Iden tragen alle Tage den Namen des **folgenden** Monats: der 18. März ist der 15. Tag vor den Kalenden des **April**: *a.d. XV Kal. Apr.*

Der 24. Februar, also *a.d. VI Kal. Mart.*, wird **bis** („zweimal") genannt: *bis sextum.*

1.2 Die Monate und Tage

- Rom hat sehr lange gebraucht, um seinen Kalender mit dem Sonnenjahr in Übereinstimmung zu bringen, aber trotz der gelungenen Reform Cäsars ist er immer kompliziert geblieben.
- Der – vom **Pontifex Maximus** verwaltete – Kalender hat zugleich religiöse, politische und gesellschaftliche Bedeutung.

a) Die Dauer des römischen Jahres

- **Vor Cäsar** hat das (nach Numa benannte) Jahr 355 Tage (12 Mondmonate). Der Pontifex Maximus fügt alle zwei Jahre einen Schaltmonat *(mensis intercalaris)* hinzu, dessen Dauer er festlegt (etwa zwanzig Tage), um den Rückstand gegenüber dem Sonnenjahr wieder einzuholen.
- Dieser Kalender gerät während der Bürgerkriege außer Ordnung, da die Pontifices ihren Aufgaben nicht nachkommen.

Januar – Februar – April – Juni
August – September – November – Dezember

1	KALENDAE
2	IV
	III
	Pridie Nonas
5	NONAE
6	VIII
	VII
	VI
	V
	IV
	III
	Pridie Idus
13	IDUS

Februar alle vier Jahre

14	XVI
	XV
	XIV
	XIII
	XII
	XI
	X
	IX
	VIII
	VII
24	VI
	VI bis
	V
	IV
	III
29	Pridie Kal.

Februar

14	XVI
	XV
	XIV
	XIII
	XII
	XI
	X
	IX
	VIII
	VII
	VI
	V
	IV
	III
28	Pridie Kal.

April – Juni – September – November

14	XVIII
	XVII
	XVI
	XV
	XIV
	XIII
	XII
	XI
	X
	IX
	VIII
	VII
	VI
	V
	IV
	III
30	Pridie Kal.

Januar – August – Dezember

14	XIX
	XVIII
	XVII
	XVI
	XV
	XIV
	XIII
	XII
	XI
	X
	IX
	VIII
	VII
	VI
	V
	IV
	III
31	Pridie Kal.

- **Im Jahre 46 v. Chr.** führt Iulius Caesar (Diktator und Pontifex Maximus) das Jahr von **365 Tagen** und einem Schalttag alle vier Jahre ein (eingefügt zwischen dem 24. und 25. Februar). Dieses - sog. julianische – System wurde erst im 16. Jahrhundert leicht modifiziert und ist noch das Unsrige.

b) Die zwölf Monate des Jahres

31 Tage	IANUARIUS	benannt zu Ehren des Gottes Ianus
28 oder 29	FEBRUARIUS	Monat der Sühnefeste *(februa)*
31 Tage	MARS	zu Ehren des Mars
30 –	APRILIS	Ursprung des Wortes unklar
31 –	MAIUS	Gott des Wachstums
30 –	IUNIUS	zu Ehren der Iuno
31 –	QUINTILIS	44 v. Chr. zu Ehren Cäsars in **IULIUS** umbenannt
31 –	SEXTILIS	8 v. Chr. zu Ehren des Kaisers in **AUGUSTUS** umbenannt
30 –	SEPTEMBER	➤ **Die Reihenfolge der Monate in dieser Tabelle gilt**
31 –	OCTOBER	**erst ab 153 v. Chr. Vorher begann das Jahr im März,**
30 –	NOVEMBER	**daher ab dem Monat QUINTILIS die Benennung der**
31 –	DECEMBER	**Monate nach Ordnungszahlen.**

c) Die Einteilung der Monate

Der Monat ist in **drei ungleiche Abschnitte** eingeteilt (die Römer kannten unsere Einteilung nach Wochen noch nicht); sie entsprachen ursprünglich den Mondphasen im Mondmonat:

1. Tag des Monats:	**Kalenden** *(Kalendae*, von altlat. *kalare* = ausrufen*)
▪ Die **Nonen**	vom 2. bis einschl. 7. für die Monate März, Mai Juli, Oktober; vom 2. bis einschl. 5. für die acht übrigen Monate
▪ Die **Iden**	vom 8. bis einschl. 15. für die Monate März, Mai, Juli, Oktober; vom 6. bis einschl. 13. für die acht übrigen Monate
▪ Die **Kalenden**	vom 16. oder 14. bis zum Monatsende

„Sex Maius Nonas, October, Iulius et Mars;
Quattuor at reliqui, dabit Idus quilibet octo."

(„Mai, Oktober, Juli und März haben sechs Tage Nonen, die übrigen aber vier; in allen Fällen gibt es acht Tage Iden.")

* An diesem Tag gab ursprünglich der Pontifex durch Ausrufen den Eintritt des Neumondes bekannt; daraus ergab sich, ob 5 oder 7 Tage bis zu den Nonen zu zählen waren. Die Nonen bezeichneten im altrömischen Mondkalender das erste Mondviertel, die Iden den Eintritt des Vollmondes.

d) Berechnung des Monatsdatums

Man rechnet ab den Nonen oder Iden oder Kalenden (1. Tag des folgenden Monats) rückwärts (s. Tabellen). Also heißt der letzte Tag des Monats = der Vortag der Kalenden des folgenden Monats: Pridie (nämlich: ante) Kalendas (oft abgekürzt als Kal.).

e) Ein wenig Grammatik

- „Der *zweite* Tag vor den Iden" heißt: *„a. (= ante) d. (= diem) tertium Idus"*, *„tertium"* („dritter") deswegen, weil der Tag der Iden selbst mitgezählt wurde.
- „Eigentlich" sollte es im Lateinischen heißen: *„die tertio ante Idus"* (also mit Ablativ). Man setzte jedoch die Präposition *ante* an den Anfang des Ausdrucks, diese bedingt den Akkusativ, daher ergibt sich: *ante diem tertium;* das Wort *Idus* –

ebenfalls Akkusativ (u-Deklination) – blieb trotzdem so stehen. Die gesamte Zeitangabe wird als ein Begriff aufgefasst, deswegen heißt es z.B. auch (mit Präposition) *usque ad ante diem tertium Idus Augustas*, „bis zum zweiten Tag vor den Iden des August".

Kalenderstein vom Marsfeld in Rom (Nachbildung)

1.3 Die Stunden

Vgl. S. 36, 1.

- Bis zum 4. Jahrhundert teilen die Römer den Tag praktisch ein, indem sie sagen *ante meridiem* und *de meridie*. Nach dem Anfang des 3. Jahrhunderts präzisieren sie *mane* (morgens) und *suprema* (abends).
- Die erste an den Breitengrad Roms angepasste Sonnenuhr *(solarium)* stammt erst aus dem Jahr 164. Die griechische Wasseruhr *(horologium ex aqua, clepsydra)* wird am Ende der Republik übernommen.

2 Die Römer und die Arbeit

2.1 Die „Berufe" des Römers

- Der Römer, der es sich leisten kann, arbeitet kaum selbst, ausgenommen er ist Anwalt (einer der wenigen angesehenen Berufe für Bürger) oder Politiker (der gewöhnlich Anwalt ist).

a) Die **Freien** üben sehr verschiedene Berufe aus:
- Beamte, Priester, Anwälte
- Großkaufleute (mit Lagerhäusern)
- Bankiers
- Kleinhändler mit Läden (der Schulmeister gilt als Kaufmann)
- Stadt- und Landarbeiter usw.

b) Die **Sklaven** verrichten jede Arbeit, von den schwersten Handarbeiten bis zu intellektuellen Berufen (Sekretäre, Pädagogen, Ärzte…). „Öffentliche" (staatliche) Sklaven *(servi publici)* werden für öffentliche Aufgaben wie Straßenbau, Feuerbekämpfung usw. eingesetzt.

In Rom beginnt der „Arbeitstag" mit Sonnenaufgang (↗ S. 102, 4) und endet für alle am Mittag.

2.2 Feiertage

- In jedem Jahr ist vom Pontifex Maximus eine gewisse Anzahl arbeitsfreier Tage vorgesehen; das sind die sog. **dies nefasti**, an denen keine Gerichtsverhandlungen und Versammlungen stattfinden dürfen. (Zu Unrecht werden sie bisweilen als Tage mit schlechter Vorbedeutung bezeichnet.)
- Außerdem haben die Römer (Arbeiter, Schüler usw.) **alle neun Tage** *(nundinae)* einen Ruhetag; dann wird **Markttag** abgehalten oder man besucht Verwandte und Freunde. Diese Einrichtung einer „Woche" von acht Tagen scheint auf die älteste Zeit zurückzugehen.

3 Die Mahlzeiten

3.1 Vor den Eroberungen

- Der Tafelluxus steht unter Aufsicht der Zensoren, die mit aller Strenge besonders gegen die Freunde ausgedehnter Feste *(convivia tempestiva)* vorgehen.
- Ab dem 2. Jahrhundert jedoch folgt auf die ursprüngliche Genügsamkeit in den oberen Klassen der Gesellschaft ein verständliches Streben danach, besser zu leben; die immer leichter verfügbaren Importwaren erlauben abwechslungsreichere und raffiniertere Speisenfolgen.
- Das Volk jedoch genießt an edleren Speisen allenfalls das, was die Patrone ihren Klienten austeilen.

„... den Ellenbogen auf ein Kissen gestützt..." (S. 101)
Speisende auf der Kline, etruskisch. Perugia

3.2 Nach den Eroberungen

- Ab dem 2. Jahrhundert nehmen die Römer drei Mahlzeiten pro Tag zu sich, **reichlich** davon ist **nur** die *cena* (obwohl man ihnen zu allen Zeiten den Ruf angehängt hat, starke Esser zu sein).

a) lentaculum: Frühstück, eingenommen **nach dem Aufstehen**: Brot und Käse. Die Kinder nehmen ein Stück Gebäck mit in die Schule.

b) Prandium: Brotzeit, gegen **Mittag**: kaltes Fleisch, Obst, ein wenig Wein. Oft sogar weniger reichhaltig und stets **auf die Schnelle im Stehen**.

c) Cena: richtige Mahlzeit, eingenommen **am Nachmittag**, wenn man seinen Verpflichtungen Genüge getan hat. Normalerweise wird sie bei Einbruch der Dunkelheit beendet.

Zwei Gerichte der republikanischen Zeit

Ein Rezept Catos

KARTHAGISCHER PUDDING

Ein Pfund Mehl mit Wasser verrühren und abseihen; mit 3 Pfund Frischkäse, 1/2 Pfund Honig und einem Ei vermengen. Nachdem die Masse gut vermischt ist, alles in einem neuen irdenen Topf backen, bis sie fest wird.

(nach Cato)

Das Lieblingsgericht Ciceros

FISCHRAGOUT MIT KÄSE

Einen großen gesalzenen Fisch in Öl braten und die Gräten herausnehmen. Das Fischfleisch mit gekochtem Hirn, Geflügelleber, harten Eiern und Käse vermischen. Eine Sauce aus Pfeffer, Liebstöckel, Rautenblättern, Oregano, Wein, Honig und Öl darübergeben und alles unter sanfter Hitze backen lassen. Mit rohem Eigelb binden und mit Kümmelkörnern bestreuen.

(nach Apicius)

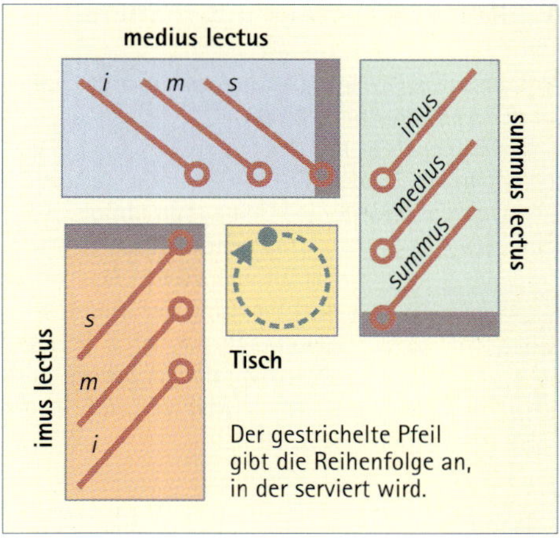

„Um den quadratischen Tisch..."

- Bei besonderen Gelegenheiten veranstaltet man zur Nacht gern einen **Imbiss** *(comissatio)* mit Leckereien und Wein.

3.3 Sitten und Etikette bei der cena

- Die Sitte, auf einem Sofa im Liegen zu speisen *(accumbere)*, den Ellenbogen auf ein Kissen gestützt, wird **in der höheren Gesellschaft** am Ende des 2. Jhs. eingeführt, wahrscheinlich nach dem Beispiel der orientalischen Völker. (Vielleicht waren es Offiziere des Scipio Africanus, die diese Gewohnheit in Rom einführten, doch auch die Etrusker hatten sich diese Sitte schon früh angewöhnt). Was das Volk betrifft, so hat es die Gewohnheit, bei Tisch zu liegen, nie gekannt.
- Die Speisesofas sind mit Bastmatten und öfter auch Daunenmatratzen *(culcita)* ausgestattet. Man liegt nur bei der *cena.*
- Um den quadratischen Tisch sind drei Sofas (griech. *klinai,* daher *triclinium)* mit jeweils drei Plätzen angeordnet (ein Speiseraum mit zwei Liegen heißt *biclinium).* Liegen und Plätze tragen feste Bezeichnungen.
- Die Mindestzahl der Gelagegäste bei der *cena* beträgt drei (wie die Zahl der Grazien) und das Maximum neun (Zahl der Musen). Sind mehr als neun Gäste beteiligt, deckt man mehrere Tische.
- Der Ehrenplatz, genannt *locus consularis* (dort speist der Konsul, wenn er eingeladen ist), ist der Platz Nr. 1 des *medius lectus.* Der Hausherr nimmt den Platz Nr. 3 des *imus lectus* ein.
- Ohne ihre Ausgehschuhe und -kleidung, parfümiert und mit Blumen bekränzt, essen die Gäste *(convivae)* – sie werden von Sklaven bedient – mit den Fingern, ohne Gabel und Löffel. Häufig reinigen sie sich, dazu reichen ihnen Sklaven Wasserschalen; jeder Gelagegast bringt seine eigene Serviette mit.
- Zu Beginn der Mahlzeit oder vor dem Dessert werden den Göttern **Trankopfer** *(libatio)* dargebracht; dabei wird von jeder Speise etwas dem Feuer übergeben.
- Die Frauen bleiben lange Zeit von der *cena* ausgeschlossen; erst im 1. Jahrhundert erobern sich die verheirateten Frauen das Recht teilzunehmen.

3.4 Die Speisen der Sklaven

Sie erhalten täglich etwa 1 kg Getreide (das sie selbst mahlen; Kneten und Backen besorgt die Küche), gesalzenen Fisch, Oliven, Salz, Öl und Wein (Menge **entsprechend der geleisteten Arbeit).**

4 Der Tagesablauf des Römers

Er folgt im Großen und Ganzen der Dauer des **Sonnentages** (das gilt natürlich nur für den gewöhnlichen Werktag).

- Der Römer **steht mit der Sonne auf**, denn er ist fast gleichzeitig mit ihr schlafen gegangen. Er macht schnell: zum Schlafen behält man die Unterkleidung an. Er **wäscht sich** Arme und Beine (den übrigen Körper alle acht Tage). Nach dem *ientaculum* (↗ S. 100, 3.2 a) geht man sogleich seinen Beschäftigungen nach.

Gehört man zu den Reichen, widmet man sich der *salutatio*, dem **Empfang der Klienten** (↗ S. 53, 2.7), die seit dem Morgengrauen auf ihren Speisekorb *(sportula)* warten. Deren Verteilung dauert oft bis zu drei Stunden. (Die *sportula* ersetzt die Mahlzeit, die vordem am Familientisch gereicht wurde.)

- Der Vormittag ist **privaten** oder **öffentlichen Angelegenheiten** (wenn man Beamter ist) und Besuchen gewidmet. Die armen Bürger, die ihre *sportula* erhalten haben, vertreiben sich irgendwie die Zeit. Die Sklaven arbeiten je nach ihren Aufgaben.

- **Die Arbeit ist für den ganzen Tag zu Ende.** Bis zum 3. Jh. ist das die Stunde der *cena* und ab dem 2. Jh. des **prandium** (die *cena* wird bis gegen die 10. Stunde verschoben).

- Nach diesem leichten Mittagsmahl folgt die **Siesta**.

Alle acht Tage nehmen die Römer ein **Bad**, die Reichen zuhause (in einem dunklen Waschraum neben der Küche), die anderen in öffentlichen Bädern (geschaffen im 3. Jh.). Die Benutzung der Bäder nimmt ständig zu (bis hin zu der exzessiven Nutzung in der Kaiserzeit).

- Ab dem 2. Jahrhundert: **cena** (↗ S. 100, 3.2, c)

- **Beginn der Nachtruhe** (außer wenn die *cena* wegen einer *comissatio* verschoben wurde). Dadurch Einsparung von Heizmaterial (in der kalten Jahreszeit) und Beleuchtung (ohnehin immer sehr bescheiden).

5 Das gesellschaftliche Leben

Das gesellschaftliche Leben ist über Jahrhunderte **sehr wenig ausgeprägt**. Es findet vor allem aus Anlass religiöser Feiern statt.

5.1 Private Feste

- Von Zeit zu Zeit kommen die Römer bei Familien- oder Zunfttreffen zusammen.
- Diese sind mit **religiösen Zeremonien** eng verbunden: Festessen anlässlich des Anlegens der toga virilis, von Verlobungen, Hochzeiten (eines am eigentlichen Festtag, ein weiteres am darauf folgenden), von Begräbnissen.

5.2 Öffentliche Feste

- Aus Anlass der zahlreichen religiösen Feste – neben den Schauspielen, die dabei stattfinden (↗ S. 103, 6) – gibt es oft große Volksfeste.
- Insbesondere bei den **Saturnalien** lädt man sich gegenseitig ein und macht sich Geschenke. Dabei herrscht totale Ausgelassenheit, die Sklaven werden sogar auf gleicher Stufe mit ihren Herren behandelt: manchmal lassen sie sich von diesen bedienen und ziehen mit Spott und Anzüglichkeiten über sie her. Glücksspiele – sonst gesetzlich verboten – sind ausnahmsweise erlaubt.
- An den Kalenden des Januars tauschen die Römer Geschenke *(strena)* aus.

5.3 Salons und öffentliche Bäder

- Die „**Salons**" kommen erst im 2. Jahrhundert auf. Es handelt sich dabei um sparsam mit orientalischen Sofas möblierte Räume. Der erste literarische Salon wurde von Scipio Aemilianus unter der Teilnahme des griechischen Historikers Polybios und der lateinischen Schriftsteller Terenz und Lucilius eröffnet.
- Man trifft sich auch in den **öffentlichen Bädern**, die zur Zeit des 2. Punischen Krieges eingerichtet wurden (Eintritt: ¼ As, gratis für Kinder). Gemeinsam spielt man dort *trigôn* (ein Ballspiel, bei dem sich die Spieler im Dreieck aufstellten), eine der wenigen sportlichen Betätigungen nach dem Geschmack der Römer der Republik, die keinen Körperkult wie die Griechen kannten.

5.4 Gesellschaftsspiele

- In der Familie und unter Freunden sind an Spielen verbreitet:
  a) *latrunculi,* eine Art Schachspiel, bei dem man nach bestimmten Regeln Spielsteine setzen muss;
  b) *ludus duodecim scriptorum,* ähnlich unserem Tricktrack;
  c) Würfel *(aleae)* und Knöchel *(tali),* sind beim Volk beliebte Spiele, aber auch in den besseren Kreisen vertreten.
- Gesetzlich verboten sind Wetten und Geldspiele, doch keiner hält sich daran.

6 Die Schauspiele

Sie finden nur aus Anlass **religiöser Feierlichkeiten** statt. Oft ziehen sie sich über den ganzen Tag hin und viele beginnen schon in aller Frühe.

6.1 Das Theater

- In Rom hat das Theater wie in Athen **religiösen Charakter**; die Aufführungen sind Bestandteil des Bacchuskultes, des Gottes des Rauschs (und der künstlerischen Inspiration), und des Kultes anderer mit ihm verbundener Gottheiten.
- Die Zuschauer zahlen keinen Eintritt. Der Staat bezuschusst einen **Magistraten**, der die Kosten dafür trägt.

a) Ort der Aufführungen

Meist handelt es sich um eine provisorische Holzkonstruktion. Pompejus baut 55 v. Chr. das erste steinerne Theater, das 20.000 Zuschauer fasst (↗ S. 150, 1.2 e).

„Das Publikum zieht Zoten und derbe Späße vor..." Atellanenfigur, Paris, Louvre

b) Organisation und Ablauf

- Die dramatischen Aufführungen finden während der Ludi publici ↗ (S. 86, 4.3) statt. Zusätzlich sind Aufführungen anlässlich der Weihung eines Tempels, eines Triumphes oder der Begräbnisfeierlichkeiten für eine bedeutende Persönlichkeit möglich.
- Der leitende **Magistrat** *(dator ludi)*, unterstützt von einem *curator ludorum* seiner Wahl, engagiert einen **Schauspieldirektor** *(dominus gregis; grex* = Schauspielertruppe); der Schauspieldirektor kauft bei einem Theaterautor für einen bescheidenen Preis das Stück, das er zeigen will.
- Die **Schauspieler** *(actores, histriones)* und Tänzer *(saltatores)* sind generell **Sklaven** oder Freigelassene: bis zur Kaiserzeit gilt es als unehrenhaft, sich öffentlich zur Schau zur stellen. Außer beim Mimus gibt es keine Schauspieler*innen:* die weiblichen Rollen werden von Männern übernommen. Die Mitwirkenden sind zahlreich. Auf der Szene begleitet ein Flötist mit seiner *tibia* das Spiel.
- Die **Requisiten** sind gegenüber dem griechischen Theater weiterentwickelt: es gibt einen Szenenvorhang, die Kostüme sind – oft übertrieben – aufwendig. Die *machina* macht es möglich, Götter und Heroen vom Himmel herabsteigen zu lassen *(deus ex machina).*

Die aufgeführten Stücke		
1. Stücke nach **griechischer Vorlage** mit **griechischem Stoff**	**Tragödien** **Komödien**	**Fabulae palliatae** (die Schauspieler tragen hier das *pallium*, den griechischen Mantel)
2. Stücke nach **griechischer Vorlage** mit **römischem Stoff**	**Tragödien**	**Fabulae praetextae** (die Schauspieler tragen die toga praetexta)
	Komödien	**Fabulae togatae** (die Schauspieler tragen die Toga)
3. Folkorehafte und **populäre** Unterhaltungsstücke als Reaktion auf die „literarischen" Stücke	**Atellanen**	derb-komische Sketche mit konventionellen Figuren (Maccus und Bucco: der Dünne und der Dicke; Pappus: der alte Geizhals usw.)
	Mimen	Parodien nach mythischen Erzählungen
	Pantomimen	getanzte Darstellungen ohne Worte

▸ Das Publikum reagiert **rüpelhaft**: Es zieht Zoten und derbe Späße den literarischen Stücken vor, oft kommt es zu **Zwischenfällen** – missliebige Schauspieler werden von der Bühne gejagt und verprügelt. Nicht selten engagiert der Theaterdirektor auch **Claqueure** mit einem Anführer, was bisweilen blutige Schlägereien auslöst.

„... Reiterspiele und vor allem Wagenrennen"
Mosaik in Barcelona

▸ Die Toga, das zeremonielle Gewand, bleibt immer die Kleidung für den Theaterbesuch. Der Zutritt zu Theateraufführungen ist **allen gestattet** (Frauen, Kindern, Sklaven).

6.2 Der Circus

Wie die Aufführungen im Theater gehören die Zirkusspiele zu den **kultischen Veranstaltungen**: sie werden während der Ludi publici abgehalten (↗ S. 86, 4.3).

a) Die Römer lieben **Gewaltspektakel.** Wahrscheinlich von den Etruskern haben sie Zweikämpfe auf Leben und Tod geerbt, die an Gräbern durchgeführt wurden, womit die Manen der Verstorbenen besänftigt werden sollten. (Vermutlich war das der Ursprung der **Gladiatorenkämpfe** [↗ S. 183, 6.3 b], die in republikanischer Zeit auf dem Forum stattfanden.)
Die Zirkusspiele blieben lange Zeit die Hauptattraktion der Ludi publici. Von Rom aus erfasste ihre Faszination die Provinzen.

b) Der Ort der Zirkusspiele: Vgl. S.150, 1.2 d.

- Die Römer der Kaiserzeit nahmen an, der **Circus Maximus** sei – als Holzbau – unter Tarquinius Priscus begonnen worden; vor 330 dürfte er nicht fertig gestellt worden sein. Er lag zwischen den Hängen von Aventin und Palatin und maß 645 m × 124 m; zur Zeit Cäsars fasste er 150 000 Zuschauer.
- Der weniger große *Circus Flaminius* (300 × 120 m) befand sich nördlich der Tiberinsel. Er wurde 221 zur Abhaltung der *Ludi Plebeii* (?) gebaut und diente v.a. für die Spiele des Apollon.

c) Der Ablauf der Zirkusspiele

- Zur Eröffnung des Schauspiels zieht eine **Prozession** *(pompa)* durch die Stadt: an der Spitze der die Spiele leitende Magistrat auf einem Wagen, ihm folgen seine Klienten und die gesamte römische Jugend. Darauf ziehen die Priester und Teilnehmer vorbei.
- Geboten werden im Zirkus militärische Übungen, Faustkämpfe, Wettläufe, Reiterspiele (Kunstreiten) und v. a. **Wagenrennen.**
- Auf die Wagenlenker werden **Wetten** abgegeben: in *factiones,* also etwa „Teams", mit jeweils unterschiedlichen Jacken (blau, grün, weiß, rot) organisiert stürmen sie aus ihren Boxen *(carceres),* um mit dem Wagen in rasender Fahrt so knapp wie möglich die *spina* zu umrunden (im Circus Maximus gibt es einen Rundenzähler). Häufig kommt es zu Unfällen, Prügeleien sind nicht seltener.

▸ Wagenlenker und Athleten sind in aller Regel **Berufssportler**. Die jungen Leute aus guter Familie treten nur bei bestimmten Wettkämpfen militärischen Charakters wie der *pyrrhicha* in Erscheinung, einer Art Scheinkampf oder Kriegstanz *(ludus Troiae).*

7 Reisen und Sommerfrische

Obwohl das Reisen in der Antike keine bequeme Sache war, hatten die Römer keine Scheu vor häufigen und langen Fahrten. Dabei benutzen sie auch Landkarten und Reiseführer in Buchform, die unseren heutigen ganz ähnlich waren.

„... vierrädrige Kutsche...". Relief, Rom, Thermenmuseum

7.1 Arten des Reisens

a) **zu Pferde**, mit Sporen *(calcar)*, das Reittier kann bei einer Raststation ausgeliehen werden;

b) **in Tragesessel oder Sänfte**: im Tragesessel *(sella gestatoria)* sitzt man so, dass man schreiben kann, in der Sänfte *(lectica)* liegt man auf Kissen. (Sänften gibt es auch zu mieten.) Getragen wird man von kräftigen Sklaven (in der Kaiserzeit von Freigelassenen oder sogar armen Bürgern).

c) **im gezogenen Fahrzeug** (2 oder 4 Pferde, die Gespanntechnik ist sehr unterentwickelt): einfacher Wagen mit zwei Rädern *(carpentum)*; vierrädrige Kutsche *(raeda)*; offener Zweiräder mit Aufbau aus Weidengeflecht *(cisium)*.

„Die Römer haben ihre Sommerfrische..." (S. 107)

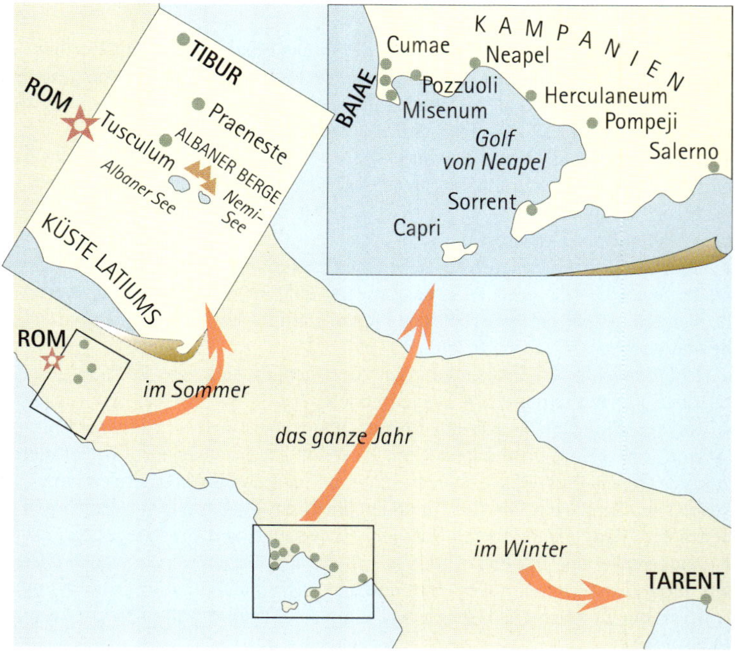

„... nur die kleinen Leute...“: **Wandmalerei in einem Gasthaus in Pompeji**

d) zu Wasser: hierzu schifft man sich auf Handelsschiffen ein *(vectores:* Passagiere), jedenfalls, wenn man nicht reich genug ist, dass man eine Privatgaleere sein Eigen nennt *(triremis lusoria).*

7.2 Unterkunft auf der Reise

- Es gibt **Raststätten** *(mansiones, caupones),* doch die sind mangelhaft eingerichtet, sodass nur die kleinen Leute dort absteigen.
- Die Reichen finden bei ihren Freunden Unterkunft *(ius hospitii, hospitium);* andere schlafen in ihrem Wagen oder im Zelt.
- Offiziellen Persönlichkeiten stehen besondere Raststätten, die von *„parochi"* unterhalten werden, zur Verfügung. Bei Pompeji fand man 2000 ein Luxushotel.

7.3 Die Sommerfrische

- Die Römer – die Reichen – haben ihre Sommerfrische für den **Sommer** und entsprechende Aufenthaltsorte für den **Winter.**
- Viele besitzen eine **Privatvilla** in Kampanien (↗ S.91, 1.4). Auf Ländereien, die sich oft weiter erstrecken als das Auge reicht, geht man dem Fischfang oder der Jagd nach.

7.4 Ferne Länder

Eine Reise nach Griechenland ist für die jungen Leute aus der besseren Gesellschaft (↗ S. 94, 2.2 c) die Regel. Mit etwa 18 Jahren schließen sie dort ihr Studium ab (meist in Athen oder auf Rhodos; Oktavian besuchte die „Universität" von Apollonia in Illyrien).

„Viele besitzen ihre Privatvilla...“. Wandmalerei aus Pompeji

7.5 Der Briefverkehr

- Obwohl es **keine staatliche Post** gibt, existiert ein reger Briefverkehr (Neuigkeiten, Geschäftspost usw.). Private Unternehmen befördern die Briefe ausgesprochen langsam (↗ S. 114, 4.3 b).
- Die Briefanrede enthält konventionelle Abkürzungen:

S. = SALUTEM S.D. = SALUTEM DAT (oder DICIT)
S.P.D. = SALUTEM PLURIMAM DAT
S.V.B.E.E.(Q.)V. = SI VALES, BENE EST; EGO (QUIDEM) VALEO

- Als Briefschluss verwendet man keine ausführlicheren Grußformeln, nur ein einziges Wort: *Vale* (Lebe wohl, mach's gut).
- Für die Anfangszeiten Roms berichtet Livius von auf Leinenstreifen geschriebenen Briefen.
- **In der Hauptstadt** schickt man sich hölzerne mit schwarz gefärbtem Wachs beschichtete **Täfelchen** *(pugillares)*; mit einem Metallgriffel *(stilus, graphium)* beschreibt man nur eine Seite, der Empfänger kann die Rückseite gleich für seine Antwort benutzen. Um den Text zu löschen, glättet man das Wachs wieder mit dem abgeflachten Ende des Griffels.

Schreibutensilien und Geldbeutel. Aus Pompeji.
In der Mitte ein aufgeklapptes Wachstäfelchen *(pugillares)* und ein Behälter *(capsa)* mit Bücherrollen *(volumina)*.

- Für die Korrespondenz **mit den Provinzen** verwendet man ägyptischen Papyrus (Brief auf Papyrus = *charta)*. Dieses „Schreibpapier" ist von unterschiedlicher Qualität. Die Briefe werden gerollt, verschlossen und versiegelt.

X Das Wirtschaftsleben

■ **Seit langem schon sind sämtliche Reichtümer aller Nationen in die Hände einer kleinen Zahl von Männern gefallen.** *Cicero*

1 Das Eigentum

Im Gegensatz zur allgemein verbreiteten Ansicht haben die Römer Eigentum niemals als Recht „zu gebrauchen und zu verbrauchen *(utendi et abutendi)*" verstanden. In Wirklichkeit existierten zahlreiche Beschränkungen des Eigentums im Interesse des Nachbarn und der Öffentlichkeit.

1.1 Privateigentum und Gemeineigentum

a) Während die Königszeit anscheinend v.a. das jeder patrizischen *gens* gemeinschaftlich gehörende Eigentum gekannt hat, bildet sich in historischer Zeit sehr deutlich das **persönliche Eigentum** heraus. Gegen Ende der Republik bezeichnet man es als *dominium ex iure Quiritium*. Das *dominium* ist weniger differenziert als unser Eigentumsrecht; so kann der Staat Enteignungen zum Wohle des öffentlichen Nutzens nicht systematisch vornehmen.

Schwarzer Sklave, um Vergebung bittend. Paris, Louvre
„Der Zustrom von Sklaven im Laufe der Eroberungskriege..."

b) Dennoch erstreckt sich das Privateigentum nur auf einen Teil der zur Aneignung geeigneten Ländereien und Güter. Es gibt nämlich auch ein **gemeinsames Eigentum**, z. B. die riesigen Gebiete des *ager publicus* (↗ S. 38, 3.1). (Nach der Vertreibung der Könige wurde der *ager regius* abgeschafft und darauf das Marsfeld eingerichtet.)

1.2 Umwandlungen des Eigentums

Während der beiden letzten Jahrhunderte der Republik vollziehen sich bedeutsame Umwandlungen:

- Der **Kleinbesitz stirbt** (↗ Tafel S. 53).
- Auf seine Kosten dehnen sich die großen Landgüter *(latifundia)* aus.
- Die Politik der Gracchen und darauf die Schaffung überseeischer Kolonien führen nicht zur Wiederherstellung eines funktionierenden mittleren Grundbesitzes (die Nutznießer – Bauern, freie Arbeiter sowie Sklaven – gehen von selbst nicht mehr an die Arbeit).

1.3 Der Sklave

- Er ist rechtlich eine Sache wie andere. Wenn in der Folge eines siegreichen Krieges der Sklavenmarkt ein reiches Angebot aufweist, fallen die Preise. Sie steigen, wenn Mangel an Arbeitskräften herrscht.
- **Der Zustrom von Sklaven** im Laufe der Eroberungskriege des 2. Jahrhunderts trug zur Vergrößerung des Reichtums der Großeigentümer, deren Ländereien sie bearbeiten, und in der Folge zum Niedergang der Kleineigentümer bei.
- Zudem konkurriert die Sklavenarbeit, obwohl der **Ertrag gering** ist (50 % im Verhältnis zur freien Arbeitskraft) gefährlich mit der freien Arbeit.

1.4 Das Kapital

- Über lange Zeit waren den Römern die Feinheiten der Geldanlage fremd. Sie beschränkten sich auf Ausleihe gegen Pfand oder auf verzinsliche Darlehen. Doch schon Cato d. Ä., der sich sich zu Ackerbau und Sparsamkeit als einzigen legitimen Quellen des Reichtums bekannte, investierte gegen Ende seines Lebens Kapital in Schifffahrtsunternehmen, die großen Zinsgewinn einbrachten.
- Einige Jahre später bildeten die Großkaufleute *(negotiatores)* und die Steuerpächter **Anteilsgesellschaften** (↗ S. 68, 2.3).
- Dessen ungeachtet besaß Kapital als Anlagefaktor in Rom stets nur eine **untergeordnete Bedeutung**.

2 Die Landwirtschaft

2.1 Die Viehzucht

Ihre Bedeutung in Italien und der gesamten römischen Welt bleibt vom Anfang bis zum Ende der römischen Geschichte grundlegend (↗ S. 38, 3.1).
(Vergil nennt die Feldarbeiten insgesamt *hominum boumque labores.)*

2.2 Geräte und Ackerbaumethoden

a) Die **Geräte** blieben **primitiv**. Es gibt den eigentlichen römischen Pflug ohne Räder *(aratrum)* und den als gallisch geltenden Pflug mit Rädern *(currus)*. Gleich welcher Typ, der Pflug ist so leicht, dass man ihn an das Joch der Ochsen hängen und so vom und zum Bauernhof mitführen kann.

- Das Dreschen des Getreides erfolgt mit dem Dreschflegel, mit der Walze oder unter den Hufen von Haustieren.
- Für die Weinherstellung bedient man sich einer einfachen Presse *(prelum)*.

b) Die **Ackerbaumethoden** sind trotzdem schon sehr **hoch entwickelt**. In der römischen Welt praktiziert man die **Brache** (periodisches Ausruhen des Bodens) und die **Fruchtfolgewirtschaft** (planmäßiger Anbau wechselnder Früchte auf demselben Boden).

- Man kennt drei Sorten **Dünger**: Stallmist, Asche und Gründünger (v. a. Wicken).
- Pflügen und Eggen erfolgt in mehreren Durchgängen (Egge = *vimineae crates)*. Man weiß, dass Saatkörner ausgelesen und sogar mit einer Natriumkarbonatlösung *(nitrum)* befeuchtet werden müssen.

2.3 Die landwirtschaftlichen Hauptprodukte (vgl. S. 39, 3.2)

> „Jetzt, da die Familienvorstände ihre Hände lieber im Theater und im Zirkus rühren als auf der Brache oder im Weinberg, zahlen wir dafür, dass man uns den zu unserer Ernährung nötigen Weizen aus Afrika oder Sardinien herbeischafft, Weinlese halten wir auf den Inseln Kos oder Chios..." (Varro).

a) **Getreide** wird stets **mit Priorität** angebaut. Seit jedoch die Provinzen die Versorgung zu niedrigen Preisen sichern (2. Jahrhundert), macht Italien eine schwere Wirtschaftskrise durch.

b) Am Ende der Republik machen die römischen **Rebsorten** den griechischen Platz. Hervorragende Weine: Falerner, Massiker, Cäkuber usw.

c) Seit der Zeit Catos (2. Jahrhundert) wird der **Olivenbaum** *(olea, oliva)* in Rom allgemein angebaut. In der Folge jedoch, vielleicht unter griechischem Einfluss, wird selbst der wilde Ölbaum *(oleaster)* kultiviert.

d) Honig ist immer eine bedeutende Einnahmequelle. (Neben der häuslichen Verwendung wird er jetzt auch bei der Herstellung von Arzneimitteln gebraucht.)

3 Das Gewerbe

- Die Römer haben selbst **keine Erfindungen** hervorgebracht: die Techniken, die sie an die Menschen des Mittelalters weitergaben, hatten sie von anderen Mittelmeervölkern übernommen, die sie ihrerseits entwickelt hatten.
- Der **gewerbliche Rückstand Italiens** gegenüber dem Orient bleibt selbst nach der Epoche der großen Eroberungen bestehen.
- Antriebskraft für Geräte und Maschinen sowie Arbeitskräfte bilden v. a. die **Sklaven**.

3.1 Dürftig entwickelte Technik

a) Die Römer haben weder reine wissenschaftliche Forschung betrieben (sie sind z. B. niemals über die Physik des Archimedes hinausgelangt) noch praktische Forschung (wie es andere Völker der Antike taten). So **kannten sie weder** das **Beschlagen von Pferden noch** das **Brustblatt** zum zweckmäßigen Anschirren der Pferde, genauso wenig das **Steuerruder**: die Leistung ihrer Pferde, die am Hals gezogen wurden, ist geradezu lächerlich, und ihre mit dem Wriggriemen (einfaches Ruder am Heck, das hin und her gedreht wird) gelenkten Schiffe haben so nur eine äußerst geringe Tragkraft.

b) Bisweilen blieben sie **hinter den Techniken zurück**, die sie bei den eroberten Völkern vorfanden; z. B. brachten sie es nicht fertig, die Verwendung der Wassermühle allgemein einzuführen, die sicher schon seit den Ägyptern bekannt war.

c) Schließlich **blieben** sie **an der Schwelle** fruchtbarer Entdeckungen **stehen**; z. B. kennzeichneten die römischen Töpfer die Gefäße schon mit Hilfe beweglicher Lettern, aber niemand kam auf den Gedanken, von dieser Technik einen anderen Gebrauch zu machen.

3.2 Antriebskraft und Arbeitskräfte

a) In der Rolle von Maschinen findet man **Sklaven** am häufigsten als Lastträger oder als Antriebskraft für Räder. Zweifellos sind Überangebot und billiger Preis dieser Arbeitskräfte die Erklärung dafür, dass man nicht die Notwendigkeit verspürte, die Arbeitsmittel zu perfektionieren, um den menschlichen Arbeitseinsatz effizienter zu machen.

- Es gibt auch freie Arbeiter und eine große Zahl von zu Zwangsarbeit Verurteilten (z. B. in den Bergwerken).

b) Außer **Mühlsteinen**, die von Menschenarm oder von Eseln und Pferden bewegt werden, ist die wichtigste bekannte Maschine das *tympanum*, eine Art Kran mit einem großen Tretrad, das von Menschen oder Pferden angetrieben wird und ein System von Haken und Rollen in Gang setzt. Das *tympanum* ist nichts original Römisches: entsprechende Maschinen dürften schon zur Errichtung der Pyramiden verwendet worden sein.

3.3 Hauptgewerbezweige

Vor den Bürgerkriegen ist der Vorsprung der Provinzen Asiens auf gewerblichem Gebiet beträchtlich. In Italien besitzt allein Etrurien Arbeitskräfte (im Sklavenstatus) in bedeutsamer Zahl.

a) Bergwerke: Die Römer beherrschten den Bau von Brunnen und Tunneln; doch sie beschränkten sich darauf, in Griechenland und Asien das Werk der Griechen fortzusetzen, in Sardinien und Spanien das der Karthager, in Britannien das der einheimischen Stämme.

b) Metallgewinnung: Auf dem Boden Italiens waren in Eisengewinnung und -verarbeitung die Etrusker führend. Die Römer besaßen in dieser Zeit keinen nennenswerten Bedarf an Metallprodukten; Zypern konnte weiterhin sein Kupfer allein mittels Holz aus seinen Wäldern produzieren genauso wie Gallien (Hütten von Avaricum) und – während der Kaiserzeit – Noricum das heimische Eisenerz.

c) Baugewerbe: Die Römer unternahmen stellenweise – in Etrurien oder in Griechenland – große Anstrengungen zur Gewinnung von Steinmaterial. Eine ihrer bevorzugten Bautechniken ist das **Bruchsteinmauerwerk**, das aus mit Zementmasse vermischten Steinstücken besteht und mit einem Verputz aus Stuck versehen wird. Gewölbe (die Technik hat Rom von den Etruskern ererbt) werden unter einer Verschalung in Form gebracht.

d) Textilgewerbe: Die Römer kannten keinen anderen Webstuhl als den, den schon die römischen Matronen zu Beginn ihrer Geschichte benutzten.

4 Die Verkehrswege

Es sind **strategische** Beweggründe und erst in zweiter Linie ökonomische, die die Römer zum Bau von **Straßen** veranlasst haben. Erste gepflasterte Straße: die **Via Appia** von Rom nach Capua, 312 vom Censor Appius Claudius Caecus gebaut.

Bis zum Anfang des 3. Jahrhunderts hat Rom sich um das **Meer** nicht gekümmert. Es ließ den griechischen Städten Süditaliens, Tarent insbesondere, ihren ertragreichen Handelsverkehr. Der Konflikt mit Tarent und Pyrrhus (282–272) markiert erstmalig Roms Interesse am Seehandel.

Oben: Die Brücke von Alcantara (Spanien) „... architektonische Meisterwerke" (S. 113)

„Alle Wege führen nach Rom."

4.1 Die römische Straße

- Ungefähr 4 Meter breit (aber 12 m bei der Annäherung an die Stadtgrenze Roms, davon $^1/_3$ für Gehsteige). Sie ist solide aus großen Blöcken gebaut, die auf einem Bett aus Zement und Kies *(strata)* ruhen.
- Sie ist vor allem **schnurgerade ausgerichtet** und überwindet Geländehindernisse durch die Errichtung **architektonischer Meisterwerke.**
- Ihr Hauptnachteil: es fehlt die für (unbeschlagene) Pferdehufe notwendige weiche Auflage. In Syrien allerdings richteten die Römer entlang den mit Basalt gepflasterten Straßen eigens breite, gut ausgebaute Pisten für die Kamelkarawanen ein.
- Trotz der Truppenbewegungen (die römische Straße dient weiter v. a. der Armee) verschwinden Straßenräuber selbst in Italien nie von der Bildfläche.

4.2 Das Straßennetz

Das Straßennetz in Italien stammt fast vollständig aus der Zeit der Republik (das heutige Schienennetz entspricht ihm noch unübersehbar). Die Straßen tragen gewöhnlich den Namen des Magistraten (Censors), der sie gebaut hat.

Die wichtigsten Straßen	
a) Italien	
Rom ist Endstation (außer bei der Via Aemilia und Via Postumia).	
Via Salaria	→ Sabinerland und Adria (alte „Salzstraße")
Via Latina	→ Süditalien
VIA APPIA (312 v. Chr.)	→ Süditalien **(495 km)**
Via Clodia	→ Tyrrhenisches Meer (Höhe Cap Corse, Korsika)
VIA AURELIA (241)	→ Ligurien, Küstenstraße **(220 km)**
Via Cassia	→ Etrurien
Via Valeria	→ Mittelitalien, über Tibur
VIA FLAMINIA (220)	→ Umbrien **(314 km)**
Via Postumia	Genua → Aquileia
VIA AEMILIA (187)	Ariminum (Rimini) → Placentia (Piacenza) **(245 km)**
b) Provinzen	
VIA EGNATIA (2. Jh.)	Dyrrhachium (Durrës, Albanien) → Byzanz (Istanbul)
VIA DOMITIA (121)	von Italien nach Spanien durch Gallia Narbonensis

4.3 Nutzlast und Geschwindigkeit auf der Straße

a) Aufgrund der Unvollkommenheit der Gespanntechnik ist die **Nutzlast** der Wagen **gesetzlich beschränkt:**

- leichte Wagen (für die Post): 65 bis 100 kg
- Reisewagen: 200 bis 330 kg
- Großtransport: 500 kg

„Erste gepflasterte Straße: die Via Appia..." (S. 112)

b) Reduzierte Geschwindigkeit
Für Warentransporte werden 30 km am Tag erreicht. Nachrichten gehen langsam: Die Privatunternehmen kommen nicht über 60 km am Tag. (Die kaiserliche Post, *cursus publicus*, erreicht später 150, ist allerdings 24 Stunden pro Tag unterwegs.)

4.4 Die Seewege

- Sie werden der Straße **generell vorgezogen**. Manchmal bietet das Meer die einzige Möglichkeit, z. B. gibt es in Mauretanien keine Straße, um von Pontus Magnus (bei Oran) nach Tingis (Tanger) zu gelangen.
- Nachteil: eine Passage im Winter ist nicht möglich, noch weniger eine Passage gegen den Wind (die „Etesien" im Mittelmeer; antike Schiffe konnten nicht gegen den Wind kreuzen). Andererseits sind die Seewege nicht sicherer als die Landwege: wer Schiffbruch erleidet, läuft Gefahr, von Piraten als Sklave verkauft zu werden oder ohne Begräbnis zu sterben (eine Zwangsbefürchtung der Alten, die aus ihren Glaubensvorstellungen herrührt).
- Die verwendeten **Lastschiffe** *(naves onerariae)* sind rundlich und breit und fahren – im Gegensatz zu den Kriegsschiffen, ↗ S. 82, 4.2 – mehr mit **Segel** als per Ruderkraft.

4.5 Reisegeschwindigkeiten zu Wasser

- 5 Knoten (9 km / h) bei günstigem Wind (ein heutiger Frachter schafft in der Regel 15 Knoten, modernste Containerschiffe bis 25 Knoten, also 45 km / h).
- Sehr unterschiedliche Reisedauer:

Tarragona	→	Ostia	in	4 Tagen
Carthago	→	Cadix	in	7 Tagen
Alexandria	→	Ostia	in	18 Tagen
(Expressfahrt ausnahmsweise in		9 Tagen)		

5 Der Handel

5.1 Das Recht auf Handel

a) Der Handel wird vom Staat zuverlässig geregelt (Preiskontrolle und Verbote).
b) Das *ius commercii* ist im Prinzip ein Privileg des Vollbürgers, doch es gibt spezielle Regelungen für die Latiner und Fremde.

c) Der Seehandel – verboten für die Senatoren – befindet sich allein in der Hand der **Ritter**.
d) **Vereinigungen** der Handeltreibenden werden frei nach dem Modell der ersten Korporationen (Berufsverbände) gebildet (↗ S. 39, 3.3).

5.2 Die großen Handelsströme

In der römischen Welt existieren:
a) Ein hauptsächlicher Handelsstrom **nach Rom**;
b) sekundäre Warenströme **von Provinz zu Provinz**. (Gallien verkauft z. B. seine Rohstoffe nach Kleinasien, das Fertigprodukte zurückliefert.)
c) Versorgungswege **außerhalb der römischen Welt** (nach Germanien, Skythien, dem Fernen Osten).

5.3 Die römischen Händler in der Welt

- Außer den **Kleinhändlern**, die in Rom und den großen Städten Italiens Läden betreiben (↗ S. 90, 1.3) findet man italische **Handelsvertreter** (Händler und Handlungsreisende) in allen von Rom unterworfenen Ländern, sogar außerhalb der römischen Welt (besonders bei den unterentwickelten Volksstämmen, wo sie ihren Schund loswerden wollen). So kommt es, dass Mithridates im Jahr 88 in Kleinasien 80.000 Römer und Italiker antrifft (natürlich nicht nur Kaufleute), die er massakrieren lässt.

- **Karawanenführer**, in Gruppen unter der Leitung eines Hauptmanns zusammengefasst, durchqueren die Syrische Wüste an Palmyra vorbei bis nach Mesopotamien. Andere ziehen chinesischen Karawanen bis an die Grenzen **Turkestans** entgegen.
- Römische Kaufleute lassen sich in Petra (Arabien) nieder, schon bevor diese Karawanserei-Stadt und ihr Territorium annektiert werden. Schließlich gibt es Handelskontore in Gebieten, die niemals annektiert werden sollten (z. B. an der Küste des Roten Meeres jenseits Ägyptens).

5.4 Die Warenumschlagplätze

- Seit dem 2. Jahrhundert ist die Insel **Delos** *die* Handelsmetropole des östlichen Mittelmeeres. Dort sammeln sich die Händler aus Italien.
- In Italien ist der Hafen von **Putéoli** (Pozzuoli) – Lucilius nennt ihn „kleines Delos" – zur republikanischen Zeit das eigentliche Warenlager *(emporium)* Roms. Der Hafen von Ostia ist zu diesem Zeitpunkt nur Schiffen mit geringer Wasserverdrängung zugänglich.

Oben: Tuchladen (Florenz) – „Kleinhändler, die einen Laden betreiben..."
Linke Seite: Weintransport auf einem Fluss – „... Warenströme von Provinz zu Provinz..." Weinschiff aus Neumagen (Trier)

6 Die Maße

Die Römer haben kein Interesse daran, die Maße einheitlich zu regeln und aufeinander abzustimmen; Dezimal- und Duodezimalsystem sind nach Belieben nebeneinander in Gebrauch.

- Das Hauptflächenmaß, das *iugerum* (Morgen), ist nicht einmal ein Quadrat, es ist ein Rechteck!
- Gewichte und Maße, deren Standardeinheiten auf dem Kapitol aufbewahrt werden, stehen unter der Aufsicht der Ädilen (im Kaiserrreich des Stadtpräfekten).

6.1 Längenmaße

Dezimal- und Duodezimalsystem existieren nebeneinander.

UNTEREINHEIT	**DIGITUS** („Finger", Zoll)	≈ 0,184 m
	PALMUS (Handbreit) = 4 Zoll	≈ 0,0736 m
EINHEIT	**PES** (Fuß) = 4 Handbreit	≈ 0,2944 m
VIELFACHES	**PALMIPES** = 1 Fuß + 1 Handbreit = 20 Zoll	≈ 0,3680 m
	CUBITUS (Elle) = 1 Fuß + 2 Handbreit = 24 Zoll	≈ 0,4416 m
	GRADUS („Grad") = 2 Fuß + 2 Handbreit	≈ 0,736 m
	PASSUS (Schritt) = 5 Fuß	≈ 1,472 m
	MILIA PASSUUM (Meile) = 1000 Schritt	≈ 1472 m

Der römische Fuß war bis in die neuere Zeit in Gebrauch; erst Anfang des 19. Jhs. wurde er vom metrischen System abgelöst.

Der *cubitus* bzw. die *ulna* ist die Spanne vom Ellenbogen bis zur Spitze des Mittelfingers.

Zur Feldvermessung benutzt man eine Mess-Stange von zehn Fuß, eine *decempeda.*

An den Straßen gibt es im Meilenabstand „Kilometersteine" *(lapis* oder *miliarium).*

6.2 Flächenmaße

EINHEIT	**QUADRATUS PES** (Quadratfuß	≈ 0,086 m²
VIELFACHES	**DECEMPEDA QUADRATA** = 10p × 10p = 100p	≈ 8,66 m²
	IUGERUM (Morgen) = 240p × 120p = 28 800 p²	≈ 25 Ar
	HEREDIUM = 2 iugera	≈ 50 Ar
	CENTURIA (Zenturie) = 100 heredia	≈ 50 Hektar
	SALTUS = 4 centuriae	≈ 200 Hektar

Das *iugerum*, Grundmaß der Bodeneinteilung, gab der Bodenvermessung ihren Namen: *iugeratio.*

Eigentliche Bedeutung von *heredium:* „geerbtes" Land (aufgrund der ersten Bodenaufteilung unter Romulus, ↗ S. 38, 3.1)

6.3 Hohlmaße

Es gibt noch kleinere Untereinheiten als den Sextarius.

a) Flüssigkeiten

UNTEREINHEIT	**SEXTARIUS** = $^1/_{48}$ quadrantal	≈ 0,547 *l*
	CONGIUS = $^1/_8$ Q	≈ 3,283 *l*
	URNA = ½ Q	≈ 13,132 *l*
EINHEIT	**QUADRANTAL** (auch: AMPHORA) oder *Vas pedis quadrati undique* (1 Kubikfuß)	≈ 26,364 *l*
VIELF.	**CULLEUS** (Tonne) = 20 Q	≈ 527,28 *l*

b) Trockensubstanzen

UNTEREINHEIT	**HEMINA** = $^1/_{32}$ modius	≈ 0,274 *l*
	SEXTARIUS = $^1/_{16}$ modius	≈ 0,548 *l*
	SEMODIUS = ½ modius	≈ 4,394 *l*
EINHEIT	**MODIUS** (Scheffel) = $^1/_3$ quadrantal	≈ 8,788 *l*

6.4 Gewichtsmaße

Das Duodezimalsystem ist hier praktischer als das Dezimalsystem: Es erlaubt fünf verschiedene Divisoren: 2, 3, 4, 6 und zwölf (das Zehnersystem nur drei: 2, 5, und 10).

UNTEREINHEIT	**UNCIA** (Unze)	= $^1/_{12}$ Pfund	27,25 gr
	SEXTANS	= 2 Unzen	
	QUADRANS	= 3 Unzen	
	TRIENS	= 4 Unzen	
	QUINCUNX	= 5 Unzen	
	SEMIS	= 6 Unzen	163,5 gr
	SEPTUNX	= 7 Unzen	
	BES	= 8 Unzen	
	DODRANS	= 9 Unzen	
	DEXTANS	= 10 Unzen	
	DEUNX	= 11 Unzen	
EINHEIT	**LIBRA** (Pfund)	= 12 Unzen, per Definition	327 gr

Die Unze lässt sich in kleinere Einheiten teilen: ½ Unze = *semuncia* bis zu $^1/_{24}$ Unze = *scripulum* (1,136 gr).

Jedes Zwölftelpfund hat einen besonderen Namen.

Das Pfund genügt den Bedürfnissen der Römer; sie waren nicht in der Lage, sehr große Lasten zu wiegen (↗ S. 113, 4.3 a)). Es ist weder ein Mehrfaches des Pfundes noch irgendeine höhere Einheit bekannt.

7 Die Zahlungsmittel

- Die Römer beschränkten sich sehr lange auf **Tauschhandel** mit Vieh.
- Münzen wurden zunächst gegossen, später geprägt und bestanden zunächst aus **Bronze** *(aes*, davon *aerarium*, Schatz); **Silbermünzen** kommen kurz vor der Zeit der Punischen Kriege auf, als Rom unter den großen Handelsnationen größere Bedeutung gewinnt.
- **Goldmünzen**, im 3. Jahrhundert nur in Ausnahmefällen geprägt, gelangen endgültig ab Iulius Cäsar in den Umlauf.

Um den Wert römischer Münzen nach heutiger Währung zu bestimmen, kann man sich am Preis des Metalls pro Gramm orientieren.

7.1 Das erste römische Geld: Kupfer mit Zinnlegierung

- Zunächst bedient man sich sehr großer geschmolzener **Barren** *(aes rude* oder *infectum)* von unterschiedlichem Gewicht.
- Zu einem unbekannten Zeitpunkt (5. Jh. ?) legt der römische Staat für diese Barren ein genaues Gewicht und einen **Stempel** mit Darstellung des Tieres fest, das sie symbolisieren *(aes signatum; pecunia,* Geld, kommt von *pecus* „Vieh"). Diese Barren mit dem Bild eines Schafes, Schweines oder Rindes haben sehr hohes Gewicht. Die Münzeinheit ist das **As**, das der Gewichtseinheit, der *libra*, entspricht. Es gibt Barren zu 5 As (1,635 kg).

Aes signatum, etwa 280 v. Chr.; mehr als 2½ mal gegenüber dem Original (16,5 cm × 9 cm) verkleinert.

5. Jh. (?)	**AS** (libralis)	Bronze	tatsächl. Gewicht:	10 Unzen (272 gr)

As uncialis (½ Größe; tatsächlicher Durchmesser: 6,5 cm)

- Die ersten **runden Münzen** werden im 4. Jahrhundert geprägt. Sie zeigen auf der Vorderseite den Kopf des *Ianus bifrons* und auf der Rückseite einen Schiffsbug.
- Das *as libralis* (Durchmesser: 8 cm) unterteilt sich – wie das Pfund – nach dem Duodezimalsystem in *semis, triens, quadrans, sextans, uncia, semuncia.* Diese Untereinheiten tragen Bildnisse von Göttern.
- Später sinkt das Gewicht des As zu wiederholten Malen, da der Kupferpreis mehrmals nacheinander erhöht wird.

7.2 Das Münzgeld um 280 v. Chr.

- Zur Zeit des Krieges gegen Pyrrhus imitiert Rom die griechischen Münzprägungen Süditaliens und Siziliens (sog. romano-kampanische Silberstücke zu 2 Drachmen).

Ende des 3. Jhs.

Denar (Roma, tats. Größe)

AS (trientalis) Bronze ($^1/_3$ Pfund = 109 gr)	
SESTERTIUS Silber	**2 ½ as**
DENARIUS Silber	**10 as** (4 Sesterzen)

Man beachte die Reduzierung des Gewichts.

Das Symbol für den Sesterz bleibt HS (H für II + *semis*) bis ans Ende der römischen Geschichte. Es gibt außerdem einen silbernen *quinarius*, der 5 As wert ist (½ Denar).

Der Denar wird durch das Zeichen X dargestellt.

Anfang des ... 2. Jhs.

Victoriat (mit Victoria, tats. Größe)

AS *(uncialis)* Bronze (1 Unze = $^1/_{12}$ Pfund = 27,25 gr)	
VICTORIATUS Silber (¾ Denar)	**SESTERTIUS 4 as** (ab 130 v. Chr.)
DENARIUS Silber (3,8982 gr)	**16 as** (4 Sesterzen)

- Zu Beginn des 2. Jahrhunderts werden alle Münzen neu geprägt; ein Gesichtspunkt ist die Ausgabe des *as uncialis*.

Da der Wert des As sich geändert hat, trägt der Denar jetzt die Ziffer XVI.

2. Hälfte des 1. Jhs.

Aureus (tats. Größe)

[AS]	
SESTERTIUS Bronze (36,38 gr)	**4 as**
DENARIUS Silber (3,8982 gr)	**4 Sesterzen**
AUREUS Gold (8,1 gr)	**25 Denar**

Im Jahre 89 wog das As nur noch ½ Unze. In Ermangelung von Kupfer wird es ab Sulla bis zum Kaiserreich nicht mehr geprägt.

Im Jahr 43 wird der Silbersesterz durch einen Bronzesesterz von gleichem Wert ersetzt.

- 269 werden gleichzeitig mit Bronzemünzen die ersten **Sesterzen** *(sestertii)* und die ersten **Denare** *(denarii)* ausgegeben; sie tragen Bildnisse der Roma und der Dioskuren (Castor und Pollux).
- 217 erfolgt eine Emission von **Gold**stücken, die nur bis zum Ende des 2. Punischen Krieges in Gebrauch sind.

7.3 Cäsar und das Gold-Geld

- Seit 217 gibt es keine offiziellen Goldmünzen mehr. Allerdings prägen die *imperatores* Medaillons aus Gold, die sie an ihre Truppen verteilen.
- Im Jahr 49 führt Cäsar den *aureus nummus* (reines Gold ohne Legierung) ein.

XI Eine kleine Republik...

▷ Äußere Ereignisse...

507: Krieg gegen den Etruskerkönig Porsenna (Rächer des Tarquinius?). Legendäre Taten des Horatius Cocles, des Mucius Scaevola und der Cloelia.

496: Niederlage des **Latinerbundes** am Lacus Regillus

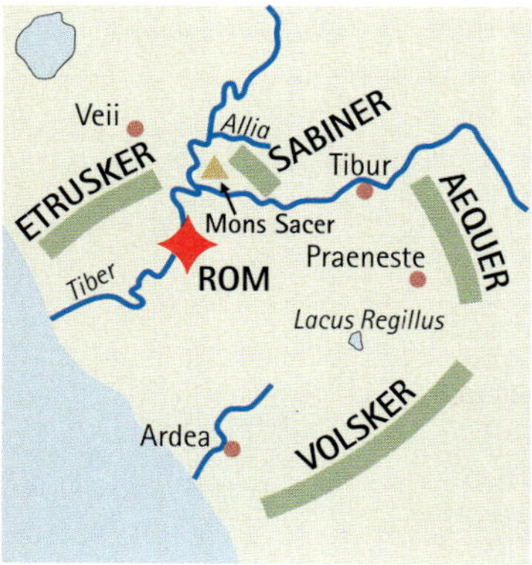

488–86: Krieg gegen die **Volsker** (Coriolan)

458: Krieg gegen die **Aequer** (Cincinnatus Diktator)

406–395: Belagerung der **Etruskerstadt Veii** (Einnahme durch den Diktator Camillus)

390: Gallierinvasion (römische Niederlage an der Allia; Gänse vom Kapitol)

367: erneute Gallierinvasion, gestoppt am Fluss Anio

343–41: 1. Samnitenkrieg; Sieg Roms

340–38: Krieg gegen die aufständischen **Latiner;** nach ihrer Niederlage werden sie römische Bürger.

328–312: 2. Samnitenkrieg, Sieg Roms (trotz der Einschließung der römischen Truppen bei den Caudinischen Pässen 311)

310–304: 3. Samnitenkrieg; endgültige Unterwerfung

281–272: Krieg gegen **Tarent** und **Pyrrhus** (schließlich von Curius Dentatus bei Benevent besiegt)

272: Einnahme Tarents

▷ Innere Ereignisse...

509: Errichtung der **Republik** (Konsulat)

494: Auszug der Plebs auf den Heiligen Berg (oder den Aventin), um dort eine andere Stadt zu gründen

493: Beilegung des Konflikts (Konsul Menenius Agrippa und die bekannte *Parabel vom Magen und den Körpergliedern);* Schaffung des Amts der **Volkstribunen**

451–449: Zwölftafelgesetze (zivile Gleichstellung von Patriziern und Plebejern), verfasst von zehn ehemaligen Konsuln, den sog. Decemvirn; bis zur endgültigen Abfassung waren diese mit absoluter Macht ausgestattet, nach dem Erlass der Gesetze werden sie wegen Missbrauchs ihrer Macht vom Volk verjagt.

336: Ein Plebejer übernimmt das Konsulat.

Karte: „... Verteidigungskriege gegen die direkten Nachbarn..." (S. 121)
Münze: Der Concordiatempel in Rom – ... die Besiegelung des Bundes zwischen Patriziern und Plebejern

300: Ein Plebejer erhält Zugang zum Priesteramt.

... erobert die Welt

■ **Ich setze keine Grenze weder ihrer Macht noch ihrer Dauer, ich habe ihnen ein Reich ohne Ende gegeben.** *Vergil (der Jupiter so sprechen lässt)*

1 Wachstumskrisen

Dauer: 2 ½ Jahrhunderte

Die Befreiung durch die Revolution von 509 (das Datum ist allgemein als zutreffend anerkannt), mit der der etruskische König bzw. Herrscher verjagt wurde, führt zur Errichtung einer **aristokratischen Republik**, in der die Patrizier das Sagen haben – eine Revanche der Latiner und Sabiner, deren Kultur weniger weit entwickelt war als die der etruskischen Händler und Gewerbetreibenden und die fast zwei Jahrhunderte lang allein von den Erträgen des Bodens gelebt hatten.

1.1 Die Existenz Roms steht auf dem Spiel (509–350)

Der **Konflikt zwischen Patriziern und Plebejern** (den man als Klassenkampf zwischen Viehzüchtern und Ackerbauern interpretieren kann) lässt die Stadt zu wiederholten Malen die Gefahr des Untergangs erleben. Schließlich löst Rom seine inneren Schwierigkeiten durch eine **Verständigung zwischen Patriziern und reichen Plebejern** (sog. Reformen des Servius Tullius) und die **stufenweise** erfolgende Zuerkennung der **bürgerlichen Gleichheit** für die Plebejer.
Das römische „Mittelalter" (5. und 4. Jahrhundert) ist von – jeweils nur durch die schlechte Jahreszeit unterbrochenen – **Verteidigungskriegen** gegen die direkten Nachbarn geprägt. Sie enden für Rom mit der Erlangung der **Vorherrschaft über Latium**.

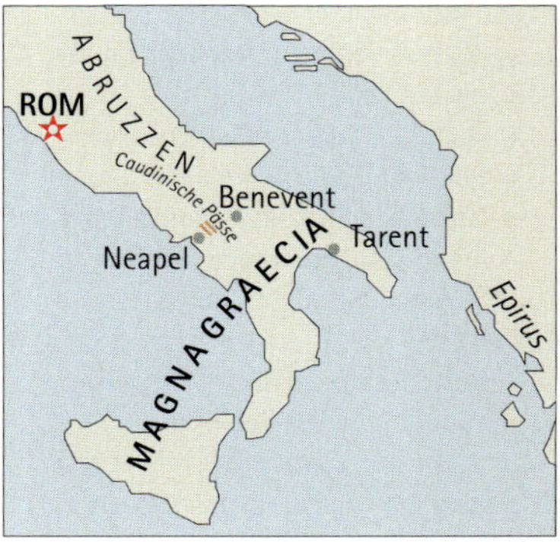

„Gegen 350 kam es zu einem sehr schweren Konflikt..."

1.2 Die Halbinsel wird erobert (350–270)

a) Gegen 350 kam es zu einem sehr schweren Konflikt mit den Bergbewohnern der Abruzzen, den ebenso räuberischen wie tapferen **Samniten** (343–282). Rom musste Niederlagen hinnehmen und trug den endgültigen Sieg erst durch die Vervollkommnung seiner militärischen Taktik davon. Seitdem erstreckte sich seine Macht **weit in den Süden**.

b) Im 3. Jahrhundert trat Rom endgültig aus dem „Mittelalter" heraus, es begann eine Art Zeitalter der Renaissance. Rom nahm Kontakt zu den Griechen **Großgriechenlands** auf, geriet unter ihren Einfluss, gewann Erfahrungen im Kaufmannsleben (erste Silbermünzen), im Leben zur See (Kampf gegen **Tarent)** und der internationalen Politik (Intervention des Königs von Epirus, Pyrrhus, im Krieg mit Tarent).

Im Jahre 272 ist Rom Herrin über ganz Italien.

▷ Äußere Ereignisse...

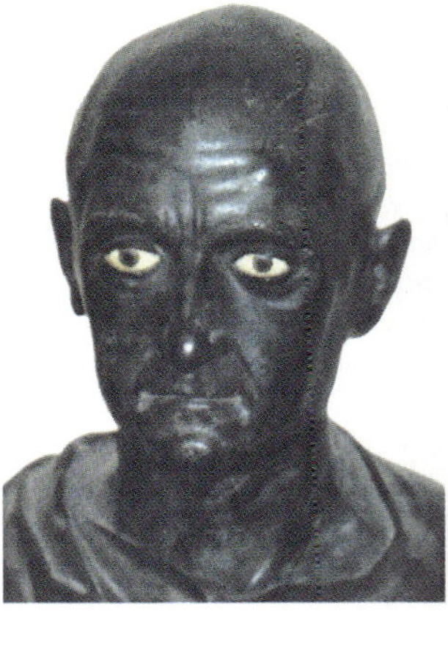

264–56: Kampf gegen **Karthago;** römische **Siege** auf Sizilien, zu Lande (Messina 264, Agrigent 262) und zu Wasser (Mylae 260, Ecnomus 256)

256–49: römische **Niederlagen** in Afrika (Landung 256; Regulus gefangen 255; sein Eid) und in Sizilien (Niederlage zur See bei Drepanum 249)

241: römischer Sieg bei den **Ägadischen Inseln** (Sizilien wird erste römische Provinz.)

237: Hamilkar vernichtet in Nordafrika am *Engpass des Beiles* (oder *der Säge)* die revoltierenden karthagischen Söldner.

237: Hamilkar beginnt mit der Eroberung **Spaniens.**

229: Tod Hamilkars

219: Rom unterwirft Gallia Cisalpina

219: Einnahme von Sagunt (Spanien; Bündnispartner der Römer) durch **Hannibal**

218: Hannibal überquert die Pyrenäen und die **Alpen**; er schlägt die Römer am Ticinus (Ticino, Tessin) und an der Trebia (Trebbia, Norditalien).

217: Flaminius wird am **Trasimenischen See** besiegt. **Fabius** wird zum Diktator ernannt, seine Taktik: Hannibal durch Hinhalten zu „zermürben" (daher der Ehrenname „Cunctator", Zauderer).

216: Unterdessen riskieren die Konsuln Varro und Aemilius Paullus die Schlacht von **Cannae:** die Römer erleben ein Desaster ohnegleichen. Hannibal verzichtet auf den Marsch gegen Rom, zieht nach Capua, um Verstärkung abzuwarten (die „Wonnen von Capua").

212: Marcellus bemächtigt sich der Stadt Syrakus (Tod des Archimedes).

211: Die Römer dringen nach Capua vor.

210: Scipio nimmt Carthago Nova (Cartagena) und erobert Spanien.

207: Hasdrubal (Bruder Hannibals) am Metaurus getötet

204: Scipio in Afrika. Der König Numidiens, Syphax, Verbündeter Karthagos, wird durch Masinissa, einen Freund der Römer, ersetzt.

203: Hannibal wird nach Karthago zurückgerufen.

202: Sieg Roms bei **Zama**/Nordafrika (Scipio Africanus)

2 Rom auf Beutezug

Dauer: 1 1/2 Jahrhunderte

2.1 Karthago: Die Rivalin wird geschlagen (264–202)

- Die Punischen Kriege (von *Poeni* = Phönizier, Gründer Karthagos) künden vom Aufkommen des **römischen Imperialismus.**

a) Der erste Krieg (264–241) ist eine Auseinandersetzung zwischen Rom und Karthago um **Sizilien**: Rom, jetzt auf seine Interessen zur See bedacht, kann die karthagische Einmischung an der Meerenge von Messina nicht dulden und kommt

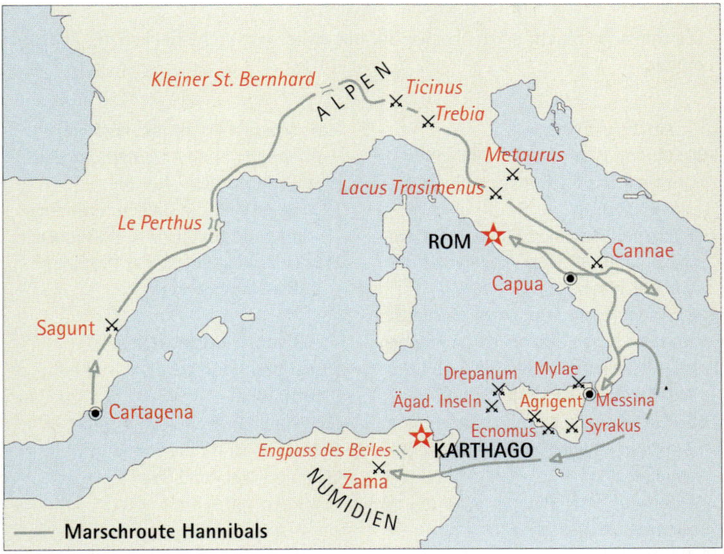

den mamertinischen Söldnern, die Messina besetzt halten und von einem karthagischen Heer belagert werden, zu Hilfe. Es beginnt ein **langer und verlustreicher Krieg** für die beiden Gegner. Die Schauplätze seiner Kampfhandlungen sind:

- das Meer an den Küsten Siziliens;
- Afrika, wo der Konsul Atilius **Regulus** landet und eine Niederlage erleidet;
- Sizilien, wo der Widerstand des Karthagers **Hamilcar Barcas** den Kriege ohne den **römischen Sieg** bei den Ägadischen Inseln auf unabsehbar Zeit verlängert hätte.

Karthago gibt seine Besitzungen in Sizilien auf, zahlt an Rom einen drückenden Tribut und verpflichtet sich, Syrakus, die Verbündete Roms, zu respektieren.

- Zwischen dem ersten und zweiten Krieg profitiert Rom von den Problemen der karthagischen Regierung mit ihren Söldnern und lässt sich **Korsika** und **Sardinien** übergeben (237).

Links oben: „Hamilkars Widerstand hätte den Krieg auf unabsehbare Zeit verlängert..." (S. 123)
Links Mitte: „Hannibal bricht von Spanien aus auf..." (S. 124) Porträt aus Capua
Links unten: „Scipio verfolgt ihn..." (S. 124) Neapel, Arch. Nationalmuseum

b) Vom **2. Krieg (218–201)** ist der gesamte Umkreis **des westlichen Mittelmeers** (Spanien, Italien, Sizilien, Afrika) betroffen, doch sind die Operationen zur See diesmal eingeschränkter. Hannibal bricht von Spanien aus auf, das sein Vater Hamilkar erobert hatte, und siegt zunächst in Italien (Desaster von **Cannae**).
Rom geht darauf geordneten Schlachten auf der eigenen Halbinsel aus dem Wege und trägt den Kampf **aus Italien heraus**; so gelingt es, Hannibal zu zermürben und zu isolieren. Der Senat von Karthago ruft ihn nach Afrika zurück; **Scipio** verfolgt ihn dorthin, und es kommt zum großen römischen Sieg bei **Zama**: Rom zwingt Karthago zur Aufgabe Spaniens, seiner Flotte, seiner Kriegselefanten und überdies soll es fortan „dieselben Freunde und dieselben Feinde haben wie das römische Volk".

Die römische Macht erstreckt sich auf das ganze westliche Becken des Mittelmeers.

▷ Äußere Ereignisse...

200: Philipp V. von Makedonien greift Griechenland an, Rom beschließt, es „zu beschützen".
197: Flaminius schlägt Philipp bei Kynoskephalai in Mittelgriechenland (römisches Protektorat)
192: Antiochos III. von Syrien entsendet ein Heer gegen die römischen Truppen in Griechenland (römischer Sieg bei den Thermopylen 191).
190: Auf seiner Flucht nach Syrien wird Philipp bei Magnesia (Kleinasien) geschlagen.
172: Perseus, Sohn Philipps V., unternimmt einen Aufstand.
168: Aemilius Paullus nimmt ihn bei Pydna gefangen.
149: Krieg zwischen Karthago und Masinissa. Rom interveniert.
148: Makedonien führt ganz Griechenland zur Erhebung.
146: Konsul Mummius triumphiert bei Korinth über die Aufständischen (Griechenland und Makedonien werden römische Provinzen).
146: Einnahme und **Ende von Karthago**
147: Erhebung Spaniens (Viriathus)
139: Viriathus auf Betreiben der Römer ermordet
133: **Numantia** (Nordostspanien) zerstört, Spanien zurückerobert
129: Der König von Pergamon stirbt ohne Erben: (Klein)Asien römische Provinz.
125: Massilia (Marseille) wird von den Allobrogern und Arvernern angegriffen und ruft Rom zu Hilfe.
122: Siege Roms in Gallien, Gründung von Aquae Sextiae (Aix-en-Provence)
118: Gründung von Narbo (Narbonne: **Gallia Narbonensis)**

▷ Innere Ereignisse...

133: **Tiberius Gracchus** Volkstribun (ermordet)
123: **Gaius Gracchus** Volkstribun
121: Gaius Gracchus ermordet
111: Die Acker- und Getreidegesetze werden außer Kraft gesetzt.

Historischer Ausspruch:
Delenda Carthago! (Man muss Karthago zerstören!)
Cato d. Ä. vor dem römischen Senat

2.2 Imperialistischer Aufstieg (200–111)...

Nach dem zweiten Punischen Krieg steigt bei den Römern der Appetit auf Eroberungen, je mehr sie erobern.

Die Generäle verstehen es, dem Volk einzureden, dass die Kriege zum Heil Italiens nötig seien, das auf geheimnisvolle Weise von der ganzen Welt bedroht werde. Die militärischen Operationen wirken auf uns oft wie private Unternehmungen; Spanien etwa scheint eine Art Expansionsgebiet der Familie der Scipionen gewesen zu sein.

a) Im Osten hatte der König von Makedonien, Philipp V., Hannibal zwischen 215 und 205 unterstützt: Rom entreißt ihm zunächst die Vorherrschaft über Griechenland, um 50 Jahre später **Makedonien** und **Griechenland** nach der Zerstörung Korinths zu annektieren.

- Dem König Antiochos III. von Syrien untersagt Rom die weitere Ausbreitung in Kleinasien. Schließlich vermacht Attalos III. in seinem Testament dem römischen Volk das prächtige Königreich von Pergamon, der Senat macht daraus die **Provinz Asia** (129).

b) Im Westen erlebt Karthago einen Neuaufschwung und versetzt so die Römer in Unruhe: **Scipio Aemilianus** führt die Belagerung der Stadt an **(3. Punischer Krieg 148–146)**. Karthago wird besiegt und ausradiert, sein Gebiet wird zur **Provinz Africa.**

- Siebzig Jahre Krieg in **Spanien** führen zur Einnahme und Plünderung von Numantia durch Scipio Aemilianus (133).
- Schließlich bemächtigt sich Rom des **südlichen Galliens** *(Provincia Romana)*, um die dortigen Verbindungswege nach Spanien zu kontrollieren.

2.3 ... und Revanche der Besiegten

Im Verlauf der Eroberungskriege zerbricht im Innern das Gleichgewicht unter den gesellschaftlichen Klassen, das im 3. Jahrhundert mühsam erreicht worden war.

- Der **Zustrom billigen Weizens** entmutigt die italischen Ackerbauern; und die **Senatoren,** die die kleinen Güter aufgekauft haben, eignen sich überdies noch die konfiszierten Länder der Besiegten an *(ager publicus).* Durch ihre Handelsgeschäfte bereichert sich die Klasse der **Ritter**, die geschickte Geschäftsleute sind, auf Kosten der Provinzbewohner. Die **ruinierten Bauern** strömen massenhaft nach Rom: auf der einen Seite tiefstes **Elend**, auf der andern **unmäßiger Reichtum**.
- Die **Gracchen** bemühen sich um vermittelnde Lösungen:
  a) Zuteilung eines Teils des *ager publicus* an die Armen;
  b) Verteilung des Eigentums der Senatoren (gegen Entschädigung) auf alle Übrigen zur Pacht;
  c) Senkung des Getreidepreises;
  d) Gerichtsreform mit Gewährung des ausschließlichen Rechtes, die *iudices* zu stellen, an die Ritter, die sich mit den Senatoren in den Haaren lagen;
  e) Reservierung der Steuereinnahmen aus Asien für die Ritter.
- Die Senatoren, störrisch und zu keinem auch nur bescheidenen Zugeständnis bereit, nehmen den Kampf auf: Tiberius wird 133 **ermordet**, Gaius 121.

▷ Äußere Ereignisse...

112: In Numidien belagert **Iugurtha** seinen Cousin Adherbal, den Enkel Masinissas, in der Stadt Cirta (Massaker an den italischen Händlern).
111: Rom schreitet ein.
109: Niederlagen Roms
108: Metellus siegt am Fluss Muthul.
107: **Marius** (Offizier des Metellus) wird Konsul und übernimmt das Kommando über das Heer.
106: Einnahme von Cirta
105: Iugurtha an Marius ausgeliefert
102: Einfall der Teutonen, Vernichtung bei **Aix-en-Provence**
101: Sieg über die Kimbern bei **Vercellae** (Norditalien)
90: Bundesgenossenkrieg
88: Sulla unterwirft die aufständischen „Verbündeten" und erkennt ihnen das römische **Bürgerrecht** zu.
Mithridates verleibt sich Kleinasien ein, Mord an 80.000 Römern
87: Mithridates besetzt Griechenland; Aufbruch **Sullas** in den Osten.
86: Rückeroberung Griechenlands
85: Unterwerfung des Mithridates
80: Sertorius versucht Spanien zum Aufstand zu führen.
77: **Pompejus** wendet sich gegen Sertorius.
74: Mithridates greift erneut zu den Waffen; Siege des Lucullus.
73: Sklavenkrieg (Spartacus)
67: Pompejus unterwirft die Piraten.
66: Pompejus in Asien: entscheidende Siege gegen Mithridates und seinen Verbündeten Tigranes, König von Armenien
63: Eroberung Jerusalems

▷ Innere Ereignisse...

107: **Marius** Konsul
104–101: Marius wiederholt ins Konsulat gewählt
88: **Sulla** Konsul
Von Marius geschürte Meuterei: Sulla wird aus Rom verjagt.
Sulla kehrt mit seinen Legionen nach Rom zurück und ächtet Marius (Ächtung bzw. „Proskription" ermöglicht straffreie Tötung des Betroffenen und Konfiszierung seines Vermögens).
87: Sulla bricht in den Osten auf, Marius besetzt Rom und ächtet die Anhänger Sullas.
86: plötzlicher Tod des Marius
83: Rückkehr Sullas: **Massaker und Proskriptionen**
82: uneingeschränkte **Diktatur** Sullas und neue Verfassung
79: Sulla tritt zurück (Tod 78)
70: **Pompejus** und **Crassus** Konsuln; Aufhebung der Gesetze Sullas

„... Sulla, ein wirtschaftlich ruinierter Patrizier..." (S. 127)

3 Hundert Jahre Bürgerkriege

Marius und Sulla – Pompejus und Cäsar – Oktavian und Antonius

3.1 Die Republik: Spielball der siegreichen Generäle (112–63): Marius und Sulla

- Der Niederlage der Gracchen folgt eine Periode der politischen Reaktion, der **autoritären Herrschaft der Senatoren** zu ihrem Vorteil (121–109).
- Der politische Kampf zwischen den reichen Grundbesitzern, die den Senat unterstützen (Partei der *optimates)*, und der der neu organisierten Volkspartei *(populares)* bricht zu den Konsulatswahlen von 108 erneut aus. Ein aus Arpinum stammender **Ritter, Marius**, als Stabsoffizier in Afrika hochgekommen und voller Ehrgeiz auf das Oberkommando, lässt sich von der Partei der Popularen zum Konsuln wählen.

„Ein aus Arpinum stammender Ritter, Marius…"

a) Marius reformiert das Heer und beendet erfolgreich den Krieg gegen **Iugurtha** in Numidien, der von den Generälen des Senats zu lasch geführt worden war.

Er bewahrt Rom vor der Gefahr der **Kimbern** und **Teutonen**. Doch er erweist sich als unbegabter Staatsmann, der von seinen Offizieren übergangen wird.

b) Der erste Platz fällt von da an **Sulla** zu, einem wirtschaftlich ruinierten **Patrizier**, der die Erhebung von Roms Verbündeten in Italien **(Bundesgenossenkrieg)** unterdrückt und den Kampf gegen **Mithridates**, den König von Pontus, aufnimmt. Vergebens **macht Marius Sulla die Macht streitig**, als dieser nach Kleinasien aufbricht; vergebens lässt Marius sich nach der Abreise Sullas zum siebten Mal zum Konsuln wählen (er stirbt zu Beginn dieses Konsulats); vergebens regieren die Marius-Anhänger von 87 bis 82: bei seiner Rückkehr aus dem Osten lässt Sulla die Parteigänger des Marius vernichten und übt Rache **(Proskriptionen)**.

Sulla ist Herr über Rom. Drei Jahre lang versucht er unter dem Deckmantel der Diktatur eine monarchische Herrschaft neuen Typs zu errichten: er stößt auf den Widerstand des Senats, der ihn 79 zum Rücktritt zwingt.

c) Der Senat profitiert nicht lange von seinen politischen Vorteilen. Er wird zum Krieg gezwungen und gerät in die **Abhängigkeit ehrgeiziger Generäle**. Mehr noch als der superreiche **Crassus**, der in Italien die unter der Führung des Thrakers **Spartacus** revoltierenden Sklaven niedergerungen hat, ist es der nicht weniger superreiche und ehrgeizige **Pompejus**, dessen Stern aufsteigt; er ist der Sieger über die letzten Marius-Anhänger und ihres Anführers **Sertorius**, die sich in Spanien verschanzt hatten, der Sieger über die kilikischen **Piraten**, die das Mittelmeer unsicher machten, schließlich der Sieger über **Mithridates**, nachdem er einen Teil Kleinasiens und Syriens erobert hatte.

▷ Äußere Ereignisse...

58: Beginn des **Gallischen Krieges** (Niederlage des Germanenführers Ariovist)

57: Eroberung des nordöstlichen Galliens

56: Eroberung des südlichen Galliens

55: Cäsar in Germanien und Britannien

54: Erhebung des Ambiorix in Nordgallien (53 niedergeschlagen)

53: Feldzug des Crassus gegen die Parther

52: allgemeiner Aufstand in Gallien: Massaker der Römer in Cenabum; Sieg Cäsars bei Avaricum und Misserfolg bei **Gergovia**; Belagerung von **Alesia**, Kapitulation des **Vercingetorix**

Der Gegner von Sulla und Pompejus: Mithridates (S. 126, 127)

51: endgültige Unterwerfung Galliens

47: Cäsar in Ägypten: unter dem Vorwand, den Mord an Pompejus zu bestrafen, setzt er Kleopatra auf den Thron.
Cäsar triumphiert über Pharnakes, Mithridates' Sohn, der erneut zu den Waffen gegriffen hatte.

▷ Innere Ereignisse...

63: Verschwörung des **Catilina**

62: Catilina wird bei Pistoia (Etrurien) an der Spitze seiner Truppen getötet. Pompejus kehrt aus dem Osten zurück.

60: **erstes Triumvirat:** Pompejus, Crassus, Cäsar

59: **Cäsar** wird Konsul

58–57: In Cäsars Abwesenheit schürt der Tribun Clodius innere Unruhen.

55: Pompejus und Crassus Konsuln

53: Tod des Crassus
Ermordung des Clodius durch die Handlanger des Tribuns Milo

52: Pompejus alleiniger Konsul

Der Gegner Cäsars: Vercingetorix (S. 128, 129)

49: Pompejus ruft Cäsar zurück: Übertritt über den Rubikon; Cäsar vertreibt Pompejus.
Cäsar Diktator, Verfolgung der Anhänger des Pompejus in Spanien und anschließend in Thessalien

48: **Pharsalus**
Ermordung des Pompejus

46: Sieg Cäsars bei Thapsus (**Cato** gen. **Uticensis** begeht Selbstmord in Utica.)

45: Pompejus' Söhne Gnaeus und Sextus werden in Munda (Spanien) geschlagen.

3.2 Neue militärische Siege, neue Ambitionen (64–63): Pompejus und Cäsar

a) Während Pompejus im Osten Krieg führt, beginnen in Rom erneut die **Intrigen.** Ein wirtschaftlich ruinierter Patrizier, **Catilina,** der sich auf die Partei der Popularen stützt, versucht das Konsulat zu erlangen. Er wird zweimal von der Koalition der „Leute von Stand" geschlagen, die von **Cicero,** Konsul des Jahres 63, unterstützt werden. Catilina zettelt einen Staatsstreich an, den Cicero jedoch aufdeckt; er zwingt Catilina so zur Flucht und geht unnachsichtig gegen dessen Parteigänger in Rom vor. Im Januar 62 wird Catilinas Heer vernichtet.

„Zu Ende des Jahres kehrt Pompejus nach Rom zurück..." Porträt in Rom

b) Zu Ende des Jahres kehrt **Pompejus** nach Rom zurück; sein Triumph ist großartiger als jeder andere davor, doch er greift nicht nach der Diktatur wie Sulla. Er zieht es vor, sich **im Geheimen** mit **Crassus** und dem angeheirateten Neffen des Marius, **Iulius Caesar** (der hinter den Kulissen Catilina favorisiert hatte), auf eine Teilung des Einflusses zu verständigen: es kommt zum – nicht ganz richtig so genannten – **ersten Triumvirat.**

Historischer Ausspruch: Ich muss nur mit dem Fuß auf den Boden stampfen und er wird Legionen hervorbringen! (Pompejus)

- Cäsar wird dank dem Triumvirat 59 Konsul. Während seines Konsulats greift er – nach eigenen Vorstellungen – die Politik der Gracchen wieder auf und lässt über zwei **Ackergesetze** abstimmen, eines zugunsten der Soldaten des Pompejus, das andere zugunsten der Armen in Rom. Im Gegenzug übertragen ihm die Tribus-Komitien auf fünf Jahre das Oberkommando in Illyrien und in Gallia Cisalpina; und speichelleckerisch gibt ihm der Senat noch das Oberkommando in Gallia Narbonensis dazu.
- Crassus stirbt im Kampf gegen die Parther. **Pompejus** tritt im Einklang mit dem Senat und Cicero als Vorkämpfer der Partei der Ordnung auf. Für das Jahr 52 übernimmt er **allein** das Konsulat. Man nennt ihn allgemein „den ersten unter den Bürgern" *(princeps).* Er ist entschlossen, sich mit Unterstützung der Senatoren dagegen zu stellen, dass Cäsar sich um ein zweites Konsulat bewirbt.

c) Cäsar erobert ab dem Jahr 58 das „langhaarige" **Gallien** („Gallia comata", nach der Haartracht der Einheimischen; es handelt sich um das jenseits des Po im heutigen Norditalien liegende Gallien). Als alles vollendet scheint, brechen zuerst örtliche Revolten aus, dann der **allgemeine Aufstand unter Vercingetorix** (52): Cäsars prokonsularische Gewalt wird um eine weitere Periode verlängert.

- Doch während Cäsar den letzten gallischen Widerstand bricht, beobachtet er aufmerksam die Entwicklung der Innenpolitik in Rom: Im Januar 49 **überquert er,** gefolgt von seiner siegreichen Armee, **den Rubikon,** die Grenze zwischen Gallia Cisalpina und Italien, um seinen ehrgeizigen Absichten Geltung zu verschaffen, die mit denen des Pompejus konkurrierten.

- **Pompejus räumt Italien**, begibt sich nach Griechenland und macht sich an die Aufstellung einer Armee. Bevor er Pompejus in Griechenland angreift, unternimmt Cäsar eine Strafaktion gegen Marseille, das sich für neutral erklärt hatte, und sprengt Pompejus' Truppen in Spanien auseinander. Pompejus, zum Prokonsul von Spanien ernannt, hatte darauf verzichtet, sich selbst dorthin zu begeben, und das Kommando über seine Truppen Legaten anvertraut.
- Im Januar 48 überquert Cäsar mit einer improvisierten Flotte die Adria. Er gewinnt den Sieg bei **Pharsalus** (August): Der besiegte Pompejus flüchtet sich nach Ägypten, wo der junge König Ptolemaios XIV. ihn **ermorden** lässt, um bei Cäsar in gutem Licht zu erscheinen.
- Cäsar muss nur noch die Pompejus-Anhänger in Afrika bei **Thapsus** (Tunesien) und ein neues Heer seiner Parteigänger in Spanien bei Munda besiegen.

▷ Innere Ereignisse...

44: **Cäsar wird ermordet** (15. März).

43: Antonius versucht, sich in Gallia Cisalpina festzusetzen; er wird bei **Modena** geschlagen.
Zweites Triumvirat: Oktavian, Antonius, Lepidus (Massenmorde, Proskriptionen, **Ermordung Ciceros**)

42: Das Heer der Cäsar-Mörder wird bei **Philippi** vernichtet (Brutus begeht Selbstmord).

41: Revolte von durch L. Antonius, den Bruder des Antonius, unterstützten Bauern gegen die Veteranen Oktavians

40: Oktavian schlägt die Revolte nieder (Kapitulation von **Perusia**).
Teilung der Herrschaft. Antonius heiratet Octavia.

40: Sextus Pompeius bemächtigt sich Siziliens und Sardiniens.

36: Agrippa, Admiral Oktavians, schlägt Sextus Pompeius' Flotte bei Naulochoi (Sizilien).
Absetzung des Lepidus.
Antonius verstößt Octavia zugunsten Kleopatras, der Königin Ägyptens.

36: Der Senat erklärt Ägypten den Krieg.

31: Die ägyptische Flotte wird bei **Actium** (Westgriechenland) besiegt.

30: Ägypten wird römische Provinz.

29: Oktavian ist **alleiniger Herr** über das Reich.

27: Oktavian erhält den Titel **Augustus.**

Oben: Agrippa, Admiral Oktavians... Porträt aus Gabii. Paris, Louvre
Links: Porträt der Kleopatra. Berlin

3.3 Cäsar: Restauration der Monarchie?

a) Cäsar festigt seine Macht in Etappen:

- Im Jahr 49 wird ihm die **Diktatur** übertragen, um die Wahlen durchführen zu lassen (Diktatur von elf Tagen, vergleichbar den früheren gesetzlich vorgesehenen Diktaturen);
- 48 ist er **Konsul**;
- 47 wird er zum **Diktator auf ein Jahr** und zum **Konsul auf fünf Jahre** ernannt;
- 46 macht man ihn zum **Diktator auf zehn, Konsul auf zehn** und zum **Aufseher über die Sitten** *(praefectus moribus)* **auf drei Jahre** (die Aufsicht über die Sitten sollte das Zensoramt ersetzen);
- 45 (nach Munda) gesteht ihm der Senat das Recht zu, ständig die Kleidung des **Triumphators** sowie den **Lorbeerkranz** zu tragen und als *praenomen* den Titel *Imperator* anzunehmen;
- im Februar 44 ernennt ihn der Senat zum **Diktator auf Lebenszeit**;
- und am 5. März 44 ist der Senat bereit, ihm das Recht zu übertragen, sich als **König im Osten** zu bezeichnen (dorthin bereitet er gerade einen Feldzug vor), **verweigert** ihm jedoch den Titel eines **Königs von Rom** (so eine Theorie).

„Cäsar versteht es sich auf das Volk zu stützen..." Rom, Konservatorenpalast

Historische Aussprüche: *Alea iacta est!* (Der Würfel ist gefallen), bei der Überquerung des Rubikon (auf griechisch gesprochen: Κύβος ἐρρίφθη!)
Veni, vidi, vici! (Ich kam, sah, siegte!), bei der Rückkehr von einem fünftägigen Blitzkrieg gegen den Sohn des Mithridates, Pharnakes.
Καί σὺ τέκνον! (kai sy teknon, auf lateinisch: *Et tu, mi fili,* Auch du, mein Sohn!), als Cäsar Brutus in der ersten Reihe seiner Mörder gewahrt (auf griechisch gesprochen).

b) Cäsar versteht es, sich **auf das Volk** zu stützen, dem er Land zuteilt und Arbeit sowie Brot gibt und für das er Kolonien gründet; genauso stützt er sich **auf die Provinzialen,** die er gegen die Steuerpächter in Schutz nimmt und von denen er den Angesehensten Zutritt zum Senat verschafft. Er beschleunigt die **Umwandlung des Stadtstaates in einen Mittelmeerstaat.**

- Trotzdem ist die **Partei der Pompejaner** noch nicht tot, obwohl sie durch den Tod ihres Chefs führerlos geworden war. Pompejus' Sohn, Sextus Pompeius, hält

„Kleopatra, aufrecht stehend im Glanz des Abends,
Erscheint wie ein großer goldener Vogel, der von ferne seiner Beute auflauert..."
(der Franzose José-Maria de Heredia in einem Sonett auf Antonius und Kleopatra)
„Die Nase Kleopatras: wäre sie kürzer gewesen, das ganze Gesicht der Erde hätte sich geändert" *(Blaise Pascal).*

„In vorderster Reihe steht Brutus..." Goldmünze (Aureus) mit Darstellung des Cäsarmörders

weiterhin das Meer und verfügt über Stützpunkte in Südspanien. Cäsar streckt den Besiegten die Hand entgegen, doch viele ehemalige Widersacher tragen Groll im Innersten des Herzens. In vorderster Reihe dieser maskierten Gegner stehen **Brutus** (Schwiegersohn des **Cato Uticensis** – Urenkels des Zensors Cato –, der nach Thapsus Selbstmord beging) und Cassius.

c) Während des Luperkalienfestes im Februar 44 lässt Cäsar sich von seinem Offizier, dem Konsul Marcus Antonius, ein Diadem – Zeichen der hellenistischen Alleinherrscher – antragen. Die feindselige Haltung des Volkes veranlasst Cäsar, das „Angebot" zurückzuweisen. Die Republikaner sehen in dieser vom Volk gezeigten Ablehnung gegen die Errichtung einer neuen Königsherrschaft den Anlass, ohne Verzug zu handeln: Die **Iden des März** (= 15. März 44), den Tag, an dem der Senat Cäsar den Königstitel für den Orient zuzuerkennen gedenkt, wählen etwa fünfzig Senatoren (Brutus, Cassius, die Brüder Casca usw.) dazu aus, **Cäsar zu ermorden.**

▪ Cäsars Ermordung ist jedoch **kein Gegenmittel** gegen die Krise: Trotz der vom Senat auf Betreiben Ciceros getroffenen Maßnahme, die Diktatur auf immer abzuschaffen (17. März) und die Mörder Cäsars nicht zu verfolgen, findet die Republik nur zu einem unsicheren Leben zurück. Während der Begräbnisfeiern (20. März) versteht es Antonius geschickt, die ganze Fürsorge, die Cäsar dem Volk entgegengebracht hatte, in den Mittelpunkt zu stellen; er verspricht, dass er gemäß den Bestimmungen von Cäsars Testament auch nach dessen Tod weiterhin dafür Sorge tragen wolle.

d) Das **Zögern und die Ungeschicklichkeiten** der republikanischen Führer machen die reine, einfache Rückkehr zur Herrschaft der republikanischen Aristokratie schwierig. Überdies begeht Cicero einen bedeutenden Fehler: Als Cäsars Neffe, der junge **Oktavian**, den Cäsar in seinem Testament als Sohn adoptiert hatte, aus Apollonia (in Illyrien, heutiges Albanien) zurückkehrt, wo er seine Studien aufgenommen hatte, überredet Cicero seine Freunde im Senat (die gerade die Mehrheit hatten) dazu, Oktavian **gegen Antonius** zu unterstützen (Mai 44). Ciceros Absicht dabei war, die Partei Cäsars zu spalten. Oktavian gibt sich fügsam, nimmt jedoch den Namen *Caesar Octavianus* an und stärkt damit seine Position als **legitimer Nachfolger Cäsars** gegenüber Antonius... und den Republikanern.

3.4 Cäsars Nachfolge (43–40): Oktavian und Antonius

a) Der Konflikt zwischen Oktavian und Antonius scheint zunächst abzulaufen, wie Cicero es gesehen hatte: Antonius hindert Oktavian daran, sein Erbe anzutreten, und Oktavian rekrutiert ein Heer *„privato consilio et privata impensa"* („auf eigenen Entschluss und auf eigene Kosten", so die Worte im *Monumentum Ancyranum,* wo die *Res gestae divi Augusti* eingraviert sind); die **Anhänger des Pompejus im Senat** führen eine breite **Koalition gegen Antonius** an: an dieser beteiligen sie außer **Oktavian** (ihm übertragen sie gesetzwidrig das *imperium proconsulare)* auch **Brutus** (er hatte sich zum Herrn über Makedonien gemacht),

„...Als der junge Oktavian aus Apollonia zurückkehrt..." (S. 132). Porträt des Augustus. Athen, Nationalmuseum

Cassius (er ist gerade erfolgreich im Begriff, Ciceros Schwiegersohn Dolabella, einem Anhänger Cäsars, Syrien streitig zu machen) und **Sextus Pompejus**, den der Senat zum Flottenkommandanten ernannt hatte *(praefectus classis et orae maritimae).*

b) Antonius wird bei Mutina/Modena geschlagen (21. April 43). Der Senat erklärt ihn zum Staatsfeind und **Oktavian** wird **Kommandeur aller Truppen**, die am Sieg über Antonius mitgewirkt haben. Er erhebt Anspruch auf das Konsulat: die Pompejaner im Senat widersetzen sich, und so **marschiert er auf Rom** (Juli), lässt sich zum Konsul wählen (9. August) und stürzt die Mehrheit des Senats. Fügsam bewilligen die Senatoren Oktavian und seinem Cousin Pedius, seinem Konsulatskollegen, durch ein *Senatus consultum ultimum* **Sondervollmachten**, insbesondere die, ihre Feinde zu verfolgen. Ergebnis der Politik Ciceros: **Oktavian ist Herr über Rom** und wird die eroberte Macht behaupten.

c) Antonius findet eine neue Armee in Gallia Narbonensis, wohin er sich geflüchtet hat: das Heer des **Lepidus**, des Befehlshabers der Kavallerie Cäsars. Die Provinzen im Westen schließen sich eine nach der andern Antonius und Lepidus an. Wofür entscheidet sich Oktavian? Für einen Kampf an **zwei Fronten**, im Osten gegen Brutus und Cassius, im Westen gegen Antonius und Lepidus? Er zieht es vor, sich mit Antonius und Lepidus **zu verbünden** (Treffen von Bononia / Bologna, Oktober); mit ihren vereinigten Heeren marschieren Oktavian, Antonius und Lepidus auf Rom, lassen sich dort zu *tres viri rei publicae constituendae* für fünf Jahre ernennen (**zweites Triumvirat**, November 43) und verfolgen ihre Feinde (unter anderen Cicero, dem Antonius seine „Philippica" nicht verzeihen kann). Die Staatskasse füllen sie mit den Einnahmen aus drückenden Steuern für die Reichen und schlagen Brutus und Cassius bei **Philippi** (Nordgriechenland) an der *Via Egnatia.*

d) Das Übereinkommen zwischen den Triumvirn lässt sich, insbesondere nach Philippi, dauerhaft nur auf der Grundlage einer **Teilung** der Mittelmeerwelt erhalten. Doch diese Aufteilung ist schwierig. Die ersten Vereinbarungen zielen auf ein Gleichgewicht der Kräfte und lassen die geografischen Gegebenheiten außer Acht. Sie werden unmittelbar durch einen Krieg in Frage gestellt, der in Italien zwischen den Veteranen des Antonius und denen Oktavians ausbricht.

- In Brundisium/Brindisi werden neue Verträge geschlossen: **Antonius** erhält den **Osten**, **Oktavian** den **Westen** (ausgenommen Italien, das keinem gehören soll; die Grenze zwischen Osten und Westen wird in Scodra in Illyrien festgelegt), **Lepidus Afrika**. Um den Frieden zu besiegeln, **heiratet Antonius Octavia**, die Schwester Oktavians.

3.5 Die letzten Tage der Republik (36–27)

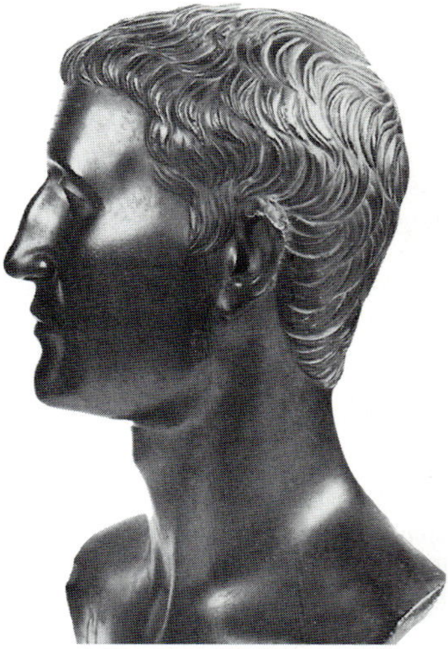

„Abwartend beginnt Antonius mit der Neugestaltung des Ostens."

a) Die Verträge von Brindisi regeln für ungefähr vier Jahre die Beziehungen der Triumvirn. Sie beschließen insbesondere – trotz Streits um untergeordnete Punkte – die Erneuerung des Triumvirats für fünf Jahre (37). Doch Lepidus intrigiert gegen Oktavian im Laufe des letzten Kampfes gegen den letzten Pompejaner im Westen, Sextus Pompejus; Oktavian **konfisziert** daraufhin den afrikanischen Teil des Lepidus. Die beiden verbliebenen Triumvirn **Oktavian und Antonius** müssen früher oder später aufeinandertreffen.

b) Abwartend beginnt Antonius mit der **Neugestaltung des Ostens.** Er beseitigt die dem römischen Volk durch die letzten Pompejus-Anhänger des Ostens zugefügten Schäden; diese hatten nicht gezögert, sich mit den Parthern, erwiesenen Feinden Roms, zu verständigen. Seine Politik ist ausgesprochen erfolgreich, scheint jedoch **ausschließlich zugunsten des Königreichs Ägypten** ausgerichtet zu sein, das er nach Syrien hin ausdehnt; er wird (nach Cäsar) der Liebhaber der Königin **Kleopatra**.

- Oktavian seinerseits verstärkt die römischen Positionen im Nordosten Illyriens.

c) Der Krieg zwischen Oktavian und Antonius bricht in dem Moment aus, da **Antonius Octavia verstößt.** Oktavian lässt das Testament öffnen, das Antonius in Rom hinterlegt hat, und die Römer sind verblüfft zu erfahren, dass für Antonius Caesarion als Caesars Erbe gilt, Caesars (?) und Kleopatras Sohn. Höchstgradig geschickt **erklärt Oktavian Kleopatra den Krieg**, nicht Antonius.

- Antonius und Kleopatra versammeln ihre Flotte in der Adria bei Ambrakia (Westgriechenland): der Zusammenstoß findet bei **Actium** (1. August 31) statt. Antonius und Kleopatra flüchten vor Ende der Schlacht. Erst im darauf folgenden Jahr landet Oktavian in Ägypten: Antonius und darauf Kleopatra begehen Selbstmord. **Ägypten wird annektiert.**

d) Im Laufe des Kampfes hat Oktavian einen **Treueeid** abgelegt, zunächst auf Italien, dann auf die Provinzen im Westen. In diesem außergewöhnlichen Akt muss man den Ansatzpunkt der Reihe von Titeln und Vollmachten sehen, die Oktavian anschließend zuerkannt werden (↗ S. 161, 2.1). Am 16. Januar 27 verleiht ihm der Senat, den Titel eines **Augustus**; er verwendet ihn hinfort wie einen neuen Namen.

Das römische Kaiserreich steht an seinem Anfang
(ohne äußerlich sichtbare Änderung der Verfassung).

XII Die Literatur

Wie die Sitten, so der Stil. *Seneca*

Zu Beginn des 3. Jahrhunderts (Einnahme von Tarent 272) treten die Römer in direkten Kontakt zu den Griechen Süditaliens, die die klassische griechische Kultur bewahrt hatten. Von da an holen sie ihren Rückstand schnell auf.

- Ein Grieche aus Tarent, Livius Andronicus, übersetzt die **Odyssee** ins **Lateinische** und lässt im Jahre 240 Stücke aufführen, die dem **griechischen Repertoire** entnommen sind.
- Ein römischer Bürger Kampaniens, Naevius, erzählt in einem **lateinischen Epos** die Geschichte des ersten Punischen Krieges (gegen 230).
- **Ennius,** hellenisierter Römer aus dem Süden Italiens (gestorben 169), ist der erste **original römische Autor** tragischer, komischer, lehrhafter *(Saturae)* und epischer *(Annales)* Dichtungen.
- Von diesen ersten Dichtern sind nur Bruchstücke erhalten.

1 Das Theater

- Über die Anfänge des römischen Theaters wissen wir **nichts Genaues.** Es lässt sich vermuten, dass es von den **Etruskern** inspiriert worden ist, die Liebhaber **mimischer Tänze** waren; die eigentliche Entstehung der dramatischen Gattung können wir an den Anfang des 3. Jhs v. Chr. datieren. **Tarent,** blühender Mittelpunkt hellenistischer Kultur, stellte Vorbilder zur Verfügung, von denen sich die Autoren inspirieren ließen. Damals führte man die ersten bekannten Stücke auf.
- Die einmal etablierte Gattung konnte mit nur **wenigen großen Namen** glänzen. Dieser halbe Erfolg ist aber nicht weiter verwunderlich: das **aufgeschlossenere Publikum** blieb dem **psychologischen Theater in der griechischen Tradition** treu, das **Volk** hingegen wandte sich davon ab und dem *Spektakel* zu – dem Mimus, dem Pantomimus, Opern und Theatermaschinen –, die **vor allem auf die Sinne wirkten.** Das dramatische Element als auf die Bühne getragenes Bild des Lebens war so zwischen **zwei gegensätzlichen Tendenzen** zerrissen – reiner Psychologie und reinem Spektakel – und **verschwand** damit nach und nach.

„... zwei gegensätzlichen Tendenzen – reine Psychologie und reines Spektakel..."

1.1 Die ersten Komödien

- **Livius Andronicus,** aufgewachsen in Tarent (250?–200?), verfasste vielleicht die ersten lateinischen Komödien.

- **Naevius**, aus Kampanien gebürtig, doch römischer Bürger (ca. 240–204), kombiniert alle Elemente der **klassischen griechischen Komödie** von Epicharm bis Aristophanes und verfolgt inhaltlich einen **sozialen Realismus**.

1.2 Plautus (251–184) und die lyrische Posse

Bewegtes Leben: in Umbrien geboren, wird Schauspieler. Finanzieller Ruin. Versucht sich in verschiedenen Berufen (Sklave bei einem Müller?). Schreibt Komödien und setzt sich schließlich auf der Bühne durch. Stirbt in hohem Alter.
Man schrieb ihm 130 Stücke zu, doch nur 21 (von seinem Kommentator Varro als authentisch anerkannte) sind erhalten.

Allgemeiner Charakter: ein **Mann aus dem Volk**, der schrieb **um zu leben**. Entsprechend sein Werk:

a) Theater zum Broterwerb: er imitiert die „neue Komödie" der **Griechen** (Menander, 4. Jh. v. Chr.) und gibt sich als einfacher „Übersetzer". Seine Stücke sind nur wenig ausgearbeitet: eine **Folge von Sketchen**, die dem Faden einer **konventionellen Intrige** folgen.

b) ... das dem Volk gefällt...

Das Publikum verlangt nach **griechischen Stoffen**, griechischen Sittenbildern. Doch das allzu raffinierte Vorbild erfordert Anpassung an die einfache, laute, unaufmerksame römische Masse:

- ein schwungvoller Prolog wendet sich direkt an die Zuhörer, um ihnen zu erklären, welches Spiel sie auf der Bühne erwartet;
- eine Handlung, in deren Verlauf alle **Register des Schmierentheaters** gezogen werden: Possen, Kalauer, Situationskomik;
- witzige **Verwechselungen** (*Menaechmi:* ein Bruder auf der Suche nach seinem Zwillingsbruder..., den er nie gesehen hat; *Amphitryon:* Jupiter und Merkur haben die äußeren Züge Amphitryons und seines Sklaven Sosias angenommen, so gut, dass man sie äußerlich nicht mehr auseinander halten kann);
- **Schurkenstücke** (*Pseudolus:* der Gauner Pseudolus foppt alle);
- **Gesang** (Duos, Couplets) gibt der Komödie den Reiz einer **musikalischen Farce**.

c) ... durch die Schilderung des täglichen Lebens

Das Publikum in der hellenisierten römischen Welt möchte gern die Figuren wiederfinden, die ihm **vertraut** sind und über die es sich lustig machen kann: den lächerlichen, starrsinnigen, knauserigen Vater (*Aulularia,* „Der Topf"); spitzbübische, unverschämte, erfindungsreiche Sklaven (*Trinummus,* „Drei-Taler"); den aufschneidenden Soldaten, den urwüchsigen Vorfahren des Maulhelden Bramarbas (*Miles gloriosus).*

d) Die **Verschmelzung von Griechischem und Römischem** – mit zugleich exotischen und einheimischen Elementen – findet ihre tiefere Einheit in der **durchgreifenden Lebendigkeit** und v. a. im Temperament ihres Schöpfers, sein Werk verbindet **psychologische Wahrscheinlichkeit** im Inhalt (aus der *Molière* seine Anregungen schöpfen wird) mit **leidenschaftlichem Schwung** in der Form (Wortbildungen, Aufzählungen, Schlagfertigkeit in den Antworten). Diese Komödie, zum **Spiel auf dem Brettergerüst** geschaffen, erweist sich als **überaus amüsant und lebensnah**.

- Nach dem Erfolg des Plautus will das Publikum Neues: Caecilius Statius, ehemaliger Sklave aus Gallia Cisalpina und in Rom freigelassen (gestorben 166), **verfeinert das Possenspiel**, indem er sich mehr seinem Vorbild Menander annähert.

1.3 Terenz (gegen 190–159): Lächeln ohne Lachen

Im „Scipionenkreis" (gebildeter Freundeskreis um Scipio Aemilianus): Ehemaliger Sklave, aus Karthago nach Rom gekommen, wird Terenz vom Senator Terentius Lucanus freigelassen. Sein Talent und seine Liebe zur griechischen Bildung verschaffen ihm Zugang zur Gesellschaft der Scipionen, deren fester Schützling er wird. Seine kurze Karriere erlaubt ihm nur sechs Komödien zu schreiben.

a) Ein Theater ohne Applaus...

- Seine Feinde halten ihm vor:

– er sei nicht der Autor seiner Stücke (die sie Scipio Aemilianus oder dessen Freunden zuschreiben);
– er habe die Handlung seiner Komödien überfrachtet, indem er **zwei Handlungen in einem einzigen Stück** „verquirlt" habe. In seinen Prologen – erstes Beispiel literarischer Polemik in Rom – hat der Dichter diese Kritiken zurückgewiesen.

- Das Publikum bescheinigt ihm Nüchternheit, denn es weiß nicht recht zu schätzen:

– die zu getreue Schilderung der **griechischen Sitten, in denen es sich nicht zu Hause fühlte** (der Titel der Komödien ist oft griechischen Vorbildern nachempfunden: *Heautontimorúmenos,* zu übersetzen mit „Der Mann, der sich selbst züchtigt"; *Adelphoí,* d. h. „Die Brüder", usw.);
– die Schwäche der *vis comica* (komische Potenz);
– den **allzu fein nuancierten** Realismus der Charaktere, die auf der Bühne nur schlecht zur Geltung kommen.

b) ... **doch bedacht mit dem Beifall der Gebildeten**

Das kultivierte Publikum bewundert:
– die **lebendige Exposition** des Stoffes (z. B. eine freundschaftliche Unterhaltung unter Nachbarn im *Heautontimorúmenos);*
– genial erfundene **Situationen** (Aeschinus in den *Adelphen* macht sich an eine Kurtisane heran, die er entführt, während er in Wahrheit seinem Bruder einen Dienst erweist, ohne dabei derjenigen untreu zu sein, die er schließlich heiraten wird), die bis an die Rührseligkeit des **„bürgerlichen Theaterstücks"** heranreichen (in der *Hecyra,* d. h. der „Schwiegermutter", bekommt Pamphilus seine Frau zurück, von der er sich wegen einer Kurtisane, die er schließlich fortschickt, getrennt hatte);
– den **Realismus der** feinfühlig differenzierten **Charaktere**: Micio besitzt nicht die griesgrämige Unbeholfenheit seines Bruders Demea *(Adelphen);* Phormio ist ein gefälliger, zuvorkommender, ergebener Schmarotzer *(Phormio).* Die jungen Frauen weisen schätzenswerte Qualitäten auf, Herz, Zärtlichkeit, Takt, Treue;

Schauspieler in der „Ankleide". Fresko aus Pompeji. Neapel, Nationalmuseum

– die **gediegene Komik**, die menschliche **Gemütsbewegungen** dämpft (z. B. der junge Phaedria im *Eunuchus*, hin und her gerissen zwischen seiner Leidenschaft für eine Kurtisane und dem Gefühl seiner Würde);
– die perfekt ausgefeilte Diktion seiner Personen: Caesar nennt Terenz einen *„puri sermonis amator"*.

1.4 Die römische Reaktion

a) Um das Publikum zu gewinnen, das den Komödien des Terenz den Rücken kehrt, schreiben Titinius, sein Zeitgenosse (?), Atta, Afranius (Gracchen-Zeit) **100%ig römische Komödien** *(comoediae togatae)*.
b) In der Zeit Sullas begründen Novius und L. Pomponius in Rom eine in Atella in Kampanien heimische Gattung des **Possenspiels**: die **Atellane** *(fabula Atellana)*.
▪ Beliebt ist der **Mimus** wegen der eindrucksvollen Schlichtheit des Spiels, aus dem das intellektuelle Element verbannt ist: prächtige Ausstattung, Zügellosigkeit und Ausgelassenheit kommen der Neugierde des Volkes entgegen. Der Ritter **Laberius** (gestorben 43 v. Chr.) und der Freigelassene **Publilius Syrus** gehören zu den hervorstechenden Namen.
▪ Schließlich tritt der **Pantomimus**, der mit Gestik ohne Worte Gefühle zum Ausdruck bringt, das **Erbe der Komödie** an, die von der Bühne verschwindet.

1.5 Die Tragödie

a) Wie im Falle der Komödie liegt auch hier der Anfang in der **Nachahmung der Griechen: Livius Andronicus übersetzt** neun Tragödien.
▪ **Naevius** lässt sich ebenfalls vom griechischen Repertoire inspirieren *(Das Trojanische Pferd, Iphigenie)* und wagt es, zwei Tragödien **rein nationalen Charakters** *(tragoediae praetextae)* zu verfassen: *Romulus* und *Clastidium* (Thema ist der Sieg des Claudius Marcellus über die insubrischen Gallier 222).
b) Die römische Tragödie ist geboren und bringt Meisterwerke hervor, die für uns leider fast ganz **verschwunden** sind:
▪ **Ennius** (239–169 v. Chr.) baut die dramatischen Elemente aus: 24 Stücke, darunter zwei „praetextae", *Die Sabinerinnen* und *Ambracia* (Sieg des Fulvius Nobilius im Jahre 189).
▪ Pacuvius (221–ca. 130 v. Chr.) führt kompliziertere Handlungsabläufe ein, zwölf Tragödien und eine Praetexta, *Paulus* (Sieg des Aemilius Paullus bei Pydna).
▪ **Accius** (170–86 v. Chr.): **der größte tragische Dichter Roms** (40 Stücke, darunter zwei Praetextae: *Brutus* und *Decius)* entwickelt die Inszenierungstechnik weiter, verstärkt die Handlungsdichte, gibt der Darstellung mehr Glanz.

2 Die Dichtung

2.1 Die epische Dichtung

a) In der Rangfolge der literarischen Gattungen nimmt das Epos den **ersten Platz** ein, denn es entspricht dem den Römern gewissermaßen angeborenen **Hang zur Größe** und ihren **soldatischen Neigungen**.
▪ Die Bedingungen jedoch, die die epische Gattung voraussetzt, waren in Rom nicht erfüllt, wenn man an Homer denkt, dessen naive, leidenschaftliche Epen in der wunderbar-fantastischen Welt der griechischen Heroen wurzeln. Folglich hat Rom kein Epos dieser ursprünglichen Art hinterlassen, wie die homerischen Dichtungen es sind. Vielmehr erscheint das Epos bei ihnen als **geplante, bewusste Schöpfung**, und das erklärt seine **Schwächen** und häufig seine Mittelmäßigkeit.

- In ihm fließen drei Tendenzen zusammen:

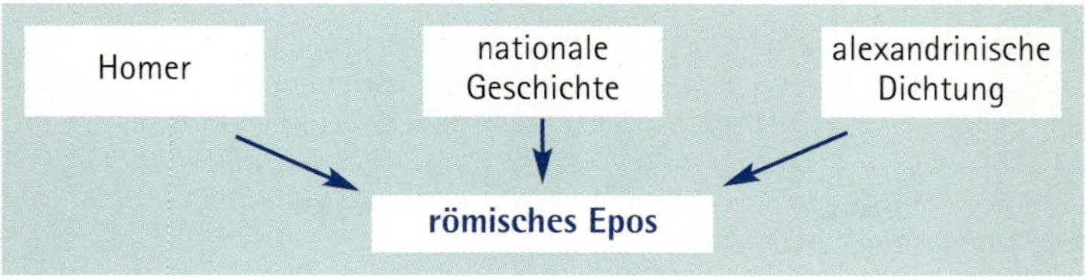

b) Die drei Tendenzen

- Livius Andronicus (3. Jh. v. Chr.) macht durch seine Übersetzung der Odyssee in saturnische Verse Rom direkt mit Homer bekannt, dessen Einfluss für die späteren Dichter bestimmend sein wird.
- **Naevius** (selbe Zeit) verfasst ein Epos in Saturniern mit einer Erzählung des ersten Punischen Krieges *(Poenicum bellum);* damit zeigt er, dass das Epos neben den griechischen Mythen seinen Stoff auch aus der **nationalen Geschichte** schöpfen kann.
- **Ennius** (239–169 v. Chr.) schreibt seine halb epischen, halb historischen *Annales* in daktylischem Versmaß; den **Saturniervers gibt er damit auf**, das Epos wird ihn nie mehr verwenden.
- Zu Beginn des ersten Jahrhunderts v. Chr. entdeckt man in Rom die griechischen Dichter des 3. Jahrhunderts, die – in **Alexandria** versammelt – eine gelehrte mythologische Dichtung gepflegt hatten, dunkel und reichlich maniriert. So konzipiert man das Modell eines **mythologischen Epos voll Raffinesse**: Calvus schrieb ein (verlorenes) Gedicht *Io,* erhalten blieb von **Catull** (↗ S. 140, 2.4) ein glänzendes Beispiel dieser Gattung mit seinem *Hochzeitslied auf Thetis und Peleus* (das u. a. die Schilderung der Liebe von Ariadne und Theseus enthält).

2.2 Die philosophische Dichtung: Lukrez (99–55) entthront die Götter

Über sein Leben wissen wir nichts Genaues, außer dass er uns eine philosophische Dichtung in sechs Büchern mit dem Titel *De rerum natura* hinterlassen hat, die einem Freund Memmius gewidmet ist.

a) Lukrez ist **ein entschiedener Gegner der Religion**; er hält sie für:

- **barbarisch:** sie verlangt blutige, sinnlose Opfer: Tötung der Iphigenie (Buch I);
- **falsch:** die vorgeblichen Götter wenden sich von unserer Welt ab, um sich in ihre ferne Welt zurückzuziehen, wo sie ihr ichbezogenes Glück genießen (II);
- **lächerlich:** dass die Menschen von ihren Leidenschaften zerrissen werden, passiert auf der Erde, und die Qualen des Jenseits sind reine Hirngespinste (III).

b) Materialistischer Denker: für die Schule des Philosophen Demokrit liefert er eine konsequent materialistische Erklärung des Universums; Dinge und Lebewesen werden durch die **Kombination von Atomen** gebildet (I), unteilbaren und unzerstörbaren Kernen aus Materie, die ins Leere fallen und sich kraft einer zufälligen Bewegungsabweichung zusammenballen, dem sog. *clinamen* (II, III, IV).

c) Dichter: Seine **Einbildungskraft** lässt ihn die Natur in kühnen Bildern beschreiben (**die ersten Menschen,** V; **der Frühling,** I) oder in geläufigen Szenen (die Kuh, die ihr Kalb beklagt, II);

- seine **Einfühlsamkeit** lässt ihn Sympathie für die Freuden und Leiden alles dessen, was lebt, leidet und stirbt (die Pest in Athen, VI) empfinden;

- seine **Begeisterung** gilt Epikur, für den er Respekt, Bewunderung, Verehrung ausdrückt (III, V, VI).

d) Seine Sprache: als Pionier der Dichtung muss er gegen eine widerspenstige Sprache ankämpfen (fehlende Präzision, Ausdrucksarmut, Archaismen) und schmiedet sich ein episches Instrument, das seinem Denken angemessen ist (I, 137).

2.3 Die satirische Dichtung

- *„Satura tota nostra est":* diese Behauptung Quintilians ist richtig, muss jedoch präzisiert werden. Die Römer haben **den satirischen Witz nicht erfunden**, er ist zeitlos und findet sich bei allen Völkern; aber **sie haben eine Gattung geschaffen: das satirische Gedicht**, das Individuen oder Schwächen ins Visier nimmt, eine Gattung, die die Griechen nie gepflegt haben.
- *Satura* bezeichnet zunächst eine **Schale mit verschiedenen Früchten** *(satura lanx)*, darauf in der Literatur ein „Potpourri" verschiedener Themen. In diesem Sinne trägt die Dichtung des Ennius (3. / 2. Jh. v. Chr.) den Titel *Saturae*, die mehr moralisierend als kritisch ausgerichtet war.
- **Lucilius** (180?–103 v. Chr.) ist der **Begründer der Gattung**. Dieser reiche Bürger, Freund des Scipio Aemilianus, verfasste 30 Bücher Satiren, die meisten in **daktylischen Hexametern** geschrieben. Seine persönliche Situation erlaubte es ihm, Persönlichkeiten von Rang lächerlich zu machen; aus einer Haltung der Opposition bekundete er eine **patriotische, stolze und optimistische Moral**.

2.4 Die lyrische Dichtung: Catull (82?–52?), bahnbrechender Neuerer

- Parallel zur „großen Dichtung" – Epos, Satire, philosophisches Lehrgedicht – bringt eine intimere, ungezwungenere Poesie die Eindrücke und Gefühle des Autors zum Ausdruck: als Widerschein oft aufrichtiger Persönlichkeiten ist sie uns noch jetzt sehr nahe. Ihr Begründer und einer ihrer vollendetsten Vertreter in Rom ist Catull.

Ruinierte Jugend:

- Der Sohn aus **guter Familie** (sein Vater ist ein persönlicher Freund Cäsars), in Verona geboren, verbringt seine Kindheit am Ufer des Gardasees, wohin er später oft zurückkehrt (carmen 31).
- Mit 20 Jahren legt er seinen Hauptwohnsitz nach **Rom**; es gefällt ihm dort, denn seine **frühreifen Gaben** (*carmen* 68) öffnen ihm die Gesellschaft Ciceros, Hortensius', des Cornelius Nepos und die **mondänen Kreise der Gesellschaft.** Dort macht er die Bekanntschaft einer Frau (zweifellos die Schwester des Demagogen Clodius, die er **Lesbia** nennt) von lockeren Sitten und gefährlicher Verführungskraft. Er geht mit ihr eine **stürmische Beziehung** ein (62 bis 58), gibt sich einem ausschweifendem Leben hin, was ihn gesundheitlich ruiniert, und macht schließlich Bankrott (57–56: Reise nach Bithynien). Er hatte da schon eine Gedichtsammlung veröffentlicht, doch sein **– vorzeitiger – Tod** hindert ihn daran, eine „endgültige Ausgabe" seines Werkes herauszugeben, das später **ohne festgelegte Anordnung** publiziert wird (116 Gedichte).

a) Die neoterische Schule. Catull hatte einen **Kreis gleichgesinnter junger Dichter** (mit Licinius Calvus: carmen 14, Helvius Cinna: carmen 95) um sich versammelt. In Opposition zur Tradition **kehren sie den nationalen Dichtern den Rücken** (Plautus, Lucilius). Catull predigt den Kult des **„l'art pour l'art"**, wozu ihm die

griechischen Alexandriner (Kallimachos, Philetas) die Vorbilder liefern, die er gründlich studiert hatte: er versucht sich an **beschreibenden Gedichten** von makelloser Form und Metrik (63: Geschichte der Attis, 64: Hochzeit von Thetis und Peleus).

b) Zur selben Zeit und im Widerspruch zu diesem Versuch führt er eine **neuartige persönliche Dichtung, frei von jeglicher Orientierung an Vorbildern**, ein, in der er seinen Gefühlen freien Lauf lässt. Seine **hitzige, unbefangene Natur** bekennt – überschwänglich (carmen 5, 51) oder zu Tode verletzt (carmen 38, 76, 85, 92) – in flüchtigen Versen seine Leidenschaft für Lesbia oder die Empfindungen seines Innern (carmen 101, zum Gedenken an seinen gegen 60 verstorbenen Bruder). In – oftmals schonungslosen, ungeschminkten – Epigrammen lässt er seine Sympathien sprechen (9, 68) oder seinen Hass (12, 24, 30, 39), ohne selbst Cäsar auszunehmen (29).

▪ Dieses Werk **ohne Einheit** – Catull nicht die Zeit hatte, sie zu gestalten – machte das römische Publikum mit der alexandrinischen Dichtung bekannt und der bewegenden Unmittelbarkeit persönlicher Poesie.

3 Die Redekunst

- Die Redekunst ist **originaler und fruchtbarer** Ausdruck des römischen Geistes.
- Es handelt sich dabei um ein wirkungsvolles, angesehenes Mittel **seinen Willen durchzusetzen** und Einfluss auf die Masse auszuüben, denn nur wenige Leute können flüssig lesen, und eine Presse, die (wie heute) überall Meinungen verbreitet, existiert nicht. Ihre Rolle ist vor Gericht, auf dem Forum, bei bestimmten öffentlichen Veranstaltungen (Leichenreden), selbst im Heerlager *(contiones:* Heeresversammlungen) anerkannt.
- **Alle Voraussetzungen sind günstig für sie**: das Volk, das über ein feines Ohr verfügt, ist instinktiv fasziniert; die Zahl von Bürgern, die man leicht „an die Hand nehmen" kann, ist begrenzt; selbst das Klima, das Versammlungen unter freiem Himmel gestattet; schließlich die politische Verfassung, die lange Zeit auf Beratungen im Kollektiv beruhte.
- Obendrein handelt es sich um eine **hoch entwickelte** Gattung; durch den Kontakt mit der **griechischen Rhetorik** und über den Unterricht von Rhetoren, die aus Griechenland kamen, wird sie stetig verfeinert, ihre Technik mit größter Sorgfalt immer weiter ausgefeilt. Der Anfänger absolviert ein Praktikum bei erstklassigen Rednern: Cicero war der Schüler Scaevolas. Später gibt es berühmte Universitäten in der ganzen antiken Welt (↗ S. 177, 2.3). Die Rhetoriklehrstühle sind – bis in die Zeit Augustins – begehrt.

3.1 Die Lehrzeit

Selbstverständlich können wir die ersten Redner, die bei den römischen Historikern zitiert werden, nicht beurteilen: die bei Titus Livius nachzulesenden Reden sind fiktiv.

a) Cato der Ältere (oder **Censorius**, 234–149 v. Chr.) ist der Erste, über den wir mit einiger Genauigkeit sprechen können, da uns einige Bruchstücke aus den 150 Reden vorliegen, die er bei seinem Tode hinterließ. Er sollte seine berühmte Definition selbst in die Praxis umsetzen: **„der Redner: ein anständiger Mann, der sich auszudrücken weiß"**, denn er ging direkt und ohne Umschweife an das moralische Problem heran, das mit Engagement und Temperament zu diskutieren war (Verteidigung der Rhodier nach Pydna).

b) Die **ausgeglichene Eloquenz** des Sulpicius Galba (einer der letzten Gegner Catos), des Scipio Aemilianus, des Laelius (eines Intellektuellen) lässt den Beitrag der **griechischen Kultur** spüren.
c) Die von den Gracchen organisierte politische Kampagne ließ zwei eigenständige Temperamente erkennen: **Tiberius Gracchus** (163–133) bediente sich einer **gemäßigten Sprechweise**, geprägt von strenger, schonungsloser Dialektik; sein Bruder **Gaius** (154–121) dagegen war kraftvoller und ließ sich von seinem Temperament als „Tribun" hinreißen; er konnte **die Menge begeistern**, ohne jemals die Kontrolle über seine Sprechweise zu verlieren (ein Flötenspieler, heißt es, skandierte den Rhythmus seiner Rede).

3.2 In der politischen Arena

Die politischen Wirren zu Beginn des ersten Jahrhunderts machen individuellen Temperamenten den Weg frei, sich in aller Freimütigkeit auszudrücken. Die **Prozesse** (Cicero: *Pro Murena, Pro Milone)* halten wegen der in sie verwickelten Prominenz die öffentliche Meinung in Atem. Doch jetzt wird die Rhetorik, deren Macht man genau kennt, zu einer bis in alle Einzelheiten geregelten **Kunst**.

Zwei Schulen:

a) Die Attizisten (Calvus, 82–47): kraftvolle, nüchterne Rhetorik nach der Schule des griechischen (attischen) Rhetors Lysias

b) Die Asianisten (Hortensius, 114–50): elegante, schwülstige Rhetorik nach dem Vorbild der Schulen Kleinasiens

c) Cicero stellt ein **Gleichgewicht** zwischen diesen beiden Tendenzen her:

- **Die Theorie:** Cicero formuliert ihre Prinzipien in den Schriften
  - *De Oratore:* hier wird gezeigt, wie man Redner wird (Verteidigung der **allgemeinen Bildung**);
  - *Brutus:* zeichnet das **Porträt der Redner**, die Cicero vorangingen;
  - *Orator:* entwickelt das Bild des **idealen Redners**
- **Die Praxis:** Cicero besitzt alle Gaben des Redners, denn er versteht sich darauf zu
  - **gefallen** (*Reden gegen Verres,* Anekdoten);
  - **Beweise zu führen** (*Reden gegen Verres:* Abhandlung über das von Verres ausgeplünderte Sizilien);
  - **Emotionen zu wecken** (*Reden gegen Catilina;* Schluss der Rede *Pro Murena;* die *Philippica).*

3.3 Cicero (106–43)

- **Enttäuschungen im Privatleben**: Scheidung mit 61 Jahren; im Jahre 45 verliert er die geliebte Tochter **Tullia**.
- **Fehlgeschlagene politische Karriere**: nach dem triumphalen Konsulat von 63 kann die Partei der *Optimaten*, für die er eintritt, die Koalition der Triumvirn nicht vereiteln; seine Feinde (darunter Clodius) erwirken seine Verbannung (nach Thessalien). Nicht zuletzt gelingt es ihm auch nicht Antonius auszuschalten, der ihn zur Vergeltung ermorden lässt (Dezember 43).

Auf der anderen Seite steht eine außerordentliche Karriere als Anwalt und Schriftsteller. Sein Charakter wird oft kritisiert (v. a. aufgrund intimer vertraulicher Mitteilungen in seiner privaten Korrespondenz), doch sicher verdient Cicero in letzter Instanz Sympathie: Er ist weder ein Held noch ein Heiliger, sondern einer der achtbarsten Römer seiner Zeit.

a) Redner einer Partei

- Außerhalb seiner laufenden Arbeit als Anwalt (er hat von den römischen Anwälten die begehrtesten Klienten) stellt er seine Redekunst in den Dienst der „Republik der gebildeten, reichen Männer von Rang und Würden", die er bedroht sieht von Profitjägern (Verres), Agitatoren (Catilina, Clodius: *Reden gegen Catilina, Pro Murena, Pro Milone)*, schließlich von Antonius, den er kaltzustellen suchte, um das System zu retten *(Philippica)*.
- Noch im Ruhestand verteidigt er den Staat: die Schrift *De re publica* lässt das alte Rom des 2. Jahrhunderts als Bild der idealen demokratischen Herrschaft wieder aufleben.

„... Cicero, ... einer der achtbarsten Römer seiner Zeit..."

b) Die Lehren eines genialen Mannes

- In **Werken zur Theorie der Rhetorik** entwickelt Cicero das Porträt des perfekten Redners, dessen lebende Inkarnation er selbst ist.
- Desgleichen versucht er in **philosophischen Abhandlungen**, soweit sie nicht vorgeben, die Originalität der Gedanken der Werke des Platon und des Aristoteles zu erreichen, von denen sie inspiriert sind, die **verschiedenen philosophischen Richtungen** (Epikureer, Stoiker, Platoniker) miteinander zu versöhnen. Ciceros Ziel hier: eine **praktische Ethik** zu entwickeln, die im Einklang mit den Bedürfnissen des Staatswesens steht (Pflichten des Bürgers und des Privatmenschen).

c) Ciceros Leben im Zeugnis seiner Korrespondenz

Seine Korrespondenz (mehr als 900 erhaltene Briefe) ist:

- ein unersetzliches **Dokument** zur Erhellung der **Hintergründe der Geschichte** (Cicero verfolgt aus den „Kulissen" im Detail das ganze Drama seiner Epoche);
- ein **Augenzeugenbericht**, der für seinen eitlen und kleinmütigen Autor ein wenig kompromittierend ist, denn er offenbart sich in den Briefen in unverstellter **Unbefangenheit**.
- Insgesamt: ein anerkanntes **Meisterwerk** der Briefkunst.

d) Der Einfluss auf die Literatur

- Cicero **verfeinert** die Sprache und entwickelt die oratorische **Periode**.
- Er führt in die Literatur einen **philosophischen Stil** ein, dessen man sich bis zum Niedergang der lateinischen Literatur bedienen wird.
- Er nimmt verdientermaßen die Position des **herausragenden Klassikers** der Prosaschriftsteller ein.

Historischer Ausspruch:
Cedant arma togae!
(Die Waffen sollen der Toga weichen, d. h.: die militärische Macht soll der zivilen Gewalt untergeordnet werden.)

Die Hauptwerke Ciceros

Jahr	Werke				Korrespondenz
81	Pro Quinctio				
80	Pro Roscio Amerino				
70	**Gegen Verres** *(5 Rdn.)*				
68					
66	Pro lege Manilia				
63	**Gegen Catilina** *(4 Rdn.)* **Pro Murena**				
62					
61	**Pro Archia**			De consulatu	
60					
56	Pro Caelio				
55	Pro Sestio			De suis temporibus	
		De oratore			
54			**De re publica** *(6 Bücher)*		
53			De legibus		
52	**Pro Milone**				
46		**Brutus** **Orator**			
45		Partitiones oratoriae	Hortensius *(verloren)* Academica		
44		Topica	De finibus **Tusculanae Disputat.**		
43	Philippica *(14 Reden)*		De natura deorum De divinatione De fato	De senectute De amicitia **De officiis**	

Briefe an seinen Freund Atticus (16 Bücher) ①

Briefe *Ad familiares* (16 Bücher) ②

Briefe an seinen Bruder Quintus (3 Bücher) ③

- Reden
- Rhetorische Abhandlungen
- Philosophische Werke: Allgemeine Darstellungen
- Philosophische Werke: Politik und praktische Ethik
- Dichtungen *(nur geringe Fragmente erhalten)*

4 Die Geschichtsschreibung

- Die Römer besaßen für die Gattung der Geschichtsschreibung eine besondere Begabung, da der **Respekt vor der Vergangenheit** *(mos maiorum)* und die **Liebe zu ihrem Land** einer ihrer ausgeprägtesten Wesenszüge war. Sehr früh schon stellen sie die Materialien zusammen, die die Geschichtsschreibung erfordert: den Kalender, d. h. eine Aufstellung der Feiertage sowie der jährlich wechselnden Beamten und Priester; die *Commentarii,* in denen politische und religiöse Ereignisse festgehalten werden; die *Tabula Pontificis,* einen vom Pontifex Maximus kontrollierten jährlichen Bericht, der alles enthält, was das Leben der Stadt betrifft.
- Bedauerlicherweise hatten die Römer keinen Sinn für die Erforschung der Wahrheit: Geschichtsschreibung ist für sie nie die *Wissenschaft* von der Vergangenheit. Ihr Patriotismus, bisweilen dicht am **Chauvinismus**, lässt sie den Blick von allen Themen abwenden, die Rom fremd sind (Quintus Curtius in der Kaiserzeit wird eine Ausnahme sein). Die Politik bringt den Historiker dazu, sich zum Anwalt einer **Partei** oder einer Sache (Sallust) zu machen. Die Moral, die Lob und Tadel verteilt, sieht nur die **enge Perspektive** der großen Männer (Cornelius Nepos). Andererseits ist die Geschichtsschreibung ein „Zweig der rhetorischen Literatur" *(munus eloquentiae)* und oft dominiert die Vorliebe für die **Form** – zu Lasten des Inhalts.

4.1 Erste Anfänge

Bis zur Zeit Cäsars versuchen Schriftsteller, die arm an kritischem Geist sind, all das zu sammeln und zu erfassen, was über die Geschichte Roms bekannt ist; in überprüfte Fakten mengen sich häufig alte Legenden.

- Fabius Pictor (gestorben nach 201), Cincius Alimentus (Prätor im Jahr 210) schreiben ihre *Annales* **auf griechisch**, um im Ausland gelesen zu werden.
- **Cato der Ältere** (234–149): Seine *Origines,* auf Latein verfasst, schildern den allmählichen Aufbau des römischen Reiches. Die Masse des Volkes spielt darin eine Rolle an der Seite der Anführer.
- Caelius Antipater (2. Punischer Krieg), Sempronius Asellio (gestorben nach 91), Claudius Quadrigarius, Valerius Antias, Sisenna (gestorben 67) haben uns nur Bruchstücke hinterlassen.
- Gelehrte große Militärführer oder Politiker (Sulla) tragen Material zusammen oder verfassen ihre – **parteiisch** geprägten – Memoiren.

4.2 Die Geschichtsschreibung zur Zeit Cäsars

Die Geschichtsschreibung bringt eigenständige Werke hervor, doch sie sind stets „engagiert" und stehen im Dienst der praktischen Ethik (Cornelius Nepos) oder der Politik (Cäsar, Sallust).

- **Cornelius Nepos** (ca. 99–ca. 24): Die Biografien *De excellentibus ducibus exterarum gentium* (Bestandteil eines heute verlorenen umfangreicheren Werks *De viris illustribus)* sind aus vorhandenen Werken zusammengetragen; sie enthalten viele kuriose Anekdoten, die auf die Neugierde eines wenig gebildeten Publikums zielen, um ihm die von den großen Männern verkörperten Tugenden nahe zu bringen.

4.3 Cäsar (100–44), der Geschichtsschreiber Cäsars

Cäsar vereint in seiner Person die Talente

- des **Mannes der Tat**: er ist der herausragendste Feldherr Roms;
- des **Politikers**: die Eroberung der persönlichen Macht zeichnet die Reihe der römischen Kaiser vor;
- des **Schriftstellers**: als Prosaist und Grammatiker in seinen Mußestunden ist er einer der „vier großen" Geschichtsschreiber der lateinischen Literatur.

Insgesamt: ein hervorragend gebildeter Mann und außergewöhnliches Genie.

Cäsar hat zwei Sammlungen von Aufzeichnungen *(commentarii)* verfasst; sie berichten über:

- den Feldzug gegen die Gallier *(De bello Gallico)* in sieben Büchern;
- die Rolle, die er im Bürgerkrieg gegen den Senat und Pompejus gespielt hat *(De bello civili)* in drei Büchern.

Seine Absichten: Zu intelligent, um nicht selbst seinem persönlichen Schicksal eine historische Dimension zu geben, will er:

a) der Geschichte dienen...

- durch seine **Klarheit**: er verhilft zu Kenntnis und Verständnis des Zusammenhangs der Fakten, wobei er das Pittoreske und Anekdotische zugunsten des Wesentlichen opfert. Der Bericht: eine peinlich genaue Demonstration der Ereignisse *(b.G.* VII: Feldzug gegen Vercingetorix);
- durch seine **Präzision**: wenn auch seine geografischen Darlegungen ungenau bleiben, werden die Topografie der Schlachtfelder, die taktischen Maßnahmen, die Details militärischer Technik (Bau von Mauern, Brücken, Türmen), die Truppenstärke bis in die Einzelheiten festgehalten (mit Einfügung authentischer Dokumente?). Die Ausarbeitung besitzt durch ihre Objektivität die kalkulierte Trockenheit eines **Generalstabsberichtes**: „Die *Commentarii* sind nackt, einfach und elegant, befreit von jedem rhetorischen Schmuck" (Cicero). Der Erzähler verblasst hinter der Darlegung der Fakten *(res gestae)* ohne Äußerung von Emotion, ohne zu urteilen. Indem er beständig von sich in der 3. Person spricht, drängt er das unsympathische „Ich" in den Hintergrund.

b) ... ohne der eigenen Sache zu schaden

Cäsar hat Feinde, die seinen Ehrgeiz anprangern: Pompejus, die Senatoren und ihre Freunde. So bemüht er sich glauben zu machen:

- dass er den Krieg gegen die Gallier nur unternommen hat, um die von Germaneneinfällen bedrohten Völkerschaften zu befreien und um den Römern Sicherheit vor der stets drohenden Germanengefahr zu verschaffen *(De bello Gallico);*
- dass Pompejus und der Senat seine Versöhnungs- und Friedensangebote verschmähen und ihn so zur Selbstverteidigung in den Bürgerkrieg getrieben haben *(De bello civili).*

Daher hebt er gegenüber dem gewissenhaften, aufgeklärten Leser und der Nachwelt darauf ab, dass er stets **in ehrlicher Absicht** gehandelt habe. Cäsar liefert nicht immer „die ganze Wahrheit und nichts als die Wahrheit" wie ein Zeuge, der vor die Gerichtsschranke der Geschichte zitiert wird. Wenn man ihn liest, muss man verstehen **zwischen den Zeilen zu lesen**.

Seite gegenüber: Bronzebildnis des Cato Uticensis (Archäolog. Museum Rabat / Marokko): „Imponierend wie die Heldentaten des Cato Uticensis" (S. 147)

4.4 Sallust (86–35)... Politiker oder Historiker?

- **Im Dienste Cäsars** stehend, verdankt Sallust diesem die wichtigsten Erfolge seiner politischen Karriere bis hin zum Prokonsulat über Afrika 46 v. Chr., wo er sich auf skandalöse Weise bereichert.
- Nach dem Tod seines Gönners jedoch **verliert er jeden Rückhalt** und zieht sich auf sein luxuriöses Anwesen auf dem Pincius-Hügel in Rom zurück (↗ S. 48); dort geht er philosophischen Betrachtungen nach und verfasst seine historischen Abhandlungen (vgl. seine Betrachtungen in den Vorworten zum *Catilina* und *Iugurtha*). Er schreibt: *De coniuratione Catilinae, Bellum Iugurthinum* und *Historiae,* die die Ereignisse von 79 bis 66 umfassen (die Reaktion gegen Sulla).

a) Ein Parteigänger...
Bei den Themen, die er zum Zeitvertreib aus der römischen Vergangenheit auswählt, stehen im Mittelpunkt:

- sein **Hass auf den** korrupten *(Verschwörung des Catilina)* oder käuflichen **Adel** *(Krieg gegen Iugurtha),*
- seine **Bewunderung** für die Vertreter der republikanischen Partei: „sein" Catilina, intelligent, energisch, lässt es nicht an Stil fehlen, und Cäsar spielt eine bedeutende Rolle in der Verschwörung. Marius ist der große Mann im Feldzug gegen Iugurtha: er gewinnt die Partie.

b) ... der sich zur Objektivität der Geschichtsschreibung erhebt
Seine Betrachtungen erlauben es Sallust, der in dem griechischen Historiker **Thukydides** sein Vorbild sieht, die **Fehler jeder der Parteien** zu erahnen: den Karrierismus der Führer der Volkspartei, die Gleichgültigkeit des Adels, den Mangel an Organisation unter den Massen, die korrupte Politik, der Iugurtha folgt.

c) Er verfügt sogar über eine **Geschichtsphilosophie**, die er in seinen Vorworten darlegt und in seinen Berichten veranschaulicht. Der Mensch besitzt durch seine fleischlichen Instinkte eine große Nähe zum Tier und erhebt sich nur durch den Willen und die Kraft seiner Intelligenz über seine ursprüngliche Natur. Wer sich vom Leiblichen und den materiellen Gelüsten (Gier, Trägheit, Streben nach Wohlstand) leiten lässt, steht kaum über dem Tier. Die ganze Würde der Bestimmung des Menschen besteht darin, die Tatkraft *(virtus)* der Seele zu entwickeln, die den Menschen auf den Weg des Ruhmes führt. Der hervorragende Mensch versteht es, die **physische Tatkraft** mit der **moralischen Kraft** zu verbinden.

Man hat den Eindruck, dass Sallust zu den tatkräftigen Persönlichkeiten hin tendiert, die ein **Heldentum** ohne moralische Bedenken kultivierten (die **Verbrechen Catilinas**, bei ihm eine raue, geradezu romantische Gestalt, sind genauso „imponierend" wie die **Heldentaten des Cato Uticensis**). Doch glaubte er, diese entschlussfesten Geister vor allem unter Männern aus dem Volk zu finden.

d) Seine literarische Position ist originell:

- ein **abstrakter Bericht**, der erzählende Ausschmückungen verschmäht, jedoch die **logische Verknüpfung** der Ereignisse erfasst;
- **verdichtete Porträts**, die den tieferen Charakterzügen nachspüren, unter Verbindung psychologischer Analyse mit konkreter Schilderung: Catilina, Iugurtha, Marius;
- **Schlüsselreden**, die die Philosophie der Tatsachen entwickeln und die großen Wendepunkte in einer Krise unterstreichen (Rede des Cato Uticensis und Cäsars in der *Verschwörung Catilinas).*
- Absichtlich schuf Sallust sich einen **persönlichen Stil**: in Opposition zur feierlichen glatten Prosa **bricht er die Bewegung des Satzes**, sucht die **Asymmetrie**, selbst die Unklarheit; er belebt wieder den Gebrauch **archaischer** Begriffe und Wendungen und lässt unter dem Einfluss des Thukydides im Lateinischen Konstruktionen durchgehen, die **nach dem Muster griechischer Sätze gebildet** sind.

5 Technik und Gelehrsamkeit

a) Im Vergleich zu den Griechen, die im 4. und 3. Jahrhundert einen eigenständigen Beitrag zur antiken Wissenschaft leisteten, machen die Römer eine ziemlich **ärmliche Figur**. Sie haben Männern wie Euklid, Archimedes oder Aristarch niemand entgegenzusetzen.

- Ganz gewiss fehlt es ihnen nicht an Neugierde oder Schaffenskraft. Nur als **in ihrem ganzen Wesen praktische** Leute hielten sie nichts von zweckfreien Spekulationen.
- Viele Intellektuelle haben sich namentlich um die **Landwirtschaft** bemüht (vgl. Ciceros *De senectute):* Cato d. Ä. schrieb ein Werk *De agri cultura* – ein interessantes Dokument für die Mentalität seiner Zeit –; Varro die *Rerum rusticarum libri III*, einen ganz nach dem Zeitgeschmack elegant gestalteten Dialog.
- Einen großen Dienst haben **Kompilatoren** dem antiken Denken erwiesen: sie bewahrten eine Menge von heute verlorenen Werken vor dem Vergessen, die uns ohne sie vollkommen unbekannt wären.

b) Varro (116–27): Der „Gelehrteste unter den Römern", wie er genannt wurde, hatte gleichzeitig das Leben eines Tatmenschen (militanter Pompejaner, der sich dann Cäsar anschloss) und **Gelehrten** geführt. Sein weit gespanntes Werk umfasste die Philosophie *(Menippeische Satiren*, verloren), Philologie *(De lingua latina)*, Geschichte und Religion *(Antiquitates*, verloren), Landwirtschaft.

In **konservativem Geist** verfasst wandte sich sein Werk in dem Moment der nationalen Vergangenheit zu, als Rom Gefahr lief das Gefühl für die **Traditionen** zu verlieren, die seine Macht begründet hatten.

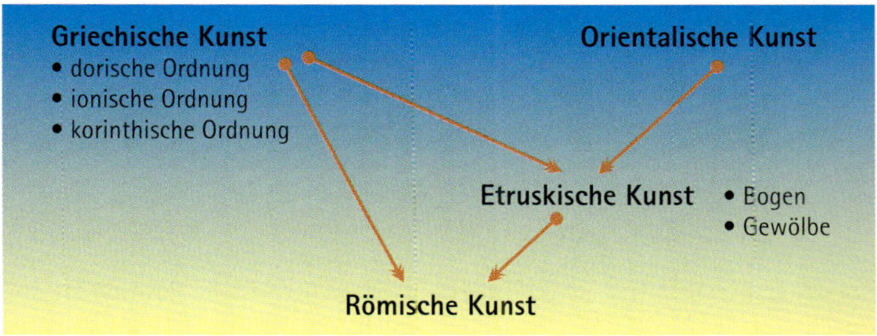

XIII Die Künste

Äußere Schönheit, Reichtum und auch die körperliche Kraft vergehen in kurzer Zeit, doch die hervorstechenden Schöpfungen des Geistes sind – wie die Seele – unsterblich.
Sallust

Die römische Kunst entsteht um das Jahr 100, d. h. nach der Eroberung Griechenlands.

Griechische Kunst	Römische Kunst
zweckfreier Genuss	Zeichen von Besitz
Streben nach Form:	Streben nach Macht und Dauer:
schön, harmonisch	**nützlich, kolossal**

1 Die Architektur

1.1 Merkmale

a) Durchgehende Verwendung des von den **Etruskern** ererbten **Bogens** und **Gewölbes** (Tonnengewölbe, Kreuzgratgewölbe, Kuppel); auf diese Weise bieten die römischen Bauwerke vielfältigere Ansichten als die griechischen.

b) Nachahmung der **griechischen Säulenordnungen:**
- **korinthisch:** die häufigste;
- ionisch (deutlich kürzere Säulen als beim griechischen Vorbild);
- dorisch ➛ **tuskisch** (ausgeprägte Ringe unter dem Kapitell; Säulenbasis).

Die **Säule** hat jedoch nicht mehr allein statische Funktion als Stütze, sondern wird v. a. **dekoratives Element** (ins Mauerwerk eingelassen).

1.2 Die wichtigsten Bautypen

a) Tempel: Sie sind gewöhnlich rechteckig, doch es gibt auch kleine Rundtempel. Die *cella* ist mit in die Mauer eingelassenen Halbsäulen ge-

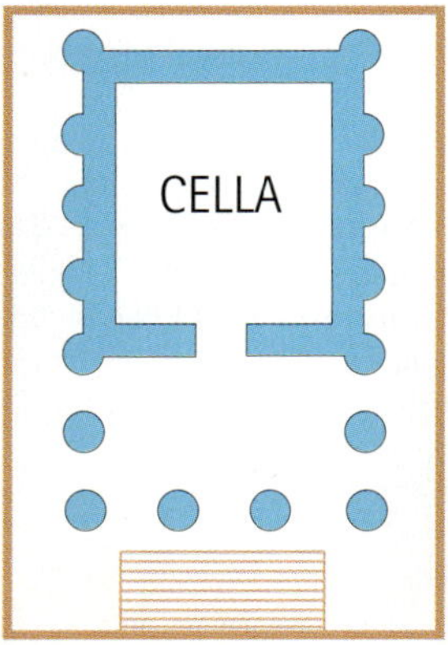

„Gewöhnlich rechteckige Tempel…")
Tempel des Portunus am Forum Boarium in Rom

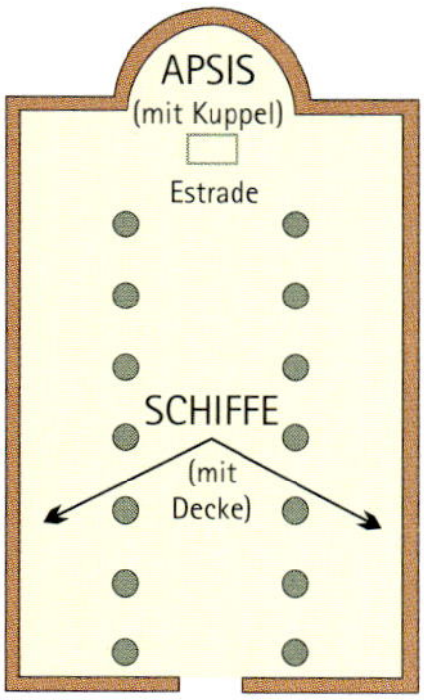

„Basiliken dienen als Versammlungshallen..."

schmückt. Vorn eine tiefe überdachte Säulenhalle und eine Treppe mit Stufen von ungerader Zahl (beginnt man mit dem rechten Fuß, kommt man oben auf demselben Fuß an).

b) Basiliken: Sie dienen als Versammlungshallen für Gerichtssitzungen, Handelsbörsen, zum Spazierengehen. Als Schutz bei Tagen mit schlechtem Wetter bildet die Basilika einen unentbehrlichen Annex zum öffentlichen Platz.

Die erste Basilika wurde von Cato Censorius im 2. Jahrhundert errichtet (Basilica Porcia); später wurde die Errichtung einer Basilika ein Mittel ehrgeiziger Bürger, sich die Gunst des Volkes zu sichern.

c) Portiken: Hallen, die sich zu einer Seite hin durch eine Säulenstellung öffnen. Sie sind entweder an ein anderes Gebäude angebunden oder am Rand einer Straße bzw. als Umrandung eines Platzes angelegt.

„Der Zirkus: langezogene Bauwerke mit abgerundeten Schmalseiten..."

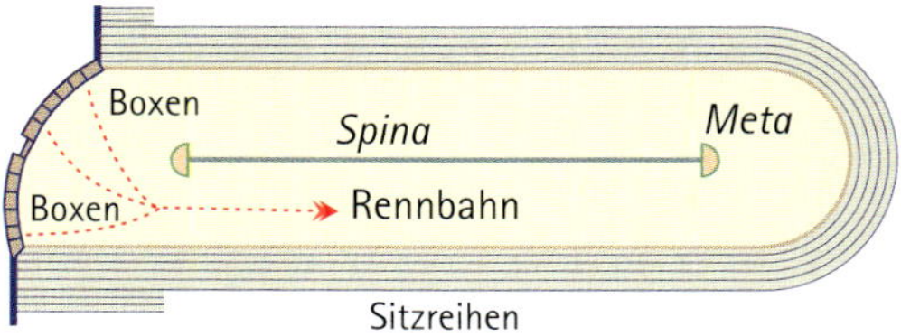

d) Zirkus: langgezogene Bauwerke mit abgerundeten Schmalseiten. Zum Zirkus gehören: stufenförmig angeordnete Sitzreihen; eine Rennbahn; Boxen für die Pferde *(carceres)*; eine Trennmauer in der Mitte der Rennbahn, genannt *spina* („Gräte"), geschmückt mit Reliefs und verschiedenen Elementen wie Altären, Statuen, Obelisken, an den Enden runde Eckmauern *(metae)* (↗ S. 105, 6.2 b).

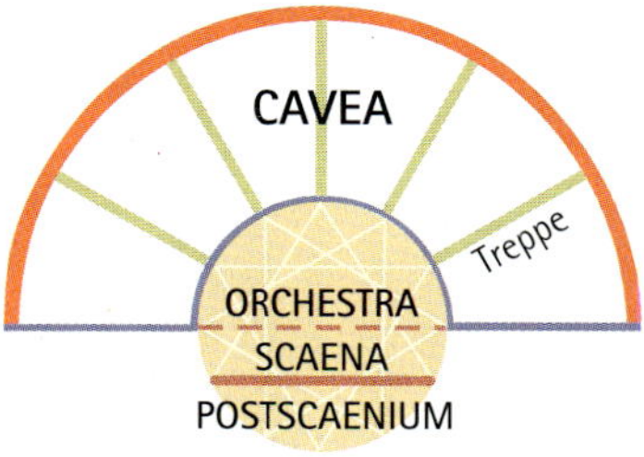

„Halbkreisförmig wie die griechischen Theater..."; man beachte die eingefügten Konstruktionslinien.

e) Theater: Das erste **steinerne** Theater (das Pompejus-Theater) stammt aus dem Jahr 55 v. Chr. **Halbkreisförmig** wie die griechischen Theater sind sie jedoch generell ebenerdig errichtet und nicht mehr in die Flanke eines Hügels gegraben.

- Es besteht aus zwei Teilen: dem Bühnengebäude *(scaena)*, überdacht mit einer hölzernen Schalldecke und abgeschlossen durch eine Bühnenmauer *(scaenae frons)*, an der die Dekoration befestigt wurde;
- der *cavea* („Höhlung"), d. h. die Sitzreihen; die guten Plätze sind unten *(ima cavea)*.

Ein riesiges aufgespanntes Tuch *(velum*, „Segel") bietet Schutz gegen Sonne und schlechtes Wetter.

f) Triumphbogen: Bei ihnen handelt es sich um eine original römische Bauform (geschaffen zu Ende des 2. Jahrhunderts v. Chr.), ein monumentales Tor, anfangs zum Empfang eines *imperator* aus Holz, später zur Erinnerung an seine Siege aus Stein errichtet.

- Manchmal werden Triumph*säulen* errichtet (Duilius-Säule, ↗ Abb. S. 62).

2 Die bildenden Künste

2.1 Die Plastik

a) Vorherrschender **griechischer** Einfluss:

- In großer Zahl wurden griechische Meisterwerke entwendet und nach Rom gebracht.
- Griechische Künstler begaben sich nach Italien, wo sie die hellenistische Kunst weiter entwickelten: Götterstatuen und (generell **realistische**) Porträts.

b) Typisch römische Form der Plastik: **historische Reliefs** (Szenen aus dem zivilen und militärischen Leben; die griechische Kunst hatte sich auf mythologische Darstellungen spezialisiert) zum Schmuck von Altären, Sarkophagen, Gedenksäulen, Triumphbögen usw.

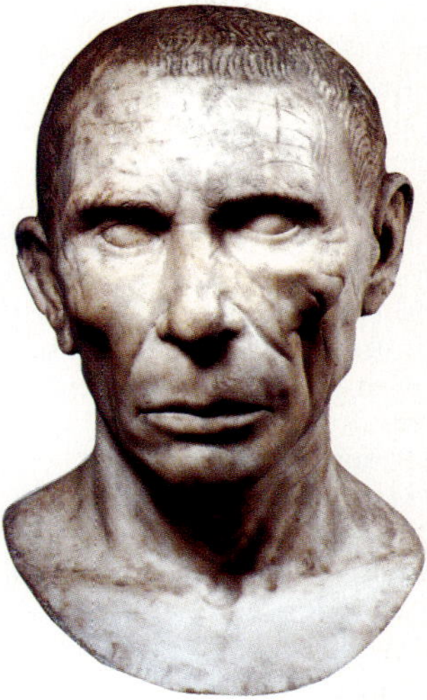

Unbekannter Römer: „... generell realistische Porträts..."
Dresden, Albertinum

2.2 Malerei und Mosaik

Beide dienen **dekorativen** Zwecken.

a) Malerei: Ihr Vorbild sind die **Griechen**. Der erste römische Maler ist Fabius Pictor (gegen 300).

- Vor allem das **Fresko** wird gepflegt, als Wandschmuck mit Landschaften, mythologischen Szenen usw. Häufige Verwendung des **„Trompe l'oeil"** (täuschend natürlich wirkendes Stillleben) zur Schaffung von Perspektiven (vgl. Abb. S. 217).

b) Mosaiken: v. a. auf Fußböden, bald mit geometrischen Motiven, bald in Form regelrechter Gemälde.

3 Die Musik

- Die Musik spielt stets eine sehr wichtige Rolle bei kultischen Zeremonien (Gesänge, Litaneien usw.)
- Ab dem 4. Jahrhundert werden Chöre und Tänze Bestandteil dramatischer Aufführungen.
- Das Militär verfügt über Berufsmusiker, die die Vorrechte von Unteroffizieren genießen.
- Im 2. Jh. kommen griechische Virtuosen und Theoretiker (i. Allg. Sklaven) nach Italien. Seitdem üben griechische Musik und Tanz ihren Einfluss aus wie vorher schon die bildenden Künste, die Wissenschaften und die griechischen Sitten.

▷ Die wichtigsten Instrumente

a) Saiteninstrumente: Leier

b) Blasinstrumente:

- Panflöte;
- **Doppeloboe** *(tibia;* nicht mit *Flöte* zu übersetzen, denn die besitzt kein **Mundstück**);
- lange Trompete, *tuba*, spezifisch römisch (1,30 m);
- Kavallerietrompete *(lituus);*
- gekrümmte Trompete *(bucina,* 3,40 m);
- Horn *(cornu);*
- **Wasserorgel** *(hydraulus,* aus Alexandria stammend): Orgel mit Tastatur und hydraulischem Druckluftsystem, von der Panflöte abgeleitet (bis zu 52 Pfeifen, vier Register); vornehmes Instrument, das von den Patriziern gespielt wird.

„Die Musik spielt stets eine sehr wichtige Rolle bei kultischen Zeremonien... " **(S. 151)**

c) Perkussionsinstrumente:

- Kastagnetten;
- Holzsohle *(scabellum)*, mit eingebauter Metallzunge, die beim Treten mit dem Fuß klackende Töne von sich gab, u. a. zur Angabe des Taktes.

Die Musikanten auf dem Relief oben spielen Horn (cornu), lituus und Doppeloboe.
▼ Nachbildungen römischer Musikinstrumente, darunter (von links nach rechts): Kithara, Wassorgel, Lyra (oben); Sistrum, Syrinx, Cymbala (unten). Rom (EUR)

Das römische Kaiserreich

(27 v. Chr.–192 n. Chr.)

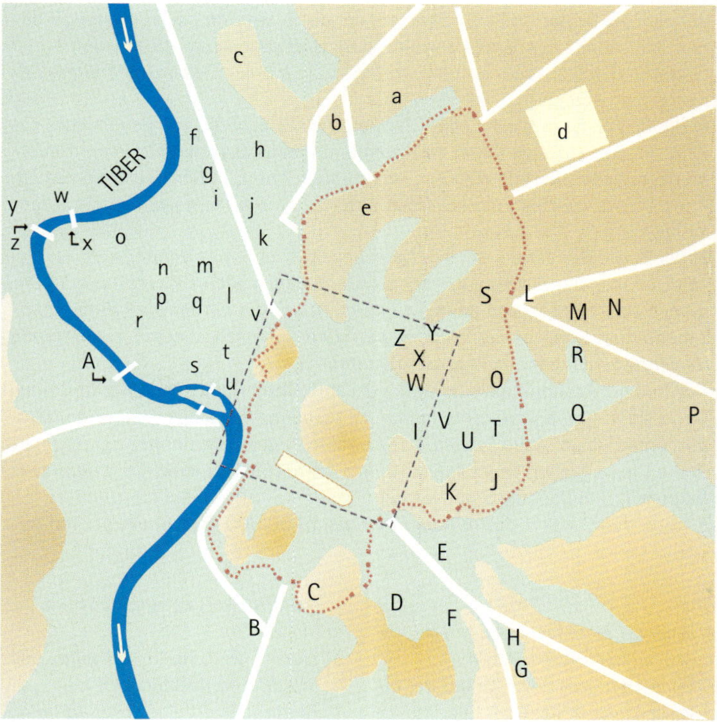

Mit zwei ** auf der Karte der Königszeit (S. 17) bzw. der republikanischen Zeit (S. 47) gekennzeichnete Gebäude sind auf diesem Plan nicht wiedergegeben. Die hier eingetragenen Bauwerke existieren (oft restauriert) in der Spätantike weiter.

Hügel der Gärten

a Gärten des Sallust, jetzt kaiserlicher Besitz

b Gärten des Lucullus, jetzt kaiserlicher Besitz; Messalina wurde hier auf Befehl des Claudius umgebracht.

c Gärten der Domitii (Familie Neros); hier wurde Nero von ihm zugeneigten Frauen heimlich begraben.

☞ weiter S.154

Rom im 2. Jahrhundert n. Chr.

Mit dem Führer durch Rom...

- Vom 1. Jahrhundert an ist **die Stadt über die Mauer des Servius Tullius** hinausgewachsen (die von jetzt an einen üblen Ruf hat; ihr Name ist einfach *agger*, Wall). Die neue, beträchtlich größere Stadt wurde von Augustus in 14 Bezirke (oder Regionen) eingeteilt, von denen sechs außerhalb liegen. An der Spitze jeder Region steht ein Beamter, der durch Los unter den Prätoren, Tribunen oder Ädilen des Jahres gewählt wird. Hadrian ersetzt später jeden dieser Beamten durch zwei Verwalter *(curatores)*, die aus den Reihen der Freigelassenen geholt werden.
- Die Region ist in Viertel oder Quartiere *(vici)* eingeteilt, von denen jedes das Zentrum eines lokalen Kultes ist (Laren und Genius des Kaisers); an der Hauptkreuzung jedes Viertels wird ein Heiligtum errichtet, in dem vier *vicomagistri* ihren Dienst versehen; diese werden unter den Bewohnern des Viertels ausgewählt.
- Der **Brand des Jahres 64**, den Nero vielleicht nicht hat legen lassen, zu dessen Eindämmung er aber auch nichts unternommen hat, sollte zehn von 14 Regionen zerstören! Es sind dann die Flavier-Kaiser, die **mit einem kühnen städtebaulichen Konzept** die Wunden der Stadt kurierten, indem sie z. B. große Verkehrsadern durch die Hauptstadt legten.
Die Zahl der Aquädukte wurde stark vermehrt. Unter Augustus: *Aqua Iulia, Aqua Virgo, Aqua Alsietina;* unter Caligula und Claudius: *Aqua Claudia* und *Anio Novus;* unter Trajan: *Aqua Traiana.* Das Abwässersystem funktioniert auf sehr moderne Weise. Sieben Feuerwehrstationen (↗ S. 169, 2.3), eine für jeweils zwei Regionen, sind über die Stadt verteilt.
- Im 2. Jahrhundert dürfte Rom **mehr als 1.200.000 Einwohner** gezählt haben.

Quirinal

d Lager der Prätorianerkohorten (440 × 410 m) und Exerzierplatz

e Tempel der *gens Flavia* (Grabstätte der Flavier), an der Stelle des Geburtshauses Domitians errichtet

Campus Martius (Marsfeld)

Das Marsfeld ist in die Stadt integriert, mit Monumenten bedeckt und von „prächtigen Alleen" durchzogen (Sueton)

f Mausoleum des Augustus, Grabstätte der Cäsaren von Augustus bis Nerva: 80 m Durchmesser, bis zur Höhe von immer grünen Bäumen bestanden

g Ara Pacis („Friedensaltar", Augustus)

h Kaserne der Stadtgendarmerie

i Mark-Aurel-Säule (Siege an der Donau)

j staatliche Poststation (Büros und Ställe)

k Kaserne der 1. Feuerwehrkohorte und Sitz des Feuerwehrpräfekten

l Pantheon und Thermen des Agrippa (↗ S. 215, 1.2 a), von der *Aqua Virgo* mit Wasser versorgt

m Thermen des Nero, versorgt von der *Aqua Alexandrina*, angeschlossen an die *Aqua Virgo*

n Stadion Domitians

o Amphitheater des Statilius Taurus, erstes in Rom (unter Augustus) errichtetes steinernes Amphitheater

p Odeon, griechisches Theater (Domitian)

q Gärten des Agrippa, mit Wasserlauf und künstlichem See (berühmt durch Neros Orgien)

r Pferdeboxen des Circus (generell Quartier der Kutscher)
s Theater des Balbus (Freund des Augustus)
t Porticus der Octavia, Augustus' Schwester, an der Stelle der Porticus des Metellus, mit Bibliothek, Rathaus (Sitzungsort des Senats) und Museumssaal (öffentliche Lesungen)
u Theater des Marcellus, des ersten Ehemanns von Augustus' Tochter Iulia, unter Cäsar begonnen, vollendet unter Augustus
v Porticus Cäsars (Versammlungsort der Komitien bis unter Tiberius, später Ort zum Flanieren und für Geschäfte)

Trans Tiberim (Trastevere)

Hier ballt sich der größere Teil der aus den östlichen Vierteln vertriebenen arbeitenden Bevölkerung, ein buntes Völkergemisch. Erste Stätten des Christentums in Rom.

w Mausoleum Hadrians (Grabstätte der Antoninen und Severer); seit dem Mittelalter häufig umgebaut, heute „Engelsburg".
x Pons Aelius, acht Bögen; von Hadrian errichtet, dessen Familienname Aelius ist.
y Circus des Caligula, beim Vatikan (Wagenrennen, an denen Nero teilnahm; erste Hinrichtungen von Christen, die der Brandstiftung in Rom angeklagt wurden)
z Brücke Neros
A Brücke Agrippas

Aventin

Hier befinden sich jetzt elegante Wohnanlagen. In unmittelbarer Gegend des Tibers nimmt das Getriebe in den Lagerhallen immer mehr zu.

B Grabpyramide des Prätors C. Cestius
C Haus Hadrians (vor seiner Adoption); dort residierte Mark Aurel.
D Gärten des Asinius Pollio

Gebiet der Via Appia

E Trajansbogen
F Commodusthermen
G Drei Columbarien (Anlagen für Totenurnen) für die Asche von Sklaven und Freigelassenen des Kaiserhauses
H Columbarium des Pomponius Hylas (Zeit des Augustus), mit Stuckreliefs verziert

Caelius

Das Viertel der Aristokraten: zahlreiche Paläste und reiche Privatvillen. Mit Wasser durch den Aquädukt Neros versorgt, einer Verlängerung der Aqua Claudia.

I Gladiatorenschule
J Haus und Gärten der Annii (wo Mark Aurel geboren wurde)
K Großer Markt (Nero)

Esquilin

L Markt der Livia (Augustus)
M Gärten des Pallas, Freigelassener des Claudius
N Gärten des Epaphroditus, Freigelassener Neros
O Isis-und-Serapis-Tempel
P Hinrichtungsort für die zum Tode Verurteilten
Q Kavalleriekaserne für die persönliche Garde des Kaisers
R Gärten der Lamia und Maia, kaiserlicher Besitz und bevorzugte Residenz Neros
S Gärten des Maecenas (an der Stelle des früheren Friedhofs), an Augustus vermacht. Dort befand sich der Turm, von dem aus Nero das brennende Rom betrachtete.
T Kaiserliche Münze (Gold- und Silbermünzen); in der – Ende des 1. Jahrhunderts auf den Caelius verlegten – Werkstätte auf dem Kapitol (vgl. S. 48) ließ dagegen der Senat die Kupfermünzen prägen.
U Mithrastempel
V Kaserne der Marinesoldaten (vom Hafen in Misenum zur Aufspannung des Sonnensegels – *velum* – im Flavischen Amphitheater, dem sog. Kolosseum, abkommandiert)

☞ weiter S.156

Die Buchstaben entsprechen dem Plan auf Seite 153

W Goldenes Haus *(Domus Aurea)* Neros, gigantisch und von zuvor nie dagewesenem Luxus. Während des Baus des Flavischen Amphitheaters und der Titusthermen abgerissen; mit den Titusthermen überbaut.

X Titusthermen

Y Curia der Athleten (ihr Versammlungsort)

Z Stadtpräfektur *(Praefectura Urbis*, Sitz des Stadtpräfekten und der Verwaltungsbehörden)

Das Stadtzentrum während der Kaiserzeit

Vergrößerter Ausschnitt des Plans auf Seite 153; vgl. auch den Plan S. 50)

Die Buchstaben entsprechen dem Plan auf Seite 156

Kapitol

Die Burg, schon längst überflüssig geworden, ist verschwunden.

a Der altehrwürdige Tempel des Iuppiter Capitolinus, von Domitian erneuert

b Tempel des Iuppiter Custos (Domitian) Tempel des Iuppiter Tonans und des Mars Ultor (von Augustus auf dem Vorplatz zum Kapitol errichtet, bisher nicht gefunden)

Forum

Es bleibt das Zentrum der Stadt... und des Reiches. Die zahlreichen Bauten haben das Comitium schrumpfen lassen.

c Milliarium aureum, „Goldener Meilenstein", Säule von 3 m Höhe, Mittel-

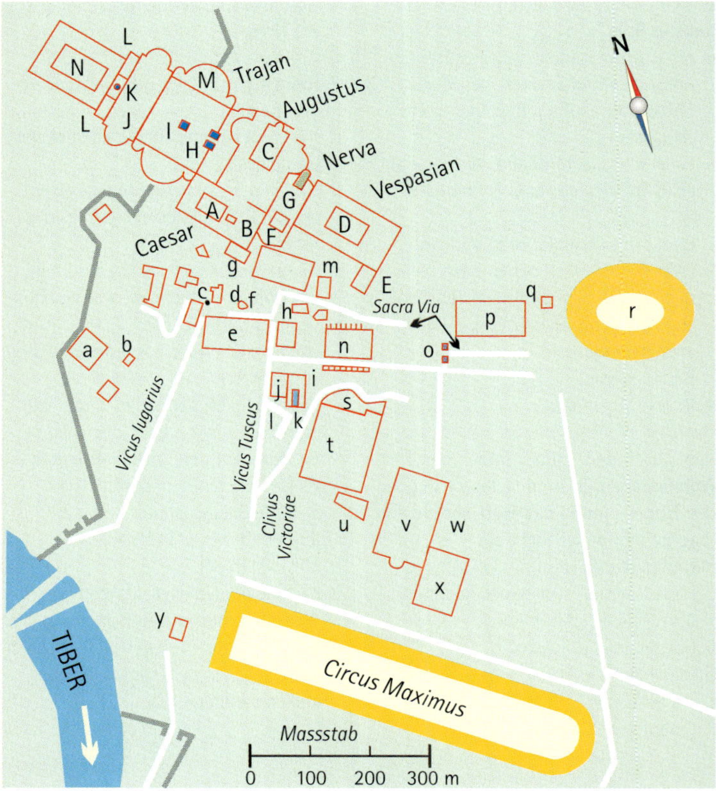

punkt des Straßennetzes (Augustus)

d Rednertribüne (Rostra): von Cäsar 44 an diese Stelle verlegt; hier wurden Hände und Kopf des ermordeten Cicero ausgestellt.

e Basilica Iulia, von Augustus begonnen; die wichtigste Stätte für die Abhaltung von Gerichtssitzungen

f Lacus Curtius (ein Brunnen, kein See); jedes Jahr am Todestag des Augustus werfen die Bürger Geldstücke zum Wohl des regierenden Kaisers hinein.

g Curia Iulia, von Augustus für den Senat begonnen; ersetzt (mit anderer Ausrichtung) die Curia Hostilia, das republikanische Rathaus

h Cäsartempel (an der Stelle, wo sein Leichnam eingeäschert wurde): als Rednertribüne an der Seite des Forums eingerichtet, mit bei der Schlacht von Actium eroberten Schiffsschnäbeln geschmückt *(Rostra Iulia).* Tiberius hielt dort die Leichenrede auf Augustus.

i Tempel der Minerva (Domitian)

j Tempel des Divus Augustus (Tiberius); an seiner Rückseite, genannt *ad Minervam,* werden die Listen der entlassenen Soldaten angeschlagen.

k Bibliothek (Tiberius)

l Speicherhallen

Gebiet der Via sacra

m Tempel des Antoninus Pius und seiner Gattin Faustina

n Haus der Vestalinnen (vergrößert an der Stelle des heiligen Haines, der unter Augustus beseitigt wurde)

o Titusbogen (↗ S. 216, 1.2 c)

p Venus-und-Roma-Tempel, an der Stelle eines Teils der Domus Aurea

q Kolossales Standbild Neros (ursprünglich am Eingang der Domus Aurea), 36 m hoch, nach seinem Tod zu einem Standbild des Sonnengottes umgeformt. Hadrian ließ es (mit Hilfe von 24 Elefanten) in die Nähe des Amphithatrum Flavium verlegen (das daher im Mittelalter seinen Namen *Colosseum* erhielt).

r Amphitheatrum Flavium (↗ S. 216, 1.2 b), von vier Kasernen umgeben, in denen die Gladiatoren (oft waren es zum Tode Verurteilte) untergebracht waren; sie verfügten über ovale Trainingsbahnen.

Palatin

Völlig mit den Kaiserpalästen zugebaut, wird durch eine künstliche Terrasse vergrößert.

s Palast des Caligula

t Palast des Tiberius

u Haus der Livia

v Palast der Flavier (Vespasian): von da an Residenz der Kaiser bis hin zu Odoaker und Theoderich

w Tempel des Apollo (Sitzungen des Senats)

x Palast des Augustus

Velabrum

y Sitz und Diensträume des Getreidepräfekten (Verteilung von Getreide)

Die Kaiserfora

Cäsarforum, von Augustus vollendet: Tempel der Venus Genetrix **(A)**, Stamm-Mutter der Gens Iulia; Reiterstandbild Cäsars **(B)**

Augustusforum, mit der Beute aus der Schlacht von Philippi (42 v. Chr.) erbaut; in Nischen aufgereihte Statuen aller berühmten Römer; Tempel des Mars Ultor **(C)**. Manchmal wird auf dem Forum Gericht gehalten.

Vespasiansforum, nach den Siegen in Iudaea: Pax-Tempel **(D)** (Beutestücke aus Jerusalem: siebenarmiger Leuchter, silberne Trompeten usw.), unter Commodus zerstört; Tempel der Urbs Roma (Archive) **(E)**; marmorner Plan Roms („Forma Urbis"), an der Fassade eines Gebäudes (Bibliothek ?) angebracht.

Nervaforum: Bogen des Ianus Quadrifrons **(F)**; Minervatempel **(G)**

Trajansforum, das prächtigste und größte Forum: Bogen **(H)** und Reiterstatue **(I)** Trajans; Basilica Ulpia (Name der Familie Trajans), mit Bronze gedeckt, kaiserlicher Gerichtshof und Ort zum Flanieren **(J)**: Mittelschiff von 25 m und vier Seitenschiffe von

5 m Breite; Trajanssäule **(K)** (↗ S. 216, 1.2 c); Griechische und Lateinische Bibliothek **(L)**; Trajansmärkte **(M)**, ein städtebauliches Meisterwerk: 150 Läden, verteilt auf fünf Etagen (das letzte auf der Höhe der Trajanssäule); Tempel des Divus Traianus (Hadrian) **(N)**.

I Die Schichten der Gesellschaft

■ **Welchen Vorteil bringt mir der breite Purpurstreifen** [der Senatoren auf der Toga], **wenn ein Corvinus** [aus den bedeutendsten Familien Roms] **auf dem Acker gepachtete Schafe hütet?** [...] **Sieg dem Reichtum!** *Juvenal*

Die fortgesetzte „Romanisierung" führt dazu, dass im 2. Jahrhundert n. Chr. 80 % der Bürger Abkömmlinge von Sklaven sind.

BÜRGER	**honestiores** (die Reichen)	Senatorenstand Ritterstand
	humiliores (die Armen)	
NICHT-BÜRGER	**Freigelassene**	
	Sklaven	

1 Die Bürger

1.1 Das Bürgerrecht

◗ Unter dem Druck der Umstände lernte Rom es mit der Zeit (anders als Griechenland), das Bürgerrecht zu vergeben – zunächst recht knauserig, später sehr großzügig. Das war der Grund dafür, dass die Stadt auf den sieben Hügeln zur **bewunderten Hauptstadt der ganzen Welt** werden konnte.

◗ Nachdem Rom so während der Republik den Italikern das Bürgerrecht zugestanden hatte, räumte es dieses Recht in der Kaiserzeit einer ganzen Anzahl Städte in den Provinzen ein.

1.2 Das System der „Ständeordnung" (ordines)

◗ Augustus schafft ein Ständesystem, um den Auseinandersetzungen zwischen Senatoren und Rittern ein Ende zu bereiten. Grundlage der neuen Hierarchie ist jedoch weiterhin der **Reichtum**.

a) Ordo senatorius (Senatorenstand): Bürger mit einem Besitz von **1 Million Sesterzen**

▪ Ihre Privilegien betonen v. a. ihre **Ehrenstellung**; sie bekleiden **frühere**

Augustus. Rom, Nationalmuseum „Die Konzentration der Macht in den Händen eines einzigen Mannes" (S. 159)

republikanische Ämter und werden Senatoren, wenn sie einmal Quästoren gewesen sind. Äußere Abzeichen sind der rote Schuh (ab der Geburt) und die *tunica laticlavia* (mit *breitem* Purpurstreifen, getragen vom Anlegen der *toga virilis* ab). Mark Aurel verleiht ihnen den Titel *clarissimi.*

- Auch unter der Kaiserzeit spricht man weiter vom *Senatus Populusque Romanus* (SPQR).

b) Ordo equester (Ritterstand): Bürger mit einem Besitz von 400.000 Sesterzen.

- Sie bilden den **offiziellen Adel** und machen Karriere in neuen Ämtern (als Präfekt oder Prokurator). Äußere Abzeichen: *tunica angusticlavia* (mit *schmalem* Purpurstreifen) und goldener Ring. Mark Aurel verleiht ihnen den Titel *egregii.*
- An der Spitze des Ritterstandes stehen die kaiserlichen Prinzen mit dem Titel *principes iuventutis.*

1.3 Die Klientenschaft (clientela)

- Klienten *(clientes)* – und zwar in möglichst großer Zahl – zu haben, ist Beweis für den Einfluss, den man besitzt, doch das enthebt einen nicht davon, **Klient eines Einflussreicheren zu sein** als man selbst. (Man schenkt seinen Klienten sogar eine Toga, damit sie einen geziemend grüßen können.)
- Nur der Kaiser ist Klient von niemandem. Im 2. Jahrhundert gehören zu seiner *clientela* die **150.000 Proletarier**, die in den Nahrungsmittellisten registriert sind. Ihr Leben lang erhalten sie die **annona**, d. h. monatliche Lebensmittelzuteilungen.

2 Sklaven und Freigelassene

- Die **Sklaverei macht einen Wandel durch**. Das Schicksal der Sklaven wird unter dem Einfluss der stoischen Philosophie und des Christentums **menschlicher** (Hadrian und Antoninus Pius bestrafen den Herrn, der seinen Sklaven getötet hat).
- Ab dem Beginn der Kaiserzeit **nehmen Freilassungen so stark zu**, dass die Kaiser sie reglementieren müssen (Verbot der testamentarischen Freilassung von mehr als **100 Sklaven**). Sie selbst übrigens nehmen sich weiterhin das Recht, großzügig ihre eigenen Sklaven freizulassen, sie wohlhabend zu machen, sie durch die *restitutio natalium* **direkt zu Bürgern**, sogar zu Rittern zu machen, indem ihnen das *ius commercii* übertragen wird (manche Freigelassene spielen eine große Rolle in der Politik, z. B. Pallas, Narcissus u. a.).

II Die Organe der Staatsführung

> **So wie man sehen kann, dass ein Fluss langsam und geräuschlos die Deiche unterspült, die man ihm entgegensetzt, bis er sie schließlich in einem Augenblick durchbricht und Felder und Fluren bedeckt, die sie schützen sollten, so wirkte kaum wahrnehmbar die uneingeschränkte Macht unter Augustus und brach dann unter Tiberius mit Gewalt durch.** *Montesquieu*

Die von Oktavian errichtete Herrschaft ruht auf zwei Tatsachen:

- der Konzentration der Würden und der **republikanischen Vollmachten** in den Händen **eines einzigen Mannes**, des „Princeps";

Historischer Ausspruch: *Acta est fabula* (Das Spiel ist aus, letzte Worte des Augustus auf dem Sterbebett.

- der Schaffung **neuer Verwaltungsorgane**, die **allein** seiner Zuständigkeit unterlagen.

In Wirklichkeit handelt es sich um die Restauration der Königsherrschaft, die jedoch – soweit möglich – die republikanischen Formen zu bewahren suchte.

Unter den Nachfolgern des Augustus wird die Monarchie jedoch ausgebaut, zentralisiert und bürokratisiert; nach und nach **verschwindet jeder republikanische Schein**.

1 Die Relikte aus der Republik

1.1 Ämter ohne Machtbefugnis

a) Die **Konsuln** bekleiden ihr Amt nur noch zwei oder vier Monate *(consules ordinarii); consules suffecti* („Ersatzkonsuln") führen das Amtsjahr zu Ende. Konsuln gibt es bis zur Herrschaft Justinians (als Letzter erhielt 508 noch Clovis, der erste König der Franken, den Titel eines Konsuls).

b) Es gibt noch 12 bis 18 **Prätoren** und 20 bis 40 **Quästoren**.

c) Bis zum Jahr 240 existieren zehn **Ädilen** und zehn **Tribunen**, die ihre Vollmachten mehr und mehr verlieren.

d) Der **Cursus honorum** beginnt für die zivilen Ämter mit dem **Vigintivirat** und für die militärischen mit dem **Militärtribunat**. Das Mindestalter liegt jeweils (allerdings gibt es Ausnahmen) wie rechts in der Tabelle angegeben.

MINDESTALTER	
Vigintivirat	17
Militärtribunat	18
Quästur	25
Ädilität	27
Tribunat	27
Prätur	30
Konsulat	33

1.2 Kurzes Überleben der Komitien

- Augustus beruft die Komitien noch ein, Tiberius nimmt ihnen jedoch jedes **Beratungsrecht** zugunsten des Senats. Gegen Ende des 1. Jahrhunderts verlieren sie schließlich ihre **gesetzgebende** Gewalt.
- Die Kuriatskomitien werden bis zum 3. Jahrhundert **theoretisch** konsultiert, um einen neuen Kaiser mit dem *imperium* und der tribunizischen Gewalt auszustatten; doch später begnügt man sich mit **einfacher Akklamation**.

1.3 Ein Senat an der Kandare

- Aus **600** Mitgliedern gebildet, **vom Kaiser** aus dem *ordo senatorius* **ausgewählt**.
- Nachdem die Komitien nicht mehr existieren, erlässt der Senat die **Gesetze** und wählt die Magistrate.
- Augustus gibt noch vor, die Macht zwischen „Princeps" und den Senatoren zu teilen; in Wirklichkeit kann sich der Senat der Politik des Kaisers kaum widersetzen, außer nach seinem Tode *(damnatio memoriae)*.
- Nach und nach beschränkt das *Consilium Principis* (↗ S. 163, 3.3) die Rolle des Senats auf die eines simplen Stadtrats von Rom (Entwicklung im 3. Jahrhundert abgeschlossen).

2 Der Imperator

2.1 Etappen des „Prinzipats"

Oktavian verleiht der kaiserlichen Macht ihre Form schrittweise:

- 40 v. Chr.: er legt sich den Beinamen **Imperator** zu;
- 36 v. Chr.: er wird für **unverletzlich** *(sacrosanctus)* erklärt;
- 30 v. Chr.: er wird mit der Macht des **Volkstribunen** *(tribunicia postestas)* auf unbegrenzte Dauer ausgestattet;
- 28 v. Chr.: er trägt sich an erster Position der Senatoren-Rolle als *princeps senatus* ein (der Kaiser tut lange so, als ob er sich nur als **den ersten** – *„princeps"* – unter den Senatoren und den Bürgern betrachtete; daher stammt die Bezeichnung **Prinzipat**);
- 27 v. Chr.: er erhält das *imperium proconsulare* in den kaiserlichen Provinzen; er wird *Augustus* (dieser religiöse Titel wird dann Beiname der Kaiser);
- 23 v. Chr.: sein *imperium proconsulare* wird auf **das ganze Reich** ausgedehnt; er erhält die **tribunizische Gewalt auf Lebenszeit** (Augustus lässt sie sich jedoch jedes Jahr am 10. Dezember für die Amtsperiode des folgenden Jahres bestätigen);
- 19 v. Chr.: er wird **Aufseher der Moral** (= Zensor);
- 12 v. Chr.: er wird **Pontifex Maximus** (zu unterschiedlichen Zeitpunkten trat er in die von ihm erneuerten Priesterkollegien ein);
- 2 v. Chr.: er lässt sich zum **Pater patriae** ausrufen.

2.2 Die Befugnisse des Imperators

a) Ernennung: Der Kaiser muss nach dem Gesetz vom Senat gewählt werden. Tatsächlich jedoch werden die meisten Nachfolger des Augustus entweder **von ihrem Vorgänger bestimmt** oder **von ihren Truppen eingesetzt.**

b) Vorrechte: Der persönliche Name des Kaisers wird von den Titeln *Imp(erator) Caesar* und *Aug(ustus)* eingerahmt. Er hat das Recht auf zwölf Liktoren (24 nach Domitian); er trägt den Lorbeerkranz und in der Öffentlichkeit die *toga praetexta* oder das *paludamentum.* Die Kaiserin hat das Recht auf den Titel einer *Augusta;* die Prinzen der Familie auf den eines *Caesar* (hierauf gehen die Bezeichnungen *Kaiser* und *Zar* zurück).

c) Politische Vollmachten: Der Kaiser erhält durch die *Lex de imperio* die **gesetzgebende** und **rechtsprechende** Gewalt und durch die *Lex de tribunicia potestate* die **Tribunats**gewalt. Er greift in die Wahlen ein und **benennt die Staatsbeamten**; er lässt Geld prägen und übernimmt die Aufgaben der Außenpolitik. In seiner Funktion als Aufseher der Moral **bestimmt er die Zusammensetzung des Senats** wie die früheren Zensoren.

d) Militärische Vollmachten: Mit dem *ius proconsulare* wird ihm das **Kommando über das Heer** übertragen, das bedeutet uneingeschränkte Macht in den kaiserlichen Provinzen und das Aufsichtsrecht in den senatorischen Provinzen (↗ S. 164, 2.2 a).

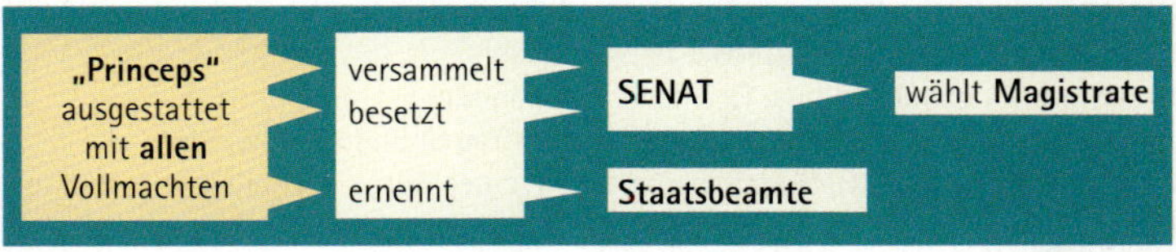

e) **Finanzielle Vollmachten**: Augustus und seine Nachfolger unterscheiden nicht zwischen ihrem persönlichen Vermögen und den **Staatsfinanzen** (↗ S. 165, 2.3, b).

f) **Religiöse Vollmachten**: Als Pontifex Maximus ist der Kaiser **Oberhaupt der Staatsreligion;** außerdem ist er Mitglied aller Priesterkollegien. Schließlich erhält er im Rahmen des Kaiserkultes (↗ S. 171, 2.3) die Rolle eines **lebenden Gottes.**

3 Die Bevollmächtigten des Kaisers

Sie werden direkt vom Princeps ernannt, den sie repräsentieren.

3.1 Die hohen Staatsbeamten

a) **Die Prätorianerpräfekten** *(praefecti praetorio)*, Kommandanten der kaiserlichen Garde (gewöhnlich zwei an Zahl) haben stets größer werdende (militärische und zivile) Kompetenzen inne; sie spielen die Rolle eines **Vizekaisers** und sind ausschlaggebend bei der Ernennung der Kaiser (↗ S. 161, 2.2, a).

„Claudius hält eine Rede im Senat (Tabula Claudiana)…" (S. 163)

b) **Der Lebensmittelpräfekt** *(praefectus annonae)* trägt die Verantwortung für die **Lebensmittelversorgung** der Hauptstadt. Er wird von zahlreichen Bediensteten unterstützt.

c) **Der Feuerwehrpräfekt** *(praefectus vigilum)* befehligt die Einheiten der **Feuerwehr** (↗ S. 169, 2.)

- Alle diese Staatsbeamten stammen aus der Zeit des Augustus und werden aus dem **Ritterstand** geholt.

d) **Der (Haupt)Stadtpräfekt** *(praefectus Urbi)* befehligt die **Polizei** (kasernierte Gendarmerie, ↗ S. 169, 2.2) und leitet die **Verwaltung der Stadt Rom.** Er wird aus der **Senatorenklasse** gewählt und verfügt über die Insignien der höchsten Magistratsbeamten (toga praetexta, kurulischer Sessel, Liktoren).

e) In den kaiserlichen Provinzen (↗ S. 164, 2.2, b) gibt es **Präfekten** und **Prokuratoren**, die aus dem **Ritterstand** ernannt werden.

3.2 Die kaiserliche Kanzlei

- Sie besteht aus Büros *(scrinia)* oder Ministerien, in denen alle Fäden der römischen Verwaltung zusammenlaufen:

a) **scrinium ab epistulis**: Korrespondenz mit den **Provinzen**; Beziehungen zu den Botschaftern (geleitet von Narcissus, Freigelassener des Claudius);

b) **scrinium a rationibus**: Finanzangelegenheiten, Verwaltung der Staatskasse (geleitet von Pallas, Freigelassener des Claudius);

c) **scrinium a cognitionibus**: Rechtsangelegenheiten;

d) **scrinium a libellis**: Entgegennahme von **Anfragen** und Beschwerden.

- Bis zur Herrschaft Hadrians sind die Leiter der Büros **Freigelassene,** danach Ritter.

3.3 Das Consilium Principis

Das *Consilium Principis* versammelt ab Hadrian unter dem Vorsitz des Kaisers oder des Prätorianerpräfekten regelmäßig die Leiter der Büros und die hohen Staatsbeamten. Es gewinnt zunehmend an Bedeutung und **verdrängt** schließlich **den Senat**.

III Italien und die Provinzen

- **Den verschiedenen Völkern gabst du ein gemeinsames Vaterland: die Besiegten hast du unter deinem Recht vereint und so aus der Welt eine Stadt gemacht.**
Rutilius Namatianus

Claudius hält eine Rede im Senat (sie ist auf der bronzenen *Tabula Claudiana*, gefunden in Lyon, erhalten), um den Adligen der Gallia Comata („langhaariges Gallien", im Gegensatz zur römischen Gallia Narbonensis; die Bewohner dort waren schon lange römische Bürger) die Aufnahme in den Senat zuzugestehen. „Das ist die Politik Roms: man geht dermaßen geschickt vor, dass man als Wohltäter der unterworfenen Völker erscheint" (der griech. Historiker Polybios).

1 Italien

- Augustus teilt Italien in **elf Regionen**, um die Volkszählung zu erleichtern.
- Im Prinzip wird Italien nicht wie eine Provinz behandelt (es ist von der Grundsteuer ausgenommen, die Städte besitzen eine weitgehende Autonomie); tatsächlich jedoch **suchen** die Kaiser **pausenlos**, diese Privilegien zu beschneiden.

2 Die Provinzen

Das Kaiserreich sichert den Provinzen – insbesondere im 2. Jahrhundert – Ordnung und Wohlstand durch eine hervorragende Verwaltung.

2.1 Die Etappen der Eroberung

1-17: *vgl. S. 65, 2.2*	241–29	31. Mauretania Tingitana	40 n. Chr.
18. Lusitania *	27? v. Chr.	32. Mauretania Caesariensis	40
19. Achaia *	27	33. Pamphylia-Lycia	43
20. Galatia	25	34. Britannia	43
21. Cyprus *	22	35. Thracia	46
22. Aquitania *	16?	36. Alpes Cottiae	Nero
23. Belgica *	16?	37. Epirus*	Vespasian
24. Raetia	15	38. Arabia	105
25. Noricum	15	39. Dacia	107
26. Alpes Maritimae	14	40. Armenia	115
27. Pannonia	10 n. Chr.	41. Mesopotamia	115
28. Cappadocia	17	42. Assyria	115
29. Germania superior	17	43. Alpes Poeninae	2. Jh.
30. Germania inferior	17	44. Numidia *	193–211

- Die Provinzen mit einem * gehen aus einer Teilung früherer Provinzen, z. B. *Lusitania*, *Hispania Ulterior* (Nr. 4), hervor.

2.2 Regierungssystem in den Provinzen

Im Jahre 27 v. Chr. teilen sich **Princeps** und **Senat** die Provinzen:

a) Senatorische Provinzen: *provinciae Senatus et populi*, endgültig **befriedet**, daher gewöhnlich ohne stationierte Truppen. Die Statthalter sind **vom Senat auf ein Jahr ernannte** aus dem Amt geschiedene **Magistrate** wie zur Zeit der Republik; sie haben jedoch **kein militärisches Kommando mehr**.

b) Kaiserliche Provinzen: *provinciae Caesaris*, noch nicht vollständig unterworfen, in ihnen sind Truppen stationiert. Die Statthalter werden **vom Kaiser beauftragt** *(legati Augusti pro praetore)*, sind also keine Magistrate. Sie behalten ihre Aufgabe, **solange der Kaiser es bestimmt**.

2.3 Verwaltung der Provinzen

- **Stabile** Verwaltung unter fester Aufsicht des Kaisers. Fast die gesamte Organisation der **Finanzen** ist von ihm direkt abhängig. Die **Gemeindeverwaltung** wird bis ins Kleinste kontrolliert; bei der geringsten Unregelmäßigkeit nimmt der Statthalter die Stadt unter direkte Aufsicht (vgl. den Briefwechsel zwischen Trajan und Plinius d.J.).
- Die Abgeordneten der Städte werden einmal im Jahr in einem *Concilium provinciale* um den **Altar der Roma und des Augustus** versammelt. Dieses *Concilium provinciale* kann die Beschwerden der Provinz beim Kaiser vorbringen.

IV Justiz und Finanzen

Wenn du zum Statthalter ernannt worden bist, dann deswegen, weil es viel Missbrauch abzustellen galt. *Trajan (an Plinius d. J.)*

1 Die Justiz

Das Justizwesen wird während der Kaiserzeit umgestaltet.

1.1 Der Kaiser

Der Kaiser ist unumschränkter Richter in Zivil- und Strafangelegenheiten. Er macht die Gesetze und ist an keines gebunden.

Das **Gesetz** ist niedergelegt in

a) Edikten *(edicta):* Erlasse von allgemeiner Bedeutung;
b) Mandaten *(mandata):* Weisungen an die kaiserlichen Beamten;
c) Dekreten *(decreta):* vom Kaiser gefällten Urteilen;
d) Reskripten *(rescripta):* „Antworten" auf juristische Anfragen.

1.2 Die hohen Staatsbeamten

Der Prätorianerpräfekt, der Hauptstadtpräfekt, der Feuerwehrpräfekt, der Lebensmittelpräfekt genießen kraft Vollmacht durch den Kaiser bedeutende **Strafgerichtsbarkeit**.

1.3 Drei Neuerungen

a) Schaffung **offizieller Rechtsgelehrter** *(prudentes);*
b) Einführung des **Berufungsverfahrens** von einer Gerichtsinstanz zur nächsten;
c) Einrichtung des kaiserlichen **Gnadenrechts.**

1.4 Ungleiche Strafjustiz

Je nachdem ob der Schuldige ein *honestior*, ein *humilior* oder ein Sklave ist, wird er **unterschiedlich bestraft** (so können die *honestiores* grundsätzlich nicht mit dem Tode bestraft werden).

2 Die Finanzen

Der Kaiser ist der **Herr der Staatsfinanzen**; er legt die Höhe der Steuern und Abgaben fest. Die Beamten der Finanzverwaltung werden von ihm ernannt.

2.1 Die Staatseinnahmen

a) Direkte Steuern, zwei Arten:

- die Kopfsteuer *(tributum capitis)* belastet das **Individuum** (besonders die Landbewohner bestimmter Provinzen);
- die Grundsteuer *(tributum soli)* belastet den **Boden**, Immobilien und Einkommen (die Feststellung der Grundsteuer wird durch die Einrichtung des unter Cäsar begonnenen und unter Augustus abgeschlossenen **Katasters** erleichtert).

b) Indirekte Steuern:

- **Verkehrszölle** *(portorium)*, ↗ S. 68, 2.1 b);
- Abgaben auf Verkäufe und **Eigentumsübertragungen** (besonders 1/20 auf Erbschaften).

2.2 Anwachsen der öffentlichen Ausgaben

a) Militärausgaben;

b) Verwaltungsausgaben (Staatsbeamte, ausgenommen Senatoren, erhalten eine Vergütung);

c) Ernährungsausgaben (kostenlose *frumentationes* für 200.000 Bürger);

d) Staatliche Unterstützung (namentlich Unterhalt armer Kinder, v. a. ab Trajan).

2.3 Verwaltung der öffentlichen Finanzen

a) Die Steuern werden von **Staatsbeamten** unter der Verantwortung der Stadträte erhoben.

b) Neben der Staatskasse *(aerarium Saturni)*, die stets vom Senat verwaltet wurde, wird ein **zweites Finanzsystem** geschaffen, der **kaiserliche Fiskus** *(fiscus Caesaris)*, der direkt den Bevollmächtigten des Kaisers übertragen ist.

2.4 Die Banken Vgl. S. 69, 2.3

Tisch eines Bankiers. Nachbildung nach Reliefdarstellungen. Rom (EUR)

V Armee und Kriegsführung

■ **Wie soll man die Privilegien aufzählen, deren Gunst der Himmel über das Waffenhandwerk ausbreitet!** *Juvenal (ironisch)*

Das Kaiserreich schafft die bürgerlichen Pflichten völlig ab. Die Wehrpflicht erscheint als **zu beschwerlich**: wenn einem nicht gerade durch Geburt im Ritter- oder Senatorenstand der Rang eines Offiziers zugefallen ist, überlässt man die Sorge des Soldatseins **den Provinzialen.**

1 Die Armee

Das Heer – seit Marius stehendes Heer – wird fernab von Rom in den Grenzprovinzen stationiert.

1.1 Zusammensetzung der kaiserlichen Armee

a) Die kaiserliche Legion ist im Großen und Ganzen **die gleiche wie zur Zeit des Marius** (die erste Kohorte wird auf fünf anstelle von sechs Zenturien reduziert). Jede trägt eine Nummer, einen Namen *(Augusta, Gallica* usw.) und einen Beinamen *(pia, felix* usw.).

b) die **Infanteriehilfstruppen** – aus Einheimischen bestehend – werden als *cohortes auxiliariae* mit 500 oder 1000 Mann, eingeteilt in Zenturien, organisiert.

c) Augustus reorganisiert die **Kavallerie.** Sie umfasst von jetzt an vier unterschiedliche Gruppierungen:

- **gemischte Kohorten**: 1/4 Reiter auf 3/4 Infanteristen, **kämpfen im Verbund**;
- **Legionskavallerie** (wieder eingerichtet): 120 bis 300 **Bürger** je Legion;
- **Flügelkavallerie**: angeworbene Freiwillige (Bürger und Provinziale);
- **Einheiten aus Einheimischen,** sie ergänzen bei Bedarf die vorgenannten Verbände; die einzigen **nicht-ständigen** Kavallerieeinheiten.

„Die kaiserliche Legion ist im Großen und Ganzen die gleiche wie zur Zeit des Marius..."

1.2 Die Truppenstärke

a) Die **Legionsstärke** ist auf 150.000 Mann festgesetzt. Die Dienstdauer liegt bei **20 Jahren,** sodass es genügt, jedes Jahr ein Kontingent von weniger als 10.000 Mann zu rekrutieren.

Die **Stärke der Hilfstruppen** *(auxilia)* beträgt ungefähr genauso viel. Dienstdauer: 25 Jahre.

b) Augustus verfügt nach der Schlacht bei Actium über 50 Legionen (jede 5.000 bis 6.000 Mann stark), davon behält er nur 23.

Unter Mark Aurel erreicht die Zahl der Legionen etwa **dreißig.**

1.3 Die Rekrutierung

▸ Im Prinzip sind **alle Bürger** jederzeit zum Militärdienst verpflichtet. Tatsächlich jedoch genügen die **freiwilligen** Anwerbungen, um die Truppenstärke aufrecht zu erhalten. Nur im Ausnahmefall werden Truppen ausgehoben.

- Die Rekrutierung der Legionen erfolgt v. a. unter den **Provinzbewohnern**, die daraus seit Augustus eine Reihe von **Vorteilen** schöpfen:

a) einen ansehnlichen **Sold** (er steigt vom 1. bis zum 3. Jahrhundert von 150 auf 500 Denare), der sich noch durch verschiedene Zulagen steigert;

b) eine **Pension** *(praemia militiae)*, die in Gestalt einer Pauschalsumme von 3.000 Denaren und später durch die Zuteilung von Land noch einen besonderen Anreiz darstellt;

c) die Zuerkennung des **Bürgerrechts** für die Angehörigen der Hilfstruppen am Ende der Dienstzeit; sie können damit heiraten und die erworbenen Vorteile gemeinsam mit ihrer Familie genießen. Septimius Severus gestattet den Soldaten später, **während der Dienstzeit** zu heiraten; ihre Söhne werden als „Kinder der Truppe" behandelt, die zum Militärdienst bestimmt sind. (Die Legionäre sind stets römische Bürger!)

1.4 Die Ausrüstung

- Sie erfährt seit der Republik keine nennenswerte Verbesserung. Der bei der Truppe übliche Brustpanzer besteht aus Metallstreifen; die Offiziere tragen die *lorica squamata*, die aus übereinander gelegten Metallschuppen gefertigt ist; die höheren Offiziere tragen weiterhin den alten nach dem Brustkorb „in Maßarbeit" geformten (aus Leder oder Bronze hergestellten) Brustpanzer.
- Die Provinzialen kämpfen oft mit ihrer **einheimischen Bewaffnung**.

1.5 Der Dienst

Die Armee, nunmehr ein stehendes Heer, kannte natürlich auch Perioden der Inaktivität.

a) Diese nutzt man zur **Ausbildung** der Soldaten und zur Durchführung von **Militärmanövern** *(decursiones)* und **Übungen** *(exercitationes)*:

- **Märsche** (drei Mal im Monat 30 km mit Marschgepäck, die Hälfte im Marschschritt, die andere im Lauf);

Eine aus Schiffen konstruierte Brücke
„Die Armee, nunmehr ein stehendes Heer..."

- **Fällen** von Bäumen und Ausheben von Gräben;
- **Sport** (Springen, Schwimmen, Reiten usw.) und **Umgang mit den Waffen.**

b) Darüber hinaus werden die Soldaten zu Arbeiten an den Grenzen **(Befestigungsmaßnahmen)** und zum **Straßenbau** eingesetzt;
c) zuweilen arbeiten sie auf **staatlichen Baustellen** und helfen, Aquädukte oder Amphitheater zu errichten.

1.6 Die Rangordnung

- Die Beförderung ist **streng geregelt**: z. B. ist ein junger Reiter zuerst *praefectus* (Befehlshaber) einer Hilfstruppe (↗ S. 166, 1.1, b)), dann Militärtribun, dann *praefectus* einer Reiterschwadron.
- Die einfachen Soldaten bringen es über fünfzehn Zwischendienstgrade bis zum Zenturio.

2 Die Milizen

Ortsgebundene Einheiten für besondere Aufgaben

2.1 Die Prätorianerkohorten

Ursprünglich die Ehrengarde des Generals, wird aus ihnen eine **persönliche Garde** des Kaisers. Als **Elitekorps**, dessen Angehörige im Prinzip aus Italien stammen und sich im Dienst bewährt haben, besitzen die Prätorianerkohorten später eine besondere Bedeutung bei der Ausrufung des Kaisers (↗ S. 194, 1.2 a)).

a) **Stärke:** Die *cohors praetoria* (500 Mann, dann 1000 im 3. Jh.) ist gemischt *(equitata):* Jede Infanteriezenturie wird von einer Kavallerieschwadron flankiert.
Augustus bildet neun Kohorten (drei in Rom, sechs außerhalb Roms); ab dem 2. Jahrhundert waren es zehn.
b) Kader: Prätorianerpräfekten (↗ Seite 162, 3.1 a); Tribunen (frühere *primipili*, d. h. ranghöchste Zenturionen); Zenturionen assistiert von *optiones* (Adjutanten).
c) Hoher **Sold**: 500 Denar im Jahr unter Augustus; nur **16 Dienstjahre**.

Legionsoffiziere. Paris, Louvre: Der Adler bleibt der Legion vorbehalten.

2.2 Die cohortes urbanae

▸ Miliz aus römischen **Bürgern**, von Augustus zur **Bewachung der Hauptstadt** geschaffen.
a) Sie besteht i. Allg. aus vier Kohorten in Rom, zu denen eine in Lugdunum (Lyon) und eine in Karthago stationierte dazu kommen.
b) Kader: Stadtpräfekt (↗ S. 162, 3.1 d), Tribunen (vier oder sechs)
c) Jährlicher **Sold** von 250 Denaren unter Augustus; **Dienstdauer**: 20 Jahre.
▸ Die Angehörigen der *cohortes urbanae* sind gegenüber den Prätorianerkohorten weniger angesehen, jedoch höher als die Legionäre.

2.3 Die Feuerwehrkohorten

Sie bestehen aus **Sklaven**, später aus **Freigelassenen**, und werden von Augustus zur **Brandbekämpfung** geschaffen (während der Republik wurde diese Aufgabe von Staatssklaven wahrgenommen, ↗ S. 99, 2.1 b). Um die Anwerbung zu erleichtern, wird den Feuerwehrleuten nach sechs Jahren Dienst das **Bürgerrecht** zugestanden (später nach nur drei Jahren).
a) Es gibt sieben *cohortes vigilum;* jede Kohorte überwacht je zwei der 14 Stadtregionen. Jede Kohorte ist in sieben Zenturien unterteilt.
b) Kader: Feuerwehrpräfekt (↗ S. 162, 3.1 c), Tribunen (frühere *primipili)*
c) Jede Zenturie umfasst mehrere **Spezialabteilungen**:

- *aquarii* (zuständig für die Wasserzuführung);
- *siphonarii* (Bedienung der Pumpen);
- *centonarii* (für das Löschen kleinerer Brände mittels essiggetränkter Decken);
- *emitularii* (zuständig für den Einsatz von Polstern, um Brandopfern beim Sprung aus den Häusern beizustehen);
- *carcerarii, horrearii, balnearii* (zum Schutz der Gefängnisse, Lagerhäuser, Thermen).

Jede Kohorte verfügt außerdem über Ärzte.

3 Strategie und Taktik Vgl. S. 77, 3

4 Die Kriegsmarine

Lange Zeit vernachlässigt, wird die Organisation der Flotte zu Beginn der Kaiserzeit angepackt.

4.1 Organisation einer ständigen Flotte

Nach Actium schafft Augustus ständige Flotten als **Seepolizei** und zum Schutz der Lebensmitteltransportschiffe. Allerdings werden diese Flotten nie eine regelrechte Seeschlacht zu liefern haben.

a) **Acht Geschwader**: in **Misenum** und **Ravenna** in Italien, **Forum Iulii** (Fréjus) in Gallien, in Britannien (unter Claudius geschaffen), Libyen, **Alexandria**, Syrien, Pontus (nördl. Kleinasien).

b) **drei Flottillen**: an Rhein, Bodensee, Donau

4.2 Die Schiffe

a) Kriegsschiffe *(naves longae)* zu 2, 3, 4, 5 oder sogar sechs Reihen von Ruderern, mit Rammsporn;

b) Lastschiffe *(naves onerariae)*, Tragkraft etwa hundert Mann;

c) Schnellboote *(liburnae)*

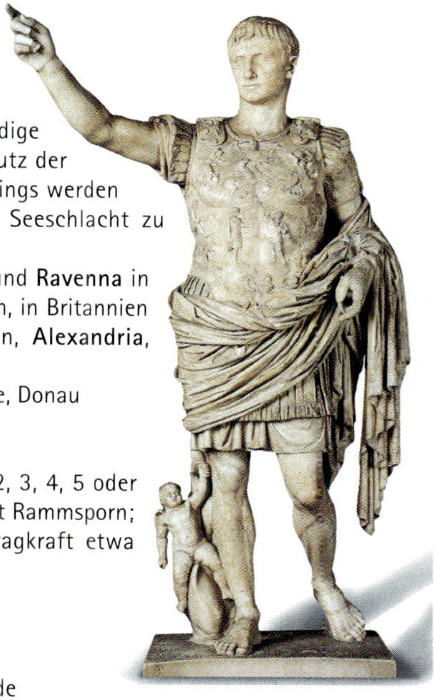

Augustus als Kaiser (nach 20 v. Chr.)
Der kleine Gott Amor am rechten Bein erinnert an die göttliche Herkunft der *gens Iulia*, der Augustus angehört (↗ S. 12).

4.3 Ausrüstung und Kader

a) Der Dienst dauert 26 Jahre, am Ende erhalten Nichtbürger das **Bürgerrecht**. Die Hauptmasse der Rekrutierten liefern die **Provinzen**.
Claudius lässt später jedoch in den Mannschaften keine Sklaven mehr zu.

b) Das **Kommando** jedes Geschwaders wird einem *praefectus* übertragen, der zumeist ein **Ritter**, bisweilen auch ein **Freigelassener** ist.

Die Kommandanten der Abteilungen sind *navarchi* oder *trierarchi*. Die Marineoffiziere sind wenig angesehen; die Trierarchen („Trierenführer") sind ranggleich mit den **Zenturionen** des Landheeres.

Die römische Adriaflotte. Reliefdarstellung auf der Trajanssäule in Rom

VI Die Religion

Wie die Einhaltung der religiösen Riten die Quelle der Größe der Staaten ist, genauso ist ihre Missachtung die Ursache für den Niedergang der Völker.
Machiavelli

Augustus verfolgte ein Programm zur Wiederbelebung der **traditionellen** Kulte, die am Ende der Republik fast in Vergessenheit geraten waren.

Der Name *Augustus („Erhabener", „Hochheiliger")*, den er im Jahre 27 v. Chr. annahm, ist der religiösen Sprache entnommen: bis dahin benutzte man ihn für Tempel, die nach den **heimischen** Riten **geweiht** worden waren.

Bis zum 3. Jahrhundert spielt der Kult der Roma und des Augustus im Reich eine einheitsstiftende Rolle; das Christentum jedoch lässt schnell seine Unzulänglichkeit deutlich werden.

1 Die häuslichen Kulte Vgl. S. 83, 1

2 Die Götter

2.1 Die traditionellen Götter Vgl. S. 83, 2.1

2.2 Die Römer und die orientalischen Götter

Die orientalischen Kulte (namentlich der **Isis**, des Serapis, der **Kybele**, genannt Magna Mater) kommen **zu Lasten der traditionellen römischen Kulte** immer mehr in Mode. Daher unternimmt Augustus Anstrengungen, ihr Vordringen einzudämmen. Kaiser Claudius jedoch erkennt sie später an, sogar den Attis- und Kybelekult, dann verbietet er sie wieder.

Im 2. Jahrhundert schließlich dringt im ganzen Reich der **Mithraskult** vor, ein persischer Gott des Himmels, der Erde und der Toten. Lange Zeit steht er in Konkurrenz zum Christentum, mit dem er in manchen Aspekten übereinstimmt (z.B. Taufe im Blut des Mithrasstiers usw.).

2.3 Der Gott-Kaiser

In Nachahmung der orientalischen Praktiken (vgl. Ägypten) errichten die Einwohner der Provinzen und Italiens der Göttin Roma und (zu seinen Lebzeiten) Augustus Altäre. In Rom verehrt man weiterhin nur den Genius des Augustus; nach dem Tod des Kaisers jedoch (14 v. Chr.) erhebt

Zeremonie am Isistempel „Die orientalischen Kulte, namentlich der Isis... "

ihn ein Senatsbeschluss in die Reihe der Götter *(divus Augustus):* sog. **Apotheose.**

- Die Nachfolger des Augustus, mit Ausnahme der üblen Kaiser wie Caligula oder Domitian, lassen sich zu ihren Lebzeiten nicht als Gott verehren.

3 Die Priester

3.1 Kult der römischen Götter

Die Priesterkollegien werden ergänzt. Die großen Kollegien sind dem **Senatorenstand** vorbehalten, die übrigen den Rittern. Der **Kaiser** hält es nicht für unter seiner Würde, ihnen persönlich beizutreten.

a) Der **Pontifex Maximus** ist das Oberhaupt der Staatsreligion, daher lassen sich die Kaiser dazu ernennen.

b) Die gegen Ende der Republik aufgegebene Funktion des *Flamen Dialis* wird von Augustus wieder belebt. Außerdem wird ein besonderes Flamen-Amt für den Kult des Iulius Caesar eingerichtet, der – wie Romulus – vergöttlicht worden war. Von da an hat jeder Kaiser nach seiner Vergöttlichung seinen *flamen perpetuus.*

c) Augustus schafft das Kollegium der **Augustalen**, die zum Dienst für den Kult des kaiserlichen Genius und dessen Laren bestimmt sind.

d) Die **haruspices**, bis dahin als Priester niederen Ranges angesehen, formieren sich als geschlossene Gesellschaft mit begrenzter Mitgliederzahl (60), um Kritik und Spott wegen ihres schlechten Ansehens entgegenzuwirken. Unter Kaiser Claudius erhalten sie die **offizielle** Bestätigung.

3.2 Kult der orientalischen Götter

Der Dienst für die orientalischen Kulte wird von neuen Priestern versehen: **archigalli** der Kybele, Hohepriester der Isis, Patres (Väter) des Mithras usw.

4 Der Staatskult

Nach Dio Cassius (Geschichtsschreiber) soll Augustus gesagt haben: „Ehrt die Götter gemäß den heimischen Bräuchen und zwingt die anderen, sie so zu ehren wie ihr."

4.1 Die Kultorte

Unter Augustus werden mehr als 80 Tempel errichtet oder ausgeschmückt.

4.2 Feste und Spiele

- Während der Republik gab es etwa sechzig Tage, die Spielen geweiht waren; unter dem Kaiserreich werden es bis zu **175**: kaiserliche Geburtstage, Gedenktage zur Thronbesteigung, für ihre Siege usw.
- Besonders nach Actium werden die Spiele zu Ehren der *Lares Compitales* mit außerordentlicher Pracht durchgeführt, um der erneuerten Religion eine **nationale** Grundlage zu geben. Im Jahre 17 v. Chr. lässt Augustus die Säkularfestspiele *(ludi saeculares)* abhalten, um gleichzeitig an den zehnten Jahrestag seines Prinzipats zu erinnern (aus diesem Anlass erhält Horaz den Auftrag einen Hymnus, das *Carmen saeculare,* zu dichten).

Die wichtigsten von den Kaisern begründeten Spiele		
2. September alle vier Jahre	**Ludi actiaci**	Von Augustus zur Feier des Jahrestages seines Sieges über Antonius bei Actium gestiftet.
5.–12. Oktober	**Ludi Augustales**	19 v. Chr. zur Feier von Augustus' Rückkehr aus dem Orient geschaffen; später zur Aufnahme des regierenden Kaisers in den Augustus-Kult abgehalten.
Juni–Juli alle vier Jahre	**Agon Capitolinus**	86 n. Chr. von Domitian in Nachahmung der großen griechischen Festspiele gestiftet. Literarische und musikalische Wettbewerbe nehmen dabei einen großen Raum ein.

4.3 Der Kaiserkult

Er hat v. a. die Form eines Kultes für die Göttin Roma und Augustus und bildet ein **starkes Band zwischen dem Kaiser und seinen Untertanen**. Der eindrucksvollste Altar steht jeweils am **Hauptort** jeder Provinz. Außerdem hat jede Stadt einen eigenen Altar; die ergebensten Verehrer sind die **kleinen Leute** (Teilnahme der Freigelassenen ist gestattet).

4.4 Die orientalischen Kulte

Sie bestehen aus **öffentlichen** Zeremonien und **gehe men** Zeremonien, den **Mysterien**, die nur den **Eingeweihten** vorbehalten sind.

5 Das Christentum

Oder: vom Kaiser als Mensch-Gott, zu Jesus, Gott und Mensch

5.1 Jesus und seine Lehre

- Jesus Christus wurde unter Augustus in Judäa (im Jahr 749 nach der Gründung Roms) während der allgemeinen Volkszählung, die dieser Kaiser für das ganze Reich angeordnet hatte, geboren.
- Mit 30 Jahren predigt Jesus die neue Lehre:

a) es gibt einen **einzigen Gott, „eifersüchtig"** (= der Gott Israels), **vollkommen** und unendlich **gütig**, dessen Sohn Jesus ist;
b) **Wesensgleichheit** aller Menschen in den Augen Gottes;
c) **„Liebt einander**, wie Gott euch geliebt hat";
d) ewiges **Glück** im Jenseits für die Menschen guter Willens, die **tugendsam** gelebt haben.

- Diese Religion breitet sich sehr schnell über das Reich aus (Apostel **Paulus**), v. a. bei den kleinen Leuten und den Sklaven; darüber hinaus wird ein Teil der Elite von der Klarheit der neuen Lehre angezogen.
- Ab dem 2. Jahrhundert ist die Mehrzahl der großen Städte des Reichs „unterwandert".
- Eine **neue Welt** bricht an: der Keim zum Untergang des römischen Staates ist

gelegt, unter anderem weil er es nicht verstanden hat, die neue Entwicklung zu begreifen und sich anzupassen.

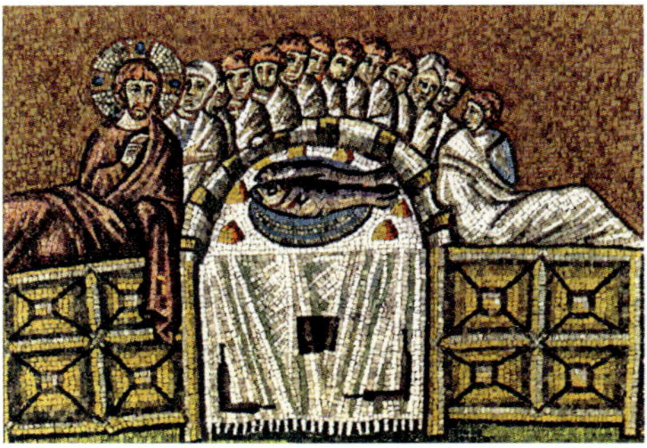

Mosaik in der Kirche S. Apollinare in Ravenna
„... als Nachvollzug des letzten Mahls Jesu..."

5.2 Der Christ, ein Staatsfeind

- Den Christen erkennt man daran, dass er **sich weigert**, ein Stück Weihrauch auf den Altar der Roma und des Augustus zu werfen.
- Indem er es also ablehnt, sich in die vom Kaiser repräsentierte Einheit des Reiches einzufügen, muss er als erklärter Feind des Staates behandelt werden.
- **Verfolgungen** (aber nur an **einzelnen Orten**) gibt es bis zum Ende des 3. Jahrhunderts. Die erste findet 64 statt, als Nero die Christen anklagt, den Brand Roms gelegt zu haben; darauf nährt die Masse einen wahren Hass gegen sie: „Man enthauptet sie, schlägt sie ans Kreuz, wirft sie den Tieren vor, lässt sie den Feuertod sterben" (Justinus).

5.3 Der christliche Klerus

- Zunächst besteht er aus umherziehenden **Missionaren** (den Aposteln und ihren Schülern);
- später **sesshafter** Klerus, der versucht die christlichen Gemeinden im Untergrund nach den römischen Verwaltungsbezirken zu organisieren.

5.4 Die Kultpraktiken

- Wie bei allen orientalischen Religionen gehört zum Christentum eine **Einweihung**; sobald der Anwärter in die Vorschriften der Religion eingeführt worden ist, muss er **getauft** und **konfirmiert** werden.
- Neben den Gebeten und dem Fasten besteht die Hauptzeremonie der neuen Religion im **Abendmahl**, einem „brüderlichen" Mahl, in dessen Verlauf (als Nachvollzug des letzten Mahls Jesu mit seinen zwölf Jüngern) die **Weihe** des Brots und des Weins stattfindet. Das ist der Ursprung der christlichen Messe.

VII Der Rahmen des privaten Lebens

> Das Gold und die Tugend sind wie zwei Gewichte, die in die Waagschalen gelegt werden: das eine kann nicht steigen, ohne dass das andere sinkt. *Platon*

Die neuen Bürger besitzen kein Gefühl mehr für die von den alten Römern ererbten Ideale. Selbst die Bürger von besserer Herkunft verteidigen sie nicht: Cicero pries die ehrenwerte Muße *(otium cum dignitate)*, Horaz besingt die rechte Mitte, die Gold wert ist *(aurea mediocritas)*, und Tacitus lobt den Gehorsam in Frieden *(obsequium in pace)*.

1 Das Haus

1.1 Die herrschaftlichen Stadthäuser

Die Reichen bewohnen immer luxuriösere und komfortablere (oft mit Zentralheizung ausgestattete) **Patrizierhäuser** (↗ S. 89, 1.1). „Wir wollen nur noch auf kostbaren Steinen gehen" (Seneca).

1.2 Die Mietshäuser

- Überall in Rom, in Ostia und den großen Städten der Provinz gibt es immer mehr *insulae*, große Wohnblocks; die Kaiser müssen die Höhe dieser „Wolkenkratzer" beschränken, die ein sehr modernes Aussehen besitzen.
- Ein Hauptmieter, der *cenacularius*, mietet en bloc die ganze Immobilie und nimmt sich **Untermieter**, um Gewinn zu machen.

Blick in den Innenhof eines Miertshauses in Ostia (Rekonstruktion): „Diese insulae besitzen ein sehr modernes Aussehen."

1.3 Die Villen

- Sie sind **luxuriös** (Gold, Elfenbein, Marmor, Mosaiken...) und sehr weitläufig (Horaz entschuldigt sich für die – relative – Einfachheit seiner Villa) und besitzen Gärten, in denen seltene Baumarten gepflanzt sowie Brunnen, Statuen usw. zu finden sind. Manche sind die reinsten **Museen.**

- Die Villen in den Badeorten liegen in weiten Buchten am Meer und besitzen sogar ihre eigene Bootsanlegestelle.

Peristyl und Garten des Vettierhauses in Pompeji: „Die Reichen bewohnen herrschaftliche Stadthäuser..."

2 Das Mobiliar

- Der **Luxus,** von dem für das 1. Jahrhundert n. Chr. die schönsten Anwesen Pompejis zeugen, nimmt in den folgenden Jahrhunderten in den Palästen der Kaiser und superreichen Senatoren weiter zu.
- Das Mobliar wird geradezu üppig; das ehrwürdige, zu sperrige *lararium* wird in das Peristyl verbannt.
- Den **Armen** hingegen bleiben eine Holzpritsche, ein Napf und ein Becher...

„... Kaiser Hadrian, der in Rom die griechische Mode des Barttragens einführte..."
Man beachte, dass er auch das griechische pallium trägt, das auf der Schulter befestigt ist.

3 Kleidung und Accessoires

- Die Toga wird nicht mehr als Straßenkleidung getragen. Von jetzt ab trägt der Mann über der **Tunika** das zwanglos übergeworfene *pallium* (entsprechend dem rechteckigen griechischen Mantel).
- Auf der **Reise** trägt man die *lacerna*, einen Umhang mit Kapuze, oder die *paenula*, einen weiten Regenmantel ohne Ärmel (gewöhnliche Kleidung der kleinen Leute).
- Ab Augustus werden Wickelgamaschen *(fasciae crurales)* und Halstücher Mode.
- Die **Haarpflege** beansprucht immer mehr Zeit. Die weibliche Haarmode ändert sich laufend (man trägt künstliche Knoten aus Haaren blonder Germaninnen). Die Männer, die sich erst seit dem 2. Jahrhundert v. Chr. rasieren, wollen jetzt vom *tonsor* im Salon oder von einem privaten *tonsor* **kurz rasiert** werden. Sich rasieren zu lassen ist eine Marter (und manche lassen es mehrmals täglich über sich ergehen!). So wird später Kaiser Hadrian, der in Rom die griechische Mode des Barttragens einführte (er hatte eine Narbe am Kinn), 150 Jahre lang begeistert imitiert.

VIII Die Lebensalter

Seit der Zeit, da Deukalion mit seinem Schiff den Berg bestieg...: Wann war die Fülle der Laster üppiger? *Juvenal*

1 Die Geburt

Seit dem Ende der Republik und während der gesamten Kaiserzeit stellt sich das gravierende Problem des **Geburtenrückgangs**. Augustus führt eine **„Familienpolitik"** ein und begünstigt die Familie mit drei Kindern *(ius trium liberorum)*.

2 Jugend und reifes Alter

2.1 Die „väterliche Gewalt" (patria potestas)

Sie hat ihre Rigorosität seit dem Ende der Republik verloren. Im 2. Jahrhundert n. Chr. lösen auf **Vertrauen** gegründete Beziehungen das autoritäre Verhältnis ab.

2.2 Das Jugendalter

Unter dem Kaiserreich wird die toga virilis in bestimmten Fällen mit 14 Jahren angelegt. Die jungen Leute aus guter Familie wohnen nach dem Anlegen der toga virilis in jedem Fall nicht mehr im väterlichen Haus.

2.3 Unterricht und Erziehung

- Der Unterricht ist, so wie er um das Jahr 200 v. Chr. eingerichtet wurde, der gleiche geblieben.
- Die Kaiser, insbesondere die Antoninen, fördern die Gründung von **Elementarschulen** bis in die hintersten Winkel der römischen Welt.
- Die wichtigsten **Universitätszentren** während des Kaiserreichs:

Italien und Gallien		Griechenland und Illyrien	Asien	Afrika
Rom	Marseille	Athen	Pergamon	Alexandria
Mailand	Bordeaux	Rhodos	Antiochia	Karthago
Trier	Autun	Mytilene	Smyrna	
		Apollonia		

2.4 Die Heirat

a) Die traditionellen Formen: der *usus* wird durch die Gesetze des Augustus wahrscheinlich **abgeschafft**; die *coemptio* **verschwindet** im selben Moment, und die *confarreatio* ist im 1. Jahrhundert n. Chr. nur noch ein **höchst seltenes** Relikt, das in gewissen Familien aus religiösen Gründen bewahrt wird.

b) Im 1. Jahrhundert n. Chr. kommt eine **neue Form** der Heirat auf, die *nuptiae* (auf diese geht die christliche Heirat mit Verlobung, **gegenseitigem** Einverständnis und religiöser Zeremonie zurück).

- Die **Verlobung** *(sponsalia)* geht der Heirat voraus: gegenseitiges Versprechen unter Zeugen und Geschenk eines Rings durch den Verlobten an das Mädchen;
- die Hochzeit selbst besteht aus einer **religiösen Zeremonie**, die im Haus der Braut oder einem Tempel vollzogen wird, nämlich der Opferung eines Schweins oder eines Lamms durch einen *auspex* (eine Art Familien-Augur) sowie dem Austausch des rituellen **„Ja"** durch die Formel *„Ubi tu Gaius, ego Gaia".*
- Anschließend wird die **Braut** von jungen Männern und jungen Frauen ins Haus des Bräutigams geleitet; die jungen Männer heben die Jungverheiratete nach einem sehr alten Ritus über die Schwelle; dann übergibt man ihr die Schlüssel des Hauses.

c) Kleidung der Frau: ein besonderes Kleid mit orangefarbenem Schleier *(flammeum)* und safranfarbenem Mantel *(palla).* Ab dem 2. Jahrhundert trägt sie in den Haaren einen Kranz aus Orangenblüten.

d) Die Mitgift: Bis zum 1. Jahrhundert v. Chr. erhalten die Frauen eine bescheidene Mitgift; in der Kaiserzeit nennt man Mitgiftsummen **von 1 bis 20 Millionen Sesterzen** (die Zahl der Mitgiftjäger vermehrt sich entsprechend!).

Die wegen Ehebruchs verstoßene Frau verliert ihre Mitgift; diejenige, der man keine Untreue vorwerfen kann, behält sie. In bestimmten Fällen muss der verwitwete Mann den Eltern die Mitgift zurückerstatten.

„Auf Vertrauen gegründete Beziehungen..." (S. 176). Sarkophagrelief, Paris, Louvre

2.5 Die verheiratete Frau

- Das Ende der Republik und die Kaiserzeit bringen der Frau eine regelrechte **Emanzipation**.
- Viele Frauen übernehmen, statt wie früher unterwürfige Dienerin zu sein, die Rolle der aufopferungsbereiten Gefährtin ihres Mannes; andere profitieren aus der Entwicklung, indem sie sich Ausschweifungen jeder denkbaren Art hingeben.
- Dazwischen, in der Mehrzahl der Fälle (besonders in den reichen Klassen, wo die Heirat vom Geld bestimmt wird), mündet die Entwicklung in gegenseitiger **Gleichgültigkeit**.

2.6 Die Scheidung

- Lange Zeit Vorrecht der Männer, erobern die Frauen am Ende der Republik das Recht auf Scheidung (und auf sofortige Wiederverheiratung).
- In der Kaiserzeit wird die Scheidung geradezu eine **soziale Krankheit** (vgl. die kaiserliche Familie selbst: ↗ Tafel S. 193), trotz der restriktiven Gesetzgebung Augustus' und Domitians sowie der Ehebruchsgesetze dieser Kaiser und des Septimius Severus. Die Frauen, sagt Seneca, zählen die Jahre nicht mehr nach den Namen der Konsuln (↗ S. 96, 1.1 c), sondern nach denen ihrer verschiedenen Ehemänner.

3 Krankheit und Gesundheitspflege

Die Kaiser umgeben sich mit Ärzten, die sie wie höhere Staatsbeamte behandeln und bezahlen.

4 Alter und Tod

- Der Verfall der Sitten führt zur Lockerung der „väterlichen Gewalt" und damit zum Niedergang der Autorität der Alten. In der Kaiserzeit erscheint sogar der Typ des oder der Alten, der/die ganz nach eigenem Gusto, manchmal als Exzentriker, lebt.
- Der Stoizismus hatte dem **Selbstmord** den Adelsbrief ausgestellt. Im Allgemeinen wurde er durch Aufschneiden der Pulsadern verübt.

▷ Die Bestattung

- Bei den **Reichen** ist (bis zum Jahrhundert der Antoninen) die **Einäscherung** die Regel; für die eingeäscherten Freigelassenen oder Sklaven lassen die angesehen Familien *columbaria* errichten, große Gebäude mit Nischen in den Wänden, in denen die Graburnen aufgestellt werden.
- Die **Armen**, bis dahin in Massengräbern bestattet, schließen sich in Vereinen *(collegia funeralia)* zusammen.
- Die **Christen** bekommen die **Genehmigung**, ihre Toten in unterirdischen Friedhöfen zu beerdigen (später **Katakomben** genannt). Dennoch sehen sich die Christen bald dem Vorwurf ausgesetzt, Toten**verehrung** zu betreiben (bei den Römern dienten die Bestattungsriten der **Abwehr** böser Geister); tatsächlich, kann man sagen, beteten die Römer jedoch *zu* den Toten, die Christen dagegen *für* die Toten.

IX Das tägliche Leben

■ „Brot und Spiele" *Juvenal*

1 Die Einteilung der Zeit Vgl. S. 96, 1

2 Die Römer und die Arbeit

- Es wird **weniger gearbeitet** als unter der Republik: die Bevölkerung beschränkt sich aufs **Essen** und auf **Vergnügen**, alles auf Kosten des Staates oder der Reichen.
- Nur die Dienste der Lebensmittelversorgung ruhen nicht; allerdings beschränken sich die Bürger ausschließlich auf deren Leitung, aber selbst die Sklaven haben keine besonders langen Arbeitstage!
- Man hat den Eindruck, die am meisten beschäftigten Bürger sind die Richter und die Anwälte; sie arbeiten vormittags und nachmittags.

Rom verbraucht unendlich viel mehr, als es produziert; auf lange Sicht führt dies dazu, dass die römische Welt regelrecht ausgepumpt wird (erste Anzeichen ab dem 3. Jahrhundert).

3 Die Mahlzeiten

- Literatur und Geschichtsschreibung führen für die Kaiserzeit zu viele vulgäre Orgien an, als dass wir den Römer bei Tisch als „Gentleman" betrachten könnten: „Die Römer essen um sich zu erbrechen und erbrechen sich um zu essen" (Seneca).
- Die jungen Frauen haben sich das Recht erkämpft, in Gesellschaft von Männern und verheirateten Frauen an den Mahlzeiten teilzunehmen.

3.1 Das Frühstück (ientaculum)

Auf Anraten von Gesundheitsaposteln ersetzen die Römer das *ientaculum* (Frühstück) durch einen einfach **Becher Wasser**, um „die Linie zu halten".

3.2 Speisenfolge und Gerichte bei der cena

- Die Gerichte werden alle zum Klang von Musikinstrumenten aufgetragen (die Musik ist bei den exquisitesten Speisen besonders schrill);

Menü für ein Bankett (nach Macrobius)

Gustatio
- Tafelaustern, Lazarusklappen, Venusmuscheln, Lerchen
- Poularde mit Spargel
- Austern und Miesmuscheln in Sauce
- schwarze oder weiße Meertulpen

Prima cena
- Klappmuscheln, Miesmuscheln, Seenesseln
- gebratene Feigenfresser *(Baumpieperart)*
- Reh- und Wildschweinkoteletts
- Hühnerpasteten
- Feigenfresser in Spargelsauce
- Stachel- und Purpurschnecken

Altera cena
- Sau-Euter natur oder geschnetzelt
- Wildschweinkopf
- gebratene Entenbrust und -hals
- frikassierte Wildenten
- Braten von phrygischen Hasen und Hühnern

Mensae secundae
- Mehlspeisen
- Konditortorten

Zwei Gerichte aus der Kaiserzeit

Ein Rezept des Apicius

GESTÜRZTER AUFLAUF

Koche kleingeschnittene weiße Rüben, liegen gelassenen Lauch, Sellerieknollen, Zwiebeln, gekochte Schnecken, Innereien von Hühnern, kleine Vögel und Geschnetzeltes in Sauce. Fette eine Schüssel ein und streue Malvenblätter als Unterlage hinein, lege darauf nicht zu dicht vorher gemischtes Gemüse, mische unzerschnittene Zwiebeln, Damaszenerpflaumen, die Schnecken, das Geschnetzelte, zerschneide kurze lukanische Würstchen mit Liquamen, Öl, Wein und Essig und setze es auf, damit es kocht. Wenn es aufgekocht ist, stoße Pfeffer, Liebstöckel, Ingwer, ein wenig Bertram und mache es sämig, gieße es dazu und lass den Auflauf aufkochen. Schlage mehrere Eier auf und rühre die übrige Sauce im Mörser damit an, mische es und binde den Auflauf damit. Während das Ganze zieht, mache folgendermaßen Oenogarum dazu: Stoße Pfeffer, Liebstöckel, mahle es, gieße Liquamen und Wein dazu und schmecke mit Passum oder süßem Wein ab. Schmecke es im Topf ab, gib ein wenig Öl dazu und lass es aufkochen. Wenn es aufgekocht ist, binde mit Stärkemehl. Stürze den Auflauf auf eine Schale, nimm die Malvenblätter vorher weg, begieße es dann mit dem Oenogarum, streue Pfeffer darüber und serviere.

Ein Backrezept
(überliefert von Athenaios)

VERZIERTER TELLER

Nimm Salatblätter, wasch sie und trockne sie gut ab, dann zerstampf sie in einem Mörser und füg dabei Wein hinzu; nimm sie dann heraus und press den Saft aus. In den Saft mische feines Mehl; einige Zeit ruhen lassen, dann knete diese Masse mit Schmalz und Pfeffer, rolle sie mit der Teigrolle aus und schneide sie in Streifen, die du in sehr heißes Öl zum Ausbacken gibst. Anschließend herausnehmen und auf einem Sieb abtropfen lassen.

- im Allgemeinen gibt es **vier Gänge,** Tanzeinlagen, Spiele, Überraschungen. Oft beginnt man mit Eierspeisen und schließt ab mit Obst (daher der Ausdruck *„ab ovo usque ad mala"*, d. h. vom Anfang bis zum Ende).
- Die Römer mögen gern Fisch, Austern, kunstvoll ineinander arrangierte Fleischgerichte, feine Konditorwaren. Sie trinken „Gewürzweine" und schätzen die edlen Lagen wie den Falerner, Massiker, Cäkuber, Weine aus Chios, Lesbos usw.
- Aber „man findet es zu anstrengend, die Speisen jede für sich zu essen, sondern man mengt, was verschieden schmeckt, gewaltsam durcheinander: die Tafel verrichtet den Dienst des übersättigten Magens" (Seneca).

Die römische Esskultur erreicht im 2. Jahrhundert ihren Höhepunkt – „ein Koch ist teurer als drei Pferde" (Plinius d. Ä.) –, doch unter Reichen und Neureichen finden sich mehr **Fresser** als Feinschmecker.

- Es gibt ziemlich ungehobelte Gastgeber, die den Eingeladenen minderwertige Speisen und Weine vorsetzen, sich selbst jedoch an den besten Stücken und den hervorragendsten Tropfen laben!

Seite gegenüber: Mosaik mit Flötenspieler und Tänzerin – „Bei der Cena gibt es Tanzeinlagen ..."

4 Der Tagesablauf des Römers

- Der Tag beginnt **genauso früh**, doch die **Toilette** beansprucht mehr Zeit, während das *ientaculum* kürzer ist.
- Empfang der **Klienten** *(salutatio)*
- **Geschäfte** und Besuche
- **Ende des Arbeitstages. Prandium** (leichte Mahlzeit)
- **Bad** (jeden Tag) in den Thermen
- **Cena** (Plinius d.Ä. verlässt den Tisch bei Einbruch der Nacht; Nero verbringt die Zeit von Mittag bis Mitternacht bei Tisch).

5 Das gesellschaftliche Leben

Es nimmt **spürbar mehr Raum** ein, während die geschäftlichen Aktivitäten entsprechend weniger beanspruchen.

5.1 Private und öffentliche Feste
Vgl. S. 103, 5.1; 5.2

5.2 Gesellschaftsspiele
Vgl. S. 103, 5.4

5.3 Intellektuellentreffen

a) Salons: Vgl. S. 103, 5.3.
b) Auditoria: Ab dem 1. Jahrhundert (die Mode wurde von Augustus' Freund Asinius Pollio eingeführt) besucht die höhere Gesellschaft Säle für **öffentliche Lesungen** *(auditoria)*; dort hört man *recitationes* (laut vorgetragene Lesungen) von Werken, die mit Blick auf den Effekt (des Vortrags oder der eigenen Gelehrsamkeit) verfasst worden sind.
c) Bibliotheken: Seit der Regierung des Augustus existieren in Rom drei große Bibliotheken (im 4. Jahrhundert sind es dann 28).
d) Klubs: Schließlich existiert eine Art Klubs *(scholae)* für Männer und auch für Frauen.

5.4 Die Thermen

- Die ersten monumentalen Thermen Roms sind die des Agrippa (eingeweiht 19 v. Chr.). In der Kaiserzeit dann gibt es in Rom immer mehr öffentliche Bäder (Thermen Neros, Titus', Trajans usw.), desgleichen in den Provinzen.
- Man trifft sich **jeden Tag** vor der *cena* in den Bädern. Die öffentlichen Badeanstalten *(thermae)* sind **bemerkenswert großzügig angelegt** und von **außerordentlichem Luxus** (↗ S. 215, 1.2 a), mit Schwitzbad *(sudatorium)*, Warmbad *(caldarium)*, Laubad *(tepida-*

rium) und Kaltbad *(frigidarium)* sowie Massageräumen. Man kann unter Portiken spazieren gehen, Gymnastik treiben, die Bibliothek besuchen usw. Oft bezahlt man nur für die Dienste des Personals nach dem Bad.

6 Die Schauspiele

Bis zur Kaiserzeit galt es als entehrend, sich bei Schauspielen zu produzieren. Die Kaiser führten einen Meinungsumschwung herbei, manche legten ihren ganzen Ehrgeiz darein, in die Arena zu steigen (Commodus mehr als 700 Mal!).

6.1 Das Theater

- Neben den aus Anlass öffentlicher Feste vorübergehend aus Holz errichteten Theatern gibt es in der Kaiserzeit drei feste **steinerne** Theater: das des Pompejus, des Cornelius Balbus (13 v. Chr.) und des Marcellus (von Augustus erbaut).
- Besonders in Gallien wurde eine große Zahl an Theatern errichtet (eintausend mindestens), doch die meisten waren aus Holz. Das Theater von Orange in Südfrankreich, das besterhaltene, datiert aus dem 2. Jahrhundert (40.000 Plätze). Zahlreiche Theater wurden auch in Afrika (Dougga/Tunesien) und in Asien (Aspendos/Türkei) angelegt.

6.2 Der Circus

- Die Zirkusspiele (v. a. **Wagenrennen**) gewinnen während der Kaiserzeit eine beträchtliche Bedeutung.
- Cäsar hatte die vollständige Erneuerung des *Circus Maximus* vorgenommen; nach ihm sollten Nero und Trajan sein Fassungsvermögen auf mehr als 300.000 Zuschauer erweitern.
- Caligula errichtete einen neuen (von Nero vollendeten) Zirkus in der Region *trans Tiberim* (an der Stelle des heutigen Petersdomes).
- Augustus hatte Wagenrennen in Italien verboten, daher gibt es außerhalb Roms kaum einen Zirkus zu finden. In Gallien hat man Überreste in Orange, Vienne und Fréjus freigelegt, auch in Konstantinopel z.B. gab es einen Zirkus.
- In den griechischen Gebieten findet man anstelle des Zirkus den **Hippodrom**.

6.3 Das Amphitheater

a) Das Amphitheater ist eine **rein römische Architekturform.** Die griechischen und hellenisierten Bevölkerungsteile des Reiches übernehmen nur selten die dafür typischen Spiele. Die in Kontakt mit den Römern stehenden orientalischen Völker dagegen führen in ihren Stadien **Tierhetzen** *(venationes)* ein.

„Das Theater von Orange in Südfrankreich, das besterhaltene…"

- Das erste bekannte Amphitheater ist das des Pompejus (1. Jh. v. Chr.). Das erste *steinerne* Amphitheater Roms, das des Statilius Taurus auf dem Marsfeld, datiert aus der Herrschaftszeit des Au-

Das Amphitheater von Arles (Provence) „Prachtvolle Amphitheater wurde in Gallien errichtet..."

gustus (29 v. Chr.; Reste – falls vorhanden – wurden bisher nicht gefunden).

- Das **Flavische Amphitheater** (seit dem Mittelalter aufgrund der benachbarten Kolossalstatue Neros **Kolosseum** genannt) datiert von 80 n. Chr. und wurde bis zum 5. Jahrhundert repariert und verschönert (50.000 Plätze, ↗ S. 187, b).
- Prachtvolle Amphitheater wurden während der Kaiserzeit und in der Spätantike besonders in Italien (Pozzuoli, Verona, Capua), in Gallien (Arles, Nîmes, Lyon, Trier), in Afrika (El Djem) und an anderen Orten wie z.B. in der Schweiz (Aventicum/Avenches) errichtet.

b) Die Schauspiele im Amphitheater

- **Gladiatorenkämpfe**: Die Gladiatoren sind verurteilte Straffällige, Kriegsgefangene oder sogar Berufskämpfer, die in speziellen Schulen trainiert werden *(ludi gladiatorii)*.

Der Kampf findet am Ende des Tages statt. Den Auftakt bildet der **Einmarsch**, eröffnet vom Veranstalter der Spiele *(editor)*, dem wiederum die Truppe der Kämpfer folgt. Die Begrüßung des Kaisers erfolgt mit der Wendung: *„Ave Caesar, morituri te salutant!"* (Sei gegrüßt, Cäsar, die Todgeweihten grüßen dich!"). Die einzelnen Kämpfergruppen werden ausgelost, und das Publikum schließt **Wetten** ab. Wird ein Gladiator beim Kampf getroffen, ruft die Menge: *„Hoc habet!"* („Ihn hats erwischt!"). Um Gnade zu erbitten, streckt der Verwundete die linke Hand zum Podium der Offiziellen aus; je nach Reaktion der Menge hebt oder senkt der *editor* seinen Daumen: im ersten Fall wird der Gladiator fortgeführt und behandelt, im zweiten *(pollice verso)* ist es aus mit ihm. Die Sieger erhalten Ehrenpreise

Die wichtigsten Gladiatorentypen

- **Samnite:** schwer bewaffnet (Helm, Langschild, Beinschiene links, Schwert). Der *Samnite* (Samnis) ist der **älteste** Typ des Gladiators. Ab Augustus teilen sich die Samniten selbst in:
- Secutores: Gegner der *retiarii;*
- Oplomachi: Gegner der *Thraker.*
- **Retiarius:** leicht bewaffnet (Leibgurt, Armschutz, Dreizack und Netz zum Einwickeln des Gegners; der *Netzkämpfer (rete:* Netz) ist der niederste Gladiatorentyp.
- **Thraex** oder *Thrax:* bewaffnet mit kleinem Rundschild, Helm, zwei Beinschiener, Armschutz rechts, kurzem Krummsäbel *(Thraker)*.
- **Gallus** *oder* **Murmillo:** knappe Verteidigungsbewaffnung (kleiner Helm und kleiner Schild), vermutlich mit Schwert.
- Gladiator zu Pferde
- Wagenkämpfer

„Wird ein Gladiator beim Kampf getroffen..." (S. 183)

und Geldsummen (und genießen großen Erfolg bei den Frauen); nach einer bestimmten Anzahl Siege werden sie von der Arena freigestellt; Sklaven können freigelassen werden.

- Kämpfe von Männern *(bestiarii)* gegen **wilde Tiere** oder unter wilden Tieren *(venationes)*. Afrika liefert die Tiere, man überlässt ihnen zum Tode Verurteilte, u. a. auch Christen. Die mit Spießen, Lassos oder Messern bewaffneten und von Hunden unterstützten Tierkämpfer verfolgen oder töten sie: ein extrem **blutiges** Schauspiel, von denen heutige Stierkämpfe nur eine sehr schwache Vorstellung vermitteln.
- **Naumachien** (Seeschlachten), selten, aber aufwendig und stets blutig. Die erste große Naumachie wurde von Cäsar 46 v. Chr. auf dem Marsfeld veranstaltet, das zu diesem Zweck unter Wasser gesetzt wurde. (Nero ließ die Seeschlacht der Griechen gegen die Perser bei Salamis im Amphitheater nachstellen.)

6.4 Das Stadion

- Die athletischen Disziplinen im Stadion haben die römische Öffentlichkeit **niemals interessiert**, doch die Völker im Osten des Reiches schätzen weiterhin die Vorführungen von Gymnasten, Läufern und Faustkämpfern.
- Domitian errichtet auf dem Marsfeld ein (von Septimius Severus erneuertes) Stadion, das einzige, das Rom je besessen hat (30.000 Plätze).

7 Reisen und Sommerfrische

In der Kaiserzeit reist man etwa genauso häufig wie im 19. Jahrhundert vor der Erfindung der Eisenbahn.

7.1 Arten des Reisens

Vgl. S. 106, 7.1

7.2 Die Sommerfrische

Vgl. S. 107, 7.3

Baiae (am Golf von Neapel) läuft Tibur den Rang ab und wird „das Gasthaus für alle Laster" (Seneca).

7.3 Ferne Länder

- **Tourismus**, in den Provinzen: Sizilien (Kaiser Hadrian ersteigt neben anderen den Ätna); Griechenland und Inseln (Chios, Zypern, Delos, Lesbos, Rhodos, Samos); Küste Kleinasiens; Ägypten (Memphis, Pyramiden, Theben, Memnonkoloss , der erste Katarakt).

- Zahlreiche Beispiele von **Fernreisen** in der Kaiserzeit: Bewohner der Provinzen kommen nach Rom und kehren wieder zurück (Martial aus Bilbilis in Hispania Citerior geht für die letzten Lebensjahre in die Heimatstadt zurück); Reisen des Apostels Paulus im östlichen Mittelmeer und nach Rom u.a.m.
- Nicht selten sind Reisen **aus wissenschaftlichen Motiven**: Expedition des Suetonius Paulinus in die Sahara (37 n. Chr.); unter Nero Expedition zweier Zenturionen zur Auffindung der Nil-Quellen; Umschiffung Schottlands durch Agricola (84) u.a.m.
- Eine Gesandtschaft Mark Aurels gelangt 166 nach **China**.

7.4 Der Postverkehr

Vgl. S. 108, 7.5.

X Das Wirtschaftsleben

■ **Die heiligste Majestät bei uns ist der Reichtum.** *Juvenal*

1 Das Eigentum

1.1 Das Grundeigentum

a) Die Kaiser von Tiberius bis zu den Severern zögern nicht, das Eigentum ihrer Gegner zu konfiszieren, v. a. Ländereien, die Senatoren gehören, und die Bergwerke von Kapitalgesellschaften.
Unter den Antoninen verfügt der Kaiser über einen **riesigen Grundbesitz** *(saltus* = kaiserliche Güter); Hadrian begünstigt auf den *saltus* die Schaffung von Kleinbetrieben.
b) Dieselbe **Maßlosigkeit** findet sich bei den **Privatleuten**. Die Reichen beuten mit allen Mitteln ihre armen Nachbarn aus und machen aus ihnen **fast sklavenähnliche** Pächter *(coloni)*, die an ihr Landgut gebunden sind.

1.2 Das Kapital

- In der Kaiserzeit veschwinden die Steuerpächter *(publicani)* und mit ihnen die Chancen der Bildung von Großkapital.
- Insgesamt haben die Römer des Kaiserreichs eher ihr Geld **verschleudert**, statt es Gewinn bringend zu verwenden.

2 Die Landwirtschaft

Angesichts der wirtschaftlichen Konkurrenz der eroberten Länder findet Italien sein Gleichgewicht nur durch die Aufgabe der Getreidewirtschaft zugunsten der Provinzen und die Beschränkung v. a. auf die Viehzucht zurück.

2.1 Die Viehzucht Vgl. S. 109, 2.1

Neben das berühmte Weideland von Mantua, Tarent und des Epirus treten **künstlich angelegte Weiden** mit Luzerne *(medica,* Klee-Art), Klee *(cytisus)*, Wicken *(vicia)* usw.

2.2 Geräte und Ackerbaumethoden

Keine wesentliche Weiterentwicklung (↗ S. 110, 2.2)

„Italien findet sein Gleichgewicht durch die Beschränkung auf die Viehzucht wieder..." (S. 185) Der Gutshof von Settefinestre bei Orbetello zur Kaiserzeit (Rekonstruktion) war nach Ausgrabungen ein Schwerpunkt der Schweinezucht.

2.3 Die landwirtschaftlichen Hauptprodukte

a) Reben: An die Stelle des Getreideanbaus tritt der Weinbau. Die italischen Weine müssen sich jedoch der **Konkurrenz** der anderen großen Wein produzierenden Länder stellen: Spanien, Kleinasien, Griechenland; in Gallien ist der Anbau von Reben zur Ausschaltung dieser Konkurrenz verboten.

b) Oliven: Die Olivenhaine des Sabinerlandes und Kampaniens rivalisieren mit denen Griechenlands, Asiens und Nordafrikas.

c) Obstbäume: In den Obstgärten *(pomaria)* versteht man sich auf die **Veredelung**: Plinius sagt, er habe einen Baum gesehen, der an jedem Zweig andere Früchte getragen habe, Nüsse, Kirschen, Trauben, Birnen, Äpfel, Granatäpfel! (Ein noch heute in Benutzung befindliches Verfahren nennt sich Pfropfung nach Vergil; vgl. *Georgica* II, 61ff.)

3 Das Gewerbe

- **Augustus fördert das Gewerbe in Italien** (Rom, Kampanien usw.) so, dass es zu Beginn des 1. Jahrhunderts n. Chr. die gewerbliche Produktion der Provinzen im Westen (Gallien, Spanien) und **sogar im Osten** (Ägypten, Asien) übertrifft.
- Trotzdem schreitet der Staat zuweilen aus verschiedenen Gründer gegen die Entwicklung neuer Techniken ein: so soll Tiberius, um am Gebrauch vor Gold- und Silbergeschirr festzuhalten, einen Glasbläser haben hinrichten lassen, der unzerbrechliches Glas herstellte; Vespasian später untersagte aus Furcht, die Lastträger arbeitslos zu machen, den Gebrauch von Maschinen, um Säulen auf das Kapitol zu hieven.

4 Verkehrswege und Handel

„Nicht mehr alle Straßen führen nach Rom."

4.1 Die Landwege Vgl. S. 112, 4

- Die Kaiser **entwickeln** das Straßennetz weiter, besonders in der **Provinz**. Dazu werden vom Kaiser ernannte *curatores viarum* eingesetzt; die Arbeiten werden ausgeschrieben und vom **kaiserlichen Fiskus** bezahlt.

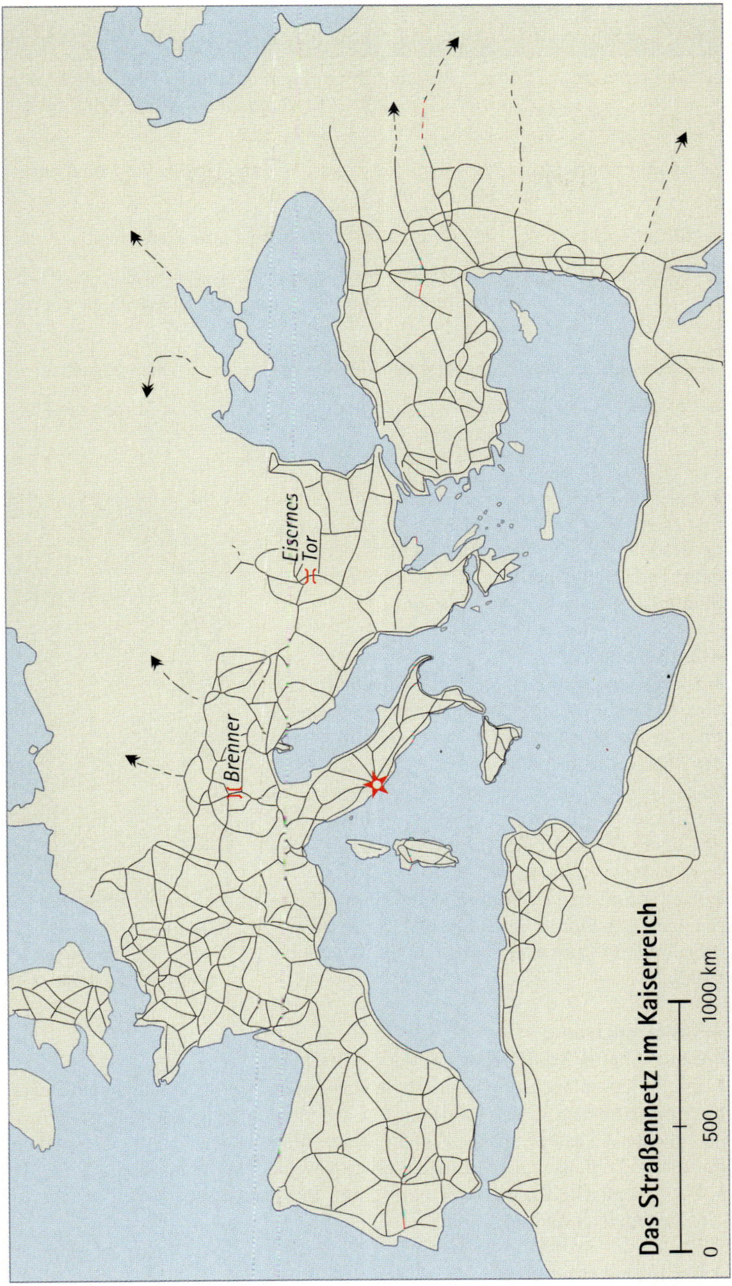

Der „Krake“: Das Straßennetz erreicht im Kaiserreich jeden Winkel. Warenaustausch oder Truppenbewegungen profitieren von einer höchst entwickelten Infrastruktur.

Die wichtigsten Verkehrsnetze in den Provinzen

▪ **Gallisches** Netz:	von Agrippa unter Augustus angelegt (39–38 v. Chr.). Die *Via Claudia-Iulia-Augusta* durchschneidet die Alpen am Brennerpass;
▪ **Spanisches** Netz:	von Augustus, Trajan, Hadrian (später Caracalla) angelegt;
▪ **Britannisches** Netz:	von Hadrian, mit London als Knoten, angelegt;
▪ **Balkanisches** Netz:	mit besonderem Nachdruck von Trajan realisiert *(Eisernes Tor*, Durchbruch durch die Südkarpaten im sw. Rumänien);
▪ **Afrikanisches** Netz:	angelegt von Tiberius, später von Hadrian ausgebaut;
▪ **Asiatisches** Netz:	wichtig, aber weniger sorgfältig (unterbrochene Pflasterung).

◗ Auf dem Forum wird von Augustus ein mit Goldbronze verkleideter Meilenstein *(milliarium aureum)* aufgestellt; auf ihm kann man die in Meilen angegebenen Entfernungen von Rom zu den wichtigsten Städten der römischen Welt ablesen.

Römischer Meilenstein (bei Cannae), Vorgänger der heutigen Kilometersteine

4.2 Der Seeweg

◗ Die Kaiser **engagieren sich** für die Seefahrt: Caligula und Nero träumen davon, den Isthmus von Korinth zu durchstoßen; Trajan setzt den alten Kanal der Pharaonen vom Nil ans Rote Meer wieder instand. Die wichtigsten Häfen besitzen Leuchttürme; die Türme von La Coruña (Galizien / Nordspanien) und Dover (mittelalterlicher Umbau) sind noch heute vollständig erhalten.

◗ Gleichwohl treiben **Piraten** weiterhin ihr Unwesen, trotz des Wortes des Augustus: *„Mare pacavi a praedonibus"* („Das Meer habe ich von Piraten befreit").

4.3 Warenströme

◗ Sehr lebhafter Schiffsverkehr auf dem **Mittelmeer**

◗ Es gibt jedoch auch eine Schiffsroute vom **Roten Meer** nach Indien und Ceylon (Sri Lanka): ab dem 1. Jahrhundert n. Chr. schaffen römische Kapitäne unter Ausnutzung der Monsunwinde die Hinfahrt in drei Monaten (Juli–September) und die Rückfahrt ebenfalls in drei Monaten (Mitte November bis Mitte Februar).

◗ Der **Atlantische Ozean** bleibt **gefürchtet**. Der **Ärmelkanal** ist seit der Eroberung Britanniens **stark befahren**.

4.4 Die Umschlagplätze

◗ Der Hafen von **Alexandria** nimmt die Handelswaren aus dem Fernen Osten auf und befördert sie weiter ins Mittelmeer.

„Sehr lebhafter Schiffsverkehr auf dem Mittelmeer..." (S. 188)

Der wichtigste Hafen Italiens in der Kaiserzeit ist **Ostia**, der von Claudius bis Trajan ständig vergrößert wird; die Ingenieure führen einen erfolgreichen Kampf gegen die drohende Versandung. Dabei lassen sie sich von Plänen inspirieren , die Oktavian bei der Anlage des Hafens von Fréjus (Forum Iulii, Provence) benutzte.

Das prächtige *Forum der Korporationen* (Vereinigungen von Seeleuten) in Ostia gibt eine Vorstellung von der Bedeutung des dort herrschenden Schiffsverkehrs.

4.5 Nahrungsmittel und sonstige Handelswaren

a) Rohstoffe:

- In der Produktion von **Metallen** nimmt Spanien (Blei, Silber, Kupfer, Eisen, sogar Zinn, Gold und Quecksilber) bei weitem den ersten Rang ein. Ab dem 2. Jahrhundert jedoch läuft das **im Tagebau** gewonnene Blei Britanniens dem spanischen Blei, das unter Tage mittels Minen und Tunnels ausgebeutet wird, diesen Rang ab. Es gibt Eisen aus Gallien und Noricum. Trajan erobert Dakien, v. a. wegen des im Boden verborgenen Goldes.
- Aus den Gebieten des Baltikums kommen **Bernstein** und graues Ambra (als Schmuck und zur Arzneizubereitung) sowie **Pelze** (als Decken, Bettvorleger, Wandbehang).
- Der Ferne Osten schickt **Seide** (China) und **Baumwolle** (Indien), v. a. im 2. Jh.

b) Fertigwaren:

- Zypern sendet **Gegenstände aus Kupfer** und Bronze. Die Schmieden Galliens exportieren **Eisenerzeugnisse.**
- Alexandria verkauft **Papier** (das schönste trägt den Namen des Kaisers: *Augusta, Claudia charta* usw.), **Silberwaren**, **Glaswaren**, Gallien **Töpferwaren.**
- Syrien liefert **Leinentücher** und **Seidenstoffe;** Syrien und Afrika **purpurgefärbte** Tuche; Spanien **Mäntel** aus grober Wolle; Gallien andere Arten groben Gewebes.

d) Nahrungsmittel:

- Die Römer haben überall den **Lebensmittelanbau** der Provinzen für den Export nach Rom **entwickelt,** so z. B. den Weizen Britanniens.

Der (einzige erhaltene) römische Leuchtturm von La Coruña (Nordspanien)

- Zahlreiche **kulinarische Spezialitäten** der Provinzen finden nach und nach ihren Platz auf der Tafel der Feinschmecker Roms: Lachse aus dem Pontos und Spanien, Austern aus Ephesus, Fleisch- und Wurstwaren aus Gallien.
- **Rohrzucker** und **Reis** für den Bedarf des Reiches kommen aus Indien.

5 Maßeinheiten und Münzen

5.1 Maßeinheiten

Vgl. S. 116,6

5.2 Münzen

AS
Bronze

Das As kehrt 15 v. Chr. mit dem Gewicht von 1/3 Unze (9 gr) wieder.

NUMMUS
Messing

4 as

Name für den **Sesterz**, von jetzt an in Messing geprägt (Gewicht: 1 Unze = 27 g)

DENARIUS
Silber

4 nummi

Bleibt als Münze die ganze Kaiserzeit über in Gebrauch. Unter Augustus wiegt er 3,41 g; Mark Aurel und Commodus werten ihn stark ab.

AUREUS
Gold

25 Denar

Wird die ganze Kaiserzeit über gleichmäßig geprägt. Ab Augustus verringert sich sein Gewicht: 7,39 g (7,30 g unter Mark Aurel).

Von oben: Münzen mit Bildnis des Augustus (oben und unten), Domitian, Nero. *Abbildungen in tatsächlicher Größe.*

XI Die Krisen des Imperiums...

▷ Äußere Ereignisse...

26–19: endgültige Eroberung **Ägyptens** durch Augustus und Agrippa

20: Augustus triumphiert über die Parther

15: Drusus (maior) und Tiberius triumphieren an der Donau

11: Drusus (maior) und Tiberius triumphieren an der Elbe

9 n. Chr.: Varus in der Schlacht im „Teutoburger Wald" (tatsächlicher Schlachtort bei Osnabrück) geschlagen

14: **Germanicus** und Drusus (minor) schlagen die **Legionsrevolten in Germanien und Pannonien** nieder

14–17: Germanicus in Germanien siegreich, doch Tiberius verzichtet auf die Eroberung

19: Tod des Germanicus im Osten (auf Befehl des Tiberius vergiftet?)

29: **Jesus** von Nazareth zum Tode verurteilt

41–42: Erhebung **Mauretaniens** niedergeschlagen

43–47: Eroberung des südlichen **Britanniens**

47–50: Siege in Germanien

58–66: siegreicher Krieg gegen die Parther

60–61: Siege im aufständischen Britannien

▷ Innere Ereignisse...

27–19: nach und nach Errichtung des **„Prinzipats"** (↗ S. 161, 2.1)

4 n. Chr.: Verschwörung **Cinnas**. „Gnade" des Augustus *(clementia Augusti)*

14: Tod des Augustus mit 76 Jahren, Thronbesteigung des **Tiberius** mit 56 Jahren

23: Drusus (minor) von **Seianus**, dem Prätorianerpräfekten und Günstling des Tiberius, vergiftet

26: Tiberius zieht sich auf die Insel **Capri** zurück

31: Hinrichtung des Seianus nach Aufdeckung seines Machtstrebens

37: Tod des Tiberius, mit 78 Jahren auf Befehl des Prätorianerpräfekten Macro erdrosselt
Thronbesteigung des **Caligula** mit 25 Jahren

41: Ermordung Caligulas mit 29 Jahren durch einen Tribunen der Prätorianerkohorte
Thronbesteigung des **Claudius** mit 50 Jahren

54: Claudius von Agrippina mit 63 Jahren vergiftet
Thronbesteigung **Neros** mit 17 Jahren

55: erster Machtakt: Vergiftung des **Britannicus**

59: Nero lässt seine Mutter ermorden

62: Tod des **Burrhus, Seneca** fällt in Ungnade (beide sind Lehrer Neros)
Poppaea (nach Trennung von Octavia) Neros Frau, Ermordung der Octavia

64: **Brand Roms**

... und die Pax Romana

O Wölfin des Mars, für unser Reich die beste Nährerin, wie groß ist sie geworden, die Stadt, der du deine Milch gabst! *Properz*

1 Die „zwölf Cäsaren"

▷ Julisch-Claudische Dynastie: 95 Jahre
▷ Anarchie: 1 Jahr
▷ Flavische Dynastie: 26 Jahre

1.1 Der „göttliche" Augustus (27 v. Chr.–14 n. Chr.)

a) Augustus, **Erneuerer der Religion** und der **Familie**, Schöpfer einer **hierarchischen Gesellschaft** und einer **neuen Armee**, Erfinder einer Herrschaftsformel, nach der die Macht dem Anschein nach zwischen **Princeps und Senat** geteilt ist, steht vor dem schwierigen Problem der Regelung seiner **Nachfolge**.

- Zunächst glaubte er, seinen Schwiegersohn **Agrippa** zu seinem Teilhaber und eventuellen Nachfolger machen zu können (Agrippa erhält die tribunizische Gewalt und das Amt eines Prokonsuls).
- Doch Agrippa stirbt (12 v. Chr.) so wie seine Söhne, sodass Augustus seinen Schwiegersöhnen **Drusus** (wie man sagte, angeblich sein eigener außerehelicher Sohn) und **Tiberius** ein begrenztes prokonsularisches *imperium* gibt. Drusus stirbt, **Tiberius** erhält dasselbe prokonsularische *imperium* wie Augustus. Damit ist er beim Tod des Augustus für die Herrschaft vorausbestimmt.

„Tiberius besitzt viele Talente..." (S. 194) Paris, Louvre

Historischer Ausspruch: Ein guter Schäfer schert seine Herde und zieht den Schafen nicht das Fell ab.

b) Augustus' **Außenpolitik** ist **defensiv**. Seine Hauptsorge gilt der Schaffung **sicherer Grenzen** für das Reich. Daher lässt er von seinen Generälen –

„Caligula wird verrückt..." (S. 194). Porträt in Paris, Louvre

Historischer Ausspruch: *Oderint, dum metuant!* („Sie sollen mich ruhig hassen, solange sie mich nur fürchten!")

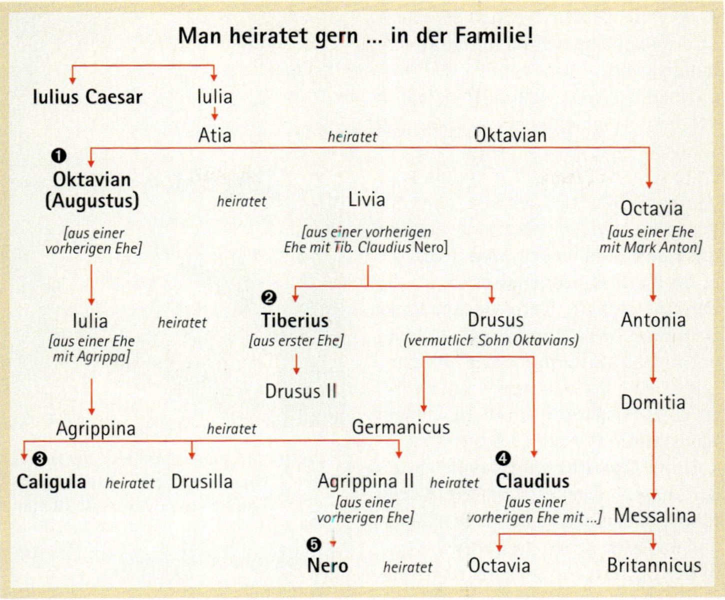

besonders Tiberius, der sich als hervorragend erweist –, die noch unabhängigen Alpenstämme unterwerfen und schafft es, die Donaulinie zu erreichen. Er lässt die Unterwerfung des Donauraumes in Angriff nehmen, und seine Armeen gelangen bis an die Elbe. Die Germanen jedoch erheben sich auf Anstiftung durch **Arminius** („Hermann") hin und vernichten drei Legionen in der sog. Schlacht im **Teutoburger Wald** (der tatsächliche Schlachtort liegt bei Kalkriese in der Nähe von Osnabrück); Varus' Truppen werden an den Rhein zurückgezogen.

1.2 Elend und Glanz des Imperiums (14–96)

a) Die von Augustus begründete Dynastie heißt die **julisch-claudische** (31 oder 27 v. Chr. – 68 n. Chr.), denn ihre Vertreter stammen

- aus der *gens Iulia* über Augustus und seine zweite Frau Scribonia;
- *oder* aus der *gens Claudia* über Livia und ihren ersten Gatten Tiberius Claudius Nero;

„Nero wird, jedenfalls später, selbst zu einem Monstrum..." (S. 194)

Historischer Ausspruch: *Qualis artifex pereo!* („Welch ein Künstler geht mit mir zugrunde!"), letzte Worte Neros.

- oder **aus beiden Zweigen** der Familie des Augustus, die **durch Heirat verbunden** sind.
- **Tiberius** besitzt viele Talente, lebt in der Furcht vor einer Ermordung und steigert seine Grausamkeiten bis ans Ende seiner Herrschaft; **Caligula** wird verrückt; **Claudius**, gebildet, aber degeneriert und ein Stotterer, gelangt dank den Geschenken *(donativa)*, die er an die **Prätorianer** verteilt, an die Kaiserherrschaft; **Nero**, dessen Vater Domitius Ahenobarbus ein Rohling und dessen Mutter Agrippina eine charakterlose Giftmischerin ist, wird, jedenfalls später, selbst zu einem Monstrum.
- Unter **Claudius** wird das Reich um **Britannien** erweitert; weitere Kriege führen die Iulio-Claudier in Germanien und im Osten gegen die Parther.

„Vespasian präsentiert sich als von der Vorsehung bestimmter Mann..." Rom, Museo Nazionale Romano

Historische Aussprüche:
Non olet! („Es stinkt nicht!"), über das Geld aus einer auf öffentliche Pissoirs erhobenen Steuer.
„Decet imperatorem stantem mori!" („Ein General muss im Stehen sterben!"), letzte Worte Vespasians.

b) Der Gouverneur der Provinz Hispania Tarraconensis, **Galba**, schließt sich einer gegen Nero gerichteten, in Gallien ausgebrochenen republikanischen Revolte an. Vom Senat zum Kaiser proklamiert (was Nero zum Selbstmord zwingt), wird er von den Prätorianern ermordet, die **Otho** ausgerufen hatten (Januar 69); doch von der Rheingrenze kommt **Vitellius** mit seinen Legionen, die ihn ebenfalls zum Kaiser erhoben hatten. Er vernichtet die Truppen Othos bei Bedriacum in der Nähe von Cremona; Otho begeht Selbstmord. Vitellius seinerseits wird (in der zweiten Schlacht von Bedriacum) von den östlichen und den Donaulegionen besiegt, die im Namen **Vespasians**, des Oberbefehlshabers über die Truppen in Judäa, handeln; Vitellius wird im Dezember 69 in Rom getötet.

c) Flavius **Vespasianus** (69–79) begründet die **Dynastie der Flavier**. Er ist Enkel eines Zenturio und Sohn eines Steuerpächters. Er präsentiert sich als von der Vorsehung bestimmter Mann. In der Armee begünstigt er die **Provinzialen** und verschafft einer Anzahl der Reichsten von ihnen den Zutritt zum Senat. Er **übt** seine von Sparsamkeit geprägte **Herrschaft vorbildlich aus**.

- **Kriege** gegen die Germanen (Eroberung der *Agri Decumates* zwischen Rhein und Donau, „Dekumatland"), gegen die Daker, gegen die Juden (Titus zerstört im Jahre 70 den **Tempel von Jerusalem**).
- Sein Sohn **Titus** (79–81), die „Freude des Menschengeschlechts", war zuerst sein Prätorianerpräfekt, daher keine Nachfolgeprobleme. Sein zweiter Sohn jedoch, **Domitian**, entfesselt blanken Terror (81–96) und findet ein gewaltsames Ende durch Mord.

▷ Äußere Ereignisse...

69: **Vespasian** schlägt eine Revolte der Juden nieder.

69–70: **Civilis**, Bataverführer, und Sabinus, Gallierführer, erheben sich und werden unterworfen.

70: **Titus** führt das Werk seines Vaters in Palästina fort (**Zerstörung Jerusalems**; Plünderung und Niederbrennung des Tempels).

78–83: **Agricola** erobert Britannien bis hinauf nach Schottland (Kaledonien).

101–107: Trajan unterwirft die **Daker**.

113–117: Krieg gegen die Parther (Tod Trajans am Ende des Feldzugs)

132–135: Aufstand in Judäa; erbarmungslose Unterdrückung und **endgültige Zerstreuung** des jüdischen Volkes

161–166: siegreicher Krieg gegen die Parther

166–180: langer siegreicher Feldzug in Germanien (Tod des L. Verus)

175: Aufstand des Avidius Cassius im Osten

181: Commodus schließt Frieden und verzichtet auf die von seinem Vater eroberten Länder.

▷ Innere Ereignisse...

65: Aufdeckung eines Komplotts gegen Nero (Selbstmord Pisos, Senecas, Petrons und Lukans)

68: Selbstmord Neros mit 31 Jahren; **Galba** mit 78 Jahren zum Kaiser ausgerufen

69: Ermordung Galbas;
Ausrufung **Othos** (früherer Gatte der Poppaea) mit 37 Jahren
Ausrufung des **Vitellius** mit 54 Jahren;
Selbstmord Othos;
Ausrufung **Vespasians** zum Kaiser mit 60 Jahren;
Ermordung des Vitellius

79: Tod Vespasians mit 70 Jahren;
Regierungsantritt des **Titus** mit 40 Jahren;
Ausbruch des Vesuvs (Zerstörung von Pompeji und Herkulaneum)

80: Brand Roms

81: Tod Titus' mit 42 Jahren;
Regierungsantritt **Domitians** mit 30 J.

96: Ermordung Domitians mit 45 Jahren;
Regierungsantritt **Nervas** mit 70 J.

98: Tod Nervas mit 72 Jahren;
Regierungsantritt **Trajans** mit 45 J.

117: Tod Trajans mit 64 Jahren;
Regierungsantritt **Hadrians** mit 43 Jahren

138: Tod Hadrians mit 62 Jahren;
Regierungsantritt des **Antoninus Pius** mit 52 Jahren

161: Tod des Antoninus Pius mit 74 Jahren;
gleichzeitig Regierungsantritt **Mark Aurels** (40 Jahre) und des Lucius Verus (30 Jahre)

169: Tod des L. Verus mit 38 Jahren (im Feld)

180: Tod Mark Aurels mit 59 Jahren;
Regierungsantritt des **Commodus** mit 19 Jahren

191: Brand Roms (Commodus unter Verdacht)

192: Ermordung des Commodus (von seiner Geliebten Marcia angezettelte Verschwörung)

2 Das Jahrhundert der Antoninen

Das Kaiserreich auf dem Zenit

Die Antoninen (96–192) bildeten keine Dynastie im eigentlichen Sinne, da es zwischen ihnen – bis auf die beiden Letzten – **keine verwandtschaftliche Verbindung** gab. Sie verstanden es jedoch, die Kontinuität der Macht durch das Mittel der **Beteiligung an der Herrschaft** zu sichern.

a) Nerva (96–98) ist ein **älterer Senator**, der den Feinden Domitians versprochen hatte, die Herrschaft anzutreten, sobald sie ihn umgebracht hätten. Während seiner Regierung bemüht er sich, **im Einvernehmen mit dem Senat** zu herrschen. Da er sich von den Prätorianern bedroht fühlt, die Domitian nachtrauern, beteiligt er drei Monate vor seinem Tod einen **Abkömmling römischer Kolonen**, die sich in Italica in **Spanien** niedergelassen hatten, am Thron, den tatkräftigen und rechtschaffenen Legaten der Germania superior, **Ulpius Traianus**.

„Trajan galt als der beste unter den Kaisern..."

b) Trajan (98–117) galt bei den Römern seiner Zeit und der folgenden Zeiten als **der beste unter den Kaisern** (er erhielt später den Titel *Optimus*): man wünschte seinen Nachfolgern „glücklicher als Augustus und besser als Trajan" zu sein.

- Tatsächlich ist die Herrschaft Trajans auf allen Gebieten **bemerkenswert**. Er führt eine gewissenhafte **Verwaltung** und überzeugt sich an Ort und Stelle von den Bedürfnissen der Provinzen.
- Als **erster aus den Provinzen stammender Kaiser** führt er die Entwicklung zuende, die seit Cäsar trotz Zeiten des Stillstands dazu tendierte, die **Provinzialen stärker** in den römischen Staat **zu integrieren** (seit Trajan 40 % Senatoren aus den Provinzen im ganzen 2. Jahrhundert, mehr noch im 3.).
- Die **Kriege**, gleich welch schweres Opfer an Menschen sie mit sich bringen, füllen die Staatskasse (die **Eroberung Dakiens** schenkt Rom das **Gold der Karpathen**), und flößen den **Parthern** eine aus Römersicht heilsame Furcht ein.

c) Hadrian (117–138), wie Trajan aus Italica/Spanien gebürtig und vielleicht ein entfernterer Verwandter, lebte, früh verwaist, zurückgezogen als Privatmann. Vielleicht war Trajan selbst sein Vormund gewesen. In jedem Fall macht seine Heirat Hadrian zum **Großneffen Trajans**. Hatte Trajan, den er nach Dakien und in den Osten begleitete, die Absicht ihn zu adoptieren? Die Kaiserin Plotina unterstützte ihn, und so trat Hadrian ohne Hindernisse die Herrschaft an.

- Hadrian ist ein **friedliebender** und **reisefreudiger** Kaiser. Um sicher zu sein, Frieden zu haben, hält er es für vernünftig, das Reich wenn nicht ganz mit einer durchgehenden Mauer wie dem *Vallum Hadriani* in Britannien, so doch wenigstens mit **Befestigungslinien** *(limes)* zu umgeben, an denen entlang das dichte Netz von Legions- und Hilfstruppen sowie *numeri* (kleinere ortsansässige Verbände) wacht. Er verzichtet auch auf die Eroberungen Trajans am Euphrat. Für die regionalen Besonderheiten zeigt er sich sensibel, besonders für die **griechischen Sitten und Gebräuche.** Einige seiner Maßnahmen zugunsten der griechischen Kulte scheinen zum Ziel gehabt zu haben, die orientalischen Einflüsse zu bremsen. Die kaiserliche **Bürokratie** wird von ihm in beträchtlichem Umfang ausgebaut.

- Seine letzten Jahre waren von Streitereien um seine Nachfolge überschattet. Jetzt zeigte er sich missgünstig und grausam. Dem Senat präsentierte er seinen Adoptivsohn Aurelius Antoninus als Nachfolger und starb sechs Monate später.

„Antoninus Pius übt eine zurückhaltende Herrschaft aus..." (Barcelona)

d) Antoninus Pius (138–161) übt wie Hadrian eine **zurückhaltende Herrschaft** aus. Sein **maßvolles Verhalten**, sein Respekt vor den traditionellen Kulten Roms und seine strenge Einhaltung der Riten tragen ihm den Beinamen *Pius* ein. Aus **Italien** und nicht den Provinzen gebürtig regiert er gestützt auf die **gebildeten Schichten**, die sich für die *Pax Romana* begeistern.

e) Mark Aurel (161–180), mit eigentlichem Namen M. Aurelius Verus und aus Spanien gebürtig, war ebenso wie **Lucius Verus** von Antoninus Pius nach dem Tod Hadrians adoptiert worden. Er regiert gemeinsam mit Lucius Verus bis zu dessen Tod (169). Trotz herausragender Tugenden, die er seiner **stoischen** Bildung verdankte (seine „Selbstbetrachtungen" haben den gleichen philosophischen Gehalt wie das „Handbüchlein" Epiktets), erwies er sich als ziemlich **kläglicher Staatsmann.** Er musste an der Donau kämpfen, einer Erhebung des Armeeführers im Osten, Avidius Cassius, entgegen treten und wieder an die Donau zurückkehren (178–180), wo er in Sirmium starb.

f) Commodus (180–192), sein Sohn, den er vom Thron fernzuhalten geträumt hatte, ist ein **gefährlicher Verrückter**, der sich für Herkules hält. Mit ihm beginnt der **Einfluss einer orientalischen Hofkamarilla** (darunter der Phrygier Cleandrus, Prätorianerpräfekt). Eine Verschwörung befreit die römische Welt von diesem Wahnsinnigen.

XII Die Literatur

- **Im Lied, in Begleitung der lydischen Flöte, lasst uns die Führer, die tapfer gelebt, besingen, Troja und Anchises und die Nachkommen der gütigen Venus.** *Horaz*

1 Die lyrische Dichtung

Diese Dichtung ist je nach **Persönlichkeit** – ihren geistigen Fähigkeiten, ihrem Temperament, ihrem Geschmack, ihren Erfahrungen – **sehr unterschiedlich.** Trotzdem ist zu bemerken, dass sie **zwei prägende Einflüsse** erfahren hat:

- die **alexandrinische Literatur und Wissenschaft**, die im 1. Jahrhundert v. Chr. aus Ägypten kommend in Rom allgemein rezipiert wurde, vermittelt das Interesse an der **Mythologie** und die penible Leidenschaft für die Form;
- die **Rhetorik** andererseits, v. a. ab dem 2. Jahrhundert v. Chr. in den Schulen eingeführt, trägt zur Entwicklung der sog. **Gemeinplätze** *(loci communes)* und der Anwendung von **Ausdruckstechniken** bei, die bisweilen die **Schwächen der dichterischen Inspiration** verdecken.

1.1 Tibull (48?–19 v. Chr.): Seufzer des Herzens

- Messalla, Friedensbringer in Aquitanien und im Osten, Förderer der Literatur, schart einige Dichter um sich: Lygdamus, die Dichterin Sulpicia und **Tibull**. Dieser, von feinfühligem und träumerischem Temperament, wendet sich von der militärischen Laufbahn ab (I, 3, 10) und sucht sein **Glück**:

a) in der **Leidenschaft der Liebe**, der er sich mit Unbefangenheit, Feuer und Zärtlichkeit hingibt: Beziehungen mit Delia (I, 1, 2, 3, 5, 6), Glycera (III, 19, 20), Nemesis (III, 3, 4, 6);
b) in der **Freude an der Natur**: häufige Aufenthalte auf dem Landgut seiner Vorfahren in Pedum (östl. von Rom gelegen); das Land lässt ihn Geschmack am einfachen Leben als Idealbild des Goldenen Zeitalters finden (I, 1, 10; II, 1).

- Die unter seinem Namen veröffentlichten vier Bücher **Elegien** umfassen sein eigenes Werk und auch die Dichtungen des **Lygdamus** (Bruder Ovids oder Pseudonym des Anfängers Ovid?) und der **Sulpicia**.

1.2 Properz (47?–16? v. Chr.), der Liebhaber Cynthias

Properz stammt aus einer begüterten Provinzialenfamilie (Gegend von Assisi), die infolge der Landenteignungen 41 v. Chr. verarmte. Nach dem Verlust des Vaters erhält er in Rom unter Aufsicht seiner Mutter eine **sorgfältige Erziehung**. Er studiert die **alexandrinische Dichtung** und wird einer der Dichter des **Maecenas**-Kreises.

a) Sein **kurzes Leben** wird von **einer einzigen Liebe** verzehrt, einer **leidenschaftlichen Beziehung** zu einer Frau, die er **Cynthia** nennt, einer verheirateten, sehr emanzipierten Römerin, kokett (I, 2), stürmisch (I, 5; IV, 8), heißblütig (II, 15) und verführerisch (I, 3), sehr umworben (I, 11); sie lässt ihn leiden (I, 6; II, 8, 12), denn er ist dieser unberechenbaren Frau ganz verfallen (II, 9), ergeben (III, 16) und treu sogar bis über den Tod hinaus (IV, 7).
Die **Liebeselegie** entspricht seinem Temperament (III, 3): seine vier Bücher Elegien sind inspiriert von seiner mit Verstandesschärfe analysierten Leidenschaft (II, 3, 25).
b) Doch am Ende seiner Karriere wendet er, zweifellos auf Maecenas' Rat hin (III, 3), seine dichterische Inspiration **weiteren Themen** zu, indem er **nationale Elegien** verfasst: er schildert die mit den Monumenten Roms verbundenen Legenden (IV, 4, 9, 10) und erinnert an die bäuerlichen Ursprünge der Stadt (IV, 1). Seine

letzte Elegie (IV, 11) zum Gedenken an Cornelia gilt zu Recht als das **Meisterwerk der antiken Elegie.**

1.3 Ovid (43 v. Chr.–18? n. Chr.): In der Schule des Schmerzes

Die „Metamorphose" Ovids: Ovid war ein von der höheren Gesellschaft und bei Hofe sehr gefeierter Dichter, als er im Jahre 8 v. Chr. aus noch immer nicht recht geklärten Gründen auf Befehl des Kaisers ins Exil in Tomi (Constanza in Rumänien) verbannt wurde, eine unwirtliche, gesundheitsschädliche Gegend; dort starb er, ohne dass er seine Begnadigung hatte durchsetzen können. (Vielleicht war er über seine Frau Mitwisser von Intrigen Livias, Augustus' Gattin, die dessen direkte Erben ausschalten und die Herrschaft für ihren Sohn Tiberius sichern wollte.)

Ein virtuoser Dichter: Sein Talent ist durch sicheres Gespür für gewandten Ausdruck und souveräne Eleganz bestimmt. Drei Gruppen von Werken markieren seine dichterische Laufbahn:
a) die **Amores**, beschwingte Dichtungen über die Liebe, und die *Heroides*, eine Sammlung fiktiver Briefe verlassener Geliebter;
b) die **Fasti**, ein Kalender in Versen über die römischen Feste (unvollständig, im 6. Monat abgebrochen) und die **Metamorphoses** (in 15 Büchern), die mythische Erzählungen über die Verwandlung menschlicher Wesen in Pflanzen, Tiere, Felsen usw. gestalten; konzipiert ist das einmalige Werk als Bilderbogen, der durch die vier mythischen Weltalter hindurch von der Entstehung der Welt bis zur Apotheose Cäsars etwa 250 Verwandlungssagen von Göttern und Heroen der griechischen und römischen Mythologie aneinander reiht;
c) die **Tristia** und **Epistulae ex Ponto**, zwei Sammlungen von **Elegien**, die er aus Tomi an seine Frau und an Freunde in Rom richtet und in denen der Verbannte **in ehrlicher Offenheit von seinem Schmerz** spricht.

2 Die epische Dichtung

2.1. Vergil (70–19 v. Chr.): Dichter des Princeps... und Erster der Dichter

Im Dienst der Poesie

- Vom **Landsitz in Andes bei Mantua**, dem Ort seiner Geburt, von wo ihn die **Konfiszierung** des väterlichen Gutes vertreibt, bewahrt er die Sehnsucht nach einem ruhigen Leben auf dem **Lande**.
- Sein dichterisches Genie verschafft ihm die **Förderung durch Maecenas** und die **Bewunderung des Augustus**. Er stirbt auf der Rückkehr von einer Reise nach Griechenland, ohne dass er sein Hauptwerk, die **Aeneis**, hat fertigstellen können.

a) Immer weiter ausgreifende Inspiration

- Die **Bucolica**: zehn kurze Gedichte über das Hirtenleben, die in äußerst subtiler Weise kunstvoll arrangiert sind; in ihnen zeigt sich Vergil als esoterischer Dichter und Anhänger der Orphik;
- die **Georgica**: vier Gesänge über den Ruhm des Landbaus;
- die **Aeneis**: eine epische Erzählung in zwölf Gesängen über die Abenteuer des Trojaners Äneas, der nach dem Fall Trojas kam, um in Italien ein Königreich zu begründen, die Wiege des späteren Roms.

b) Dichterischer Preis Italiens

- Augustus fördert Vergil, denn er findet in ihm:
- einen Dichter mit der Begabung, **Liebe zur italischen Erde** zu wecken, deren Landschaften, bäuerliche Fluren und Erzeugnisse er liebevoll beschreibt, dessen Klima oder unvergleichliche Schönheit er preist *(Georgica* IV);
- einen Dichter mit der Begabung, den **Reiz des Landlebens** zu vermitteln, d. h. das Motto **„Zurück aufs Land"** zu unterstützen, das der neue Herr über Rom propagiert (Generalthema der *Georgica: „O fortunatos nimium... agricolas!");*

„Vergil, Dichter des Princeps..." (S. 199) auf einem Mosaik in Tunis, umrahmt von zwei Musen

- einen Dichter mit der Begabung, **in den Bürgern Stolz auf ihre nationale Vergangenheit zu wecken**, indem er die legendären Ursprünge der Stadt wieder lebendig werden lässt (Generalthema der *Aeneis)* oder der Verehrung der Traditionen der Vorväter neues Leben gibt *(Georgica* und *Aeneis);*
- einen Dichter schließlich mit der Begabung, der **Übernahme der höchsten Macht im Staat** durch den Mann **Akzeptanz auf friedlichem Wege zu verschaffen**, an dem er Großzügigkeit, Friedensstreben und Frömmigkeit verherrlicht und als dessen dankbarer Freund er sich bekennt.

Vergil verstand es auf geschickte Weise **Rom, Italien** und **Augustus zu dienen.**

c) Der größte epische Dichter Roms

Die Äneis, ein **gelehrtes Epos**, ist das Ergebnis aus drei Inspirationsquellen:

- **Schulung an Homer**: die Schlachtschilderungen der *Ilias*, die Reisen der *Odyssee*, die rituellen Anrufungen, die Beschwörung der Unterwelt, die Beschreibung des göttlichen Schildes, die Götter Homers beleben den epischen Bericht;
- **römische Tradition:** die legendäre Vergangenheit, die historische Vorwegnahme durch das Mittel raffinierter Prophezeiungen, der den Römern vertraute geografische Rahmen (v. a. ab dem VII. Gesang), die archäologischen Details machen aus der *Äneis* das **römische Epos** schlechthin;
- **vergilische Gegenwart**: die **Persönlichkeit** des Autors, schon in seinen früheren Werken spürbar (Gefühl für die Natur, Liebe zu

Pflügen und Säen. Mosaik aus Sousse (Tunesien): „O fortunatos nimium agricolas..."

Verwundeter Äneas. Fresko aus Pompeji.
„... die Abenteuer des Äneas, der nach dem Fall Trojas kam..." (S. 199)

den Tieren in den *Bucolica* und *Georgica)*, verleiht der epischen Sprache eine besondere Überzeugungskraft:
– in der Beschwörung der **Personen**: kriegerische Helden, liebende Frauen, junge Leute, in denen Frömmigkeit (Äneas, Anchises), kriegerische Leidenschaft (Turnus, Camillus), eheliche Treue (Andromache), Leidenschaft der Verzweiflung (Dido) lebendig sind;
– in den dramatischen **Erzählungen** (Plünderung Trojas, Wachrufen des Reiches Euanders...);
– und in dem **noblen Einklang**, der ihn mit Lebewesen und Dingen verbindet.
Seine Kunst bezieht ihre ganze Originalität aus einem **Feingefühl**, einer Zartheit **ohne Kraftlosigkeit**, einer **Sanftheit**, die dem **daktylischen Hexameter** eine **beschwörende und mystische Kraft** vermitteln, **die kein lateinischer Dichter danach übertreffen wird.**
d) Ein klassischer Dichter: Vergil ist für die **Dichtung** das, was **Cicero** für die lateinische Prosa ist.

2.2 Lukan (39–65 n. Chr.) und die „letzten Tage von... Pompejus"

Lukan, Neffe des Philosophen Seneca (Neros Lehrer) stirbt mit 26 Jahren als Opfer Neros; er hinterlässt ein unvollendetes Epos in zehn Büchern, die Pharsalia.

Die **Pharsalia** ist ein **von einem stoischen** Dichter verfasstes **historisches Epos**.
a) Aus der **Geschichte** schöpft es einen relativ zeitnahen Stoff, den **Bürgerkrieg** zwischen **Cäsar** und **Pompejus**, und gestaltet in vereinfachender Auswahl die hervorstechenden Episoden eines grandiosen Duells: Überschreiten des Rubikons (Buch I), Belagerung Marseilles (Buch III), Feldzug Cäsars nach Spanien (Buch IV), Überquerung des Meeres, Feldzug nach Thessalien (Buch VI), Schlacht bei Pharsalus (Buch VII), Tod des Pompejus (Buch VIII), Zusammenstoß in Alexandria (Buch X). Die ganze **Sympathie** Lukans gilt den **Pompejus-Anhängern**, aus denen er Verteidiger der Republik und der **Freiheit** macht.
b) Das **Epos** vereinfacht und überhöht die Akteure des historischen Dramas: **Cäsar**, ein blutgieriger und gottloser Emporkömmling; **Pompejus**, Opfer des Schicksals ohne Schwächen; **Cato Uticensis**, heldenhafter Kämpfer gegen die Unterdrückung; **Cornelia**, Frau des Pompejus, kraftvoll und stark wie ein stoischer Held.
c) Das Wunderbare verzichtet auf jeden mythologische Apparat, dafür setzt

Lukan das Mittel der Allegorie ein (das Vaterland), das der Schilderung außergewöhnlicher Landschaften (die sonnendurchglühte und von Schlangen verseuchte Wüste Libyens, die die Truppen Catos dezimieren, Buch IX), oder er fügt Episoden mit magischem Charakter ein (Sextus Pompeius bei der Hexe Erichtho, Buch VI).

d) Lukan, **emphatischer Spanier** und brillanter Schüler der Rhetoren, hält seinen **pathetischen Schwung** nie im Zaum, doch versteht er es gelegentlich, seiner Dichtung Entschiedenheit, Glanz und echte Leidenschaft zu verleihen (Buch I: Gegenüberstellung von Pompejus und Cäsar). Die *Pharsalia* bildet so ein Zeugnis des Strebens nach geistiger Freiheit gegen die Alleinherrschaft.

2.3 Der Niedergang des epischen Geschmacks

- Die beiden Meisterwerke *(Aeneis* und *Pharsalia)* beziehen ihre Bedeutung aus dem Zusammentreffen von Tradition, Inspiration und Talent.
- Die Zeit Vergils erlebte eine Blüte des Epos – homerische, alexandrinische, nationale Epen –, von denen nichts erhalten ist. Die späteren Epen dagegen sind **geschwätzig** und **schwülstig**:

a) Silius Italicus (25–101) erzählt in den 17 Gesängen seiner *Punica* den Inhalt der dritten Dekade des Livius (2. Punischer Krieg: vgl. S. 207, 6.1). Die konventionellsten Techniken – Abstieg in die Unterwelt, moralische Allegorien – mischen sich mit Berichten von Ereignissen der jüngsten Vergangenheit, sodass das Ergebnis eine mythenhafte Verkleidung eines historischen Berichts ist.

b) Valerius Flaccus (90 gestorben) lässt sich von Apollonios Rhodios inspirieren und schildert in seinen *Argonautica* die Reisen und Abenteuer des griechischen Helden Iason.

c) Statius (ca. 40–96), Höfling Domitians, ist der Autor zweier Epen, der *Thebais* (über den Kampf des Polyneikes zur Wiedererlangung des von seinem Bruder Eteokles usurpierten Throns von Theben) und der *Achilleis* (nicht vollendet), eines Epos über Achilles.

- All diese Werke enthalten zwar manche schöne Teile – Schilderung der Medea *(Argonautica)*, Zweikampf zwischen Polyneikes und Tydeus *(Thebais*, Buch I), Tod des Tydeus (Buch VIII), der von seiner Schwester und Witwe beweinte Polyneikes (Buch XII), Kindheit Achills *(Achilleis)* –, sind jedoch voll konventioneller Techniken (Aufzählungen, Exkurse) und ermangeln epischer Tiefe.

3 Die philosophische Dichtung

▷ Horaz (65–8 v. Chr.): auf dem Weg des Glücks

Ein „weiser" Dichter: Trotz einfacher Herkunft (Sohn eines Freigelassenen) und der wenig glänzenden Rolle, die er vor Philippi auf der Seite der Pompejus-Anhänger spielt, erwirbt er die Freundschaft des Maecenas, der ihn protegiert, und das Vertrauen des Augustus *(Carmen saeculare*, Auftragsarbeit anlässlich der *Ludi saeculares* von 17 v. Chr.), dessen Freund er wird. Sein Leben ist von da an zwischen Rom und seiner „Villa" im Sabinerland geteilt – bald „Stadtmaus", bald „Feldmaus" (nach einem seiner Gedichte).

a) Sein Werk verdichtet die Erfahrungen seines Lebens.

- Zwei Bücher **Satiren** (auch: *„Sermones")* und 17 **Epoden**: Horaz beginnt, indem er Position gegen **persönliche Feinde** bezieht; mit Schwung und Realismus hält er ihnen moralische Fehler oder Charaktermängel vor.
- Drei Bücher **Oden**, am Ende seiner Schaffenszeit durch ein viertes ergänzt: eine

„... die Formel wahrhaftigen Glücks...". Spätantikes Medaillon mit Horazbüste

lyrische Opfergabe (im antiken Sinn des Wortes), die er der Verherrlichung des wieder gewonnenen **Friedens**, dem von Augustus erneuerten **Nationalbewusstsein** und der Rechtfertigung eines liebenswürdigen, zurückhaltenden **Epikureismus** widmet.

- Zwei Bücher **Epistulae** (1. Buch: 20 Gedichte; 2. Buch: drei Gedichte, darunter der „Brief an die Pisonen" – seine „Ars poetica"): Plaudereien des reiferen Alters (ähnlich den *Sermones)*, das in einem bescheidenen Leben die Formel **wahrhaftigen Glücks** gefunden hat. Außerdem gibt er darin seine **Erfahrungen als Schriftsteller** weiter.

b) Der „weise" Dichter sendet eine Botschaft:

- Er **bewundert das Werk des Augustus** – wie Vergil: die wieder errichteten Tempel, die Ehrung der Familie, die Anknüpfung an die Traditionen, die Sicherheit, die sich bis ans Ende der zivilisierten Welt erstreckt;
- er erteilt **seinen Zeitgenossen eine Lektion...**

indem er Lächerlichkeit, Verschrobenheit und Laster bekämpft, die täglichen Freuden der Tafel oder der Liebe herausstreicht *(„carpe diem"),* am Beispiel seines Lebens zeigt, dass sogar in der Gesellschaft der Großen **moralische und materielle Unabhängigkeit**, Zurückhaltung und Rückzug auf einen Landbesitz sichere Hilfsmittel gegen **jedes Erlahmen, jede Entwürdigung** des Individuums bilden.

- **... ohne etwas von einem nörglerischen Sittenrichter zu zeigen.**

Wenn er seine Gegner in seiner Jugend heftig attackiert (Rivalen, Neider, lästige Zeitgenossen), zeigt er mit fortschreitendem Alter einen toleranten, umgänglichen, von Grund auf **humanen** Charakter.

c) Der Brief an die Pisonen enthält eine Reihe von Ratschlägen an die Adresse **junger Freunde**, Söhne des Calpurnius Piso (einer großen Persönlichkeit der römischen Gesellschaft), die sich zu einer **Karriere als Dramatiker** entschlossen haben. Tatsächlich sind mehr als 200 Verse (von 452) dem Theatergenre gewidmet (vv. 89–204): Horaz möchte dem **Niedergang des lateinischen Theaters** entgegentreten (↗ S. 212, 9), indem er insbesondere zur **Nachahmung der alten Griechen** rät.

- Die Darstellung, die **nichts Dogmatisches** an sich hat, beginnt mit der Formulierung der Gesetze, die das **poetische Schaffen** bestimmen, Komposition, Stil, Metrik, und endet mit das **Handwerk des Dichters** betreffenden Regeln, der die Mittelmäßigkeit meiden, sein Talent durch **gleichmäßige Arbeit** befruchten, die Meinung eines erfahrenen Freundes folgsam anhören soll.
- Horaz besitzt eine **hohe Auffassung von der Mission der Dichtkunst** (vv. 391–407) und erkennt die **intellektuelle Überlegenheit Griechenlands an** (vv. 323–332).

4 Die satirische Dichtung

▶ Die römische Satire hat originelle und bedeutende Werke hervorgebracht; unter dem Kaisertum hatte sie eine kurze Blütezeit: im 1. und zu Anfang des 2. Jahrhunderts n. Chr. Es scheint, als hätte die durch die Errichtung der Kaiserherrschaft beschleunigte gesellschaftliche Entwicklung infolge der Begünstigung des Hochkommens von **Neureichen** und des **Sittenverfalls** den **spöttischen Witz** und die **moralisierende Tendenz** angespornt, die die Charakteristika der Gattung ausmachen.

- **Horaz** (↗ S. 202, 3 a) hat durch die Abfassung seiner *Sermones* das Modell der **satirischen Plauderei** vorgegeben.

4.1 Die allegorische Satire: Phädrus (ca. 14–54 n. Chr.)

- Von thrakischer Herkunft, hatte dieser Freigelassene des Augustus den bescheidenen Ehrgeiz, die griechischen (Prosa)Fabeln des **Äsop** (in iambischen Senaren) zu übersetzen; dabei fügte er seiner Sammlung einige eigene hinzu (insgesamt 123 Fabeln).
- Die einfache, prägnante Erzählweise (I, 7) zielt auf Eleganz (III, 6), ist bisweilen etwas steif (IV, 15). Oft gleitet er **unterschwellig ins Satirische**, die Fabel ist für ihn ein Instrument der Kritik und Opposition. Diese **Schlüsselfabeln** (I, 1, 6, 7; II, 5; III, 7) machen sein Werk erst richtig interessant.

4.2 Die stoische Satire: Persius (34–62 n. Chr.)

Der junge Dichter *A. Persius Flaccus* (mit 28 Jahren gestorben) wurde von seiner Mutter in Rom in einer sterilen und strengen familären Umgebung erzogen. Mit 16 Jahren geriet er unter den Einfluss des stoischen Philosophen Cornutus, mit dem ihn eine lebenslange Freundschaft verband (5. Satire). Er verfasste sechs Satiren.

a) Ein **„stoischer Katechismus"**: Die **Starre der stoischen Philosophie** wird bei ihm von **jugendlicher Kompromisslosigkeit** verstärkt; in der Forderung nach einer durch Aufrichtigkeit bestimmten Dichtung spricht er sich das Recht zu, die Fehler eines Jeden zu kritisieren (I); die wahre Religion erkennt man nicht an scheinheiligen Opfergaben, sondern an einem reinen Herzen (II); er bringt den trägen Schüler auf Trab, den das Studium der stoischen Ethik abschreckt (III); man soll die Augen für die eigenen Fehler öffnen anstatt den Nachbarn zu tadeln (IV); die – von Cornutus verkörperte – stoische Philosophie befreit die Seele von den Leidenschaften (V); den Reichtum genießen, ohne in Geiz zu verfallen (VI).
b) Seinen **Versen** fehlen Gefälligkeit, Fluss, Klarheit, doch findet man auch **lebendige dialogische Episoden** (III und V), die den Lauf der Darstellung beleben.

4.3 Unter der Peitsche der Satire: Juvenal (65?–128? n. Chr.)

Das Leben von *D. Iunius Iuvenalis* erlaubt es sein Werk besser zu verstehen: Nachdem er sich voll und ganz der Rhetorik verschrieben hatte, beginnt er mit etwa 40 Jahren Satiren zu schreiben, in dem Augenblick also, wo durch den Sturz Domitians, den Regierungsantritt Trajans und die Herrschaft Hadrians die Gedankenfreiheit ohne Furcht wieder hergestellt ist. Juvenal verfasst sechzehn Satiren.

a) Auch wenn es so scheinen mag, Juvenal ist **kein Republikaner** (↗ Anfang der Satire VII), sondern es gefällt ihm, selbst von **einfachem Stand**, die **Verderbtheit seiner Zeit** und die sehr idealisierten **Tugenden der Römer der Republik** nebeneinander zu stellen (VI, 286; XI, 78). Trotz vorsichtiger Zurückhaltung klagt er die Missstände, deren Zeuge er ist, an: Laster der Römer (II, IX, XII) und Römerinnen (VI); Erniedrigung der Großen zur Zeit Domitians (IV); schlechte Lebensumstände

in Rom (III); Elend des kleinen Volks (V) und der Intellektuellen (VII). Einige Gemeinplätze über die Verrücktheit menschlicher Wünsche (X), die Frömmigkeit (XV), die Rechtschaffenheit (XIII). Die letzte Satire ist nicht vollendet.
b) Seine Kunst reicht vom **Realismus** (III) bis zur **Überspitzung** (X, 198) und **Effekthascherei**. Sein Vers besitzt die **Dichte** und **Prägnanz**, die zum **Sprichwort** passen.

4.4 Das satirische Epigramm: Martial (ca. 40 – ca. 104 n. Chr.)

M. Valerius Martialis, aus Spanien nach Rom gekommen, führt dort dank seiner dem Broterwerb dienenden Dichtkunst ein eher dürftiges als ruhmreiches Leben (XI, 24), bis zu dem Tag, da er – angeekelt – ins Land seiner Geburt zurückkehrt, um dort seine Tage zu beschließen. Das Geld für die Reise streckte ihm Plinius d. J. vor.

a) Neben **drei Büchern** Gelegenheitsgedichten (insbes. ein Buch zur Einweihung des Kolosseums im Jahre 80) verfasste er zwölf Bücher **Epigramme**, allesamt Satiren. Diese Epigramme, bisweilen auf ein oder zwei Verse verdichtet, sind zur **Unterhaltung reicher Gönner** bestimmt (IV, 49 an Domitian), wenn sie nicht **„Tagesmeldungen"** (III, 47; VI, 19; X, 79...) berichten. Sie **karikieren** Originale aus allen Schichten und **allen Milieus** (II, 4, 7, 29; IV, 43 ...), kennen keinerlei Nachsicht, sind aber frei von Boshaftigkeit.
b) Die ganze **Kunst** besteht darin, Gemeinheiten mit so viel Ironie oder Esprit (Wortspiele, Kalauer) zu formulieren, dass man darüber lächelt, ohne das Verlangen zu haben sich zu ärgern. Martial ist zweifellos der **geistreichste** unter den römischen Schriftstellern.

5 Der Roman

Der Roman in Rom: Woher kommt er? Welche Besonderheit weist er auf?
▶ Das **ionische Griechenland**, vom **Orient** beeinflusst, war die Heimat fantastischer locker aneinander gereihter und oft frivoler Erzählungen (*μῦθοι*, *fabulae*), die reich an charakteristischen Episoden waren: unvorhergesehenen Begegnungen, Entführungen, Streitereien, behinderten Liebschaften, stürmischen Schiffsreisen und Schiffbrüchen, ganz ähnlich wie in heutigen **Heftromanen**. Die berühmteste Sammlung, die Aristeides von Milet (2. Jh. v. Chr.) zugeschriebenen *Milesiaká* („Milesische Geschichten"), wurde von Sisenna (Zeit Ciceros) übersetzt und hatte einen außergewöhnlichen Erfolg.
Diesen der freien Fantasie entsprungenen Geschichten gaben die Lateiner durch objektive Schilderung der Sitten und Betonung der Moral ein ganz eigenes Gepräge. Der lateinische Roman hat **zwei Meisterwerke** hinterlassen:

5.1 Das Satiricon: der Roman der Unterprivilegierten

a) Der Autor ist unbekannt. Oft hat man ihn mit **Petron**, dem Höfling Neros (der anschließend sein Opfer wurde), gleichgesetzt; sein Beiname: *Arbiter elegantiarum* („Schiedsrichter in Sachen des feinen Geschmacks").
b) Das Werk: *Satiricon* bedeutet so viel wie „Buntes Allerlei" *(satura*, mit Anklang an *satyricus* „satyrhaft"), weil die Prosaerzählung mit mehr oder weniger umfangreichen Gedichten „gespickt" ist. So wie uns das *Satiricon* vorliegt, handelt es sich um einen Teil eines größeren Werkes, dessen Umfang wir jedoch nicht kennen.

c) Die Handlung: Sie erscheint sehr zusammenhanglos. Der Erzähler, Encolpius, macht in einer großen Stadt an der Küste Italiens (Neapel?) in Begleitung seines Freundes Ascyltus und des jungen Sklaven Giton eine Reihe von Abenteuern durch. Der Dichter Eumolpus gesellt sich ihnen zu, sie besteigen ein Schiff, um nicht weit von Croton Schiffbruch zu erleiden. Man kann drei in sich geschlossene Episoden ausmachen: das von einem Freigelassenen namens Trimalchio veranstaltete Gastmahl, die (von Eumolpus erzählte) Geschichte der Witwe von Ephesus, den Aufenthalt in Croton, einem Paradies alter Männer ohne Nachkommenschaft und von Testamentsjägern.
d) Die Rückseite der Kulissen: Über die Schilderung zwielichtiger Milieus (Herbergen, verrufene Häuser, öffentliche Bäder), über die Darstellung deklassierter Menschen, gesellschaftlich geächteter armer Schlucker, steigen wir in Niederungen hinab, die die **übrige lateinische Literatur ignoriert hat. Im Gegensatz dazu** ist das Gastmahl, das **Trimalchio**, ein unverschämt reich gewordener Freigelassener, für seine aus derselben Welt wie er stammenden Freunde veranstaltet, eine Parodie auf das **dekadente Luxusleben der „erlesenen Gesellschaft"** Roms. Die beschriebenen **Sitten überschreiten oft die Schranken jedes Anstands und jeder Scham**.
e) Als **Werk aus bunt zusammengewürfelten Elementen** enthält die Geschichte der Witwe von Ephesus eine Spur gespielter Naivität – **Erbe der milesischen Geschichten** –, während die von Eumolpus am **historischen Epos** vorgetragenen Kritiken direkt auf die Einwände der Gegner Lukans an seiner *Pharsalia* anspielen.

5.2 Der goldene Esel oder Milesische Geschichten à la Karthago

Apuleius (125 n. Chr. – nach 170) aus Madauros in Nordafrika (Mauretanien) ließ sich nach vielen Reisen in Karthago nieder, wo ihm seine Gaben als Redner und seine Kenntnisse größte Berühmtheit verschafften (in den *Florida* liegt uns eine Sammlung seiner Reden vor). Er war von sehr neugierigem Geist und beschäftigte sich auch mit Magie, doch zu Unrecht hielt man ihm die Praktizierung von Zauberei vor (die *Apologia* enthält seine Verteidigung). Er ist der Autor des Romans *Der goldene Esel.*

Der goldene Esel oder **Metamorphosen** erzählt die **Erinnerungen eines Esels**: Lucius aus Korinth wird – von der Zauberkunst angezogen – aus Versehen in einen Esel verwandelt; im Dienste verschiedener Herren ist er Held oder Zeuge einer Reihe von Abenteuern, bis zu dem Tag, an dem er seine frühere Gestalt wieder gewinnt.
a) In der milesischen Tradition: Der Roman bildet eine Folge von Episoden nach Art der ionischen Geschichten: in der Welt der Räuber, die **Fabel von Psyche und Amor** (IV–VI), die Rache der Charite (VIII), die Geschichte mit dem Fass (IX, 7), die verbrecherische Schwiegermutter (X, 2–12), die Schlägerei zwischen dem Soldaten und dem Gärtner (IX, 39), der Esel, der den Kopf durch das Fenster steckt (IX, 42) und viele andere!
b) Ein Plädoyer gegen die Magie: Der Roman liefe Gefahr, jeden inneren Zusammenhalt zu verlieren, wenn nicht das Motiv der **Magie** für **Einheit in Sprache und künstlerischer Idee** sorgte. Die Handlung spielt in Thessalien, Heimat der Hexen (I, 13; II, 1); die Magie bewirkt Lucius' Verwandlung (III, 24) und inspiriert viele erotische oder blutige Erzählungen, z. B. von der Zauberin Meroë (I), von Thelyphron (II), vom Menschenfresser (VIII, 19). Am Schluss greift die Göttin Isis ein, um Lucius zu retten und für ihren Kult zu gewinnen; die Rettung der Seele geschieht

durch mystische Versenkung in die Göttin, die Verkörperung der fundamentalen Einheit des Universums, während die Magie den Menschen ins Verderben zieht (Befriedigung sexueller oder krimineller Instinkte), ohne ihm jemals den geringsten Vorteil zu verschaffen.

6 Die Geschichtsschreibung

- Die Werke der lateinischen Geschichtsschreiber sind künstlerisch und psychologisch höchst bedeutende Schriften, doch ihr wissenschaftlicher Wert ist sehr bescheiden. Livius zitiert aus Angst, er könne seine Erzählung verunstalten, nie Dokumente, und er gestaltet Reden, die nichts Authentisches auszeichnet.
- Es blieb den modernen Historikern vorbehalten, mit kritischem Geist eine vollständige und sachbezogene Geschichte der römischen Welt zu erarbeiten.

6.1 Titus Livius (59 v. Chr. –17 n. Chr.): Geschichtsschreibung wie ein Roman

- **Fern von allen öffentlichen Geschäften** widmet Livius seine gesamte Arbeitskraft den Forschungen, die sein Lebenswerk erfordert: der **römischen Geschichte**. Der Titel *(Ab Urbe condita libri)* gibt schon die Spanne dieses Werkes an: 142 Bücher umfassten den Lauf der Ereignisse bis auf das Jahr 9 n. Chr. Später ging man aus praktischen Gründen dazu über, das Werk in **„Dekaden"**, also in Gruppen zu zehn Büchern, einzuteilen und herauszugeben.
- Dieses sperrige Werk ist teilweise verloren gegangen; erhalten ist die „erste Dekade" (Bericht der Ereignisse bis 293 v. Chr.), die 2. Dekade fehlt; wir haben dann noch die 3., die 4. und die Hälfte der 5. Dekade (vom 2. Punischen Krieg bis zum Jahr 167 v. Chr.). Zusammenfassungen, sog. *periochae,* die dem Epitomisten (Verfasser von Werkauszügen) **Florus** (2. Jh.) zugeschrieben werden, erlauben uns bis auf die Bücher 136–137 eine gewisse Vorstellung von den Teilen, die nicht auf uns gekommen sind.

a) Von der Geschichtsschreibung Roms...

- **Ein einziges Thema: Fortuna Populi Romani; ein einziger Akteur: Senatus Populusque Romanus.**
- Livius ist für uns wertvoll, weil sein Werk das für uns verlorene Zeugnis alter lateinischer Chronisten (Valerius Antias, Claudius Quadrigarius für die 1. Dekade; Fabius Pictor, Caelius Antipater für die 3.) bewahrt hat.
- Doch ist ihm gegenüber Misstrauen angebracht, denn sein unverbesserlicher **Nationalismus** beschönigt systematisch die Aktionen der Römer zum Nachteil der fremden Völker, die er schlecht kennt (besonders die Karthager). Seine Informationen sind stellenweise mit Vorsicht zu genießen, denn Livius besitzt **keinen großen kritischen Geist**; wenn die Quellen, über die er verfügt, nicht übereinstimmen, wagt er nicht, Partei zu ergreifen.

b) ... zur dramatischen Geschichtsschreibung

- Eine Abfolge **hübscher Erzählungen**. Er versteht es, die hervorstechendsten Tatsachen einer Episode herauszuarbeiten, die dramatische Tragweite besitzen (Schlachten, Stadteroberungen, Beschlüsse des Senats oder des Volkes). Er gestaltet die Inszenierung so, dass die charakteristische Haltung der Akteure hervortritt, bei denen es sich oft um große Gruppen handelt (die Plebs, den Senat, Soldaten); er versteht es dabei, ihre erregte Stimmung psychologisch ausdrucksvoll wiederzugeben (Verzweiflung, Panik, Revolte).

- **Reden** *(contiones)* **ohne authentischen Wert**, jedoch **kunstvoll** komponiert (Gliederung, generelle Ideen, dramatische Bewegung) kennzeichnen die entscheidenden Wendepunkte der Erzählung und erhellen die besondere Mentalität der Anführer.

c) Als **Schriftsteller des Übergangs** tritt er das **klassische Erbe** Ciceros an (Satzperioden), während er **durch seine Neuerungen**, namentlich den Gebrauch poetischer Figuren, die **Prosa der Kaiserzeit** ankündigt.

6.2 Das Auf und Ab der Gattung während der Kaiserzeit

a) Das Jahrhundert des Augustus erlebt den **Höhepunkt der Geschichtsschreibung.**

Die Befriedung der römischen Welt führt zum Aufblühen des Nationalgefühls, und Livius (↗ S. 207, 6.1) zieht die ruhmreiche Bilanz der Vergangenheit Roms.

b) Unter den ersten Kaisern wird die Geschichtsschreibung geknebelt.

Im Klima des Despotismus kann der Historiker nicht mehr die Erkenntnis der Wahrheit verbreiten. Cremutius Cordus, der Verteidiger des Cäsarmörders Brutus, wird von Tiberius umgebracht.

- **Velleius Paterculus** (Legat des Tiberius) lässt von den Kriegen der Republik ab und beschreibt stattdessen liebedienernd die Feldzüge des Tiberius.
- **Valerius Maximus** (Zeit des Tiberius) versammelt in seinen *Factorum et dictorum memorabilia* kurze Berichte und macht so aus der Geschichtsschreibung eine Sammlung von Sentenzen.
- **Q. Curtius Rufus** (Zeitgenosse des Claudius) gibt die zu gefährlich gewordene nationale Geschichte auf, um das Leben **Alexanders** darzustellen. Der außerordentliche Nimbus des Helden, seine Taten, der exotische ferne Rahmen machen aus dieser romanhaften Biografie ein **Epos in Romanform.**

c) In der Epoche der Antoninen erlebt die Geschichtsschreibung eine Renaissance.

Wie die Dichtkunst profitiert die Geschichtsschreibung von der allgemeinen Hochstimmung. „Geschichte zu schreiben" wird zum bevorzugten Zeitvertreib der Gebildeten.

- Tacitus (↗ S. 209, 6.3) „spezialisiert sich" auf die Geschichte der ersten Kaiser.
- **Sueton** (C. Suetonius Tranquillus, ca. 75 – ca. 160), der an der Quelle saß und hinter die Kulissen der Kaisergeschichte blicken konnte (er war Sekretär des Kaisers Hadrian), verfasst zwölf Monografien: *De vita Caesarum*, von Cäsar bis Domitian; seine indiskrete Schnüffelei hat ihn dazu geführt, „die kleinen Ereignisse am Rande" der Geschichte zu beschreiben, seine Sammlung präziser Fakten ist für den modernen Leser nicht ohne Interesse.
- **Iustinus** (3. Jh.) schreibt einen „umgearbeitete Abriss" der *Historiae Philippicae* des Galliers **Pompeius Trogus** (1. Jh.), der ersten Universalgeschichte.
- L. Annaeus **Florus** (ca. 100–150) verfasst für den eiligen Leser eine **brillant geschriebene** Kurzfassung des Livius, in der alles Wesentliche kondensiert enthalten ist.

6.3 Tacitus (ca. 55 – ca. 120), „der größte Maler der Antike" (Racine)

P. Cornelius Tacitus war hoher Staatsbeamter, seine Laufbahn zeigt ihn als loyalen Diener der kaiserlichen Herrschaft. Das Regime Domitians behandelt ihn schonend; 97 Konsul, Prokonsul in Kleinasien. 78 hatte er die Tochter des Agricola geheiratet, der unter Vespasian die Eroberung Britanniens abschloss. Erst recht spät, nach seinem Konsulat, wandte er sich der Geschichtsschreibung zu.

a) Von der Rhetorik zur Geschichtsschreibung

- **Tacitus' „Essays"**: Tacitus, Advokat, „Hörer" der beiden berühmtesten Redner Roms, Iulius Secundus und Marcus Aper, beginnt seine literarische Laufbahn mit einem Essay zur **Literaturkritik**, dem *Dialogus de Oratoribus,* in dem zwei Probleme behandelt werden: Überlegenheit der Älteren (vertreten durch Messala) über die Modernen (vertreten durch Aper); historische Ursachen für den Niedergang der Redekunst, die zugleich moralischer (Vernachlässigung der Erziehung) und politischer Natur ist (Augustus hat durch die „Befriedung" der kämpferischen Eloquenz diese überhaupt vernichtet: These des Dichters Maternus).
- **Zwei kurze Monografien**: *Agricola,* ein **historischer** Essay, der zugleich **Biografie** und **Verteidigung** des Schwiegervaters durch den Schwiegersohn darstellt; *Germania,* ein ethnografischer und geografischer Essay über die Völkerschaften jenseits des Rheins, der Rom auf Wachsamkeit gegenüber der Bedrohung durch die „germanische Gefahr" einschwören soll.
- **Die Hauptwerke**: Die *Historiae* erzählen die römische Geschichte von der Herrschaft Galbas bis zur Herrschaft Domitians; die *Annales,* danach verfasst, behandeln die Regierungen davor von Tiberius bis Nero. Diese beiden Werke sind **sehr unvollständig** auf uns gekommen.

b) Seine Position vor der Geschichte

Tacitus ist **Zeitzeuge** und als solcher

- **informiert**, denn er verfügt über eine große Zahl an Dokumenten und behandelt im Gegensatz zu Livius nur **aktuelle oder zeitnahe** Fragen;
- **unparteiisch**, denn er bemüht sich in erster Linie klar zu sehen. Seine Formel ist *fides incorrupta;*
- allerdings **deprimiert** über den moralischen Niedergang seiner Zeit, die sein Gewissen als Ehrenmann verletzt. Alles in allem glaubt er, dass Rom durch die Kaiserherrschaft nur **Schaden** nimmt und die Wiedergeburt der Republik nicht mehr erleben kann.

c) Wie er die Arbeit des Historikers begreift

- **Psychologische Geschichtsschreibung...**

Die Ereignisse, bei denen das kaiserliche Rom den Mittelpunkt des Interesses bildet, sind für Tacitus vom Charakter der Akteure her zu erklären: dem Kaiser, den Generälen, großen Persönlichkeiten, Senatoren, Soldaten, der römischen Plebs, den unterworfenen oder revoltierenden Völkern. In das **Geheimnis der Triebfedern ihres Handelns** eindringen heißt, in das **Herz der Geschichte** vordringen.

- **... dargeboten wie ein Drama**

Tacitus sucht die **Schlüsselszene**, mit der er die Motive einer Person (Tod der Agrippina, *Annales* XIV, 3–12, oder des Tiberius, *Annales* VI, 50–51) oder die Triebkräfte einer historischen Krise (Aufstand der Legionen in Germanien, *Annales* I, 31–41; Verschwörung Pisos, *Annales* XV, 48–74) **enthüllen** kann; er lässt ihre äußere (Kulissen) und moralische (Verhalten, Gesten, Mimik, Worte) **Atmosphäre** lebendig werden.

- **Die Reden**, relativ wenige und ohne irgendeinen Anstrich von Authentizität (stattdessen Bemühen um Einheitlichkeit), arbeiten die philosophischen Lehren aus der Geschichte heraus (Rede des P. Cerialis, *Historiae* IV, 73–74) oder erhellen die Hintergründe eines Charakters (Nero zu Seneca, *Annales* XIV, 55–56). Erhalten ist das Original einer Rede des Kaisers Claudius, die Tacitus nachgestaltet hat *(Annales* XI, 24).

d) Wie er Geschichte schreibt

Tacitus **löst sich vom Purismus** Ciceros und schafft sich einen **persönlichen Stil**:

- kraftvoll, **gedrängt bis zur Undeutlichkeit**;
- gewollt **asymmetrisch**;
- seine Prosa setzt die **Mittel der Dichtkunst** ein, womit er direkt auf die **Empfindungen** und die **Vorstellungskraft** des Lesers zielt; sein Stil ist **romantisch** (Beschreibung des Schlachtfeldes von Bedriacum, *Historiae* II, 70).

7 Die Philosophie

▷ Seneca (4 v. Chr. – 64 n. Chr.), philosophischer Beichtvater

Eine umstrittene Persönlichkeit

- Für die einen ist *L. Annaeus Seneca* ein **weltlicher Heiliger**, denn er ist der Vertreter einer sehr noblen Lehre; nachdem er sich in der Pisonischen Verschwörung (↗ S. 195; 209, 6.3 d) kompromittiert hatte, beweist er bis zum letzten Augenblick **stoische Festigkeit** (er öffnet sich die Venen).
- Im Gegensatz dazu halten ihm seine Gegner vor, in seinem Exil auf Korsika (das Messalina, Claudius' erste Frau, über ihn verhängt hatte) keine Würde gezeigt *(Consolatio Polybii)*, am Hof Neros die Rolle eines **gefälligen Schmeichlers** gespielt und sich – beständig Armut predigend – auf **skandalöse Weise selbst bereichert** zu haben (er gehörte zu den reichsten Römern seiner Zeit).

a) Das Testament eines stoischen Philosophen...

Besorgt um eine praktische, persönliche Ethik versucht Seneca seine von materiellen Annehmlichkeiten und Luxus beherrschten Zeitgenossen auf einen neuen Weg zu führen, und erteilt so auch seinem Herrn Nero Lektionen. Er lehrt nach dem stoischen Verhaltenskodex **gut zu leben** und, mitunter, **gut zu sterben**:

- indem man **sich an der Tugend orientiert**, der Stütze des Gewissens *(Consolatio Helviae)*;
- indem man mit dem Experiment freiwilliger Armut und strikter Vereinfachung der Lebensführung **der Macht der materiellen Güter widersteht** *(Epistulae morales ad Lucilium, De vita beata)*;

„Seneca, ein weltlicher Heiliger..."
Bildnis eines Philosophen, sog. „Pseudo-Seneca". Paris, Louvre

- indem man **seine Leidenschaften zügelt** *(De ira)* und sich **gegen jeden äußeren Einfluss abhärtet** *(De constantia);*
- indem man **Respekt vor der Würde des Menschen** zeigt, selbst gegenüber Tieferstehenden, Klienten *(De beneficiis, „Über Wohltaten")* oder Sklaven: *homo, res sacra homini.* Er erweitert die **antike Ethik** bis zum Gefühl der **menschlichen Solidarität**.

b) ... aufgesetzt von einem Redner

Höchst begabt (Einfluss seines Vaters Seneca d.Ä., des Redners), sucht er subtilen **Scharfsinn** in prägnanten und oft rätselhaften Sätzen *(sententiae)* auszudrücken. „Bei ihm findet sich eine Unmenge an **angenehmen Mängeln**" (Quintilian).

8 Die Bildung

Der Respekt vor dem geschriebenen Wort, der Mangel an direkter Beobachtung, das Fehlen kritischen Geistes, die Unfähigkeit eine Hypothese zu wagen hemmen jeden wissenschaftlichen Fortschritt. Selbst Plinius d.Ä. bleibt in dieser Hinsicht weit hinter seinem Vorbild Aristoteles zurück.

a) Die Fachschriftsteller sprechen mit Sachverstand über ihr Fachgebiet.

- Der Architekt **Vitruv** *(M. Vitruvius Pollio,* Zeit des Augustus) und der Direktor der Wasserversorgung Roms **Frontin** *(Sex. Iulius Frontinus,* gest. 103 n. Chr.) sind hervorragende Ingenieure. Der Geograf **Pomponius Mela** (Regierung des Claudius) hinterließ eine berühmte Beschreibung des gesamten Mittelmeerbeckens. Die bedeutendsten Mediziner (Dioskurides, **Galenus**) sind Griechen, doch **Celsus** *(A. Cornelius Celsus,* Zeit des Tiberius) verfasst eine Abhandlung, die lange Zeit maßgeblich sein wird.
- Die Römer interessieren sich stets für die Landwirtschaft: **Columella** *(L. Iunius Moderatus Columella,* Zeit Neros) schreibt ein Werk *De re rustica* in zwölf Büchern. Das zehnte Buch (in Versen) handelt von Gärten.
- **Manilius** (Zeit des Tiberius) verfasst ein Lehrgedicht in fünf Büchern, *Astronomica,* in der der Gelehrte von einem stoischen Philosophen (II, v. 99) und einem Dichter begleitet ist, der an einigen Stellen (I, v. 703) auf Lukrez oder Vergil verweist.
- Unbekannt ist der Autor eines gleichnamigen kurzen Gedichtes über den *Ätna,* in dem die Ausbrüche des Vulkans den Aktivitäten unterirdischer Winde zugeschrieben werden.

b) Die Enzyklopädisten

- **Plinius der Ältere** *(C. Plinius Secundus,* 23–79), der berühmteste Vertreter der römischen Wissenschaft, starb beim Ausbruch des Vesuvs. Er hatte mehr als 500 Bücher geschrieben; erhalten ist seine *Naturalis historia* (37 Bücher), eine gewaltige Enzyklopädie, in der man kluge Bemerkungen zur Rolle des Menschen in der Natur findet (leider ohne kritische Haltung geschrieben). Ohne ihn wäre unsere Kenntnis der antiken Welt beträchtlich schmaler.
- Die *Naturales quaestiones* **Senecas** (↗ S. 210, 7) enthalten eine Übersicht über zentrale Fragen der Geophysik und Astronomie.
- **Aulus Gellius** (geboren 130 n. Chr.) verfasst ein Werk *(Noctes Atticae),* in dem er allein die Lesefrüchte seiner **nächtlichen Lektüre** zusammenstellt. Sozusagen als **Harlekinsgewand** entworfen, stellt das Werk ein **Gewebe** aneinander gereihter **Anekdoten** dar; das amüsant zu lesende Buch ist für uns wertvoll, weil es uns über die archaischen Schriftsteller, die Einrichtungen und viele Einzelheiten der Sitten unterrichtet.

9 Das Theater

9.1 Die Komödie im Todeskampf

Zur Zeit des Augustus schreibt der Bibliothekar Senecas, Melissus, ohne Erfolg Komödien, in denen Ritter dargestellt werden *(comoediae trabeatae)*, während die **Tänzer** Pylades und Bathyllus Beifall ernten.

9.2 Die Lesetragödie

- Nach Accius verliert die **gespielte** Tragödie ihre literarische Bedeutung; die Inszenierungen und die verschiedenen Theaterapparaturen **lenken** die Zuschauer **ab**. Die Liebhaber schöner Stücke verzichten deswegen nicht auf ihr Vergnügen: sie kehren dem Theater den Rücken und treffen sich in Vortragssälen, um dem **Lesevortrag** von Stücken zu lauschen (Ovid z. B. ließ seine – verlorene – *Medea* nicht aufführen, sondern lesen).
- **Acht Tragödien** werden **Seneca zugeschrieben**: Sie waren für den öffentlichen Lesevortrag bestimmt und alle am griechischen Vorbild orientiert (einschließlich ausgedehnter Partien für den Chor).

„Sie waren für den öffentlichen Lesevortrag bestimmt..." Sarkophagrelief, Paris, Louvre

a) Es ist eine **romantische** Tragödie, die

- durch **außernatürliche**, monströse, schreckliche **Situationen** die Gefühle erschüttert (Herkules tötet seine Kinder, Medea entschwebt nach der Tötung ihrer Kinder in einem Wagen durch die Lüfte);
- die Fantasie durch **prächtige Beschreibungen** *(Hercules furiosus,* v. 125) und Chöre voller Poesie *(Troades, „Die Troerinnen",* v. 371) verzaubert;
- einige **scharfe, heftige Debatten** enthält, in denen Leidenschaft auf ein Hindernis stößt, wodurch ihre Intensität nur verstärkt wird (Medea vor Jason; Andromache in der Auseinandersetzung mit Odysseus in den *Troades);*
- allerdings **vermisst man jegliche dramatische Dynamik**; die Helden versteifen sich in unbeugsamer, blinder Voreingenommenheit, die sie über ihr grässliches Schicksal erhebt: der „Stoizismus" Medeas, Herkules', Phaedras in der Schule des Verbrechens.

b) Uneinheitlicher Stil: oft schwülstig und künstlich, oft von vollendeter Eleganz.

10 Die Beredsamkeit

Das Auf und Ab der Redekunst spiegelt die **politische Entwicklung** der Stadt wieder: die Beredsamkeit spielte seit den frühesten Zeiten der Republik eine wichtige Rolle (Livius, II, 32: Menenius Agrippa). Das Aufkommen des Prinzipats versetzt ihr jedoch einen tödlichen Stoß (vgl. Cicero, *Brutus,* 1 und 2). Nachdem die Freiheit des Denkens und des Wortes einmal verschwunden ist, vegetiert die Rhetorik in untergeordneten (wie den **Panegyriken**, Lob- und Festreden) und künstlichen Gattungen dahin.

10.1 Die Beredsamkeit stirbt...

- Die Begründung der Kaiserherrschaft lenkt die oratorische Gattung in andere Bahnen.
- Das Rechtswesen wird in den Basiliken von Rechtsfachleuten gepflegt, nicht von Virtuosen des Wortes.
- **Das Forum ist verwaist**: Die Senatoren vertreten nicht mehr mit Engagement ihre Ansichten.
- Die Lehre fördert durch Traktieren unwahrscheinlicher Fälle in *suasoriae* und *controversiae* den schlechten Geschmack; Seneca d.Ä. (55 v. Chr. – 39 n. Chr.) hat uns eine Sammlung davon hinterlassen.
- In **öffentlichen Lesungen** *(recitationes)*, die von Asinius Pollio zur Zeit des Augustus „aufgezogen" werden, floriert eine rein **akademische Beredsamkeit**.

10.2 Die Reaktion: Quintilian

Quintilian *(M. Fabius Quintilianus*, 30– ca. 95 n. Chr.) versucht in seinen *Institutiones oratoriae* die Bewegung zu bremsen, indem er die negativen Folgen der rhetorischen Effekthascherei anklagt, eine **vereinfachte Lehre** fordert und zur Bildung des feinen Geschmacks die **Lektüre Ciceros** predigt.

10.3 ... die Beredsamkeit ist tot

- Der **Panegyrikus**, von Plinius d. J. 100 n. Chr. begründet *(Panegyricus in Traianum*, ↗ S. 214, 11 d) und im 3. und 4. Jahrhundert wiederkehrend, präsentiert sich als Stück gekünstelter, saft- und kraftloser Rhetorik.
- **Fronto** *(M. Cornelius Fronto*, 100 n. Chr. geboren, Konsul 143) ist eher ein Witzbold oder Komiker *(Lob der Nachlässigkeit, des Staubs, des Rauchs)*, eher ein Unterhaltungskünstler als ein seriöser Redner.

Die Rednertribüne in der Kaiserzeit, Darstellung auf dem Konstantinsbogen in Rom. „Die Beredsamkeit stirbt..."

11 Der Kunstbrief

▷ Plinius der Jüngere (62–113)

- C. Plinius Caecilius Secundus ist ein Mann, **mit dem es das Leben gut gemeint hat**. Gewiss, er verliert früh den Vater, doch sein Onkel, der berühmte Plinius d.Ä., nimmt sich seiner Erziehung an und adoptiert ihn. Die Verfolgungen unter Domitian gefährden seine Karriere nicht: 89 ist er Quästor, 91 Prätor, 100 Ersatz-Konsul *(consul suffectus)*. Sein Freund **Trajan** wird Kaiser und betraut ihn 112 als **kaiserlichen Legaten** mit der Reorganisation der inneren Verwaltung der Provinz Bithynien. Bei dieser Gelegenheit führt er mit dem Kaiser eine **offizielle Korrespondenz**, die erhalten geblieben ist (Briefe und Antwortschreiben). Zweimal verwitwet (?), findet er in dritter Ehe eine zärtlich hingebungsvolle Gefährtin, Calpurnia, die sein Talent versteht und bewundert.
- Ein **glückliches Naturell**: Die **Freundschaft** gehört für ihn zu den höchsten Gütern (Tacitus, I, 6; Martial, IV, 10; Trajan). Seinen Reichtum erwirbt er auf ehrbare Weise und macht **zahlreiche Schenkungen** (I, 8, 19; II, 4; III, 21; IV, 13; VI, 32). Seine **Dienerschaft** behandelt er **menschlich**.
- Seine **Leidenschaft** gilt **dem geistigen Ruhm**: zu Lebzeiten angesehener Anwalt (II, 11; VI, 11), hinterlässt er nach seinem Tod ein Werk, das nicht untergegangen ist.

Als **Schöpfer einer neuen Gattung** hat Plinius d. J. den **Kunstbrief** erfunden. Neben der offiziellen Korrespondenz mit Trajan haben wir von ihm **neun Bücher Briefe**, die an Verwandte oder Freunde adressiert sind.

a) Diese Briefe wurden nicht wie die Briefe Ciceros zu reinen Gebrauchszwecken geschrieben. Zweifellos beziehen sie ihre Inspiration aus der täglichen Realität, doch sie setzen eine Auswahl voraus, sind nie datiert, erwarten keine Antwort.

b) Bei ihrer Ausarbeitung geht Plinius mit der **Sorgfalt eines großen Künstlers** vor: er achtet auf die Einheit von Thema und Stil, desgleichen auf die Komposition; er strukturiert die Themen, indem er innerhalb jedes Themenkreises für Abwechslung Sorge trägt; gewandt nimmt er Themen nach genau berechneter Pause wieder auf. Vielleicht lassen diese Briefe **Natürlichkeit** vermissen (niemals zeigen sie die Lässigkeit der Improvisation) und sind **zu verstandesmäßig** gehalten (vor allem in der Einführung und am Schluss spürbar).

c) Sie sind das Produkt einer **verfeinerten Bildung**.

- Beeindruckt von der Lektüre Horaz', Ovids, Martials verfasst Plinius **Briefe in Prosa**, die schon bearbeitete Themen kunstvoll arrangieren: die Beschreibung einer Landschaft, einer Villa, eines Kunstwerks; die Einladung zum Essen; die Empfehlung eines Schützlings; die kleine Sensationsnachricht aus dem Gesellschaftsleben, über eine Naturkatastrophe; die Ermahnung zum Studium; Um-Rat-Fragen wegen einer zu treffenden Entscheidung; eine Erörterung zur Moral...
- Plinius befriedigt den Geschmack einer sich als **mondän, fein und von Grund auf ehrenhaft** verstehenden Gesellschaft. Seinen Briefen fehlt das Überraschende oder die echte Ausdruckskraft, doch man zieht sie heran, um sich eine Vorstellung von der aristokratischen Gesellschaft zur Regierungszeit Trajans zu machen.

d) Der Redner Plinius

Anlässlich seiner Berufung ins Konsulat verfasste Plinius eine **Dankrede an den Kaiser**. Dieser *Panegyricus in Traianum* krankt an unmäßigen Schmeicheleien und am Missbrauch der Rhetorik. **Schwülstig** und **affektiert** handelt es sich um ein eigenartiges Zeugnis des **Niedergangs der Rhetorik**, doch liefert es dem Historiker viele Erkenntnisse.

XIII Die Künste

■ Die Monumente Roms sind Kapitel der Weltgeschichte.

Während der Kaiserzeit erreicht die römische Kunst ihren Höhepunkt.

1 Die Architektur

1.1 Besonderheiten

a) Vielfältiger Einsatz des **Gewölbes**, das die Überdeckung weiter Räume bei Reduktion der inneren Stützelemente erlaubt, und des **Rundbogens**, mit Säulen bzw. Pfeilern eingerahmt oder nicht. Manche Bauwerke (Amphitheater, Aquädukte, darunter der berühmte **Pont du Gard** in der Provence) weisen mehrere Arkadenreihen auf.

Vom korinthischen... zum Kompositkapitell (Rom, Forum Romanum)

b) Zu den griechischen Säulenordnungen kommt eine „römische Ordnung" hinzu, die sich aus der korinthischen und ionischen zusammensetzt: die **„Kompositordnung"**. Manchmal sind **verschiedene Ordnungen** an demselben Bauwerk **übereinander gestellt**: tuskisch in der unteren Etage, ionisch in der Mitte, oben korinthisch.

1.2 Die wichtigsten Bauwerke Vgl. S. 149, 1.2

Die charakteristischsten Bauwerke sind die **Thermen** und die **Amphitheater**:

a) Thermen: Vgl. S. 181, 5.4.

Die **Thermen des Agrippa** sind die Ersten (19 v. Chr.) dieser gewaltigen Gebäude, von denen es in der Folgezeit immer mehr gab. Zu ihrer Versorgung wurde ein eigener Aquädukt, die *Aqua Virgo*, errichtet.

Angrenzend an die Nordseite der Thermen ließ Agrippa den **Pantheon** genannten **Tempel** errichten, von allen römischen Bauwerken das Besterhaltene (mehrere Male abgebrannt, dann von Hadrian wieder aufgebaut). Man nannte ihn Pantheon (griech.), weil die Form der Kuppel an den himmlischen Aufenthaltsort „aller Götter" erinnerte. Die vorgelagerte griechisch-römische Säulenhalle misst 35 m in der Breite auf 16 m in der Tiefe; der Schaft einer Säule (aus einem einzigen Stück) ist 12,50 m hoch und hat einen Durchmesser von 1,50 m. Die Kuppel ruht auf Mauern von 6 m Dicke (einst

„Man nannte ihn (griech.) Pantheon, weil die Form der Kuppel an den himmlischen Aufenthaltsort ‚aller Götter' erinnerte."

„Das Kolosseum ist das großartigste Baudenkmal Roms ..."

mit kostbarem Marmor verkleidet); ihr Durchmesser ebenso wie ihre Höhe betragen 46 m.

b) Amphitheater: der Begriff meint „doppeltes Theater", und tatsächlich handelt es sich um zwei aneinandergefügte Theater-*caveae;* das Gesamtgebilde ist jedoch **elliptisch** und nicht kreisförmig.

- In der Mitte ist die **Arena**, gewöhnlich mit Sand bedeckt; Caligula und Nero jedoch ersetzen später manchmal den Sand durch Goldstaub. Das Untergeschoss enthält Käfige für die wilden Tiere und Apparaturen zur Wasserverteilung, sodass man gegebenfalls aus der Arena einen künstlichen See machen konnte. Ein mit dem Porträt des Kaisers geschmücktes *velum* schützt vor der Sonne.
- Die Arena beherrscht ein *podium* (Empore), wo der Kaiser und die offiziellen Persönlichkeiten ihre Sitze haben.
- Die *cavea,* in Abschnitte *(cunei* ≈ „Keile") eingeteilt, ist von Toren *(vomitoria; vomere* „ausspeien") durchbrochen, die den Weg zu den Treppen und darüber zu den Galerien freigeben, die die *cavea* stützen (drei Galerie-Etagen im Kolosseum).

Das **Kolosseum** (↗ S. 183, 6.3 a) ist das großartigste Baudenkmal des antiken Roms: 48,50 m hoch, mit einem Umfang von 524 m (Achsenlänge 156 und 188 m), fasste es 50.000 Zuschauer.

c) Gedenkmonumente

- **Tropaeum Augusti**, ein in Gallien bei La Turbie (östlich von Nizza) zur Erinnerung an die endgültige Unterwerfung der Alpenvölker (6 v. Chr.) errichtetes Siegesdenkmal. Einst 50 m hoch, umfasst es einen quadratischen Unterbau von 38 m Seitenlänge, auf dem sich eine Art Rundtempel mit dorischen Säulen erhebt, in dessen Nischen Statuen des Augustus und seiner Generäle standen (1934 zum Teil wieder errichtet).

- **Titusbogen**, von Domitian zur Erinnerung an den Sieg seines Bruders in Palästina auf dem Forum errichtet (im 19. Jh. restauriert); der (einzige) Bogen misst 8,50 m an Höhe und 5,30 m in der Breite.
- **Trajanssäule** (in dorischer Ordnung, zu Ehren der Siege Trajans über die Daker errichtet): der Schaft (27 m hoch) ist von einem spiralförmig angelegten marmornen Relief umgeben, das „abgewickelt" ein Band von 1 m Höhe auf

Der Titusbogen in Rom: „... zur Erinnerung an den Sieg in Palästina..."

Die Plünderung des Tempels von Jerusalem, Darstellung auf dem Titusbogen: „... lebendige historische Reliefs..." (S. 218)

200 m Länge ergäbe; man zählt darauf 2.500 Figuren, außerdem die Pferde und Geräte. Im Innern der Säule windet sich eine Wendeltreppe hoch, die Säule selbst war einst von der vergoldeten Bronzestatue Trajans gekrönt (im 16. Jahrhundert durch die des Apostels Petrus ersetzt). Der kubische Säulensockel, 5 m hoch, barg die goldene Urne mit der Asche Trajans.

- Antoninus-Pius-Säule (aus rotem Granit, von Mark Aurel zu Ehren des Antoninus Pius errichtet): sie wurde vom Feuer zerstört, nur die Basis ist erhalten (im Vatikan).
- Mark-Aurel-Säule (zu Ehren der Siege Mark Aurels über die Markomannen): der Schaft ist 30 m hoch, seit dem 16. Jahrhundert ersetzt eine Statue des Apostels Paulus die des Kaisers; die Säule steht auf der jetzigen Piazza Colonna.

Fresko (aus Pompeji) mit Scheinarchitektur, ein sog. „Trompe l'oeil": „... zur Schaffung von Perspektiven..." (S. 151) Neapel, Archäolog. Nationalmuseum

2 Die bildenden Künste

2.1 Skulptur

a) Hervorragende Statuen und **Porträts** von erstaunlichem Realismus.

Vgl. die Abbildungen in diesem Buch (die Zuschreibung der Porträts ist bisweilen nicht gesichert!); sie zeigen das Bemühen, den Ausdruck der Gesichter durch die Betonung individueller Züge intensiver deutlich zu machen.

b) Hellenistisch-römische **idealisierende Reliefs** von perfektem Formalismus (Ara Pacis, Zeit des Augustus); **realistische**, lebendige **historische** Reliefs am Titusbogen, an der Trajans- und Mark-Aurel-Säule.

2.2 Malerei und Mosaik

Vgl. S. 151, 2.2

3 Die christliche Kunst

Gegen Ende des 1. Jahrhunderts (und v. a. ab dem 4. Jahrhundert) entwickelt sich eine eigene christliche Kunst.

3.1 Die Katakomben

Lange in den Stein gehauene **unterirdische** Gänge zur Bestattung der Toten. Im Allgemeinen liegen sie außerhalb der Stadt.

a) Die Armen begnügen sich mit übereinander in den Fels geschlagenen **Nischen** *(loculus);* sie waren mit Platten verschlossen, die den Namen des Toten trugen.

b) Die Reichen haben ihren **Sarkophag** oder ihr Familiengrab im Inneren der Katakombe.

In den Katakomben des Hl. Januarius in Neapel: „Die Armen begnügen sich mit übereinander in den Fels geschlagenen Nischen..."

3.2 Ausschmückung und Symbolik der Katakomben

Auf den Stuck gemalte **Fresken** mit wenigen Farben (rot, gelb, grün); der Stil ist griechisch-römisch, freilich mit typisch christlicher Ausrichtung: Während die Malerei bei den heidnischen Römern nur Dekoration ist, wird sie bei den Christen zum Ausdruck eines **Symbols** und gewinnt die Bedeutung religiöser **Unterweisung.**

a) Symbolismus:

- Häufige **Darstellung** des Fisches (griechisch **ichthys**, steht als Abkürzung für I[esoûs] Ch[ristós] Th[eoû] Y[iós] S[otér] = Jesus Christus, Gottes Sohn, Retter); der Taube, des Lamms, des Guten Hirten, der Rebe (Anspielung an die Gleichnisse des Evangeliums), des Delfins, des Schiffes, des Leuchtturms usw.
- esoterische **Monogramme** (sie geben i. Allg. die Form des Kreuzes wieder): Anker, Dreizack, Mast, der griechische Buchstabe Tau (T), das Hakenkreuz, das

Christusmonogramm (☧ = die beiden ersten [griechischen] Buchstaben von *Christus:* X und P).

b) lehrhafte Szenen:

- Darstellung biblischer oder christlicher **Themen**: Geschichte von Jonas, Moses auf dem Felsen, die Jungfrau und das Kind usw.
- **Szenen** aus dem christlichen Leben: Taufe, Abendmahl, Gebet (**Orante** ≈ betende Person mit gekreuzten Armen) usw.
- Bilder **Christi**: bis zum 5. Jahrhundert jung und bartlos (nach dem 5. Jh. feierlich und bärtig).

Orante, Fresko in der Katakombe im Haus der heiligen Johannes und Paulus in Rom

4 Die Musik

- Unter den Kaisern nimmt die Musik eine immer gewichtigere Rolle ein; die Schriftsteller vermerken die Bildung von **„Orchesterungetümen"**.
- Man baut Riesenwasserorgeln, wahre „Türme" (so der griech. Schriftsteller Kassiodor). Die Wasserorgel *(hydraulus)*, an der sich sogar die Kaiser üben, spielt eine bedeutenden Rolle bei den Zirkussspielen und im Amphitheater.
- Die **orientalischen Kulte** (Kybele, Isis, Mithras, Christentum) bringen ihr sakrales Repertoire und ihre individuellen Tonarten nach Rom.

Rom im 4. Jahrhundert n. Chr.

Mit dem Führer durch Rom...

- **Rom mit seinen Monumenten steht auf dem Höhepunkt**: ein Viertel der Gesamtfläche bedecken Bauwerke. „Wohin sich auch die Augen wenden, sie werden geblendet von Wunderwerken ohne Ende" (Ammianus Marcellinus). „Der Blick hält verdutzt inne unter den Funken, die die Metalle allenthalben aussprühen; er ist wie blind vom Schillern des Goldes, das alles durchflutet" (Claudian).
- Die Angriffe der „Barbaren" bewogen Kaiser **Aurelian** dazu, um das Rom der 14 Regionen zu schützen, das über drei Jahrhunderte hin eine offene Stadt gewesen war, eine **Stadtmauer** (in Füllmauertechnik mit Verkleidung aus Ziegeln) zu errichten. Sie war fast 19 km lang, alle 30 m stand ein viereckiger Turm von etwa 20 m Höhe mit dem Wehrgang in Verbindung. 19 Tore (i. Allg. nach den Straßen benannt, die sie jeweils durchqueren), die Ausfallpforten nicht gerechnet, gewährten den Zugang in die Stadt.
- Am Ende der Kaiserzeit zählt Rom 19 Aquädukte und 1.350 öffentliche Brunnen.

Hügel der Gärten (Horti)

Auch Pincius genannt (die Familie der Pincii – 4. Jh. – besaß den größten Teil davon).

a Palast der Pincii. Stabsquartier von Justinians General Belisarius während der Angriffe der Ostgoten (6. Jh.)

Quirinal

b Porticus Miliarensis (von Aurelian bei seinen Ausritten bevorzugt)

c Diokletiansthermen, die gewaltigste Thermenanlage von Rom (↗ S. 247, 1.1)

d Konstantinsthermen

Marsfeld

e Schweinemarkt. Ab dem Ende des 3. Jhs. kostenlose Lebensmittelverteilung

f Tempel des Sol (Sonnengott; Aurelian, um ein Zeichen gegen das Christentum zu setzen)

Trans Tiberim (Trastevere)

g Hadriansmausoleum, durch vier Ecktürme zur Festung umgebaut

h Gärten Neros, bevorzugte Residenz Elagabals und Aurelians

i Pons Aurelius (Caracalla; unter Kaiser Valentinian vom Stadtpräfekten Aurelius restauriert)

j Pons Gratianius (von Kaiser Gratian an der Stelle des Pons Cestius errichtet)

k Pons Probus (von diesem Kaiser erbaut, er vollendete die Aurelianische Mauer)

Forum

l „Nabel" *(umbilicus)* Roms (Mal zur Bezeichnung des Mittelpunkts der Stadt; Diokletian oder Konstantin)

m Bogen des Septimius Severus (Siege über die Parther, ↗ S. 247, 1.2)

n Reiterstatue Konstantins (neben ihr später im 7. Jh. die Säule des byzantinischen Kaisers Phokas)

Gebiet der Via Sacra

o Tempel des vergöttlichten Romulus, Sohn des Kaisers Maxentius

☞ weiter S. 221

Auf diesem Plan werden diejenigen Gebäude nicht wiedergegeben, die mit zwei Asterisken ** auf der Karte der Königszeit (S. 17) bzw. der republikanischen Zeit (S. 47) gekennzeichnet oder die auf der Karte des kaiserlichen Roms ausgewiesen sind.

Das spätrömische Reich
(192–476 n. Chr.)

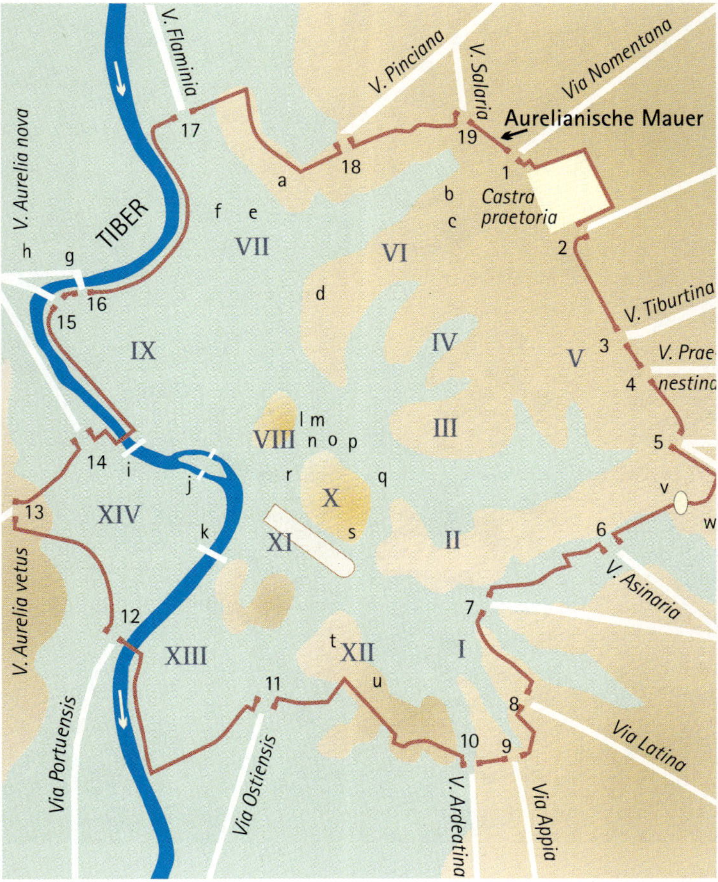

p Maxentiusbasilika, von Konstantin eingeweiht (an der Stelle der Gewürz-Lagerhäuser)

q Konstantinsbogen (Sieg über Maxentius, ↗ S. 247, 1.2)

VELABRUM

r Argentarierbogen (von den Händlern und Geldwechslern des Forum Boarium – Rindermarkt – zu Ehren des Septimius Severus errichtet)

PALATIN

s Septizonium (Gebäude mit sieben Etagen als Abbild der „sieben Sphären" des Planetenhimmels); Palast des Septimius Severus

☞ weiter S. 222

Aventin

Caracalla durchstieß den Aventin in der Achse des Circus Maximus mit einer 28 m breiten Straße, der Via Nova, die parallel zur Via Sacra verläuft.

t Deciusthermen

u Caracallathermen (an der Stelle der Gärten des Asinius Pollio), von einem besonderen die Stadt durchquerenden Arm der *Aqua Marcia* mit Wasser versorgt (↗ S. 246, 1.1)

Esquilin

v Amphitheater (Septimius Severus), vielleicht eine Außenanlage des Prätorianerkastells (?)

w Gärten Elagabals, mit Zirkus und Tempel seines Gottes

Das kaiserliche Rom... im „Tiefflug"

☞ Zwischen dem riesigen **Circus Maximus** (Bildmitte) und dem **Kolosseum** (rechts darüber): der **Palatin** mit den **Kaiserpalästen** (**1**) – Unten rechts die Wasserleitung **Aqua Marcia**, die das Wasser zu den Thermen auf dem Aventin führt (der Aventin beginnt auf dem Foto rechts unten). – **2**: Die **Aqua Claudia** in Richtung auf den Palatin – **3**: **Portikus des Claudius**, sie umrahmt seinen Tempel. Links vom Kolosseum der **Tempel der Venus und der Roma** (**4**), angrenzend an die **Via Sacra**; darauf die **Maxentiusbasilika** (**5**), von ihr ausgehend V-förmig die **Kaiserfora**, Vespasian (**6**), Nerva (**7**), Caesar und Augustus (**8**), Trajan (beherrscht von der Basilica Ulpia, **9**); anschließend das **Forum Romanum** (**10**): am Ende erkennt man den **Concordiatempel** vor dem **Tabularium**, das zum **Kapitol** gehört. – **11**: die antike **Burg (arx)**, beherrscht vom kleinen Tempel der **Iuno Moneta;** links der Vorplatz mit dem großen **Tempel des Iuppiter Capitolinus**, dem kleinen **Tempel der Bona Fides** (links von ihm) und dem **Tarpejischen Felsen** – **12**: die **Konstantinsthermen** – **13**: der **Pons Aemilius** (nach rechts auf dem Bild zum **Forum Boarium** führend, dort **Tempel der Mater Matuta** und **Rundtempel des Hercules Victor** direkt am Tiberufer), im Vordergrund der **Pons Probus** – **14**: **Trajansthermen** – **15**: **Deciusthermen**

I Die sozialen Schichten des Staatswesens

■ **Rom hatte, durch viele Kriege erschöpft, so viele neue Bürger dazu gewonnen, dass es sich unter den vielen Fremden kaum wieder erkennen konnte.**

Die Republik und das Kaiserreich kannten rechtlich nur zwei gesellschaftliche Gruppen: den freien Bürger und den Sklaven. Im spätrömischen Reich tritt ein dritter **Zwischentyp** hinzu: der **Kolone** *(colonus)*, ein freier, allerdings an ein Landgut gebundener Mensch.

BÜRGER	**Freie**	Senatoren Ritter *Humiliores*	**Reiche**
	Kolonen		**Arme**
NICHT-BÜRGER	**Sklaven**		
	Freigelassene	....	*oft sehr reich*

1 Die Bürger

1.1 Die Ausdehnung des römischen Staates

▸ Caracalla vollzieht den letzten Schritt: von 212 an gilt **jeder Freie, der im Reich wohnt**, als Bürger (damit die Staatskasse $^1/_{20}$ = 5 Prozent Steuer auf **alle** Erbschaften erheben konnte).

Jedermann war von nun an Bürger, d. h. dass es keiner mehr war (Rostovtzev).

1.2 Hierarchie der Bürger

▸ Rom entwickelt sich langsam hin zu einer hierarchisch gegliederten Gesellschaft, in der die einzelnen gesellschaftlichen Gruppen immer stärker voneinander abgekapselt sind (**Kastensystem**):

a) an der Spitze der Hierarchie: die **kaiserliche Familie**	*nobilissimi clarissimi*
b) der **Senatorenstand**, mit innerer Abstufung	*spectabiles illustres*
c) der **Ritterstand**, mit innerer Abstufung	*perfectissimi egregii*
d) die kleinen Leute	*humiliores*

- Zwischen Senatorenstand und Ritterstand kommt es in verschiedener Beziehung zu einer **Gleichstellung**, die Ritter bekommen Zugang zum Senat (Höhepunkt des Ritterstandes unter Diokletian).
- Im 4. Jahrhundert werden die kleinen Leute **erblich an ihren Beruf gebunden**.

2 Kolonat und Sklaverei

2.1 Die Kolonen

- Die Armen werden von den Großgrundbesitzern zu **Leibeigenen** gemacht und bilden damit eine neue gesellschaftliche Klasse, die der Kolonen. Die *coloni* behalten ihre Rechte als freie Menschen, doch bleiben sie an das Grundstück gefesselt (ihnen ist verboten, es auch nur für einen Tag zu verlassen oder sich außerhalb des Landguts zu verheiraten usw.).

Die Bindung eines Jeden an seinen gesellschaftlichen Stand und der Söhne an den der Väter **verschlimmert das Kolonat noch**, das ohnehin schon durch die Abnahme der Zahl der Sklaven unausweichlicher und immer strenger geworden war.

2.2 Die Sklaven

- Dank der Wirren des 3. Jahrhunderts befreien sich nämlich die Sklaven in Scharen durch **Flucht** und schließen sich mit armen Freien, die sich dem Kolonat entziehen wollen, als Briganten zu Banden zusammen (z. B. die *Bagauden* in Gallien zwischen dem 3. und 5. Jahrhundert).

II Die Organe der Staatsführung

Da das Leben eines Fürsten nicht lange dauert, stürzt der Staat unvermeidlich in sich zusammen, sobald ihm die Stütze seiner Tugenden fehlt. *Machiavelli*

Ab dem 3. Jahrhundert ist der Kaiser ein Herrscher, der seine absolute Macht nicht mehr verschleiert.

Pro forma gibt es noch **einen Senat** und es gibt auch noch **Magistrate**, doch ihre – jetzt rein **ehrenamtliche** – Aufgabe besteht nur noch darin, Feste zu organisieren. Kurz gesagt, „die Zahl der Staatsbeamten ist allmählich so groß wie die der Steuerpflichtigen" (Laktanz).

1 Der Imperator

- Nicht nur seine Person ist **heilig**, sondern alles, was ihn betrifft, hat an seinem heiligen Wesen Anteil: Von Diokletian an kniet man vor dem Kaiser nieder, und nur den bevorzugten Personen ist es

„Theodosius, christlicher Kaiser..." (S. 225). Monstranz mit Darstellung des Theodosius. Madrid

gestattet, den Purpur seines Gewandes zu küssen. Wenn man sich an ihn wendet, redet man ihn u. a. mit *„Tranquillitas tua"* („Eure Ruhe") an – die Tranquillitas ist eine Gottheit.

- Theodosius, **christlicher** Kaiser, verzichtet später als Erster auf bestimmte Vorrechte (insbes. auf den Titel des Pontifex Maximus).

Diokletian und Maximinian. Rom, Vatikanische Museen

2 Teilung der Herrschaft

- Die kaiserliche Macht bleibt theoretisch **unteilbar**. Doch die riesige Ausdehnung der zu kontrollierenden Gebiete stellt ein großes Problem für deren Verwaltung dar.
- Mark Aurel hatte ein Beispiel für die **Aufteilung** der Macht gegeben, indem er den unbedeutenden Lucius Verus als Mitregenten einbezog. Diokletian bemüht sich diese Einrichtung durch das System der **Tetrarchie** zu institutionalisieren (die Hauptstadt des Reiches wird **von Rom fort** verlegt).
- Das Reich ist so **gebietsmäßig** in zwei Herrschaftsbereiche geteilt, die zwei gleichberechtigten Kollegen, den **„Augusti"**, übertragen werden. Jeder Augustus wird von einem **„Caesar"** unterstützt, der bei dessen Tod sein Nachfolger werden soll und seinerseits einen neuen Caesar zu ernennen hat:

	Westen	Osten
Augusti	Maximian (Mailand)	Diokletian (Nicomedia)
Caesares	Constantius Chlorus (Trier)	Galerius (Sirmium)

- Das System **überlebt Diokletian** jedoch nicht.

III Italien und die Provinzen

■ Das gesamte Menschengeschlecht wurde in universalem, dauerhaften Frieden vereint. *Florus*

1 Die Provinzen

Nach den Krisen des 3. Jahrhunderts, in deren Verlauf die Provinzstatthalter nur zu oft Ambitionen auf den Kaiserthron gezeigt hatten, wird die Zentralgewalt ihnen gegenüber misstrauisch; sie **nimmt ihnen die Verfügungsgewalt über die Truppen** und beschneidet drastisch ihre Gerichtsbarkeit.

a) Hauptsächliche Veränderungen im 3. Jahrhundert:

Münzporträt Diokletians

- keine neuen Provinzen mehr (das Reich ist in der Defensive); sogar Aufgabe Dakiens durch Aurelian;
- Tendenz zur **Zerstückelung** der bestehenden Provinzen: 44 um das Jahr 210, 57 (?) im Lauf des Jahrhunderts;
- **Trennung** von **ziviler** und **militärischer** Gewalt (*praesides* übernehmen die Erste, *duces* die Zweite);
- faktisches Veschwinden der senatorischen Provinzen (der Kaiser ernennt die Prokonsuln **nach eigenem Ermessen**);
- Herunterstufung aller Städte auf den einheitlichen Status einer **unterworfenen Stadt**.

b) Seit der Zeit des Severus Alexander (223–235) werden entlang den Grenzen **Oberkommandos** ohne Berücksichtigung der Provinzeinteilung eingerichtet.

c) Gegen 300 schafft Diokletian eine neue Einteilung des Reiches:

Westen	**2 Präfekturen** (Italien, Gallien)	**12 Diözesen**	96 Provinzen
Osten	**2 Präfekturen** (Illyrien, Orient)		
	regiert von **Prätorianerpräfekten**	regiert von **vicarii** *(Stellvertretern)*	

d) Im Jahr 369 gibt es dann 104 Provinzen und 120 im 5. Jahrhundert.

2 Italien

Ab 292 unterwirft Diokletian Italien der Grundsteuer. Schließlich bezieht er es in seine neue Reichsteinteilung als eine der drei Diözesen der **Präfektur Italien** ein und gliedert es in zwölf Provinzen.

IV Justiz und Finanzen

■ **Es gibt keinen Staat, wo man mehr Steuern mehr braucht, als in denen, die mit ihrer Kraft am Ende sind.** *Montesquieu*

1 Die Justiz

a) Das römische Recht: Das Kaiserreich kannte hervorragende **Rechtsgelehrte** (Celsus); ihr Werk wird später in den 50 Büchern der **Digesten Justinians** gesammelt (533).

b) Die Rechtsprechung: Sie wird **vereinheitlicht**. In Zivil- wie in Strafrechtssachen wird in Rom von den Stadt- und Feuerwehrpräfekten (die auch Polizeiaufgaben wahrnahmen) Recht gesprochen, in den Provinzen von den verschiedenen Magistraten. In letzter Instanz entscheiden die Prätorianerpräfekten ohne Berufungsmöglichkeit.

„In Rom wird von den Präfekten Recht gesprochen..." (S. 226). Relief vom Forum Romanum

2 Die Finanzen

a) Die Steuern

- Die meisten indirekten Steuern verschwinden, doch die **direkten Steuern** werden **erdrückend** (Kollektive müssen für ihre säumigen Mitglieder zahlen). Unter anderem wird von Diokletian an das ganze Reich **ohne Ausnahme** der **Grundsteuer** unterworfen.
- Die städtischen Magistratsbeamten *(decuriones)* sind **persönlich** auch mit ihrem Vermögen für die Beitreibung der Steuern verantwortlich.

b) Die Staatskasse

- Das alte *aerarium* verschwindet in seiner Funktion als staatliches Schatzamt (es wird daraus eine einfache Stadtkasse) zugunsten des **kaiserlichen Fiskus**, der den Namen *aerarium sacrum* erhält.
- An seiner Spitze steht der *comes sacrarum largitionum* (etwa „Hofmeister der heiligen Spenden"), unterstützt von zahlreichem Personal (zehn Ämter in Rom und Geschäftsträger in allen Provinzen).

V Armee und Kriegsführung

Unter seinen Hunden darf der Schäfer keine Wölfe dulden, selbst wenn sie gezähmt zu sein scheinen, denn sie werden sich zugleich gegen den Schäfer und gegen die Herde wenden.
Synesios

Der Römer ist nicht mehr *civis* und nicht mehr *miles;* also wird er Untertan. Ab dem 4. Jahrhundert vertraut er die eigene Verteidigung gegen die Barbaren anderen Barbaren an.

1 Die Armee

1.1 Die Truppenstärke

- Das Edikt Caracallas nimmt der Armee ihren hauptsächlichen Vorteil: die Gewährung des Bürgerrechts. Gleich welche

Bildnis Caracallas. Neapel, Archäolog. Nationalmuseum

neuen Privilegien von da an den Legionären zugestanden werden (Anhebung des Soldes, Tragen des goldenen Rings usw.), die Bürger **interessieren sich definitiv nicht** für den Militärdienst, **nicht einmal für Kommandoposten**. Der Staat verpflichtet schließlich die Reichen dazu, jeweils einen **Söldner** zu stellen, der sie ersetzt.

- Die Legion hat damit ihre Grundlage verloren, und so gewinnen die aus Barbaren gebildeten **Hilfstruppen** eine immer gewichtigere Bedeutung, v. a. wo die Funktionsstellen auch hier **erblich** werden. Einige dieser Truppen werden später sogar in den Rang von Legionen erhoben (der Ausdruck *bracatus miles*, Soldat in Hosen, bis dahin den Hilfstruppen vorbehalten, bezeichnet jetzt den römischen Soldaten generell; ihr flaches Schwert, die *spatha*, mit 85 cm langer Klinge und mit parallelen Schneiden, wird zum Legionärsschwert).

1.2 Stationierung der Legionen

- Zwischen den Legionen wird eine Unterscheidung entsprechend dem Ort ihrer **Stationierung** vorgenommen: *legiones palatinae*, dem Kaiser am nächsten; *comitatenses*, im Innern des Landes, *pseudo-comitatenses*, nahe den Grenzen; *riparienses*, direkt an den Reichsgrenzen. (Sie bestehen aus **Soldatenbauern**, *limitanei*, denen der Staat Ländereien entlang den Grenzen zuteilt.)
- Die *Notitia Dignitatum Imperii* (eine erhaltene offizielle Liste aller römischen Zivil- und Militärposten) weist für das 5. Jahrhundert folgende Zahlen auf:
  25 *palatinae*, 70 *comitatenses*, 38 *pseudo-comitatenses*, 42 *riparienses*; insgesamt **175 Legionen.**
- Bisweilen ist eine Legion in zwei Teile geteilt, der eine steht im Westen *(seniores)*, der andere im Osten *(iuniores)*.

1.3 Hierarchie der Legionäre

- Der einfache Soldat kann über den Rang eines Zenturio hinauskommen.
- An der Spitze der Legion wird der Legat durch einen **Lagerpräfekten** (genannt *praefectus legionis)* ersetzt, der **aus dem Mannschaftsstand hervorgegangen** ist. Das Oberkommando liegt also nicht mehr beim Senatorenstand und wird schließlich von **Barbaren** eingenommen.

1.4 Die Kavallerie

Sie wird endgültig von der Infanterie abgetrennt und umfasst:

a) die alte Legionskavallerie,
b) die Einheiten aus dem Innern *(vexillationes)*,
c) die aus Einheiten von 500 Mann bestehenden Flügel *(alae)*.

2 Die Milizen

Vgl. S. 168, 2.

3 Strategie und Taktik

Vgl. S. 77, 3.

4 Die Kriegsmarine

- Die römische Flotte erlebt einen **Niedergang**. Abgesehen von der Bekämpfung der im Mittelmeer beständig vorhandenen Piraterie und der Überwachung der nördlichen Grenzen sind die Flottenverbände **inaktiv**.
- Zu Anfang des 5. Jahrhunderts erwähnt die *Notitia dignitatum* etwa dreißig

(zumeist **winzige**) Geschwader, die dem Befehl der Provinzstatthalter unterstehen.

◗ Doch weder hindern die Soldaten der Rhein- und Donauflotte die Barbaren an der Überschreitung der Flüsse noch halten die Orientgeschwader Geiserich, den König der Vandalen, davon ab, im Jahre 455 von Afrika aus seinen erfolgreichen **Beutezug auf Rom** zu unternehmen.

VI Die Religion

■ Uns [die Christen] **gibt es noch nicht lange, und schon sind wir bei euch in Amt und Würden..., im Palast, im Senat, auf dem Forum.** *Tertullian*

1 Das Christentum – verfolgt

◗ **Allgemeine** Verfolgungen unter Decius (250–251) und v. a. unter Diokletian (303–305).

◗ Um dem Christentum besser entgegen zu treten, unternimmt die alte Religion einen vergeblichen Versuch der **Neuordnung**:

a) Bildung einer hierarchisch gegliederten Priesterschaft;

b) Tendenz zu einem **Monotheismus** nach orientalischem Vorbild: **Mithras**, dem Sonnengott *(Sol Invictus)* gleichgestellt, wird Gegenstand eines **offiziellen Kults.** (Sogar nach dem Sieg des Christentums wird die Mithrasreligion noch im Untergrund ausgeübt; erst mit Theodosius verschwindet sie endgültig.)

2 Das Christentum – toleriert

◗ Durch das von Konstantin 313 erlassene **Edikt von Mailand** kann jeder **„auf seine Weise** die Gottheit **verehren**, die sich im Himmel befindet". So zieht das

„Mithras, dem Sonnengott gleichgestellt..."
Mithras beim Stieropfer (↗ S. 171, 2.2); Marino, Mithräum (160–170 n. Chr.)

Christentum Nutzen aus denselben Vergünstigungen wie die übrigen orientalischen Religionen (Konstantin lässt sich jedoch auf dem Sterbebett zum Christen taufen).

- Tatsächlich werden die **heidnischen Kulte** darauf nur mehr recht und schlecht **toleriert**. Sie **verschwinden** einer nach dem anderen. Die häuslichen Kulte selbst verschwinden nach und nach ab dem Ende des 4. Jahrhunderts, nur auf dem Lande bleiben sie noch lebendig *(„paganus"*, der „Heide", bedeutet „Dorfbewohner").

3 Das Christentum – aufgezwungen

Ab 382 werden die nichtchristlichen Priesterkollegien aufgelöst, die Tempel geschlossen, die Statuen entfernt, schließlich die Kulte verboten. Das Christentum ist offizielle Religion des römischen Staates geworden.

4 Organisation der Kirche

Die Kirche *(ecclesia* = Versammlung) kopiert in ihrer Organisation die **politische Einteilung des Reiches:**

a) Der Stadt (mit ihrem Territorium) entspricht die kirchliche **Diözese**, die von einem **Bischof** *(episcopus* ≈ „Aufseher") geleitet wird;
b) für die Feier des Gottesdienstes setzt der Bischof **Presbyter** („Älteste" ≈ „Priester") ein, die von **Diakonen** *(diaconus* ≈ „Diener") unterstützt werden. Die Presbyter wiederum wählen beim Tod des Bischofs dessen Nachfolger;
c) an der Spitze jeder Provinz steht ein **Metropolit**. An der Spitze der Christenheit steht der **Bischof von Rom**, der Papst (als Nachfolger des Apostels Petrus).
Die Bischöfe versammeln sich provinzweise in **Konzilien.** Ab dem 4. Jahrhundert dann versammelt sich in **ökumenischen Konzilien** die Gesamtheit der christlichen Bischöfe.

VII Der Rahmen des privaten Lebens

Ihr tragt eine mit Edelsteinen besetzte Tunika, wie das Gefieder eines Pfaus... Ihr duldet selbst Mosaiken nicht, man muss Goldstaub ausstreuen, den man für euch vom Ende der Welt herbeiholt. *Synesios*

Die römische Gesellschaft setzt sich nurmehr aus einigen Multimillionären und einer Masse von Bettlern zusammen. Der Niedergang ist im Übrigen in der *pars occidentis* des Reiches deutlicher als in der *pars orientis.*

1 Haus und Mobiliar

1.1 Das Stadthaus Vgl. S. 175, 1.1

1.2 Die Schlösser auf dem Lande

- Die reichen Grundbesitzer lassen sich auf dem Lande regelrechte **befestigte Herrensitze** bauen. Das Leben auf dem Schloss setzt sich über das Leben in der Stadt durch.
- Das *praetorium* (das Wort bezeichnete bis dahin das Zelt des Generals) ist das Urbild eines **Feudalschlosses**.
- Um ein solches Schloss entstehen **ländliche Siedlungen**, die den Ursprung für

Dörfer bilden. Die Siedlungen um das Schloss des Paulus oder Carolus heißen dann z. B. Paulianum bzw. Carolianum. Ihre Namen leben – abgewandelt – vielfach als Ortsnamen bis heute fort.

1.3 Das Mobiliar

Der **Möbelluxus steigert sich unermesslich:** Gold- und Silbergeschirr sind allgemein verbreitet; die Emporkömmlinge stellen Schalen von kolossalen Dimensionen zur Schau. Der wahnsinnige Kaiser Elagabal gibt den Ton an: *„Onus ventris auro excipit et in myrrhinis et onychinis minxit"* („Die Last des Magens fing er in Gold auf und pinkelte in Töpfe aus [den kostbaren Mineralien] Fluorit und Onyx" [Aelius Lampridius]).

2 Die Kleidung

Der Mann...

- Von Kaiser Commodus an kommt die (von den Dalmaten übernommene) **Dalmatika** in Gebrauch, eine weite Tunika aus Wolle (manchmal Leinen oder Seide) mit **langen Ärmeln,** die bis zu den Knien geht; zunächst von Männern mit unehrenhaftem Lebenswandel getragen, wird sie im 4. Jahrhundert das liturgische Gewand der christlichen Diakone.
- Kaiser Caracalla macht die Dalmatika gallischer Herkunft zur Modekleidung; es handelt sich dabei um einen langärmeligen **in Passform gearbeiteten Mantel.**

Die Frau...

- Seit Diokletian veschwindet die *stola,* und die – von da an reich bestickte – **Tunika** wird zum Obergewand schlechthin.
- In der Folge verdrängen unter dem Einfluss fremder Völker, die ein härteres Klima gewohnt sind, **in Passform** gearbeitete Kleider fast vollständig die **drapierten** Gewänder.

VIII Jahreszeiten und Tageslauf

■ **Es sind mehr Staaten zugrunde gegangen, weil man die Sitten als weil man die Gesetze verletzt hat.**
Montesquieu

Die von Augustus eingeführte und von anderen Kaisern wieder aufgenommene Familienpolitik war gescheitert. Erst das siegreiche Christentum sollte die Familie wieder stärken.

Abbildung oben: Zelebrant und Diakone. Mosaik aus San Vitale, Ravenna
„Die Dalmatika wird das liturgische Gewand der christlichen Diakone."

Gallo-römische Schule: Relief aus Trier.
„Die heidnische Erziehung besteht weiter fort..."

- Die Beziehungen zwischen Kindern und **Familienoberhaupt** *(pater familias)* sind bis zur Verbreitung des Christentums **menschlicher** geworden, dieses bestätigt den erreichten Zustand.
- Die **heidnische Erziehung** besteht im christlichen Reich weiter fort.

1 Die Mahlzeiten

- Die Speise-Liegen werden mitaneinander verbunden (in Form des jüngeren, dem lateinischen C gleichenden runden **Sigma C**). Viele Gastgeber jedoch schaffen die Klinen ab und man lässt sich **auf dem Boden** auf Polstern nieder.
- Die kulinarische **Raffinesse** verbindet sich mit **Gefräßigkeit**: Elagabal gibt Feste mit 22 Gängen, die Speisen werden nach Fantasie in bestimmten Farben gehalten (rosa Diners, smaragdene usw.). Jeder, der dem Herrscher ein neu kreiertes Rezept präsentiert, erhält ein Geschenk.

2 Die Schauspiele

- Die **religiösen Spiele** werden im christlich gewordenen Reich **abgeschafft**. Bestimmte Zirkusspiele freilich halten sich. Die **Gladiatorenkämpfe** (die besonders der Verachtung ausgesetzt sind) sind so populär, dass sie lange Zeit den Angriffen der Philosophen und Kirchenväter Stand halten. (Erst 405 setzt Honorius den Gladiatorenspielen ein Ende.)
- Die griechischen Gebiete halten noch lange an den Wettrennen im **Hippodrom** fest. Im Jahre 532 kommt es in Byzanz zum Nika-Aufstand (griech. *nika!* = „siege!"), sozialen Unruhen gegen die Politik Justinians, in denen die in Zirkus-Parteien organisierte Bevölkerung die Straßen der Stadt in Blut tränken und sogar die Herrschaft des Kaisers ernsthaft zum Wanken bringen.

IX Das Wirtschaftsleben

■ Der Großgrundbesitz hat Italien zugrunde gerichtet. *Plinius d. Ä.*

Abgesehen von Afrika, für das das 3. Jahrhundert eine glückliche Zeit ist, verkümmert fast überall sonst ab dem zweiten Drittel des 3. Jahrhunderts das Wirtschaftsleben.

1 Das Eigentum

„Die Reichen fügen Landgut an Landgut; sie verjagen die Armen von ihren Grenzen, und ihre Ländereien dehnen sich **ohne Maß und ohne Schranken** aus" (Hieronymus).

2 Gewerbe und Handel

- Die **asiatischen** Länder haben ihre Überlegenheit auf gewerblichem Gebiet, die sie unter der Republik besaßen, wieder gefunden.

Einige festgesetzte Preise			
Ei	Stück	1	Denar
Kaninchen (aus dem Gehege)	Stück	40	Denar
Hase	Stück	150	Denar
Enten	Paar	40	Denar
Hühner	Paar	60	Denar
Rind	Pfund (327 g)	8	Denar
Schwein, Schaf, Ziege	Pfund	12	Denar
Leber (Sau)	Pfund	15	Denar
Schinken	Pfund	16	Denar
Frischkäse	Pfund	8	Denar
Hartkäse	Pfund	12	Denar
Olivenöl	Sextarius (0,547 l)	8 bis 24	Denar
Olivenöl, höhere Qualität	Sextarius	40	Denar
Einfacher Wein	Sextarius	8	Denar
Qualitätswein	Sextarius	30 bis 24	Denar
Einfacher Honig	Sextarius	20	Denar
Qualitätshonig	Sextarius	40	Denar
Salz (gewürzt)	Sextarius	8	Denar
Hafer	Scheffel (8,7 l)	50	Denar
Gerste, Roggen	Scheffel	60	Denar
Weizen	Scheffel	100	Denar

▸ Der Staat ist zum Eingreifen gezwungen, um die gesamte Wirtschaft sehr genau zu **kontrollieren** (**Dirigismus** und Verstaatlichungen; zur Zeit Diokletians arbeitet z. B. in Karthago unter Staatskontrolle eine **fabrikmäßig** betriebene Weberei, die in Werkstätten gegliedert ist); auch **die Preise werden staatlich festgesetzt** (von 256 bis 280 stiegen sie um 1.000 %; **Höchstpreisedikt** Diokletians, vgl. die obige Tabelle).

3 Münzen

a) Bronze: Unter den Kaisern werden immer wieder neue Münzen ausgegeben. Ab dem 3. Jahrhundert gibt es eine regelrechte **„Inflation"** von Scheidemünzen von minderem Metallgehalt. Das **As** ist nicht mehr als 1/12 Unze wert.

b) Silber: Im 3. Jahrhundert enthält der (Silber-) **Denar** fast alles außer Silber. Erst unter Konstantin und Julian besitzt er wieder einen guten Feingehalt.

c) Gold: Der *aureus* verringert beständig sein Gewicht: 6,54 g unter Caracalla, 5,67 g unter Diokletian.

- Konstantin gibt eine neue Goldmünze aus, den *solidus* mit 4,548 g.

Gold-Solidus aus Thessaloniki, etwa 1½ mal vergrößert (Original 2,1 cm): „Konstantin gibt eine neue Goldmünze aus, den solidus."

Der Silberdenar und der Goldsolidus dienen später als Grundlage für die Münzsysteme des Mittelalters.

X Der Zerfall der antiken Welt

■ Die römische Kultur ist nicht eines sanften Todes gestorben: sie ist ermordet worden. *A. Piganiol*

▷ Äußere Ereignisse…

199: **Mesopotamien** wird den Parthern entrissen.

208–211: Die **Kaledonen** werden in Britannien zurückgedrängt (Tod des Septimius Severus).

217: Feldzug gegen die Parther. Macrinus tötet Caracalla und erkauft den Frieden.

233: Severus Alexander vertreibt die Perser aus Syrien.

235: Er erkauft den Frieden von den Germanen und wird von seinen Soldaten getötet.

235–268: **Invasion** des Kaiserreiches durch Germanenvölker. Bildung **autonomer Reiche in den Provinzen**.

269: Die Goten, die nach Mösien eingefallen sind, werden von Claudius II. (gen. Gothicus) vernichtet.

271: Die Alamannen werden in Italien vernichtet.

272: **Zenobia,** Königin von Palmyra, besetzt den Nahen Osten. Sie wird von Aurelian und seinem General Probus bezwungen, Palmyra zerstört.

273: Das autonome Reich der Gallier wird unterworfen.

▷ Innere Ereignisse…

193: Pertinax, Stadtpräfekt, zum Kaiser proklamiert und ermordet.
Didius Iulianus, superreicher Senator, kauft die Herrschaft von den Prätorianern.
Septimius Severus bringt ihn um und nimmt seinen Platz ein (47 Jahre)

211: Tod des Septimius Severus in Britannien
Regierungsantritt seiner Söhne: Geta (ermordet) und **Caracalla** (23 Jahre)

212: Bürgerrecht für alle freien Männer des Reiches

217: Der Prätorianerpräfekt Macrinus tötet Caracalla und übernimmt die Herrschaft (ermordet).

218: Regierungsantritt des syrischen Priesters **Elagabal**

222: Ermordung Elagabals
Regierungsantritt des **Severus Alexander** (13 Jahre)

235: Ermordung des Severus Alexander
Regierungsantritt des Maximinus Thrax, **Barbar** von Herkunft (Gote)

238: Gordian I., Gordian II., Gordian III.

244: Philippus Arabs

249: Decius

251: Trebonius Gallus

253: Aemilianus, Valerianus und Gallianus

260: In den Provinzen werden Gegenkaiser (die „30 Tyrannen") ausgerufen.

268: Der Illyrer Claudius II.

270: Claudius stirbt an der Pest.
Regierungsantritt **Aurelians** (58 Jahre)

1 Die Unsicherheiten des 3. Jahrhunderts

Das Reich ist 100 Jahre lang **den Militärs ausgeliefert.** Bald ermorden die **Prätorianer in Rom,** bald die **Legionäre an den Grenzen** den Kaiser, um an seine Stelle den Anführer zu setzen, der ihnen genehm ist. Oft gibt es mehrere Kaiser gleichzeitig. Selten sind die Kaiser von alter römischer Herkunft.

1.1 Die Dynastie der Severer (193–235)

a) Der Afrikaner Septimius Severus (193–211), geboren in Lepcis Magna (Libyen), verheiratet mit einer Syrerin, schafft es, mit der illyrischen Armee die Anarchie zu überwinden, die auf den Tod des Commodus folgt. Er gab sich den Schein, die Dynastie der Antoninen fortzusetzen, um seine eigene Dynastie besser zu festigen. Als Provinziale, dem die traditionellen Formen **fremd** waren, herrschte er rücksichtlos über Rom, Italien und den Senat. Er **stellte die Erinnerung an Hannibal wieder her** (?) und stützte sich in zynischer Weise auf die **Armee** („Macht die Soldaten reich und pfeift auf den Rest!"). Er siegte über die Parther und **dehnte das Reich bis an den Euphrat aus.**

„Der Afrikaner Septimius Severus..."
Rom, Kapitol. Museen

Historischer Ausspruch: *Laboremus!* (Lasst uns ans Werk gehen!) – letztes Wort des Septimius Severus.

b) Sein Sohn und Nachfolger **Caracalla** (211–217) regierte zunächst zusammen mit seinem Bruder Geta, doch nach einigen Monaten ließ er ihn umbringen. Caracalla setzte die Aktivitäten des Septimius Severus **gegen die Spuren der römischen Vergangenheit** fort. Per **Edikt von 212** machte er **alle freien Bewohner des Reiches zu römischen Bürgern.** Wie Septimius Severus privilegierte er die Soldaten, kam jedoch trotzdem unter ihren Schlägen um.

c) Nach der kurzen Regierungszeit des Macrinus wählt die Armee einen Cousin Caracallas mütterlicherseits, **Elagabal** (218-222), einen **kaum romanisierten Syrer,** dessen Hofhaltung einen orientalischen Hof nach den „Erzählungen aus 1001 Nacht" erahnen lässt. Ein anderer Cousin Caracallas, **Severus Alexander** (222–235) vollendete ruhmlos das kaiserliche Schicksal der Severer.

1.2 Fünfunddreißig Jahre Anarchie (235–270)

▸ Darauf beginnt eine furchtbare Periode **militärischer Anarchie** und **äußerer Gefahren.** Es **droht die Zerstückelung** des Reiches (Gallien besitzt eine Reihe eigener Kaiser). Die **Germaneninvasionen** (Goten, Alamannen, Franken) beginnen an Donau und Rhein (einen Augenblick lang muss das Reich Tribut an die Goten zahlen!). Die **Perser** treten als Hauptfeinde im Orient an die Stelle der Parther (König Sapor nimmt **Kaiser Valerian** gefangen und lässt ihn **zu Tode foltern,** eine Katastrophe ohne Präzedenzfall).

▷ Äußere Ereignisse...

276–282: Invasion Galliens durch die Franken, am Ende abgewehrt
Invasion Rätiens durch die Goten, schließlich abgewehrt

282: Invasion Mesopotamiens durch die Perser; Carus wehrt sie ab.

„Konstantin, Herr über die römische Welt..." (S. 237). Rom, Konservatorenpalast

„Julian, genannt Apostata (‚der Abtrünnige')..." (S. 237). Paris, Louvre

▷ Innere Ereignisse...

275: Tod Aurelians. Proklamation des Senators Tacitus (75 Jahre, ermordet)

276: Der Illyrer Probus

282: Ermordung des Probus. Proklamation des Prätorianerpräfekten Carus. Nach seinem Tode Regierungsantritt seiner Söhne Numerianus und Carinus

282: Ermordung des Numerianus

284: Ermordung des Carinus. Proklamation **Diokletians**, des Chefs der kaiserlichen Garden (39 Jahre)

285: Einrichtung der **Tetrarchie: Maximian** wird Diokletians Kollege.

293: Galerius wird Diokletians **Mitregent, Constantius Chlorus** der Maximians.

303: Christenverfolgung

305: Abdankung der beiden Augusti, ersetzt durch die beiden Caesares; neue Cäsaren: Severus und Maximinus Daia

306: Tod des Constantius Chlorus. Sein Sohn **Konstantin** (32 Jahre) und Maximians Sohn Maxentius **streiten sich um den Westen.**

311: Tod des Galerius. Sein Adoptivsohn Licinius und Maximinus Daia **streiten sich um den Osten.**

312: Konstantin schlägt Maxentius und wird **Herr über den Westen.**

313: Edikt von Mailand
Tod Diokletians

324: Konstantin schlägt Licinius und **stellt die Einheit des Reiches wieder her.**

325: Konzil von Nicaea (Apostolisches Glaubensbekenntnis und Verurteilung des Arianismus, der Lehre des **Areios**, lat. Arius)

330: die Reichshauptstadt wird **nach Byzanz verlegt (= Konstantinopel)**

337: Tod Konstantins (60 Jahre)
Teilung des Reiches unter seinen drei Söhnen: Konstantin II. (Gallien, Spanien, Britannien); Constantius II. (Thrakien, Orient); Constans (Italien, Illyrien, Afrika).

340: Constans schlägt Konstantin II. und wird Herr über den Westen.

350: Constans begeht auf Befehl seines Offiziers Magnentius Selbstmord.

351: Constantius schlägt Magnentius und **stellt die Einheit des Reiches wieder her.**

- Der Illyrer **Aurelian** (270–275) brachte die Lage wieder in Ordnung. Er triumphierte über die Königin von Palmyra **Zenobia**, errichtete eine neue **Mauer** um Rom, musste jedoch Dakien räumen und wurde ermordet.

1.3 Diokletian (284–305)

- Diokletian, ebenfalls Illyrer wie Aurelian, gab dem Kaiserreich endgültig den Charakter einer **absoluten orientalischen Monarchie** mit einer Hofetikette aus reiner Kriecherei und Anbetungsformeln für den Kaiser. Er weitete die **ökonomische Kontrolle** des Staates (Maßnahmen zur Preisfestsetzung, Staatsbetriebe, ↗ S. 233, 2) und die **Kontrolle der Religion** aus (systematische **Christenverfolgungen**).
- Er ließ vier Personen (zwei Augusti und zwei Caesares) an der Leitung des Reiches (↗ S. 225, 2) teilhaben; er dankte ab und erlebte, bevor er starb, noch das Scheitern seiner **„Tetrarchie"** („Viererherrschaft").

2 Auseinanderbrechen des Imperiums

2.1 Auf dem Weg zu einem christlichen Imperium

a) Konstantin (306–337) versicherte sich der Unterstützung der Christen, die trotz der Verfolgungen stark geblieben waren, gegen seine Rivalen im Westen und Osten (Augusti und Caesares). Er verfügte die **Freiheit aller Kulte (Edikt von Mailand)**. Als Herr über die römische Welt versammelte er das erste „ökumenische" Konzil, zu dem er alle Prälaten „der bewohnten Erde" zusammenrief, um das **Glaubensbekenntnis** festzulegen. Er erbaute **Konstantinopel** – das zuvor Byzanz geheißen hatte – und ließ sich auf dem Sterbebett taufen. Schließlich **gliederte** er das Reich **neu**, doch es gelang ihm nur, **neue Kriege** zu entfesseln.

b) Julian, genannt Apostata *(„der Abtrünnige"*, 361–363), scheiterte bei seinem Versuch, die **alte Religion zu erneuern** und der Ausbreitung des Christentums Einhalt zu gebieten. Er starb im Kampf gegen die Perser. Mit dem Christen **Jovian** (363–364) gewann das Christentum sehr bald danach wieder die kaiserliche Gunst.

c) Theodosius der Große (379–395) war der letzte Herrscher über das Gesamtreich. Als Christ unter dem Einfluss des Bischofs von Mailand, **Ambrosius**, bekämpfte er das Heidentum. Auch er, überzeugt davon, dass das Reich eine zu große Last für einen einzigen Herrscher war, teilte es unter seinen beiden Söhnen Arcadius (Osten) und Honorius (Westen) auf, und dieses Mal war **die Teilung endgültig**.

2.2 Die letzten Zuckungen

- Um die germanischen Barbaren zu bekämpfen, deren seit dem Ende des 3. Jahrhunderts niedergehaltener Ansturm ab dem Ende des 4. wieder bedrohlich wird, wirbt das Reich **Barbarengeneräle und -truppen** an. Die höchsten Positionen werden von Vandalen eingenommen (**Stilicho**, Regent anstelle der noch unmündigen Söhne des Theodosius) oder von Sueben (Ricimer, der Mitte des 5. Jahrhunderts Kaiser macht und Kaiser schasst).
- All diese Maßnahmen verhindern nicht, dass die Rheingrenze von den Sueben, Vandalen, Alanen und Burgundern am 31. Dezember 406 überwunden wird; dass **Alarich**, König der Westgoten, 410 **Rom zu Lande einnimmt**; dass **Attila** und seine Hunnen Gallien und Italien heimsuchen; und dass **Geiserich**, König der Vandalen, 455 **Rom über das Meer einnimmt**.

▷ Äußere Ereignisse...

355: Invasion Galliens durch die Alamannen

357: Sie werden bei Straßburg (Argentorate) von Julian vernichtet.

358: Krieg gegen den Perserkönig **Sapor**

363: Julian verfolgt die Perser und stirbt.
Jovian schließt mit Sapor einen unehrenhaften Frieden.

368: Die Alamannen werden zurückgedrängt.

369: Rückeroberung Britanniens

375: Rückeroberung Mauretaniens. Siege an der Donau

376: Valens siedelt die (auf der Flucht vor den Hunnen befindlichen) Westgoten in Thrakien an.

378: Valens greift die Westgoten an, wird besiegt und stirbt.

382: Theodosius unterwirft die Westgoten und weist ihnen die Donaugrenzen als Siedlungsgebiet zu.

476: Einnahme Roms durch Odoaker: **Ende des Weströmischen Reiches**

▷ Innere Ereignisse...

360: Julian von seinen Soldaten zum Kaiser ausgerufen (29 Jahre)

361: Tod des Constantius

362: Restauration des **Heidentums**

363: Tod Julians
Proklamation Jovians

364: Wiederherstellung der **Religionsfreiheit.** Tod Jovians
Proklamation Valentinians I. (er übergibt seinem Bruder Valens die Herrschaft über den Osten)

373: Valens bekennt sich zum Arianismus und verfolgt die Katholiken.

375: Tod Valentinians I.
Aufteilung des Westens unter seinen beiden Söhnen Gratian (Gallien, Spanien, Britannien) und Valentinian II. (Italien, Illyrien, Afrika)

378: Valens stirbt, das **Ostreich** wird dem Spanier **Theodosius** angeboten.

379: Regierungsantritt des Theodosius (34 Jahre)

380: Taufe des Theodosius

381: Verbot des Heidentums und der Häresien („Irrlehren")

383: Gratian von Maximus ermordet

388: Theodosius schlägt Maximus und annektiert dessen Herrschaftsgebiete.

392: Tod Valentinians II., ersetzt durch Eugenes

394: Theodosius schlägt Eugenes und **stellt die Einheit des Reiches wieder her.**
Das **Christentum ist einzige offizielle Religion.**

395: Tod des Theodosius mit 50 Jahren
Endgültige Teilung des Reiches unter seinen beiden Söhnen

476 entthront Odoaker, Anführer der Skiren (eines Stamms auf dem Gebiet des heutigen Ungarns), den minderjährigen Romulus Augustulus, schickt die kaiserlichen Insignien nach Konstantinopel und setzt so dem Weströmischen Reich ein Ende.

XI Die Literatur

■ **Du hast gesiegt, Galiläer!** *Julian (sterbend, in „Kaiser und Galiläer" bei Henrik Ibsen)*

1 Die Dichtung

1.1 Ausonius, gallo-römischer Dichter (310?–395)

▸ D. Magnus **Ausonius** war Rhetorikprofessor auf dem Lehrstuhl in Bordeaux (Burdigala), seiner Heimatstadt. Er wurde von Valentinian nach Trier gerufen, der ihm dort die Erziehung seines Sohnes anvertraute. Nach dessen Tod (383) kehrte er nach Bordeaux zurück. Trotz verschiedener Trauerfälle (seine Frau starb sehr jung) hatte er ein insgesamt glückliches, sorgenfreies Leben. Sein sehr gemäßigtes Christentum unterscheidet sich von dem bedingungslosen Glauben seines Schülers Paulinus von Nola (↗ S. 245, 3.5).

▸ Er schrieb zahlreiche gewandte, oft gesuchte Verse *(Cupido cruciatus)*, in denen er auch in schlichter Herzlichkeit über sein Leben spricht *(Ephemeris, Domestica)*, über seine Familie (Epigramm 19, *Parentalia)*, über seine Kollegen in Bordeaux, seine Geburtstadt *(Clarae Urbes*, 17). Sein Hauptwerk *Mosella* erzählt von einer Reise entlang der Mosel, ein **beschreibendes** Gedicht, das viele hübsche, anmutige Passagen enthält (z. B. der Fischer, v. 277, die Fische, v. 55).

1.2 Claudian (370–nach 404)

Die Kaiser Honorius und Arcadius ließen Claudius **Claudianus** zu dessen Lebzeiten auf dem Trajansforum eine Statue aufstellen und huldigten damit seiner Rolle als **„offizieller Dichter"** und seinem **Talent**.

a) Der engagierte Dichter

Claudian, **Grieche** aus Alexandria, kam (wahrscheinlich um sein 25. Lebensjahr) angezogen von der **Größe** und dem **Nimbus Roms** nach Italien. Er widmete der Wahlheimat vorbehaltlos seine ganze **Verehrung**, bewunderte den **friedensstiftenden Imperialismus** der Stadt, die von den Barbaren bedroht wurde. So preist Claudian denn auch die Verteidiger Roms: Honorius, Verkörperung des Reiches, und seine Gemahlin Maria *(De Tertio, de Quarto, de Sexto Consulatu Honorii;* Hochzeitslied auf Honorius und Maria); Stilicho, der sich voll in den Dienst an der römischen Sache stellt *(De Consulatu Stilichonis)*, seinen Mut *(De bello Gildonico)*, seine Diplomatie. Vielleicht gab er sich über die Uneigennützigkeit dieses Ministers, eines Vandalen, Illusionen hin (Stilicho fiel 408 in Ungnade und wurde hingerichtet). Dagegen schont er die Verwalter des Ostreiches Rufinus *(In Rufinum)* und Eutrop *(In Eutropium*, 2, 1) nicht, die mit den Barbaren verhandeln *(De bello Getico)*.

b) Nacheiferer Homers und Vergils

Die Zeitgenossen begrüßten in Claudian den **Rivalen Homers und Vergils**. Das sind übermäßige Lobpreisungen, denn oftmals ergeht sich Claudian in reinen Phrasen. Doch die **Bedeutung** seines Talents ist anzuerkennen. Er lernte ziemlich spät und an den **klassischen** Autoren Latein, das er sich in bewundernswerter

Weise aneignete *(Der Alte von Verona* ist eine Nachahmung Vergils wie *Der Raub der Proserpina* an Ovid erinnert). Doch sein Reichtum an **Einbildungskraft**, die Sicherheit in der Ausarbeitung, der **Realismus**, die Perfektion des Versbaus setzen sich durch, wenn er sich dem **Panegyricus** oder der **Satire** widmet, die zum Niveau des Epos aufsteigen; in sie legt er all seine Empfindungen.

1.3 Rutilius Namatianus: Huldigung Roms

- Rutilius Claudius **Namatianus** stammte aus **Gallien** und war hoher Staatsbeamter (414 Präfekt von Rom). Unter Gefahren kehrte er 417 über das Meer in seine Heimat zurück; über diese **Reise** hinterließ er einen poetischen Bericht in zwei Büchern *(De reditu suo)*.
- Mit **Nüchternheit** spricht er über das, was ihn beindruckt hat (I, 239, 405, 457); v. a. bekennt er sich zu den **Gefühlen**, die ihn in der Stunde der Abreise packten, und zu seiner Bewunderung für den **friedensstiftenden Imperialismus** Roms, das in der ungewissen Zukunft nach dem Sieg Alarichs von den Barbaren bedroht wurde (I, 43; II, 11).

1.4 Die christlichen Dichter Vgl. S. 245, 3.5

2 Die Prosa

2.1 Letzter Auftritt des rhetorischen Genies in Rom

Symmachus (345–405) hält eine große Rede, in der er die Wiedererrichtung der auf Befehl Kaiser Gratians entfernten Statue der Victoria im Senatssaal fordert. Er scheitert.

2.2 Die Bildung

- Die berühmteste Abhandlung über die Militärwissenschaft *(Epitoma rei militaris)* wurde im 4. Jahrhundert n. Chr. von Flavius **Vegetius** Renatus verfasst.
- Ambrosius Theodosius **Macrobius** (gegen 400 n. Chr.) kommentierte *Scipios Traum* von Cicero. Seine *Saturnalia* (in sieben Büchern) sind ein Dialog unter Gelehrten; die Unterhaltung dreht sich der Reihe nach um Grammatik, Philosophie, die Dichtung Vergils. Macrobius' Intention ist eine versteckte Verteidigung der **heidnischen Mystik** gegenüber dem erstarkenden Christentum.
- **Boëthius** (475–524) ist mehr **Philosoph** als Gelehrter. Seine im Gefängnis geschriebene *Consolatio philosophiae* (Trost der Philosophie, fünf Bücher) befragt die antike Philosophie (obwohl Boëthius Christ ist) nach Gründen, aus denen er standhaft den barbarischen **Tod** annehmen solle, zu dem ihn seine Feinde verurteilt haben.

2.3 Die Geschichtsschreibung

a) In den Wirren des Spätrömischen Kaiserreiches hat man weder die Zeit, große historische Gesamtüberblicke zu verfassen noch zu lesen.

- **Historia Augusta:** Sammlung von Biografien der Kaiser von 117 bis 284 von uneinheitlichem Wert; unter Kaiser Theodosius gegen 380 (?) veröffentlicht.
- Aurelius Victor (gegen 360) und **Eutrop** (gegen 370) stellen Kurzfassungen der Werke früherer Historiker her, um deren Lektüre sich niemand mehr kümmert.
- **Ammianus Marcellinus** (gegen 330–400), Grieche von Herkunft und Kavallerieoffizier, setzte den Bericht des Tacitus fort. Er begleitete Kaiser Julian auf dessen Zug gegen die Perser. Was von seinem Werk erhalten ist (die letzten 17

Bücher), zeigt einen sicheren, kraftvollen Schriftsteller, der die Barbaren, Gallier, Hunnen, denen Rom von jetzt an gegenüber steht, lebendig werden lässt.

- **Die christlichen Historiker:** Vgl. S. 245, 3.6.

3 Die christliche Literatur

Zur neuen Religion eine neue Literatur

- Das christliche lateinische Schrifttum tritt am **Ende des 2. Jahrhunderts** auf den Plan; es **verleiht** der Literatur in dem Augenblick einen **letzten Glanz**, wo die heidnischen Schriftsteller um Inspiration verlegen fast nichts Originelles mehr zu sagen haben.
- **Spätes Auftreten:** ungefähr 150 Jahre nach dem Wirken Jesu. Die ersten Christen sind **kleine Leute**, die aus den ungebildeten Schichten der Gesellschaft stammen, „Kardeure, Schuster, Walker..." (Celsus; Kardeure rauten mit Disteln Wollstoffe auf).
- Der Gottesdienst kommt ohne die lateinische Sprache aus: bis zum Ende des 3. Jahrhunderts wird er auf **griechisch** abgehalten. Schließlich hat das Christentum, auf die **Einfachheit der Evangelien** fixiert, zunächst nur **Verachtung für die Literatur** übrig.
- Die ersten Werke werden in **Prosa** geschrieben, denn sie sollen Ideen verbreiten, Angriffe heidnischer Philosophen zurückweisen, die Grundlagen der neuen Religion darlegen. Die Dichtung kommt erst später.
- Literatur als **Reaktion** auf die vorhergehende Literatur: Hat sie dem empfangenen heidnischen Erbe Unrecht zugefügt? Nein, denn oft hat sie sich das angeeignet, was sie darin an Besserem entdeckt hat, und ihre Schriftsteller besaßen eine klassische Bildung (Hieronymus, Augustinus); nein, denn als **Leute mit Geschmack** besitzen diese Respekt vor der Literatur (die Klöster waren die „Bewahrer" des antiken Denkens: z. B. die Werke Kassiodors oder Isidors von Sevilla zu Beginn des 7. Jahrhunderts).
- Historisch betrachtet hat sie dazu beigetragen, den **Zusammenhalt der römischen Welt zu sichern**, die in Anarchie auseinander gefallen war, **indem sie die Einheit der Kirche propagierte**. Sie bildete eine Verbindungslinie zwischen **der untergehenden antiken Kultur** und **der entstehenden mittelalterlichen Gesellschaft.**

3.1 Tertullian (ca. 150? – 222?): ein „Ultra"

- **Ein intoleranter Mystiker**. Sept. Florens **Tertullianus** wurde in Karthago in einer heidnischen Familie geboren. Die heidnische Gesellschaft vermittelt ihm eine vollendete literarische Bildung, eine vollständige **juristische Schulung**... und jede Art Vergnügen. Dann, mit 30 Jahren, **konvertierte** er.
- Als frischgebackener Christ widmet er sich mit der Inbrunst eines Neubekehrten der leidenschaftlichen Verteidigung seines Glaubens. Die Strenge der **montanistischen** Sekte (gegen 172 in Phrygien entstanden) zieht ihn mit ihrem moralischen Rigorismus an (207). Also bricht er mit der Kirche von Karthago (213). Doch er überwirft sich mit den Montanisten und zieht nach seiner Trennung eine Handvoll Getreuer mit sich, die **Tertullianisten**, von denen sein Andenken heilig gehalten wurde. Augustinus hatte lange Zeit später größte Mühe, sie wieder unter der Einheit der Kirche zu versammeln.

a) Sein Werk: ein Kreuzzug gegen...

- **die Heiden,** erklärte Verfolger des Glaubens, gegen die er sich zum unerbittlichen Anwalt aufschwang: *Apologeticum* (197); *Ad Nationes* – Aufbruch in den Krieg gegen die Unwahrhaftigkeit des Heidentums (197);
- **die Häretiker:** indem diese über die Wahrheit der Heiligen Schriften diskutieren, machen sie sich geradezu eines Raubs an der Kirche schuldig, der sie die Mittel zur Verteidigung nehmen *(De praescriptione haereticorum,* gegen 200);
- **seine Glaubensbrüder:** zu laue Christen, deren Glauben er wieder auffrischt, indem er peinlich genaue Vorschriften verfasst *(De spectaculis, De cultu feminarum, De idolatria* zeigen, wie man in einer heidnischen Umwelt zu leben hat; *De oratione,* wie man zu beten hat);
- **die Gegner des Montanismus:** *De fuga in persecutione* plädiert für die Annahme des Märtyrertodes; *De ieiunio* legt Vorschriften für das Fasten fest.

Er hatte keine Ruhe, bis er mit Allem aufgeräumt hatte.

b) Seine Position: Tertullian ist kein origineller Denker, denn seine theologische Bildung ist wenig solide..., doch er ist ein **unbeirrbarer Streiter**: er kämpft seinen Kampf mit Instinkt. Seine Waffen sind...

- **seine Bildung,** die griechische und lateinische: sie erlaubt ihm, auf alle heidnischen Entgegnungen zu antworten;
- **seine Studien als Jurist:** er greift die Verfolger auf der Basis des **römischen Zivilrechts** an, denn er ist seines Zeichens Anwalt (das *Apologeticum* ist eine rechtserhebliche Antwort auf kaiserliche Staatsbeamte);
- **seine Dialektik** von unbeugsamer Beharrlichkeit;
- **sein Temperament:** mit der Logik seiner Leidenschaft verteidigt er ungestüm und heftig sein Ideal.

c) Er hinterlässt ein beträchtliches, uneinheitliches Werk, zugleich **dunkel** *(De pallio),* **scharfsinnig** *(Apologeticum)* und **zugkräftig**. Um in voreingenommene Köpfe diese neuen Ideen einzurammen, die bei der heidnische Gesellschaft **Anstoß erregten,** bedurfte es offenbar eines Schriftstellers dieses Schlages.

3.2 Die militante Literatur (Ende 2. und 3. Jahrhundert)

Feinde verschiedener Art bedrohen die Existenz der Kirche: die Magistrate, die Verfolgungen befehlen; die Anhänger des alten Glaubens, die an ihren Idolen festhalten; die aufgeklärten Geister, die die neue Religion ablehnen; die Christen, die durch Häresien zerrissen sind. In Karthago, damals ein Zentrum der Bildung mit weiter Ausstrahlung, tritt eine Gruppe Schriftsteller auf den Plan, um diesen vielfältigen Gefahren zu begegnen.

a) Gegen die Verfolgungen – das *Apologeticum* Tertullians (197) legt den Magistratsbeamten dar, dass man die Christen illegalerweise verfolge, da sie der Verbrechen unschuldig seien, derer man sie beschuldige; dass die Christen, mustergültige Untertanen, keine Gefahr für den Staat bildeten; dass die Verfolgung eine uneffiziente Methode der Unterdrückung sei: *semen est sanguis Christianorum* („das Blut der Christen ist ein Same").

b) Gegen den Götzenkult – die Schrift *Adversus nationes* („Gegen die Heiden") von Arnobius (gegen 300) kritisiert mit beißender Ironie, wenn auch nicht auf immer sehr sicherer Grundlage, alle bekannten mythischen Erzählungen.

c) Gegen die Weisheit der alten Philosophen – der *Octavius* des Minucius Felix (Datum unsicher) macht von der Überzeugungskraft der dialogischen Beweisführungstechnik Gebrauch, um das Prinzip des Einen Gottes als zwingend hinzustellen.

d) **Gegen die Gottlosen** – die Schrift *De mortibus persecutorum* von Laktanz (Lactantius, gegen 315), mit der er sein Werk *De ira Dei* veranschaulicht, beschreibt den eindrucksvollen Tod der die Christen verfolgenden Kaiser.
e) **Gegen Schismatiker und Häretiker** – die Schrift *De Ecclesiae unitate* des Cyprianus (gegen 250) setzt seinen theologischen Gegnern eine Politik der Festigkeit und Toleranz entgegen.

3.3 Die triumphierende Literatur (ab dem 4. Jahrhundert)

Ab dem 4. Jahrhundert ist das Christentum durch das Edikt von Mailand (März 313) offiziell anerkannt. Überall werden jetzt die christlichen Anstrengungen sichtbar. Starke Persönlichkeiten treten auf:
a) **Hilarius**, 350 Bischof von Poitiers, führt im Laufe seines bewegten Lebens einen unermüdlichen Kreuzzug gegen den Arianismus.
b) **Ambrosius** (340?–397), dessen Wahl zum Bischof von Mailand (Dez. 374) nicht vorbereitet war, ergreift häufig in der Öffentlichkeit das Wort (Augustinus, *Confessiones* V, 13); bietet kaiserlichen Erlassen die Stirn (384: gegen die Wiederaufstellung des Victoriaaltars im Senat; 390: gegen das Massaker, das Theodosius in Thessaloniki verübt); unterweist die jungen Geistlichen durch die Abfassung der Schrift *De officiis ministrorum,* in der er Ciceros *De officiis* „christianisiert".
c) **Hieronymus** (345?–420) ist sozusagen ein „außerplanmäßiger Heiliger"; er führt ein außergewöhnliches Leben: Von Dalmatien kommt er nach Rom, um sich zu bilden; geht nach Germanien, zieht sich in die Wüste zurück; 382 wird er vom Papst in seine Dienste berufen und beschließt seine Tage in einem Kloster in Bethlehem, wo geistige Arbeit Vorschrift ist.
Als **zäher Arbeiter** wollte er sich die ganze christliche Wissenschaft aneignen; er lernt Hebräisch, um den Originaltext der Heiligen Schriften zu lesen und eine neue lateinische Übersetzung der Bibel vorzunehmen: diese neue Version heißt seit dem 13. Jh. *Vulgata.* Er erfasst alle bekannten Fakten über die Welt (Übersetzung der *Chronik* des **Eusebius,** ↗ S. 245, 3.6) und verfasst einen Katalog von 135 christlichen Schriftstellern in Form von Biografien *(De viris illustribus).*

3.4 Augustinus (354–430): Ein irdischer Weg zur Heiligkeit

- **Auf der Suche nach Gott.** D. Aurelius **Augustinus** wird in Thagaste in Numidien (Nordafrika) geboren; sein Vater ist Heide, seine Mutter **Monica** Christin. Als Rhetorikprofessor in Karthago schließt er sich der Sekte der **Manichäer** an. Nach einem kurzen Aufenthalt in Rom lässt er sich in Mailand nieder, wo er unter den Einfluss des Bischofs der Stadt, **Ambrosius,** gerät. Doch sein Wille ist noch nicht stark genug, um sich der Verführung durch Vergnügungen zu widersetzen. In einer ekstatischen Vision schließlich wendet er sich dem **orthodoxen Glauben** zu (Mailand, Sommer 386).
- Mit sich selbst ins Reine gekommen, wird er getauft (387), zum Priester geweiht (391), zum **Bischof von Hippo** (Nordafrika) ernannt (396); er widmet sich seinen Gläubigen, die er verwaltet, erzieht, fördert. Er stirbt, als die Vandalen die Stadt belagern; die katholische Kirche sieht in ihm **einen der größten Heiligen.**

a) Das **riesige Werk** wird oft **von den Erfordernissen der Aufgaben bestimmt.** Die *Briefe* (mehr als 200) und die *Predigten* zielen auf die Erbauung der Gäubigen, für die Augustin die moralische Verantwortung hat. Literarische Sorgfalt fehlt, Einfachheit und Spontaneität besitzen Vorrang.

Der lesende Augustinus in seiner Zelle Das Fresko in Rom (Lateran) ist die älteste Darstellung des Kirchenlehrers (6. Jh. n. Chr,)
„... die Gladiatorenkämpfe halten lange Zeit den Angriffen der Kirchenväter... Stand" (S. 232)

Zwei Werke dominieren aufgrund der Tiefe des Denkens, die *Bekenntnisse* und *Der Gottesstaat.*

b) Die **Confessiones** oder der **Roman einer Seele**

Die *Confessiones* – verfasst 397–398 – gliedern sich in zwei Teile:

- Die **neun ersten Bücher** erzählen im Detail die **innere Geschichte Augustins** bis zu seiner Bekehrung. Indem er sich an den Sünder wendet, dessen Reue er wecken will, **„bekennt" er seine Schwächen** gegenüber den lasterhaften Verführungen der heidnischen Umwelt, wofür er sein hitziges Temperament verantwortlich macht. Er beweist seinen Durst nach **Reinheit und mystischer Wahrheit** und verkündet die **Güte** Gottes, des souveränen Herrn über das Schicksal der Seele, der seine rettende **Gnade** austeilt.
- Die **vier letzten Bücher** kommentieren den Anfang der Schöpfungsgeschichte des Alten Testaments; sie halten die Glaubenslehre des Größten der Kirchenväter fest.

Die *Confessiones* sind v. a. das originellste **psychologische Dokument**, das uns die lateinische Literatur hinterlassen hat.

c) Civitas Dei – Der „Gottesstaat" oder **die Architektur der zukünftigen Welt**

Augustinus wandte mehr als zwanzig Jahre auf, um **diese Synthese** (in 22 Büchern) aus Geschichte und Glaubenslehre zugleich zu verfassen.

- Das Werk ist zunächst die **Antwort** auf eine **Polemik.** Als Rom im Jahre 410 von Alarich geplündert worden war, schoben die Heiden die **Verantwortung dafür auf die Christen,** an denen sich die beleidigten Götter rächten. Augustinus dreht die Sache um: die Christen sind unschuldig. Rom ist unterlegen, denn **seine Schwäche ist durch die Anbetung falscher Götzen begründet.** Das Heidentum ist Schwindel, **eine Beleidung seit der Ankunft Christi.** Der Staat der **Guten** muss den Staat der **Schlechten** ersetzen. Eines Tages wird der **Gottesstaat,** bewohnt von den Gerechten und Gläubigen, materiell und moralisch triumphieren. Augustin sagt den Triumph eines **christlichen Staates** vorher, der von einer **kämpferischen Kirche** unterstützt wird.
- Aus der heidnischen (**Varro** v. a.) und christlichen Literatur stellt Augustinus eine Masse an Material zusammen. Das Werk zeichnet sich aus durch die **prophetische Größe** seiner Konzeption (es kündigt das **Entstehen der mittelalterlichen Gesellschaft** an) und den glühenden Glauben an ein Ideal, das **die Gegenwart der Zukunft opfert.**

3.5 Die christlichen Dichter

- Die christliche Poesie tritt im 4. Jahrhundert mit den von Ambrosius, Hilarius und Augustinus verfassten Hymnen hervor.
- Iuvencus und Commodian (2. H. des 4. Jh.) sind geschwätzige, plumpe Verseschmiede.
- **Prudentius** (348–ca. 410), mit 50 Jahren bekehrter Spanier, verfasst ein poetisches Brevier über die täglichen Beschäftigungen *(Liber Cathemerinon)*, rühmt den Tod der Märtyrer *(Liber peri stephanon)*, verfasst zwei Bücher **gegen Symmachus** und ein „Epos über die Seele" *(Psychomathia)*.
- **Paulinus von Nola** (353–421), reicher Gutsherr in Bordeaux, Schüler des Ausonius, kehrt der Welt mit 30 Jahren den Rücken, um sich dem Dienst am Hl. Felix zu widmen, der in Nola in Kampanien beerdigt ist, und wird dort Bischof. Zur poetischen Ausgestaltung des Kultes, mit dem man die Märtyrergräber verehrt, schreibt er 14 „Anniversaria" (Jahrestagmessen) für den Hl. Felix; sie geben einen Vorgeschmack auf die naive Frische mittelalterlicher Dichtung.
- **Sidonius Apollinaris** (431–ca. 487), hoher Staatsbeamter in Rom, dann Bischof von Clermont, gibt mit seinen Gedichten ein bedeutendes Zeugnis für das geistige Leben der Zeit in Gallien (seine Briefsammlung ist unschätzbar als Quelle für die Sozialgeschichte seiner Zeit).
- Venantius **Fortunatus** (ca. 530– gegen 605), Kaplan der von Radegunde (Frau des Frankenkönigs Chlothar I., die nach sechs Jahren Ehe Nonne wurde) gegründeten Abtei zum Heiligen Kreuz in Poitiers, sendet seinen Freunden anmutige, zarte Gedichte zu Themen des täglichen Lebens.

3.6 Die christlichen Historiker

Um vom aufgeklärten heidnischen Publikum anerkannt zu werden, schreiben die Christen die Geschichte ihrer Religion. Die römische Geschichte wird jetzt in einen neuen, weiter reichenden Rahmen gestellt: den der Geschichte des jüdischen Volkes *(Chronik* des Eusebios, des griechischen Bischofs von Caesarea, ca. 260–339, von Hieronymus übersetzt und ergänzt).

- **Anekdotenhafte, erbauliche Geschichtsschreibung:** die drei *Mönchsbiografien* des Hieronymus und die *Vita Sancti Martini* des Sulpicius Severus (397);
- ... oder **geschichtliche Synthese**: der *Gottesstaat (Civitas Dei)* Augustins (↗ S. 244, 3.4 c), die *Chronica* des Sulpicius Severus (zwei Bücher: von der Erschaffung der Welt bis zum Konsulat Stilichos), *Gegen die Heiden (Historiae adversus paganos)* des Paulus **Orosius** (415 geschrieben), *Die Regierung Gottes (De gubernatione Dei)* Salvians von Marseille (gegen 450). Auf diese Weise wird nach und nach der Gedanke der **göttlichen Vorsehung** vorherrschend, **die den Lauf der Jahrhunderte bestimmt.**

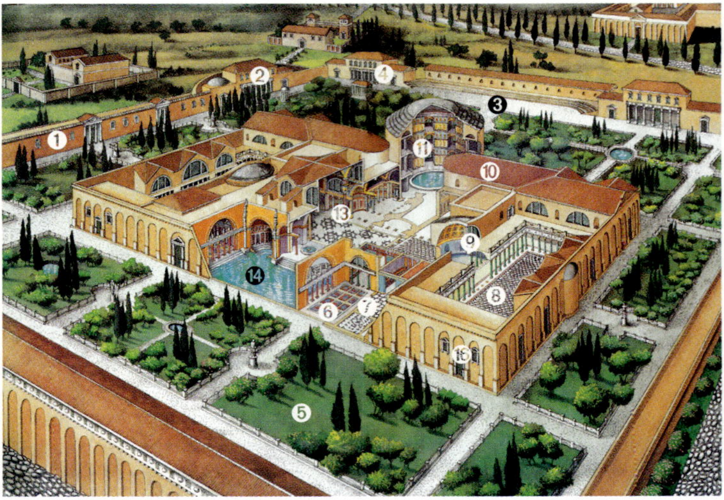

Die Caracallathermen auf dem Aventin (Rekonstruktionszeichnung)

XII Die Künste

■ Vollkommenheit in der Kunst wäre ein tödliches Geschenk für die Menschheit, wenn derjenige, der der Beste ist, ein Ende bezeichnete. *Quintilian*

1 Architektur und bildende Künste

1.1 Thermen

Vgl. S. 215, 1.2 a. Sie werden immer zahlreicher und riesiger.

▸ Die **Caracallathermen** auf dem Aventin, 212 begonnen und von Severus Alexander 223 vollendet, bedecken zwölf Hektar im Quadrat mit 350 m Seitenlänge. Das symmetrisch auf eine Mittelachse hin angelegte Bauwerk umfasst zwei Teile:

EINFRIEDUNGSTRAKTE: 1. Umfassungsmauer; 2. Exedra mit Zisterne und Vortragssälen; 3. Form eines halben Stadions, darunter Zisterne (80.000 *l*); 4. Bibliothek; 5. Parkanlage

ZENTRALGEBÄUDE: 6. Eingang mit Vorraum; 7. Umkleidehalle (Apodyterium); 8. Sportplatz; 9. Nische mit Athletenmosaik; 10. (u. a.) Schwitzbad (*sudatorium);* 11. Warmbad *(caldarium);*

Das Caldarium der Caracallathermen, Rekonstruktionszeichnung

12. Laubad *(tepidarium)*; 13. Basilika – Kaltbad *(frigidarium)*; 14. Schwimmbad *(natatio)*; 15. Gymnastikhalle 16. Vortragssaal.

▶ Hundert Jahre später errichtet Maximian auf dem Quirinal die sog. **Diokletiansthermen,** die in einem Rechteck von 420 m × 380 m 14 Hektar bedecken. Die Anordnung ist die gleiche wie bei den Caracallathermen, 3000 Personen können zur selben Zeit dort baden.

Bogen des Septimius Severus: „Dem eintorigen Bogen zieht man den dreitorigen vor..."

1.2 Triumphbögen

▶ Architektonische Schlichtheit (↗ S. 216, 1.2 c) weicht dem Prunk im **Detail** (Bögen des Septimius Severus oder Konstantins). Dem eintorigen Bogen zieht man den dreitorigen vor, bei dem das mittlere Tor höher ist als die seitlichen (dieser Typus findet sich schon im 1. Jahrhundert v. Chr. in Orange / Provence).

▶ **Der Bogen des Septimius Severus** erinnert an die Siege über die Parther und war ursprünglich von einer Bronzequadriga gekrönt.

„Der Konstantinsbogen ist der größte römische Triumphbogen.")

▶ **Der Konstantinsbogen** (aus Anlass des Sieges über Maxentius errichtet) ist der größte römische Triumphbogen. Das mittlere Tor ist zwölf Meter hoch und 6,50 m breit. Die Attika mit der Siegesinschrift ist sieben Meter hoch.

▶ Die **Plastik** ist im **Niedergang** begriffen: Die Medaillons und die besten Reliefs, die den Konstantinsbogen schmücken, stammen von verschiedenen früheren Monumenten, v. a. dem zerstörten Trajansbogen (auf dem Trajansforum). Die Köpfe der dargestellten Personen wurden jedoch ersetzt, u. a. derjenige Trajans (?) durch den Konstantins (wie ein christlicher Heiliger, aber auch wie Apollon, mit einem Nimbus versehen).

„Die Medaillons stammen von früheren Monumenten...": Der Kaiser opfert der Jagdgöttin Diana vor der Jagd. Relief am Konstantinsbogen aus trajanischer Zeit

1.3 Die christlichen Basiliken

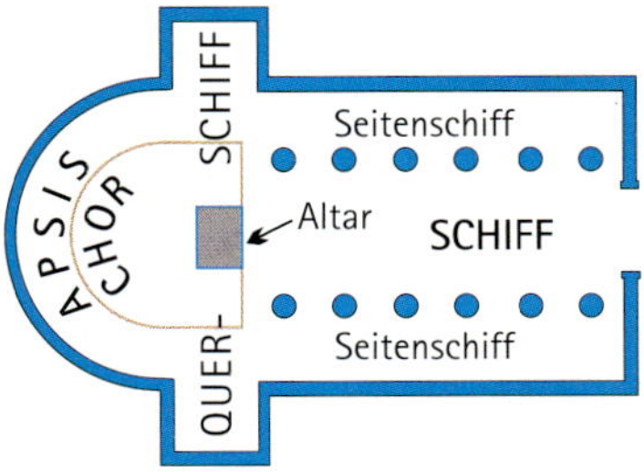

„... besondere Basiliken nach dem Vorbild von Profanbauten..." (S. 214)

- Nachdem das Christentum staatliche Anerkennung erfahren hat, kommen die Christen aus ihren Katakomben hervor und feiern ihren Gottesdienst in den **Basiliken** (↗ S. 150, 1.2 b).
- Später errichten sie **besondere** Basiliken nach dem Vorbild von Profanbauten; während diese jedoch an sehr stark frequentierten Stellen gelegen waren, werden jene an abgelegenen Orten errichtet, die für die innere Andacht günstig sind.
- Der Altar ersetzt das Podium. (Die Fassade der Basilika ist nach Jerusalem orientiert, der Priester liest die Messe den Gläubigen zugewandt. Erst nach dem 5. Jahrhundert wird der Chor der Kirchen nach Osten ausgerichtet und von da an wendet der Zelebrant der Versammlung den Rücken zu.)

- In der dem Klerus vorbehaltenen Apsis befindet sich der Sitz *(cathedra)* des Bischofs.
- Die drei Schiffe bleiben erhalten (typische Anordnung: **Säulenarkaden**); die Seitenschiffe sind niedriger als das Zentralschiff; Männer und Frauen sind getrennt.
- Auf beiden Seiten des Altars (Chor) dehnen sich nach und nach die beiden Arme des **Querschiffes** (Transept) aus und geben der Basilika so die Form eines Kreuzes.
- Das Zentralschiff ist von Fenstern durchbrochen, die Fassade von einem Ochsenauge (Rundfenster; Ursprung der gotischen Rosette).
- Die Wände sind mit **Mosaiken** geschmückt (bis dahin fast ausschließlich den Fußböden vorbehalten).

2 Die Musik

- Die ganze bessere Gesellschaft widmet sich der Musik, besonders im Ostreich.
- Diokletian organisiert die Berufsmusiker in Berufsverbänden mit strengen Regeln (die Erinnerung an sie bewahren zu Beginn des Mittelalters die Musikantentruppen der *„ministri")*.
- In die byzantinischen Kirchen hält die **Orgel** (mit **Druckluft**, nicht mehr hydraulisch) Einzug. Sie ist so beliebt, dass sie bald zu einem Geschenk erster Wahl für Herrscher wird (Pippin der Kurze bekommt eine vom byzantinischen Kaiser, Karl der Große vom Kalifen von Bagdad, Ludwig der Fromme von einem venezianischen Priester usw.).

Auf dem Weg zum byzantinischen Reich

◗ Nach 476 wird der Kaiser des **Ostreichs** theoretisch Oberhaupt über **die gesamte römische Welt**; die Barbarenherrscher im Westreich empfangen ihre Macht formell aus seiner Hand; die Einwohner Konstantinopels nennen sich **Römer** (eine Bezeichnung – Rhoméi –, die die Griechen auch noch heute für sich benutzen). **Byzanz ist das neue Rom.**

Kaiser Justinian, Mosaik in Ravenna, San Vitale: „... wie ein Heiliger in seinem Reliquienschrein..."

◗ Die großen Handelsstädte des Reiches, das wir das Byzantinische nennen, sind **reich im Überfluss** und leben **prunkhaft verschwenderisch**. (Konstantinopel, Alexandria, Antiochia usw.); das **christliche Leben** ist dort sehr intensiv und die Religionsausübung voller Pomp; der Kaiser (oder besser der König: auf griechisch *βασιλεύς*), gleichzeitig Herr über das Reich und Schirmherr der Kirche, führt das prunkvolle Leben einer **sakralen Persönlichkeit** „wie ein Heiliger in seinem Reliquienschrein".

◗ Konstantinopel wird immer weniger römisch, dafür immer mehr **orientalisch** und **griechisch** – geradezu eine Wiederkehr der Geschichte; und doch bewahrt die Hauptstadt am Bosporus (Universitätsstadt seit 425) noch mehr als **zehn Jahrhunderte** lang, trotz blutiger Invasionen, das **Erbe des antiken Denkens**.

1453: Einnahme Konstantinopels
durch die Türken:
Ende des Oströmischen Reiches.

Linke Seite in der Mitte: Rom, Kirche Santa Sabina: „Typische Anordnung: Säulenarkaden..."
Abb. Seite 251: Zwei Sklaven tragen eine Sänfte mit einem Römer. Terrakottastatuette aus Pompeji, Neapel, Archäolog. Nationmalmuseum

Thematischer Überblick

▶ Fast fünfzehn Jahrhunderte verstrichen zwischen dem Auftauchen der ersten Hütten auf dem Palatin und dem Untergang des Weströmischen Reiches. In der Zeit dazwischen hatte Rom die Welt (um das Mittelmeer) erobert.

▶ Es hatte sich zunächst zur Herrin über Italien gemacht. Die Eroberung Italiens war die Voraussetzung für alle weiteren Eroberungen, denn nur aufgrund des vereinten Handelns des gesamten römischen Italiens, nicht durch die Kräfte Roms allein, gelang es Rom, den Ufern des Mittelmeers seinen unauslöschlichen Stempel aufzudrücken.

▶ Die Eroberung Italiens hatte in keinerlei Hinsicht imperialistischen Charakter, denn Rom besaß nicht die Möglichkeit, sich zu entziehen: sich nicht auf den Kampf einzulassen, hätte den Untergang bedeutet.

▶ Andererseits kann man ab dem zweiten makedonischen Krieg von Imperialismus sprechen (200–197 v. Chr.). Von da an entwickelte Rom eine regelrechte Kunst darin, aus diplomatischem Geplänkel Kriege zur Einverleibung fremden Territoriums entstehen zu lassen. Ebenfalls von da an wurden bis zum ersten Jahrhundert n. Chr. Provinzen in großer Zahl eingerichtet.

▶ Trajan führt den orbis Romanus zu seiner größten Ausdehnung und nimmt die politische Organisation der Provinzen wieder in die Hand, die seit der Herrschaft Neros vernachlässigt worden war. Doch seine Bemühungen sind nicht dauerhaft: neben Dakien, das dem Reich von 107 bis ungefähr 272 n. Chr. (Herrschaft Aurelians) einverleibt war, gibt Hadrian die übrigen Provinzen auf, Armenien, Mesopotamien und Assyrien. Übrigens stammen die heutigen Rumänen von römischen Kolonen ab, die in dem genannten Zeitraum in Dakien angesiedelt wurden.

▶ Im 4. und 5. Jahrhundert befindet sich das Imperium in der Defensive. Doch die Barbaren halten sich wie von selbst an den von Rom gezogenen geografischen Rahmen, sogar als sie ihn schließlich in ihrem nicht zu sättigenden Eroberungsdrang zerstören.

Die römische Welt

Politik und Kultur

Die Verse des Horaz *Graecia capta ferum victorem cepit et artes intulit agresti Latio* enthalten nur einen Teil der Wahrheit. Gewiss, Rom war dem **Einfluss des besiegten Griechenlands** unterlegen. Seine Literatur und Kunst imitierten die griechischen Werke bisweilen geradezu unterwürfig. Doch bevor Rom Griechenland eroberte, war es von den **Etruskern** erobert worden; die hatten ihrerseits selbst entscheidende Anregungen von den Griechen empfangen und den ungehobelten Bauern Latiums das erste Mal Schliff beigebracht.

Wenn die Römer auf geistigem Gebiet Schüler der Griechen gewesen sind, Schüler, deren Originalität lange brauchte, bis sie zutage trat, waren sie ihrerseits **Meister auf dem Gebiet der Politik.** Sie lehrten die Griechen, Spanier, Afrikaner, Gallier, sogar die an absolute Monarchien gewöhnten Asiaten den **Begriff des Staats**, den sie selbst mühsam aus dem Begriff der *civitas,* des städtischen Gemeinwesens, der allen entwickelten Völkern der Antike im Mittelmeerraum gemeinsam war, entwickelt hatten.

Obwohl von griechischer Kultur durchdrungen und fähig, die von ihnen unterworfenen Länder auf ganz eigenständige Art zu organisieren, ließen sich die Römer jedoch häufig zu blutrünstiger **Brutalität** hinreißen, die durch keinerlei historische Notwendigkeit zu rechtfertigen wäre. Man denke an die Schrecken der **Bürgerkriege**, die blutigen politischen Verfolgungen (Proskriptionen), die von den Kaisern angeordneten Hinrichtungen, die **Familiendramen** unter den Cäsaren und die zahllosen Morde im 3. und 4. Jahrhundert. Selbst diejenigen, die bei ihren Zeitgenossen und hernach bei der Nachwelt im Ruf der Humanität standen bzw. stehen, glänzten nicht immer durch Sanftmut: der kluge Scipio Aemilianus massakriert in Massen Numantiner und Karthager, und Theodosius der Große, der den endgültigen Triumph der katholischen Kirche sicherte, zögerte nicht, nach einem banalen öffentlichen Aufruhr Tausende von Einwohnern Thessalonikis, die sich im Zirkus versammelt hatten, ohne Ansehung des Alters und des Geschlechts töten zu lassen.

Die Religion dominiert und durchdringt alle Formen des öffentlichen Lebens, d.h. **das politische und das militärische Leben.** Sie ist **zu allen Zeiten beherrschend**, sogar am Ende der Republik, trotz des Skeptizismus, zu dem sich die Intellektuellen in den Kreisen der gehobenen Gesellschaft bekennen.

◗ Tacitus beleuchtet genau die **Originalität der römischen Politik**, als er schreibt: „Warum sind Sparta und Athen gefallen, trotz des Ruhms ihrer Waffen? Doch nur, weil sie die Besiegten stets als Fremde zurückgestoßen haben! Unser Gründer Romulus dagegen besaß genügend Scharfblick, um an ein und demselben Tag in den meisten Völkern zugleich Feinde und Mitbürger zu sehen." Man muss hinzufügen, dass die Romanisierung schließlich im 2. Jahrhundert n. Chr. dazu führt, dass **80 % der Bürger Abkömmlinge von Sklaven** sind.

◗ So erklärt sich zum Teil der Niedergang des von den alten Römern ererbten Ideals, der in der Formel „cives et miles" ausgedrückt ist. Die neuen Bürger haben kein Verständnis mehr für deren Sinn, auch die „römischsten" unter ihnen verteidigen sie nicht mehr. Cicero preist die „ehrenvolle Muße" *(otium cum dignitate)*, Horaz die „rechte goldene Mitte" *(aurea mediocritas)* und Tacitus den friedlichen Gehorsam *(obsequium cum securitate)*.

◗ Das Kaiserreich vernichtet die Grundlagen der staatsbürgerlichen Pflichten. Der Militärdienst findet Ablehnung. Außer in den Fällen, wo die **Geburt im Ritter- oder Senatorenstand automatisch den Offiziersgrad** mit sich bringt, überlässt man es den **Provinzialen**, Militärdienst zu leisten.

◗ Der Römer ist also nicht mehr *civis* oder *miles*, sondern wird zum **Untertanen.** Im 4. und im 5. Jahrhundert ist es schließlich so weit, dass er **die Verteidigung des Reiches gegen die Barbaren anderen Barbaren überlassen** muss.

Das öffentliche Leben

Die Schichten der Gesellschaft	
Königszeit	18
Republik	50
Kaiserreich	158
Spätantike	223
Die Organe der Staatsführung	
Königszeit	20
Republik	54
Kaiserreich	159
Spätantike	224
Justiz und Finanzen	
Republik	66
Kaiserreich	164
Spätantike	226
Armee und Kriegsführung	
Königszeit	22
Republik	69
Kaiserreich	166
Spätantike	227
Die Religion	
Königszeit	23
Republik	83
Kaiserreich	171
Spätantike	229

◗ **Die Einfachheit des privaten Lebens** zu Beginn der römischen Geschichte ist sicher keine fromme Legende, die nachträglich von den nostalgischen *laudatores temporis acti* erfunden wurde.

◗ Haus, Mobiliar, Kleidung, familiäre Sitten und Gebräuche, *negotium* (d. h. der aktive Teil der Lebensführung),

Privates Leben

otium (d.h. die Freizeit) waren insgesamt **geprägt von Schlichtheit und Zurückhaltung.**

- Doch von dem Augenblick an, da Rom mit den **Ländern Asiens** zunächst in Kontakt geriet und sie schließlich eroberte – schon im klassischen Griechenland waren sie für Luxus und süßes Leben berühmt –, **ließ es sich zuerst vom Wohlstand, schließlich von Luxus und lockerer Lebensart anstecken** – allen Antiluxusgesetzen und Sanktionen der Zensoren (Cato d. Ä.) zum Trotz.
- Da sich die sozialen Unterschiede vergrößerten, **wurde das private Leben für die einen schwieriger**, während es sich **für viele andere darauf reduzierte, einen Winkel zum Schlafen zu finden.** Wie die Ärmsten der Armen in den Ländern der dritten Welt heute, suchten sich die Armen Roms am Ende der Republik und in der Kaiserzeit ihre Wohnung auf der Straße.
- **Das Leben des Armen** ist, jedenfalls nach außen hin, **frei von Sorgen.** Der Staat und die Reichen sorgen teilweise für seine Ernährung. Die Schauspiele, bei denen die Armen mit den Reichen und selbst dem Kaiser in Berührung kommen, sind kostenlos.
- **Die bessere Gesellschaft** ist in der Lage, sich **gepflegteren Vergnügungen** hinzugeben; man genießt Konversation, Literatur, Korrespondenz, öffentliche Lesungen *(recitationes).*
- **Im Reich der Spätantike versuchen die Großen und Mächtigen,** die sich auf ihre Ländereien in komfortable, solide gebaute Residenzen zurückgezogen hatten, **der Unsicherheit der Zeiten zu trotzen** und genießen ein Leben, das die Lebensweise der Feudalherren des Mittelalters ankündigt.

Frau bei der Toilette (Trier): „... zuerst der Wohlstand, schließlich Luxus und lockere Lebensart..."

Das Wirtschaftsleben

- Die römische Wirtschaft unterscheidet sich nicht von derjenigen der anderen Völker der Antike.
- **Viehzucht und Ackerbau** nehmen den ersten Platz ein. Die Erträge sind mäßig und ändern sich von der republikanischen Zeit bis zur Epoche der Kaiser. Die Tendenz zur Bildung **großer Latifundien** (Landgüter) zum Nachteil der Kleinbesitzer wird deutlich, als es zu den großen Eroberungen des 2. Jahrhunderts v. Chr. kommt; sie behält gegenüber allen Versuchen, den Kleinbesitz neu zu begründen, die Oberhand.
- Handwerk und Gewerbe halten sich an traditionelle Produktionsweisen. Die übergroße Zahl an **inkompetenten Arbeitern aus dem Sklavenstand** behindert den technischen Fortschritt.
- Nur der **Handel** auf dem Mittelmeer mit seiner Ausdehnung über die Mittelmeerwelt hinaus verdient durch seine Ausmaße Beachtung. Im 1., 2. und zu Beginn des 3. Jahrhunderts der modernen Zeitrechnung genießen die Handel treibenden mittleren Klassen einen bemerkenswerten Wohlstand; zur Zeit der Severer scheint diese Blüte ihren Höhepunkt erreicht zu haben.
- Wenn man Afrika beiseite lässt (wo das gesamte 3 Jahrhundert eine glückliche Epoche ist), geht es jedoch mit dem wirtschaftlichen Leben ab der Mitte des 3. Jahrhunderts bergab. Jetzt interveniert der Staat mit Preisfestsetzungen (**Höchstpreisedikt** Diokletians) und mit einer fast vollständigen Kontrolle der Wirtschaft; gleichzeitig werden die Söhne gezwungen, denselben Beruf wie ihre Väter zu ergreifen.
- Im Imperium der Spätantike besteht die römische Welt nur noch aus **einigen Multimillionären** und einer **Masse von Bettlern.** Der Niedergang ist außerdem in der *pars occidentis* deutlicher als in der *pars orientis* des Imperiums.

Vielleicht verdient letztlich nur ein Bildnis wie dieses den Namen „Roma". Porträt einer Dame aus Palmyra (Syrien)

Index

O

P

Zu den Autoren der Leitzitate

Soweit die Zitate von lateinischen Autoren stammen, findet man diese im voranstehenden Index und kann sich so informieren. Die übrigen:

Georg Wilhelm Friedrich Hegel, 1770–1881: Philosoph universaler Ausrichtung von großem Einfluss sowohl auf das philosophisch-geisteswissenschaftliche wie auf politisch-soziale Denken nach ihm; besonders bedeutend für die Denkmethode der Dialektik (Lehre von den Widersprüchen und ihrer Auflösung)

Niccolò Machiavelli, 1469–1527: italienischer politischer Schriftsteller, „Unterhaltungen über die erste Dekade der römischen Geschichte des Livius", 1531, und „Il principe", dt. „Der Fürst", 1532, entstanden 1513. »Il principe« wurde zu einem bis in das 18. Jh. hinein grundlegenden Traktat der Fürstenerziehung.

Jean Marouzeau: bedeutender französischer Latinist, verfasste ein berühmtes Standardwerk zur lateinischen Sprache.

José-Maria de Heredia, 1842–1905: auf Kuba geborener französischer Dichter, Meister formvollendeter Sonette mit sehr oft römischen Sujets.

Blaise Pascal, 1623–1663: frz. Mathematiker, Physiker und Religionsphilosoph.

Montesquieu, Charles de Secondat, Baron de la Brède et de M., 1669–1755: frz. Schriftsteller und Staatsphilosoph, Vertreter der Aufklärung; mit seiner Lehre von der Gewaltenteilung übte er großen Einfluss auf die Französische Revolution bis 1791 und die Verfassung der USA aus.

Jean Racine, 1639–1699: Französischer Dramatiker; mit ihm erreichte die französische klassische Tragödie ihren Höhepunkt, seine Stoffe lehnen sich oft an griechische und lateinische Autoren an.

André Piganiol: bedeutender französischer Althistoriker, Arbeiten besonders zur Geschichte Roms.

Bildnachweise

AKG Berlin: 122, 128, 147, 162, 192; AKG Berlin / Werner Forman: 46; AKG Berlin / Hilbich: 41, 167; AKG Berlin / Erich Lessing: 108, 109, 130, 158, 200; Archiv A. Steinmeyer-Schareika: 21, 24, 29, 42, 44, 45, 78, 80 (2), 81, 82, 90, 106, 107, 114, 122, 133, 137, 149, 171, 174, 175 (2), 176, 182, 215, 217, 218, 227, 236 (2), 244, 247, 189; Bildarchiv Preußischer Kulturbesitz: 130, 190 (Reinhard Sczewski), 193, 213, 222; British Museum, London: 122, 226; Cesa, Cölbe: 247; DAI Rom: 81, 170; Giraudon, nach: J. Martin, Das alte Rom (S. 252): 189; Werner Heinz, Sindelfingen: 188; Holle, München: 131, Institut für Klassische Archäologie der Universität Tübingen: 118(2), 119 (3), 190 (3); Jürgen Liepe, Berlin: 92, 151; Kapitolinische Museen, Rom: 143; Kingston Lacy Banker Collection: 134; Leonard von Matt: 107, 132 233; Mazenod, Paris: 170; Museo Archeologico, Florenz: 32; Réunion des Musées Nationaux de la France: 81; RMN Gérard Blot: 212; RMN Chuzeville: 73; RMN Hervé Lewandowski: 104, 19, 210; Rheinisches Landesmuseum, Trier: 232, 253; Scala, Antella: 22, 27, 29, 33, 85, 90, 92, 94, 112, 135, 181, 184, 192, 194, 197, 201, 203, 219, 225, 247, 248, 254; Soprintendenza Archeologica Nazionale dell' Umbria, Perugia: 100; Soprintendenza per i Beni Ambientali, Architettonici, Artistici e Storici per l'Abruzzo di L'Áquila: 152; Paul Zanker: 215; nach Foto C.A.F.: 64; nach: Hodge, The Roman House, S. 23: 31, S. 19: 90; nach: Enea nel Lazio, Rom 1981: 42; nach: Storia illustrata di Roma antica (Florenz 2000), S. 48: 62, S. 91: 99, S. 107: 129, S. 140: 152; nach: Arte Romano en España (Barcelona 1969), Abb. 5: 105; nach: A. Carandini (Hg.), Settefinestre, Modena o.J. (Abb. 144): 186; nach: Hanfmann, Römische Kunst (Tf. IX): 217; nach: Carpiceci, Rom vor 2000 Jahren (S. 79): 246; nach: Museo Nazionale Napoli (Electa Napoli): 251; Verlagsarchiv